叛國英雄

雙面諜O.A.G.

BEN
MACINTYRE

班·麥金泰爾 著

蔡耀緯 譯

THE SPY

The Greatest Espionage Story of the Cold War

AND THE TRAITOR

1.（上圖）戈傑夫斯基一家，是典型的國安會（KGB）家庭。安東與奧爾嘉夫妻，以及兩名年幼子女——瑪莉娜和歐列格（約十歲）。

2.（下圖）戈傑夫斯基家的孩子：長子瓦西里、次子歐列格，及妹妹瑪莉娜，拍攝於1955 年前後。

3.（上圖）莫斯科國際關係學院田徑隊。戈傑夫斯基在最左邊，左起第二人是斯坦達．卡普蘭。卡普蘭日後成為駐捷克情報官員，並叛逃到西方，是幫助西方情報機構吸收大學老友戈傑夫斯基的關鍵人物。

4.（下圖）長跑選手在黑海海岸訓練。

5（左上）歐列格的父親，安東・戈傑夫斯基習慣每天穿上國安會制服。他堅稱：「黨永遠是對的。」

6.（右上）成績卓越的國安會「非法派遣特務」瓦西里・戈傑夫斯基。他在歐洲和非洲臥底行動，年僅 39 歲就酗酒而死。

7.（下圖）盧比揚卡大樓，人稱「中心」，是國安會總部。部分用作監獄，部分用作檔案館，是蘇聯情報機構的中樞。

8.（上圖）莫斯科國際關係學院時期的戈傑夫斯基。國安會在校內招募了他。

9.（右圖）身穿國安會制服的歐列格・戈傑夫斯基。
他是一位雄心勃勃、忠誠、訓練精良的軍官。

10.（上圖）1961 年 8 月，柏林圍牆興建。東西方之間築起了一道實體屏障，這一幕令 22 歲的戈傑夫斯基印象深刻。

11.（下圖）1968 年，布拉格之春。一名抗爭者隻身阻擋蘇聯戰車。二十萬蘇聯大軍入侵捷克斯洛伐克，粉碎改革運動，戈傑夫斯基大為驚駭。

12. 戈傑夫斯基派駐哥本哈根期間，丹麥安全情報局祕密拍攝的監控照。多年來，軍情六處（MI6）手上關於這位代號「陽光」的俄國情報官的影像，就只有這兩張照片。

13.（上圖）戈傑夫斯基在哥本哈根和搭檔（身分不詳）打羽球。軍情六處首次直接接觸這名軍官，就是在羽球場上。

14.（下圖）和米哈伊爾·柳比莫夫在波羅的海海岸。柳比莫夫時任國安會哥本哈根站站長，他是戈傑夫斯基的密友，也是恩師。

15. 戈傑夫斯基、柳比莫夫（後）、柳比莫夫的妻子塔瑪拉（左），以及戈傑夫斯基的第一任妻子葉蓮娜。一行人當時正在丹麥旅遊。

斯堪地那維亞各國的蘇聯間諜：

16.（上圖）挪威工黨的明日之星阿恩·特雷霍特（左），以及他的蘇聯國安會主管「鱷魚」根納季·季托夫（中）。兩人正準備前往午餐，他們曾共進午餐多達59次。

17.（左下）瑞典警察兼安全部門官員史迪格·柏格林，1973年成為蘇聯間諜。

18.（右下）相貌平凡的挪威外交部祕書岡沃爾·加爾通·哈維克，代號「葛麗泰」。她為蘇聯國安會當了三十多年間諜。這張照片是她在1977年被捕後不久所攝。

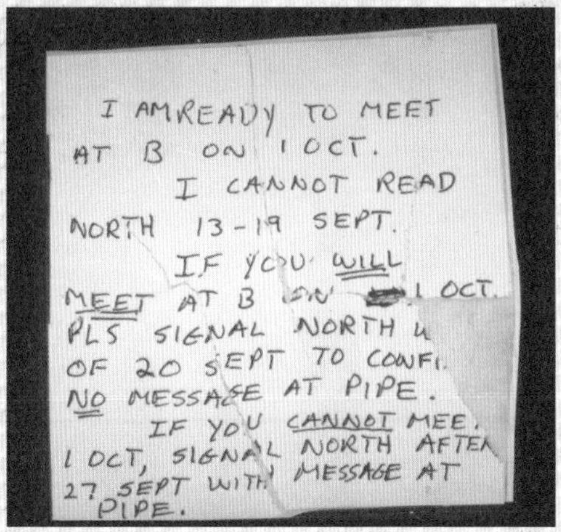

I AM READY TO MEET
AT B ON 1 OCT.
I CANNOT READ
NORTH 13-19 SEPT.
IF YOU WILL
MEET AT B ON 1 OCT.
PLS SIGNAL NORTH
OF 20 SEPT TO CONF
NO MESSAGE AT PIPE.
IF YOU CANNOT MEE
1 OCT, SIGNAL NORTH AFTER
27 SEPT WITH MESSAGE AT
PIPE.

19.（右上）剛加入中央情報局（CIA）的奧德瑞奇・艾姆斯。他最終出賣了中情局在蘇聯境內的整個間諜網，將許多特務送上死路。

20.（左上）艾姆斯寫給蘇聯國安會上線的字條，安排「無人情報交換」以傳遞情報資料。

21.（下圖）艾姆斯和第二任妻子瑪莉亞・德・羅莎里歐・卡薩斯・杜普伊。艾姆斯說：「她有如新鮮空氣。」她需索無度、奢侈，開銷極大。

22.（上圖）謝爾蓋・丘瓦欣，俄國軍備控制專家。艾姆斯選定他做為與華盛頓蘇聯大使館的第一個接觸點。他後來說：「我這麼做是為了錢。」

23.（下圖）維克多・切爾卡申上校，蘇聯大使館反情報主任。他是艾姆斯在蘇聯國安會的第一位主管。

24.（上圖）弗拉基米爾．克留奇科夫，第一總局局長，日後接任國安會主席。

25.（下圖）國安會主席尤里．安德羅波夫，他的疑心病極重，導致了「核彈攻擊行動」。他下令蒐集西方的「第一擊」證據，將全世界推到了核戰邊緣。1982年，繼列昂尼德．布里茲涅夫之職，他成為蘇聯領袖。

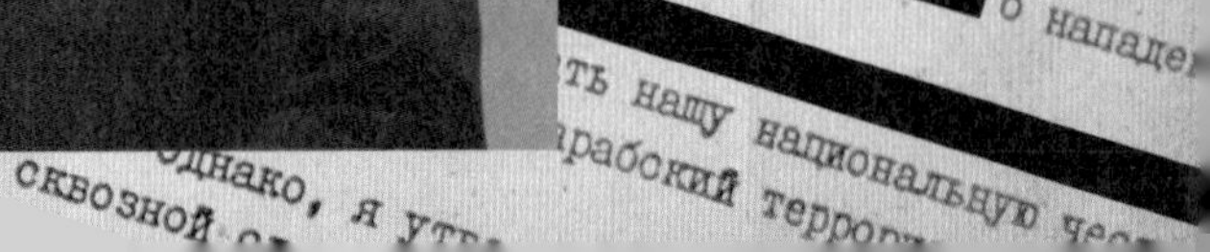

26.（右上）反情報部門 K 局的維克多．布達諾夫上校。1985 年 5 月，這位「國安會最危險人物」親自訊問戈傑夫斯基。

27.（左圖）尼古拉．格里賓魅力十足，愛彈吉他，他是國安會的英國—斯堪地那維亞處處長，也是戈傑夫斯基的直屬長官。

28.（右下）烏克蘭人維克多．格魯什科，他是國安會第一總局副局長，也是負責審問戈傑夫斯基的最高階軍官。

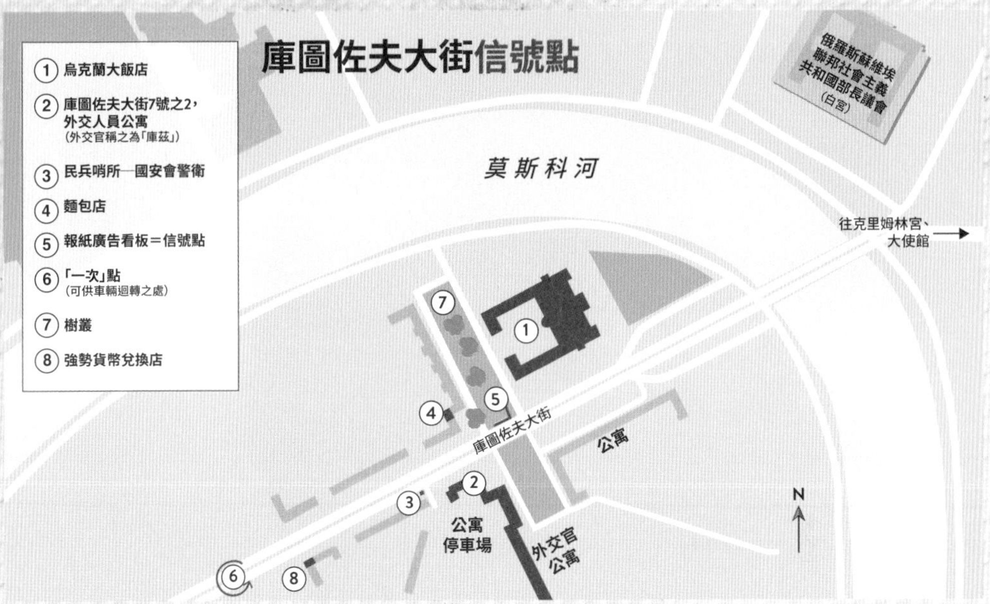
庫圖佐夫大街信號點
1 烏克蘭大飯店
2 庫圖佐夫大街7號之2，外交人員公寓
（外交官稱之為「庫茲」）
3 民兵哨所—國安會警衛
4 麵包店
5 報紙廣告看板＝信號點
6 「一次」點
（可供車輛迴轉之處）
7 樹叢
8 強勢貨幣兌換店
俄羅斯蘇維埃聯邦社會主義共和國部長議會
（白宮）
莫斯科河
往克里姆林宮、大使館
庫圖佐夫大街
公寓
公寓停車場
外交官公寓
N

庫圖佐夫大街7號之2（庫茲），
外國人住宅區
烏克蘭大飯店
軍情六處
公寓
信號點
麵包店

29. 庫圖佐夫大街信號點。

30. 戈傑夫斯基的第二任妻子蕾拉・阿利耶娃，照片攝於他們在哥本哈根初識之時，那年蕾拉 28 歲。她是國安會軍官的女兒，在世界衛生組織擔任打字員。1979 年，他們在莫斯科結婚。

31.（上圖）蕾拉和兩個女兒，攝於 1982 年剛抵達倫敦不久，拍攝地點為特拉法加廣場國家美術館外的咖啡座。

32.（下圖）肯辛頓宮花園 13 號的蘇聯駐英國大使館。國安會倫敦聯絡站位於大使館頂樓，是地球上疑心病最重的場所之一。

33. 戈傑夫斯基的兩個女兒——瑪莉亞和安娜。一家人快樂地在倫敦定居，女孩們說著流利英語，就讀英國國教會學校。

34.（上圖）麥可・貝塔尼，軍情五處官員。他在倫敦接觸蘇聯國安會，提議為蘇聯當間諜，他的化名「科巴」是史達林的別名之一。

35.（下圖）伊莉莎・曼寧漢姆—布勒。為了揪出英國安全局內部潛伏的間諜，由軍情五處和軍情六處聯合組成了「病號」專案小組，她是核心成員之一。2002 年，她當上軍情五處處長。

36.（上圖）國安會駐倫敦站長阿爾卡季．古克將軍（右）與妻子和隨扈。戈傑夫斯基說他是「一團肥大臃腫的人，腦袋平庸，滿肚子卑鄙伎倆」。

37.（右下）古克位於荷蘭公園 42 號的住處。1983 年 4 月 3 日，貝塔尼把一個包裹塞進古克的信箱，裡面是一份軍情五處的絕密文件，以及向國安會洩露更多機密的提議。古克將之斥為軍情五處的「挑釁」。

38.（左下）1994 年之前的軍情六處倫敦總部——世紀之家。這棟毫不起眼的建築，是倫敦最機密的處所。

ČESKOSLOVENSKO

39.（左上）麥可．富特，工黨下議院議員，日後成為工黨黨魁。他也是代號「靴子」的蘇聯國安會聯絡人。

40.（右上）傑克．瓊斯，被英國首相戈登．布朗譽為「世界上最偉大的工會領袖之一」。他也是國安會特務。

41.（下圖）歐列格．戈傑夫斯基與愛丁堡的工黨下議院議員朗恩．布朗（中），以及捷克斯洛伐克特務揚．薩科齊（Jan Sarkocy）的合影。薩科齊也曾和日後成為工黨黨魁的傑瑞米．柯賓（Jeremy Corbyn）見過面。戈傑夫斯基幾次試圖吸收布朗，讓他為蘇聯國安會效力，卻發現自己完全聽不懂他的蘇格蘭口音。

42.（上圖）1983 年 9 月，蘇聯戰鬥機擊落大韓航空 007 班機，由此引發了各地的抗議行動，冷戰的局勢更加緊張。

43.（下圖）1984 年 2 月 14 日，瑪格麗特．柴契爾前往莫斯科，參加蘇聯領袖安德羅波夫的喪禮。英國首相展現出「合宜的肅穆」，她遵循的腳本一部分出自戈傑夫斯基之手。

44.（上圖）1984 年 12 月，日後的蘇聯領袖米哈伊爾・戈巴契夫在契克斯別墅會晤柴契爾。柴契爾說他是「能打交道的對象」。

45.（右下）熱愛英國、穿花呢服裝、抽菸斗的米哈伊爾・柳比莫夫。軍情五處為這位蘇聯國安會軍官取了外號「微笑麥克」，並試圖吸收他擔任雙面間諜。

46.（左下）內閣祕書長羅伯・阿姆斯壯爵士負責監督情報部門，他決定不告知首相柴契爾，她的工黨對手麥可・富特曾是蘇聯國安會的支薪聯絡人。

47. 烏克蘭大飯店門前所見的庫圖佐夫大街信號點。在照片左方的樹叢後可以瞥見麵包店。

48.（上圖）紅場的聖瓦西里主教座堂。戈傑夫斯基試圖在這裡傳遞訊息給軍情六處，請求立即啟動脫逃計畫「皮姆利科」行動，但這次的「電刷觸碰」失敗了。

49.（右下）喜互惠超商提袋。圖中正是 1985 年 7 月 16 日星期二晚間 7 點 30 分戈傑夫斯基在庫圖佐夫大街信號點發出脫逃信號的提袋。

50.（左下）為了表明收到信號，一名軍情六處官員會走過戈傑夫斯基身邊，視線短暫接觸，同時吃一條瑪氏牌巧克力棒。

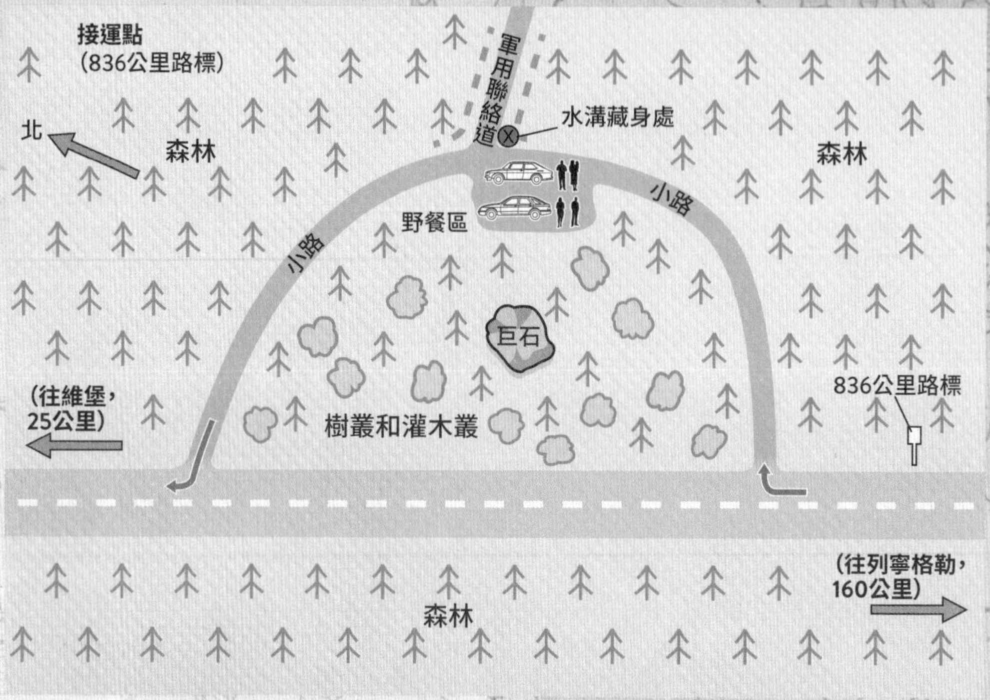

51.（上圖）維堡南方的會面地點，軍情六處的脫逃小組會在這裡接運戈傑夫斯基，帶他跨越芬蘭邊界。

52.（下圖）其中一輛脫逃用車，由軍情六處官員羅伊．阿斯科特子爵駕駛的紳寶車。

53.（上圖）通往自由之路，北上脫逃道路的偵察照片。

54.（下圖）逃亡的間諜越界進入芬蘭數小時後，在前往挪威途中，軍情六處偷運小組短暫停留，拍下紀念照。從左到右分別是：戈傑夫斯基、軍情六處官員西蒙．布朗和維若妮卡．普萊斯，以及丹麥情報官延斯．艾力克森。

55.（上圖）維堡俄芬國境的三處軍方邊境防衛柵門其中一處。

56.（下圖）「皮姆利科」行動後，一位被俄國驅逐出境的軍情六處官員透過汽車擋風玻璃拍下這個畫面。在蘇聯國安會車隊押送之下，英國人的座車行經三個月前接走戈傑夫斯基的會面地點。

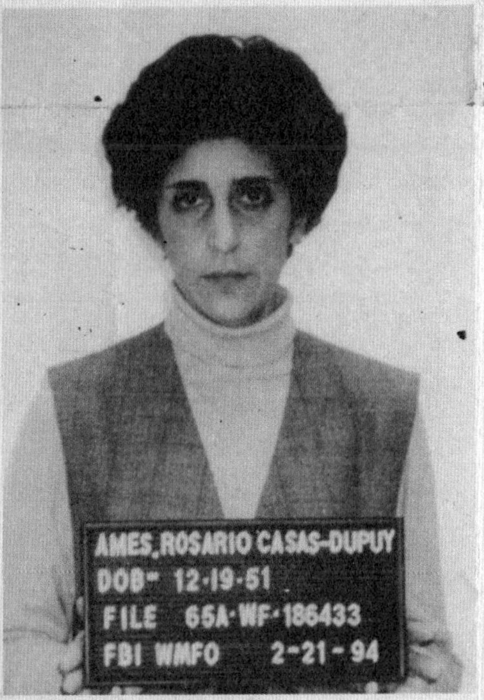

57.（上圖）1994 年 2 月 21 日，奧德瑞奇·艾姆斯被捕，這時他已為蘇聯國安會當了十年間諜。「你們犯了大錯！」他一口咬定，「你們絕對搞錯人了。」

58.（下圖）奧德瑞奇和羅莎里歐夫妻被捕時的檔案照。她刑滿出獄，但囚犯號碼 40087-083 的艾姆斯目前仍被監禁於印第安納州特雷霍特的聯邦懲教所。

59.（上圖）戈傑夫斯基在英國迎接搭乘直升機而來的家人，當時一家人已被迫分離了六年。

60.（下圖）戈傑夫斯基一家終於團圓，他們在倫敦拍下照片，但之後夫妻倆的婚姻迅速崩解。

61.（左上）1987 年，戈傑夫斯基在橢圓形辦公室與雷根總統會晤。「我們知道你，」雷根說，「我們很感激你為西方做的事。」

62.（右下）2007 年，女王壽辰授勛，由於戈傑夫斯基「為聯合王國安全服務」，他獲頒最卓越的聖米迦勒及聖喬治同袍勛章。

63.（左下）戈傑夫斯基脫逃數週後，中央情報局局長比爾．凱西飛到英國與他會面。

64. 退休的間諜。歐列格．戈傑夫斯基如今仍使用假名，住在英格蘭的安全屋裡，就在某條不起眼的郊區街道上。逃離俄國不久，他就搬進了這處住所。

目錄

引言 一九八五年五月十八日 36

第一部

第一章 在KGB長大的特務 40
第二章 代號：戈姆森叔叔 59
第三章 代號：陽光 76
第四章 雙重人生從此展開 94
第五章 行動代號：皮姆利科 117
第六章 英國檔案中的最大祕密 140

第二部

第七章 代號：諾克頓 156
第八章 核彈攻擊行動 174

第九章　來自「科巴」的威脅　191
第十章　「柯林斯先生」與柴契爾夫人　206
第十一章　俄羅斯輪盤的賭局　229

第三部

第十二章　貓捉老鼠　254
第十三章　脫逃計畫啟動　277
第十四章　逃亡路上　301
第十五章　《芬蘭頌》　324

終曲

第十六章　「皮姆利科」的護照　344

誌謝　363
代號與化名對照　365
精選參考書目　366

本書寫作的原始資料，來自相關參與者的訪談，包括軍情六處、蘇聯國安會及中央情報局官員，其中大多數人不能公開姓名。資料也來自歐列格·戈傑夫斯基及其家人、朋友的訪談，還有他在一九九五年出版的回憶錄《下一站處決》（Next Stop Execution）。其他資料來源及重要引文出處，請參看本書注釋。

一引言一 一九八五年五月十八日

對蘇聯國安會反情報部門——K局來說，這是一項例行竊聽公事。

用不到一分鐘就撬開了列寧大道一〇三號八樓一間公寓的門鎖，莫斯科的這棟高樓大廈裡，住滿了國安會軍官及其眷屬。在兩名戴著手套、身穿工作服的男子開始有條不紊搜索公寓之際，還有兩位技師神不知鬼不覺地迅速在屋裡布線，在壁紙和壁腳板後方植入竊聽裝置，在電話聽筒裡嵌入麥克風，並在客廳、臥室和廚房的燈具裡安插攝影機。當他們在一小時後完事，這間公寓已經沒有一個角落能逃脫國安會的耳目。最後，他們戴上口罩，對衣櫥裡的衣服和鞋子噴灑放射塵，濃度夠低而不至於中毒，但足以讓國安會的蓋革計數器（Geiger counter）追蹤到穿戴者的行動。然後他們離開，小心鎖好身後的大門。

數小時後，一名俄國高階情報官從倫敦搭乘蘇聯民航（Aeroflot）班機，降落在莫斯科機場。

國安會上校歐列格．安東尼耶維奇．戈傑夫斯基（Oleg Antonyevich Gordievsky）正處於生涯顛峰。這位蘇聯情報機構的奇才認真刻苦地逐步晉升，先後任職於斯堪地那維亞、莫斯科和英國，紀錄幾乎無可非議。這時，他以四十六歲的年紀，獲拔擢為國安會倫敦聯絡站站長這份高位，並應邀返回莫斯科，接受國安會主席正式指定。戈傑夫斯基這位職業間諜，可望在這個一手掌控蘇聯、巨大而冷酷的情報網絡裡，晉升到最高層級。

結實健壯的戈傑夫斯基，信心十足地大步穿越機場的人潮。但一種低沉的恐懼卻在他心中沸騰。因為國安會資深特務、蘇聯忠實的祕密情報員歐列格．戈傑夫斯基，是一名英國間諜。

十多年前被英國對外情報部門軍情六處（MI6）吸收，代號「諾克頓」（NOCTON）的這名特務，已經證明了自己是史上最有價值的特務之一。他回饋給英國主管的大量資訊，改變了冷戰的走向、撬開了蘇聯間諜網、協助防止了核戰，並在世界事務陷入凶險的時候，提供獨特的洞見，讓西方得以理解克里姆林宮的思維。這位蘇聯間諜所提供大量不同凡響的機密，都匯報給了美國總統雷根（Ronald Reagen）和英國首相柴契爾（Margaret Thatcher），但兩位領袖都不知道他的真實身分。就連戈傑夫斯基的年輕妻子也對他的雙重人生一無所知。

戈傑夫斯基被任命為國安會駐外站長（俄文*rezident*，國安會駐外聯絡站負責人），這件事讓知曉這個專案的一小群軍情六處官員雀躍不已。身為蘇聯派駐英國最高階的情報特務，戈傑夫斯基從此就能取得俄國間諜工作最核心的機密，他得以在國安會採取行動之前，先行將他們的計畫告知西方；國安會在英國也將失去力量。但他突然被召回莫斯科，諾克頓小組對此感到不安。有些人察覺這是個圈套。戈傑夫斯基在倫敦的安全屋和軍情六處的上線們倉促會面時，他們向他提供了「全家叛逃並留在英國」這個選項。所有與會人員都了解風險：要是他正式成為國安會站長回來，那麼軍情六處、美國中央情報局（CIA）和他們的西方盟友在情報上就中了大獎；但如果戈傑夫斯基落入圈套，他就會失去一切，包括性命在內。他苦思長考之後下了決定：「我會回去。」

軍情六處官員們再次複習了七年前擬訂的戈傑夫斯基緊急脫逃計畫：行動代號「皮姆利科」（PIMLICO），當年的期望是這項計畫永遠無須派上用場。軍情六處從來不曾從蘇聯境內將任何人偷運出境，更別提國安會軍官了。這個複雜又危險的計畫，只能在萬不得已時發動。

戈傑夫斯基接受過察知危險的訓練。當他步行穿過莫斯科機場，神經因為內在壓力而衰弱不堪，他到處看見危險信號。護照審查官查驗他證件的時間似乎久得不尋常，然後才揮手放行。派來迎接他的那名軍官到哪兒去了？這應當是國安會上校返國時的小小禮數。儘管機場原本就在嚴密監控之下，但今天看似漫不經心佇立著的不起眼男女似乎比平時更多。戈傑夫斯基搭上計程車，對自己說，要是國安部得知實情，他踏上蘇聯領土那一刻就會被逮捕了，這時已經在前往國安會監獄的途中，準備面臨偵訊和拷打，而後處決。

就他所見，他走進列寧大道上那座熟悉的公寓大樓，搭上電梯前往八樓時，並未受到跟蹤。他從一月就不曾踏進他們家的公寓了。

前門的第一道鎖輕易開啟，第二道鎖也開了。但門板文風不動。門上的第三道鎖是老式的鎖舌輔助鎖，從這座大樓興建時就已經安裝，而它被鎖上了。

但戈傑夫斯基從來沒用過第三道鎖。事實上，他沒有這道鎖的鑰匙。那必定意味著某人帶著萬能鑰匙進去過，離開時失手上了三道鎖。那個某人必定是國安會。

前一週的恐懼具體形成了一種強烈的凍結感。意識到自己的公寓遭人入內搜索，可能還被裝了竊聽器，令他毛骨悚然、動彈不得。他受到懷疑了。有人出賣了他。國安會在監控他。這名間諜被他的間諜同僚監視了。

第一部

為什麼要當間諜？為何拋棄家人、朋友和正職工作的安全保障，
投身危機四伏、動盪不安的機密世界？
尤其，為何才剛加入蘇聯KGB，卻又轉而效忠英國MI6？

1 在KGB長大的特務

歐列格．戈傑夫斯基出生在蘇聯國安會，受它形塑、得它鍾愛，被它扭曲和傷害，而且只差一點就被它毀滅。這個蘇聯間諜部門就活在他的身心之中。他的父親終其一生效力於這個情報部門，每天都穿上國安會的制服，連週末也不例外。戈傑夫斯基一家住在指定的公寓大樓裡，鄰居都是間諜同仁，他們享用專為軍官保留的食品，閒暇時間則與其他間諜家庭社交。戈傑夫斯基是國安會的孩子。

國家安全委員會（KGB, *Komitet Gosudarstvennoy Bezopasnosti*）是人類所創造最複雜也最無遠弗屆的情報機構，它直接繼承了史達林的間諜網，將國內外情報蒐集、國內安全執法與國家警察的角色融於一爐。高壓、神祕又無所不在的國安會，滲透並控制了蘇聯人生活的每一面向。它根除國內異議、保衛共產黨領導、向敵對勢力發動間諜及反間行動，並威逼蘇維埃社會主義共和國聯盟（蘇聯）的人民俯首帖耳。它在全世界吸收特務、布置間諜，無孔不入地蒐集、收買和竊取世上每個角落的軍事、政治及科學機密。在權勢鼎盛之時，國安會擁有一百多萬軍官、特務及線民，形塑蘇聯社會的深刻程度更甚於其他任何機構。

對西方來說，KGB這個縮寫本身就是「對內恐怖、對外侵略及顛覆」的代名詞，以及由千人一面的國家黑手黨運作的極權主義政體一切殘酷之簡稱。但生活在國安會鐵腕統治下的人們卻不這麼看待它。國安會肯定激起了恐懼與服從，但它做為近衛軍、做為抵抗西方帝國主義和資本主義侵略的堡壘，以及共產主義的衛士，卻也同樣受人景仰。成為這支享有特權的菁英部隊之一員，正是讚賞與驕傲的來源。加入這個部門就是一份終身職。「沒有『前國安會人員』這回事。」前國安會軍官弗拉基米爾・普丁（Vladimir Putin）這麼說過❶。這是一個嚴選成員的俱樂部，而且絕無可能脫離。在那些擁有充分才華及抱負的人們看來，加入國安會的行列既是榮譽，也是責任。

歐列格・戈傑夫斯基從來沒有認真考慮過從事其他工作。

他的父親安東・拉夫連季耶維奇・戈傑夫斯基（Anton Lavrentyevich Gordievsky）是鐵路工人之子，當過教師，然後被一九一七年的大革命轉變成一名盡心盡力、毫不質疑的共產黨員，正統意識型態的嚴格執行者。「黨就是上帝。」他兒子後來寫道。老戈傑夫斯基的忠誠始終不曾動搖，即使他的信念要求他參與不可告人的罪行。一九三二年，他協助執行了哈薩克的「蘇維埃化」，策劃從農民手中徵收糧食，以供應蘇聯軍人及城市所需。大約一百五十萬人死於由此導致的饑荒。安東近距離目睹了這場國家一手造成的饑荒。同年，他加入國家安全總局，接著加入史達林的祕密警察組織，即國安會的前身——內務人民委員部（NKVD）。他是政治總局的軍官，負責政治紀律及教化工作。安東與二十四歲的統計員奧爾嘉・尼古拉耶夫娜・戈爾諾娃（Olga Nikolayevna Gornova）結了婚，兩人搬進莫斯科一棟專供情報部門菁英居住的公寓大樓。長子瓦西里（Vasili）生於一九三二年。戈傑夫斯基一家在史達林統治下茁壯起來。

當史達林同志宣布革命遭遇了來自內部的致命威脅，安東・戈傑夫斯基已做好準備為清除叛徒貢獻一己之力。一九三六至三八年的「大整肅」（Great Purge），全面肅清了「國家公敵」：第五縱隊和隱藏起來的托派嫌疑犯、恐怖分子和破壞分子、反革命特務、黨幹部和國家官員、農民、猶太人、教師、將領、知識分子、波蘭人、紅軍官兵，以及其他許多人。其中大多數人完全無辜。在史達林疑神疑鬼的警察國家裡，舉發他人是最安全的保命之道。「寧可讓十個無辜者受苦，也不可放走一個間諜。」內務人民委員尼古拉・葉若夫（Nikolai Yezhov）說，「劈柴總會有碎木屑飛濺❷。」線民耳語、拷問者和劊子手

❶ 普丁在俄羅斯聯邦安全局演說，二〇〇五年十二月，http://www.newsweek.com/chill-moscow-air-113415。

上工，西伯利亞勞改營人滿為患。但如同每次革命必定上演的情節，執法者本人也免不了成為嫌疑犯。內務人民委員部也開始調查及清洗自己人。流血最慘重的那段時間，戈傑夫斯基一家居住的那棟公寓在六個月內被查抄了十多次。逮捕行動都在深夜進行：那一家的男主人先被押走，接著是其他家人被帶走。

其中部分國家公敵很可能就是安東・戈傑夫斯基舉報的。「內務人民委員部永遠是對的。」他這麼說。這個結論既完全明智，也完全錯誤。

次子歐列格・安東尼耶維奇・戈傑夫斯基生於一九三八年十月，那時大整肅逐漸接近尾聲，大戰則迫在眉睫。在朋友和鄰居看來，戈傑夫斯基夫婦似乎是理想的蘇聯公民，他們意識型態純正，忠於黨國，如今更養育著兩個健壯的兒子。歐列格出生七年後，女兒瑪莉娜（Marina）也誕生了。戈傑夫斯基一家衣食不愁，享有特權，而且安全無虞。

但細看這一家人就會發現破綻，表象之下是一層層的欺瞞。安東・戈傑夫斯基從來不談他在饑荒、清洗及恐怖統治期間的所作所為。老戈傑夫斯基是「蘇維埃人」（*Homo Sovieticus*）的絕佳範例，是共產壓迫製造出來的順從國家公僕。但內裡的他卻懼怕、驚恐，或許還抱有罪惡感。歐列格後來逐漸把父親看成是一個「害怕的人」。

歐列格的母親奧爾嘉・戈傑夫斯基，卻是由「不太容易改造的材料製成的人」❸。她從來不曾入黨，也不相信內務人民委員部從不犯錯。她父親的水車被共產黨人沒收；她哥哥因為批評集體農業而被送進西伯利亞東部的勞改營；她見過許多朋友在深夜被拖出家門帶走。憑著農民根深柢固的常識，她理

---

❷ 轉引自 Sebag Montefiore, *Stalin*。

❸ 編注：一九二四年列寧逝世後，史達林在全俄羅斯蘇維埃代表大會的悼念演說留下這句名言：「共產黨員是特殊材料製成的人。」作者在此處挪用並翻轉了這個典故。

父親安東、妹妹瑪莉娜、歐列格、母親奧爾嘉。

三兄妹合照，攝於 1955 年左右。左為哥哥瓦西里。

解到國家恐怖的反覆無常和睚眥必報，但選擇三緘其口。

年紀相差六歲的歐列格和瓦西里在二戰期間成長。歐列格最早的記憶之一，是看著一列列渾身泥汙的德國戰俘在莫斯科街頭遊行示眾，「像牲口一樣被捕獲、看管和引領」。父親安東經常離家很久，到軍中講解黨的意識型態。

歐列格．戈傑夫斯基勤勉地學習共產黨的正統教條：他就讀一三〇中學（School 130），在學期間展現出歷史和語言的早慧；他學到了國內外共產主義的英雄人物。即使關於西方的一切籠罩著濃密的不實資訊，外國仍令他著迷。六歲那年，他開始閱讀《英國盟友》（*British Ally*），這是英國大使館以俄文印刷的傳單，旨在促進英俄兩國相互理解。他也學德文。他遵循著所有青少年受到的期望，加入了青年共產主義聯盟（*Komsomol*，即共青團）。

他父親把三份官方報紙帶回家，喋喋不休地宣揚報上刊載的共產主義文宣。內務人民委員部轉型為國家安全委員會，安東．戈傑夫斯基也遵命追隨。歐列格的母親流露出無聲的抗拒，只在私下的尖刻悄悄話中才會偶爾表現出來。宗教崇拜在共產統治下是違法行為，兩個男孩都被教養成無神論者，但他們的外婆偷偷讓瓦西里受洗成為俄羅斯正教徒，要不是驚恐的父親發現並制止，她也會讓歐列格受洗。

歐列格．戈傑夫斯基在一個關係緊密而慈愛，卻又充斥著欺瞞的家庭裡成長。安東．戈傑夫斯基尊崇共產黨，自詡為共產主義的無畏支持者，骨子裡卻是個渺小而驚恐的人，並親眼目睹過駭人的事件。理想的國安會妻子奧爾嘉．戈傑夫斯基，暗中對體制心存蔑視。歐列格的外婆偷偷敬拜著違法且被取締的上帝。家中的成人全都把真正的感受深藏不露——不向彼此或其他人表達。在史達林俄國令人窒息的服從之中，私下相信不同的事物是有可能的，但誠實表達卻太過危險，就連對自己的家人說實話也一樣。從兒時開始，歐列格就看到了雙重人生是有可能的，可以既愛著身邊的人，又隱藏自己內在的真正自我；可以向外面的世界表現出一副樣貌，心中卻是另一回事。

身為共青團領導的歐列格．戈傑夫斯基，帶著銀牌獎從中學畢業，成了蘇聯體制一名能幹、聰穎、強健、毫不質疑，同時卻毫不起眼的產物。但他也學會了劃分出不同的自我。他的父親、母親和外婆全都戴著假面具。少年戈傑夫斯基在祕密中成長。

史達林死於一九五三年。三年後，他的接班人尼基塔．赫魯雪夫（Nikita Khrushchev）在蘇聯共產黨第二十次代表大會上，公開批判他。安東．戈傑夫斯基大感震驚，但他的兒子歐列格相信，蘇聯官方對史達林的譴責「大大有助於摧毀父親人生的意識型態基礎和哲學基礎」。安東不樂見俄國改變的方式，但他的兒子喜歡。

「赫魯雪夫解凍」雖然短暫且受限，但這段真正自由化的時期鬆綁了審查制度，成千上萬政治犯獲釋。這是滿懷希望的俄國青年風華正茂之時。

十七歲那年，歐列格在聲譽卓著的莫斯科國立國際關係學院（Moscow State Institute of International Relations）註冊就讀。新氛圍下，興高采烈的他在學校裡和同學認真討論如何創造「人性社會主義」（socialism with a human face）。但他太過火了——他母親骨子裡的不順從有一部分也滲入了他心中。有一天，他寫了篇演講稿，天真地捍衛自由與民主，這兩個概念他僅僅略知皮毛。他在視聽教室錄下這段演說，然後播給幾位同學聽。他們驚呆了。「你得馬上把這東西銷毀，歐列格，然後絕對不要再提起。」他突然害怕起來，開始尋思會不會有哪個同學向當局報告他的「激進」言論。國安會在學院裡也有間諜。

赫魯雪夫改革的限度在一九五六年毫不留情地展現出來，蘇聯戰車長驅直入匈牙利，鎮壓了匈牙利全國反抗蘇聯統治的起義。即使蘇聯審查及宣傳鋪天蓋地而來，起義遭到鎮壓的消息還是輾轉傳回俄國。「暖意全都消散了，」歐列格回顧其後的壓制，「寒風襲來。」

國際關係學院是蘇聯最菁英的大學，亨利．季辛吉（Henry Kissinger）稱之為「俄國哈佛」❹。該校由

❹ 轉引自 *Encyclopedia of Contemporary Russian Culture* (ed. Tatiana Smorodinskaya, Karen Evans-Romaine & Helena Goscilo), Abingdon, 2007。

蘇聯外交部經營，是外交官、科學家、經濟學家、政治人物最重要的訓練所——間諜也是。戈傑夫斯基學習歷史、地理、經濟學和國際關係，當然，全被共產主義意識型態的扭曲稜鏡折射過。學院講授五十六種外語，比世界上任何一間大學都多。語言技能指出了一條進入國安會、獲得夢寐以求的外國旅行機會之明路。德語已經很流利的他申請學習英文，但英文課程全都額滿。「學瑞典語，」已經加入國安會的哥哥建議，「這是通向斯堪地那維亞其他地方的門戶。」戈傑夫斯基聽從了哥哥的建議。

學院圖書館存放了幾份外國報紙和期刊，即使內容被大量刪去，仍能一窺更廣大的世界。他開始閱讀這些報刊，但只能小心翼翼，因為對西方公開表現出興趣本身就足以受人猜疑。他有時會在深夜偷聽英國廣播公司國際頻道或美國之音，不顧蘇聯審查人員強加的無線電干擾，藉此得到了「第一絲微弱的真相」。

如同所有人類，晚年的戈傑夫斯基往往透過經驗回顧自己的往事，從而想像自己始終暗藏著不服從的種子，相信自己的命運以某種方式成為性格中不可改變的本能。其實並非如此。學生時代的他是一位熱心的共產主義者，渴望追隨父兄加入國安會為蘇聯國家服務。匈牙利起義令青少年時代的他印象深刻，但他不是革命者。「我還在體制內部，但我的幻滅感在滋長。」就這點來說，他跟多數學生同儕並沒有兩樣。

十九歲那年，戈傑夫斯基開始學習越野路跑。這項運動獨自一人的本質吸引了他，在與自己的祕密競爭中，長時間的激烈節奏考驗著他的極限。歐列格可以是個熱愛交際的人，他令女性著迷，也善於打情罵俏；他的長相擺明了英俊瀟灑，頭髮從前額向後梳，五官開闊又頗為柔和；他熟睡時的表情看來嚴肅，但當他的眼神閃爍著黑色幽默，整張臉也都亮了起來。他在人群中往往愉悅又友好，內心卻藏著冷硬且不為人知的東西。他並不孤獨，也不是獨行俠，但獨自一人時更為自在。他幾乎不會顯露自己的情感。一向渴望提升自我的歐列格相信，越野路跑能「塑造性格」。他會跑上幾個小時，穿過莫斯科的街道和公園，一個人邊跑邊思考。

和他熟識的同學不多，其中一位是大學田徑隊的長跑隊友斯坦尼斯瓦夫・卡普蘭（Stanislaw Kaplan）。綽號「斯坦達」（Standa）的卡普蘭是捷克人，先在布拉格查理大學（Charles University）獲得學位，而後做為蘇聯集團國家數百名資優生之一，來到國際關係學院留學。大他一歲的卡普蘭為了成為軍方譯員而學習，戈傑夫斯基多年後寫道，一如來自新近臣服於共黨統治國家的其他人，卡普蘭的「個性還沒被扼殺」。這兩位年輕男子發現，他們共享著相容的抱負與近似的理念。「他的思想開明，對共產主義抱持著強烈懷疑的觀點。」戈傑夫斯基寫道。他發現卡普蘭坦率的意見令人興奮，又令人有些驚慌。斯坦達黝黑英俊的容貌很受女性歡迎，這兩位學生成了堅定不移的好友，他們一起跑步、追求女孩，也一起在高爾基公園附近的捷克餐廳吃飯。

他崇拜的兄長瓦西里對他的影響同樣重要，這時瓦西里正在受訓成為一名「非法派遣人員」，也就是蘇聯潛伏於全球各地的特務大軍之一員。

國安會在外國運行兩種不同的間諜。第一種在官方身分掩護下工作，通常是蘇聯大使館或領事館人員、文化參事或軍方武官、特派記者或貿易代表。有外交人員身分做為保護，意味著這些「合法」間諜一旦行跡敗露，不能以間諜罪起訴，只能宣告為「不受歡迎人物」（*persona non grata*）驅逐出境。反之，「非法派遣」間諜（*nelegal*）沒有官方身分，通常使用假名，攜帶偽造文件旅行，無論派駐到哪一國，就是不露痕跡地融入當地。這些間諜在西方稱為「非官方身分掩護人員」（NOCs, Non-Official Cover）。國安會在世界各地布置非法派遣間諜，他們喬裝為一般公民，深藏不露，伺機顛覆。他們和合法間諜一樣蒐集情資、吸收特務，並實施多種形式的破壞。有時，他們會轉為「休眠人員」（sleepers），在啟動之前長期保持隱匿。這些人也是潛在的第五縱隊，要是東西雙方爆發戰爭，他們都準備好上戰場。非法派遣人員在暗處行動，因此不能經由可被追蹤的方式取得資金，也不能使用安全的外交管道聯絡。但不同於大使館裡具有官方身分的間諜，他們不會留下多少痕跡讓反情報探員追蹤。每一處蘇聯大使館都包含一個國安會的常設聯絡站，內有多位各具官方身分的國安會軍官，他們全都聽從站長的指揮（位階相當於軍情六處與中央情報局的分站站長）。西方反情報部門的任務之一，就是查明哪些蘇聯官員是真正的外交官，又有哪些其實是間諜。然而，要追蹤非法派遣人員就艱難多了。

國安會負責對外情報的部門是第一總局（FCD, First Chief Directorate）。第一總局裡訓練、部署及管理非法派遣人員的則是S局（意指「特別行動」）。瓦西里．戈傑夫斯基在一九六〇年正式被S局招募。

國安會在國際關係學院內仍保有一間辦公室，派駐兩名軍官，尋找可能吸收的對象。瓦西里向S局的上級提過，他的弟弟精通多種語言，或許也有興趣從事這一行。

一九六一年初，歐列格．戈傑夫斯基應邀到辦公室面談，接著奉命前往捷爾任斯基廣場（Dzerzhinsky Square）國安會總部附近的一棟樓房，由一位說德語的中年婦女客氣地面談，她讚許他對德語的理解程度。從那一刻起，他就是體制的一部分。戈傑夫斯基並未請求加入國安會；這不是你提出申請就能參加的俱樂部，是它選擇了你。

大學即將畢業時，戈傑夫斯基被派往東柏林，以俄國大使館通譯的身分駐紮六個月見習。戈傑夫斯基對於第一次出國旅行的機會大感激動，奉召到S局聽取東德形勢簡報時更是難掩興奮。共產政權統治的德意志民主共和國是蘇聯的衛星國家，但無法因此豁免於國安會的關注。瓦西里已經做為非法派遣人員在那兒定居。歐列格立刻同意和哥哥聯繫，為他非正式的新雇主執行幾項「小任務」。一九六一年八月十二日，歐列格抵達東柏林，投宿於卡爾霍斯特（Karlshorst）郊區蘇聯國安會駐地中的一間學生旅社。

先前數月以來，東德人經由西柏林逃往西方的人流匯聚成一股洪流。到了一九六一年，約有三百五十萬東德人加入了逃離共產統治的大潮，占東德全體人口的百分之二十左右。

隔天早上，戈傑夫斯基醒來時，發現大量推土機入侵東柏林。東德政府在莫斯科催促下，採取激烈行動制止逃亡潮。柏林圍牆正在興建，這道實體障礙將會隔絕西方與東柏林及東德其他區域。實際上，這座「反法西斯防護牆」是一道監獄高牆，由東德建造起來，將自己的公民圈禁在牆內。超過一百五十公里的混凝土和鐵絲網，連同地堡、反車輛壕溝和鏈狀柵欄，柏林圍牆正是鐵幕的實體顯現，也是人類建造過最令人不快的結構體之一。

戈傑夫斯基驚恐又敬畏地看著東德工人將邊界沿線的街道拆除，讓車輛無法通過，同時，軍隊張開了數英里長的帶刺鐵絲網。有些東德人意識到自己的逃亡路線正在迅速封閉，他們奮力翻越路障，或試圖游過邊界地帶的運河，不顧一切爭取自由。衛兵則沿著邊境部署，奉命射殺任何試圖由東德越界前往西方的人。這道新建的圍牆，讓二十二歲的戈傑夫斯基留下了強烈印象：「唯有建立一道實體屏障，並由瞭望塔裡的武裝衛兵增援，才能留住社會主義天國裡的東德人，阻止他們逃往西方。」

但戈傑夫斯基對於柏林圍牆一夜之間建造起來的震驚，並未妨礙他忠實執行國安會的命令。懼怕權威是本能，服從的習慣則根深柢固。S局給了他一個德國女人的姓名，她曾是國安會的線民；戈傑夫斯基得到的指示是探她的口風，確認她是否願意繼續提供情資。他透過當地的警察局找到了她的住址。應門的中年婦女對於一位年輕男子帶著花束突然出現，似乎泰然自若。喝過一杯茶之後，她表明自己願意繼續與國安會合作。戈傑夫斯基熱切寫下自己的第一份國安會報告。直到數月之後，他才明白實情：「被考驗的不是她，而是我。」

那年耶誕，他聯繫上瓦西里，哥哥那時以假身分居住在萊比錫。歐列格沒有向瓦西里吐露自己對於柏林圍牆建造的驚恐。他的兄長已經是國安會的職業軍官，不會認同這種意識型態動搖的表現。一如他們的母親向丈夫隱藏真實感受，這對兄弟也彼此保密：歐列格對瓦西里在東德真正從事的工作一無所知，瓦西里對歐列格真正的感受也毫無頭緒。兩兄弟一同觀賞了《耶誕神劇》（*Christmas Oratorio*）演出，歐列格「深受感動」。相形之下，俄國似乎是「一片心靈沙漠」，只聽得到官方許可的作曲家創作，像巴哈這樣「階級敵對」的教會音樂，被認為是頹廢的資產階級音樂而遭到查禁。

在東德度過的這幾個月深深影響了戈傑夫斯基。他親眼目睹歐洲在對立意識型態間的實體與象徵之巨大分裂，還品嘗了在莫斯科不允許享用的文化果實。他也開始從事間諜工作。「我非常興奮，早早就能體驗到加入國安會之後要做的事。」

其實，他已經加入了。

回到莫斯科，戈傑夫斯基奉命在一九六二年七月三十一日前往國安會報到。為何他要加入這個組織，執行一套他已經開始質疑的意識型態？國安會的工作令人嚮往，提供了出國旅行的承諾。機密很誘人。他也雄心勃勃。國安會可能會改變。他可能會改變。俄國也可能會改變。薪資和特權也很棒。

奧爾嘉．戈傑夫斯基得知小兒子也要追隨父兄加入情報部門，大為失望。她難得一次對這個政權，以及對這個支撐政權的壓迫機制表露自己的憤怒。歐列格指出，他不會在國安會的國內部門工作，而是在負責對外情報的第一總局工作，這個菁英組織的員工是說外語的知識分子，從事需要技能與教育程度的複雜工作。「那兒其實不像國安會，」他對母親說，「而是情報和外交工作。」奧爾嘉轉身走出房間。安東．戈傑夫斯基一言不發。歐列格無法從父親的神態中感受到一絲自豪。多年後，當戈傑夫斯基逐漸理解了史達林時代鎮壓的全盤規模，他不禁懷疑這時退休年齡將至的父親，是否「對國安會幹下的這一切罪惡和暴行感到羞愧，完全不敢跟自己的兒子談論國安會的工作」。或者，安東．戈傑夫斯基也有可能是在努力維持自己的雙重人生：一位太過害怕，不敢告誡兒子不要幹他這一行的國安會棟梁。

身為平民的最後一個夏天，戈傑夫斯基和斯坦達．卡普蘭一起參加了學院的夏令營，在黑海海岸度假。卡普蘭決定多待一個月，然後返國加入強大的捷克情報部門——國家安全局（StB）。這兩位好友很快就要變成同事，成為一同為蘇聯集團效力、從事諜報工作的盟友。一個月的時間裡，他們在松林裡露營，每天跑步、游泳、曬日光浴、談論女人、音樂和政治。卡普蘭對共產體制的批判愈來愈強烈，戈傑夫斯基很榮幸能夠成為聽取這些危險知心話的人：「我們之間有著一份理解、一份信任。」

回到捷克後不久，卡普蘭寫了封信給戈傑夫斯基。在關於自己約會的女人，以及哪天戈傑夫斯基造訪，他們將會一同享有的美好時光（「我們會把布拉格所有酒吧和酒窖都清空」）等等閒聊中，卡普蘭提出了一個意味深長的請求：「歐列格，你手上會不會有葉夫圖申科〔Yevgeny Yevtushenko〕寫史達林那首詩的那份《真理報》？」他提到的那首詩是葉夫圖申科的〈史達林的繼承人們〉（*Heirs of Stalin*），這是俄國最敢言、最有影響力的其中一位詩人對史達林主義的直接抨擊。這首詩要求蘇聯政府確保「別讓史達林再度起身」，同時對領導層中仍有些人渴望著殘暴的史達林主義舊時光發出警告：「我說的過去，在這兒，——／指的是：／人的善良遭受蔑視、無辜的人們遭受誣控、無罪的人給關進了牢籠……也許有人會對我說：『幹麼煩惱呀，你？』我卻不願安心呢。／只要史達林的繼承人在世上走動……❺」這首詩在蘇聯共產黨的官方報紙刊登時引發過轟動，也在捷克重印。「這首詩懷著一絲不滿，對我國部分人民有著強大影響。」卡普蘭對戈傑夫斯基這麼寫道。他說他想要對照捷克文譯本和俄文原本。但其實，卡普蘭正在向好友發送一段用密碼寫成的共謀訊息，他要確認兩人都享有葉夫圖申科表述的這種看法，而且和這位詩人一樣，面對史達林的遺緒不會袖手旁觀。

國安會的「紅旗」菁英培訓學院位於莫斯科北方八十公里處的森林深處，代號為一〇一學校（School 101），這個代號無意間諷刺地呼應著喬治．歐威爾（George Orwell）小說《一九八四》裡的「一〇一室」，也就是黨讓囚犯承受他最可怕的夢魘，藉以瓦解其抵抗意志的那間地下拷問室。

戈傑夫斯基和另外一百二十名國安會見習軍官，在這兒被傳授了蘇聯間諜工作最深刻的奧祕：情報與反情報、吸收及運行間諜、合法情報人員與非法派遣人員、特務與雙重間諜、武器、徒手格鬥及監控，全都是這個不可思議行業的深奧技藝與語言。其中一些最重要的指導在於察覺及擺脫監控，在國安會術語裡稱為「乾洗」（*provenka*）：如何發現自己被跟蹤，並「看似偶然而非刻意地」躲避監控，因為明顯能察覺到監控的目標，很可能就是受過訓練的情報人員。「情報官的行動不該啟人疑竇，」國安會

❺譯者案：全詩中譯參看 https://www.marxists.org/chinese/reference-books/yevtushenko/12.htm。

教官明言，「要是監控部門注意到某個外國人公然查看是否有人盯梢，他們就會受到刺激，變得更隱密、更頑強、更別出心裁地作業❻。」

能與特務接觸而不被監視——或甚至在監控下仍能接觸到特務——是所有祕密行動的核心。西方間諜用語中，情報官或特務採取行動而不被察覺，稱為「走黑」（go "black"）。在一次次測驗中，國安會學員被派往特定地點與一名特定人士聯繫，投下或收取情資，他們要確認是否被跟蹤及如何被跟蹤，不動聲色地甩開尾隨者，並以徹底乾洗、安全無虞的狀態抵達指定地點。國安會第七局的職業監視者會參與演習，監控是該局的職責，他們尾隨嫌疑人的技巧爐火純青。每天結束時則由學員和監控小組比對雙方紀錄。乾洗令人筋疲力竭，而且競爭激烈、耗時費力又提心吊膽。戈傑夫斯基發現自己十分擅長這門技術。

戈傑夫斯基學會了如何在公共場合留下隱密記號，藉此建立「信號點」（signal site），例如路燈柱上的一道粉筆記號。這種記號對不經意的觀看者並無意義，卻是告知間諜在特定時間地點見面的信號；他學會如何進行「電刷觸碰」（brush contact），實體將訊息或物品傳遞給另一個人而不被察覺；他也學會如何進行「無人情報交換」（dead-letter drop），在特定地點留下訊息或現金讓另一人取得，而不直接接觸。他學到了代碼和密碼、識別信號、祕密書寫、微點製劑、攝影及易容術；還有經濟學與政治學課程，以及意識型態講授，以強化這些青年間諜對馬克思列寧主義的奉獻。歐列格的一位同學觀察到：「這些陳腐的公式和概念有著儀式誦咒的效果，近似於每天、每小時確認忠誠。」已經在海外工作過的資深軍官則講授西方文化與禮儀，讓新手們準備好理解並對抗資產階級資本主義。

戈傑夫斯基取了自己的第一個間諜化名。蘇聯與西方情報部門運用同一種方法選擇假名——必須近似於真名，姓名縮寫相同，因為這樣一來，要是有誰用真名稱呼你，只知道你化名的人很有可能會以為自己聽錯。戈傑夫斯基選了「瓜迪耶采夫」（Guardiyetsev）這個名字。

一如所有學員，他也宣誓永遠效忠於國安會：「我誓言灑盡鮮血捍衛祖國、嚴守國家機密。」他毫無疑慮地這麼做。他也加入了共產黨，這是加入國安會的另一項必要條件。他或許心存懷疑——許多人都有疑慮——但這並不妨礙他懷著全心奉獻與赤誠加入國安會和共產黨。更何況，國安會緊張刺激。因此，一〇一學校為期一年的訓練課程絕非歐威爾筆下的噩夢，而是他青春歲月中最愉快的時光，這是一段充滿興奮和期待的日子。他的新手同儕都是因為各自的才能與意識型態上的順服而雀屏中選，但也是因為每個情報部門所共有的冒險精神而獲選。「我們選擇了國安會生涯，因為他們提供了行動的可能。」機密創造了強烈的情感聯結。就連歐列格的父母親也幾乎不知道他身在何處或做些什麼。「成功進入第一總局服務是大多數青年國安（State security）軍官暗藏和公開的夢想，但只有少數人值得這份榮譽，」約莫和歐列格同時在一〇一學校受訓，最後在國安會官拜將軍的列昂尼德·謝巴爾辛（Leonid Shebarshin）寫道，「……工作以其自身的傳統、紀律、常規及特殊專業語言，將情報官們團結在獨一無二的袍澤情誼之中❼。」到一九六三年夏天，戈傑夫斯基完全被國安會的袍澤們接納了。當他誓言捍衛祖國、保守祕密直到最後一口氣，他是真心誠意的。

瓦西里·戈傑夫斯基正在為第一總局的非法派遣人員部門S局賣力工作。他也開始酗酒——在一個看重下班後喝掉大量伏特加而不會失足這種能力的部門，這倒不見得是缺點。這位非法派遣專家以不同化名到處移動，為地下間諜網效勞，將訊息和資金傳遞給其他潛伏特務。瓦西里從來不曾向弟弟透露自己的工作內容，但他暗示了異國的地點，包括莫三比克、越南、瑞典和南非。

歐列格希望能追隨兄長，投身於這個刺激的海外臥底世界，卻被通知向莫斯科的S局報到，在局裡為其他非法派遣人員準備文件。他試著掩飾自己的失望，在一九六三年八月二十日穿上最稱頭的套裝，

❻ Leonid Shebarshin, "Inside the KGB's Intelligence School," 24 March 2015, https://espionagehistoryarchive.com/2015/03/24/the-kgbs-intelligence-school/.

❼ 同前注。

到國安會總部報到上班，總部建築群位於克里姆林宮附近，部分用作監獄，部分用作檔案館，是蘇聯情報工作熙熙攘攘的神經中樞。建築群中央聳立著凶險的盧比揚卡大樓（Lubyanka），這座新巴洛克式宮殿起先做為全俄保險公司總部之用，後來國安會將刑訊牢房設在大樓地下室。在國安會軍官之間，這座國安會控制中心被稱為「修道院」（The Monastery），或者更簡單地稱為「中心」（The Centre）。

戈傑夫斯基沒能在某個令人嚮往的外國地點從事臥底工作，反而成天在整理文件，「像個槳帆船上的划槳奴隸」那樣填寫表格。每個非法派遣人員都需要一個假形象和一個有說服力的背景故事，新的身分由完整傳記和偽造文書構成。每個非法派遣人員都必須獲得供給、指示及資助，這需要一整套信號點、無人情報交換和電刷觸碰的複雜安排。英國被看作是特別有利於布置非法派遣人員的環境，因為該國沒有身分證系統，也沒有中央登記局。西德、美國、澳大利亞、加拿大和紐西蘭也都是絕佳目標。被安插在德國諜的歐列格，每天都在編造不存在的人。兩年之間，他活在雙重人生的世界裡，將假冒身分的間諜送往外面的世界，也和歸來的間諜會面。

活著的鬼魂在中心裡四處出沒，他們是年邁的蘇聯間諜行動英雄。在S局的走廊上，戈傑夫斯基被引見給了科倫．特羅菲莫維奇．莫洛迪（Konon Trofimovich Molody），化名「戈登．朗斯代爾」（Gordon Lonsdale）的他，是史上最成功的非法派遣特務之一。一九四三年，國安會盜用了一個名叫戈登．阿諾德．朗斯代爾（Gordon Arnold Lonsdale）的加拿大死亡男童身分，將這個身分給了在北美洲長大、英語說得無懈可擊的莫洛迪。一九五四年，莫洛迪／朗斯代爾在倫敦定居，喬裝成一名友善快活的自動點唱機和糖果機推銷員，並吸收了一個蒐集海軍機密、人稱「波特蘭間諜網」（Portland Spy Ring）的線民網絡。（他離開莫斯科前，國安會的牙醫在他的牙齒上多鑽了幾個不必要的洞，這意味著莫洛迪只要張開嘴，就能向其他蘇聯間諜指出國安會製造的蛀洞，以證明自己的身分。）一名中央情報局臥底人員的密報，使得莫洛迪被捕並以間諜罪判刑，但英國法院就連在審判他的時候都無法確定他的真實姓名。戈傑夫斯基與莫洛迪會面時，他才剛與一位在莫斯科遭捕、並被指控間諜罪嫌的英國商人交換，得以返回

國安會總部盧比楊卡大樓，亦稱「中心」。

莫斯科。另一位同樣傳奇的人物是威廉・亨利霍維奇・費雪（Vilyam Genrikhovich Fisher），化名「魯道夫・阿貝爾」（Rudolf Abel），這位非法派遣特務由於在美國從事間諜行為，被判處三十年有期徒刑，直到一九六二年與被擊落的U-2偵察機飛行員蓋瑞・鮑爾斯（Gary Powers）交換而回國。

但名聲最響亮的那位半退休蘇聯間諜，卻是個英國人。金姆・菲爾比（Kim Philby）一九三三年被內務人民委員部吸收，在軍情六處步步高升，同時提供蘇聯國安會大量情報，最後在一九六三年一月叛逃至蘇聯，令英國政府持續蒙受奇恥大辱。他這時居住在莫斯科的一間舒適公寓裡，由隨扈照顧，照一位國安會軍官的說法，「他是個徹頭徹尾的英國人」[8]，從《泰晤士報》舊報紙上閱讀板球比分、享用牛津橘子醬，而且經常爛醉如泥。國安會內部將菲爾比尊為傳奇人物，他也繼續為蘇聯情報機構做些零工，包括為使用英語的軍官主講訓練課程、分析偶發案件，甚至幫忙為蘇聯冰上曲棍球代表隊加油打氣。

一如莫洛迪和費雪，菲爾比也為崇拜傳奇人物的年輕間諜們講課。但在國安會間諜工作背後的人生真相卻一點都不幸福。莫洛迪飲酒自娛，最後在出門採蘑菇途中離奇死亡；費雪徹底失望；菲爾比自殺未遂。三人最終都成了蘇聯發行郵票紀念的對象。

任何人只要願意費心看得更深（沒幾個俄國人願意），國安會的神話與真實之間的對比都是不證自明。中心是個一塵不染、燈光明亮、不講道德的官僚機構，同時又是個無情、拘謹、禁欲的地方，國際罪行在這裡以一絲不苟的留心細節而構想出來。自從草創伊始，蘇聯情報機構的行事就不受倫理約束。國安會除了蒐集與分析情報，也組織政治作戰、媒體操控、散播假訊息、偽造、威嚇、綁架和謀殺。第十三部即「特別任務局」，專門從事破壞和暗殺。同性戀在蘇聯是非法行為，但國安會吸收同性戀者誘騙同性戀的外國人，以便隨後敲詐勒索。國安會理直氣壯地不顧原則，卻也是個假正經、偽善又道學的地方。軍官們禁止在上班時間飲酒，即使許多人只要不上班就酗酒無度。一如多數辦公場合，關於同事私生活的流言蜚語在國安會照樣流傳，差別只在於中心裡的醜聞和閒話足以摧毀職業生涯，甚至奪走人命。國安會對員工的家事安排抱持著擾人的興趣，因為蘇聯人的生活裡沒有「私」字。軍官們被指望結婚、生兒育女，並保持已婚身分。這既是算計，也是控制手段：上級認為已婚的國安會軍官更不可能在駐外時叛逃，因為他的妻子和家人可以被扣為人質。

加入S局兩年後，戈傑夫斯基得出結論：他不可能追隨兄長的腳步，成為派駐國外的臥底間諜。但瓦西里本人或許正是歐列格不被接受從事非法派遣任務的主因。按照國安會的邏輯，一個家庭有兩名以上成員派駐國外，尤其兩人派駐於同一國，就有可能成為叛逃的誘因。

戈傑夫斯基感到厭倦又沮喪。一度看似許諾了冒險與興奮的這份工作，變得乏味到了極點。他在西方報刊上讀過的那個鐵幕之外的世界，令他心癢難耐，卻又遙不可及。於是他決定結婚。「我想要盡快出國，而國安會從來不派未婚男子出國。我急著找到一個太太。」一個擁有德語技能的女性會是理想人選，因為他們可能會一起被派往德國。

葉蓮娜·阿科皮揚（Yelena Akopian）正在受訓成為德文教師。她那時二十一歲，有一半亞美尼亞血統，聰明、黑眼珠，詼諧中帶有刻薄。她是用一句話貶低他人的能手，而他一度覺得這樣的她嫵媚又迷人。他們在共同友人的家中相識。兩人擦出的火花無關乎激情，而是關乎彼此共有的志向。葉蓮娜和歐列格一樣渴望出國旅行，她對自己人生的想像，遠遠跨出了與父母和五個兄弟姊妹同住的狹小公寓之外。戈傑夫斯基先前的少數幾段關係都短暫又令人不滿。葉蓮娜似乎顯現了現代蘇聯女性可能的樣貌，比他先前約會過的女學生們更不落俗套，還有著不可預測的幽默感。她自稱是女性主義者，即使這個詞在一九六〇年代的俄國有著嚴格限定範圍。他對自己說，他愛她。他們開始交往，戈傑夫斯基後來回想：「雙方都沒有多少真實的想法或自省。」幾個月後，他們不張揚地結了婚，理由遠遠稱不上浪漫

❽ 語出米哈伊爾·柳比莫夫（Mikhail Lyubimov），轉引自 Corera, *MI6*。

愛：她會提高他的升遷機會，他則是她離開莫斯科的護照。這正是國安會的權宜婚姻，即使兩人都不對彼此承認。

一九六五年下半年，戈傑夫斯基等待多時的機緣發生了，丹麥有個運行非法派遣特務的職位出缺。他的掩護身分將是一名處理簽證及繼承權事務的領事官員；實際上，他會從事「N線」工作（非法派遣人員支援，即 *nelegalniy*），負責S局的現地行動作業。

戈傑夫斯基得到了管理丹麥臥底間諜網的工作。他欣然接受任務，正如一九三三年金姆・菲爾比被內務人民委員部吸收之後的說法：「我毫不猶豫。沒有人會對一支菁英部隊吸收自己的提議三思❾。」

❾ Philby, *My Silent War.*

2 代號：戈姆森叔叔❶

歐列格和葉蓮娜・戈傑夫斯基伉儷在一九六六年一月一個閃閃發亮的霜降之日抵達哥本哈根，由此進入了一段童話。

如同一名軍情六處官員後來的說法：「要是你得選擇一個城市，來展現西方民主勝過俄國共產主義的長處，你幾乎找不到比哥本哈根更好的地方了。」

在這對剛從蘇聯生活的乏味壓迫來到此地的夫婦眼中，丹麥首都美麗、潔淨、現代且富庶，魅力幾乎不可抵擋。這兒有雅致的車輛、耀眼的辦公大樓、時髦的設計家具、面帶微笑的北歐人和傑出的牙醫，還有熙來攘往的咖啡館、供應異國餐點的明亮餐廳、商品種類令人眼花撩亂的商店。在戈傑夫斯基飢渴的眼中，丹麥人看來不只更聰明、更有活力，也更有文化滋養。他走進的第一所圖書館，一應俱全的圖書令他震驚，但更令他意外的是，他想借多少本書就能借多少，還可以留著裝書的塑膠袋。這裡的警察人數似乎極少。

蘇聯大使館位於該市北端的克里斯蒂安尼亞街（Kristianiagade），由三棟灰泥粉刷的別墅構成，看上去更像一間華麗的封閉式旅館，而不像蘇聯駐地，內有大片整潔花園、一間運動中心和一處社交俱樂

❶ 米哈伊爾・柳比莫夫的自述收錄在 *Notes of a Ne'er-Do-Well Rezident* 及 *Spies I Love and Hate* 兩部著作中；瓦西里・米特羅欣在捷克斯洛伐克的活動，參看 Andrew and Mitrokhin, *Mitrokhin Archive*。

部。戈傑夫斯基夫婦搬進一間新近落成的公寓，有挑高的天花板、木地板和訂製廚房。他分配到一部福斯金龜車，每月還能預支二百五十英鎊現金，用於款待聯絡人。哥本哈根似乎樂聲處處聞：巴哈、韓德爾、海頓、泰勒曼（Georg Telemann），都是他在蘇聯從不准許聆聽的作曲家。他思忖，不准普通蘇聯公民出國旅行的理由非常充分：除了被徹底灌輸過意識型態的國安會軍官，還有誰能在品嘗這樣的自由之後，抵擋住留下不走的欲望？

蘇聯大使館的二十名官員裡，只有六個真正的外交官，其他人都為國安會或軍方情報機構——總參謀部情報總局（GRU）工作。站長列昂尼德．扎伊采夫（Leonid Zaitsev）是富有魅力又認真負責的官員，而他對於多數下屬無能、懶惰或奸詐，甚至往往三者兼而有之似乎毫不在意。他們花費在虛報帳目上的精力，遠勝於真正的間諜工作。國安會的廣泛職責是要發展丹麥聯絡人、吸收線民，並鎖定可能的特務人選。戈傑夫斯基迅速意識到，這是在「招引貪腐」，因為多數軍官就只是憑空編派他們和丹麥人的互動、假造帳單、杜撰報告、中飽私囊。派駐在哥本哈根的人員沒幾個能說流利的丹麥語，有些人甚至完全不會。但中心看來沒有注意到這個異常之處。

戈傑夫斯基決心展現自己不同於其他人，業已精通瑞典語的他開始學習丹麥語。早上的時間他都遵從自己在領事部門的掩護工作，用來辦理簽證申請；間諜工作從午餐時間開始。

國安會在斯堪地那維亞三國的非法特務網絡分布不均，戈傑夫斯基的工作多半是行政事務：在無人交換點留下資金或訊息、監視信號點，並與臥底間諜暗中保持接觸，其中多數未曾謀面或只知其名。要是有個非法特務在特定公園的長椅下方遺留了橘子皮，意味著「我身陷危險」，蘋果核則是「我明天要出國」。這些複雜的安排有時落得一場鬧劇。在某處信號點，歐列格在一間公廁的窗台上留下一根彎曲鐵釘，告知某位非法特務要前往預訂的無人交換點取回現金。臥底特務告知收到訊息的答覆信號，是將一個啤酒瓶蓋留在同一位置。歐列格回到那個地點時，發現的是一個薑汁啤酒瓶的瓶蓋。薑汁啤酒在間諜信號中等同於普通啤酒嗎？還是有另一層意義？和聯絡站的同事們激烈地徹夜討論之後，他得出結論：那名間諜無法區別這兩種瓶蓋。

丹麥的出生與死亡登記，由基督新教的丹麥國教會進行，經由人手記錄於大本分類帳上。在莫斯科派來的熟練偽造者協助下，不管多少新身分都可以經由竄改教會紀錄憑空編造。他開始發展神職人員以獲取登記簿，並策劃了多處教會的闖空門行動。「我開闢了新天地。」他後來說。丹麥國教會的登記簿裡，至今還有許多全由歐列格．戈傑夫斯基捏造出來的丹麥人身分。

同時，戈傑夫斯基也著手吸收線民、特務及地下信差。「那是我們在這兒生活的最主要目的。」扎伊采夫對他說。他化名為戈爾諾夫（Gornov，他母親的娘家姓氏），發展數月之後，說服了一位小學教師和妻子一同擔任「活信箱」，向非法特務傳達及接收訊息。他和一位丹麥警察交朋友，但見過幾次之後，他開始懷疑到底是自己在吸收對方，還是他被對方吸收。

抵達哥本哈根不到一年，一位與其他同事大不相同的國安會軍官加入了戈傑夫斯基的崗位。米哈伊爾．彼得羅維奇．柳比莫夫（Mikhail Petrovich Lyubimov）是一位前途看好、性情開朗、知識淵博的烏克蘭人，他的父親曾在布爾什維克黨人的祕密警察「赤卡」（Cheka，全俄肅反委員會）任職。柳比莫夫在莫斯科國立國際關係學院大戈傑夫斯基四屆，在校時為國安會寫了一篇論文，題為「英國國民性及其在行動工作中的用途」（*English National Character and Its Use in Operational Work*）。一九五七年，他奉國安會之命，在莫斯科的世界青年與學生聯歡會（World Youth Festival）上勾引了一名美國女孩。四年後，他以蘇聯大使館新聞參事的身分調往英國，同時在工會、學生團體及英國政府內部吸收線民。他的英語帶著低沉圓潤的上流社會腔調，大量夾雜著老派英國口語，例如「喂！再會！」（What ho! Pip pip!），讓他聽來就像是俄國版的伯蒂．伍斯特❷。柳比莫夫對英國的一切事物產生了一種癡迷，或者更確切地說，對他喜歡的那些

❷ 譯注：伯蒂．伍斯特（Bertie Wooster），英國幽默小說家伍德豪斯（P. G. Woodhouse）《萬能管家》（*Jeeves and Wooster*）系列作品中的紈褲子弟。

英國文化面向癡迷：威士忌、雪茄、板球、紳士俱樂部、量身訂製的花呢上衣、撞球和八卦。英國情報機構為他取了綽號「微笑麥克」（Smiley Mike）。英國人是敵人，而他愛慕他們。一九六五年，他吸收一名英國譯電員未果，英國情報部門立即試圖反吸收他。他拒絕了擔任英國間諜的提議，隨即被宣告為不受歡迎人物，遣返莫斯科——這個經驗毫不減損他對英國的狂熱崇拜。

一九六六年底，柳比莫夫被派往哥本哈根擔任政治情報主任（國安會術語稱為PR線）。戈傑夫斯基立刻喜歡上了柳比莫夫。「重要的不是獲勝，而是比賽本身。」柳比莫夫低沉有力地說道，同時講述著他在英國的生活故事——在嵌著鑲板的俱樂部房間裡，一邊啜飲格蘭利威威士忌，一邊吸收間諜，令後輩大飽耳福。柳比莫夫也收了戈傑夫斯基為徒，他如此形容這位後輩：「他對歷史的絕佳知識令我印象深刻。他愛聽巴哈和海頓，這讓人肅然起敬，尤其跟丹麥蘇聯使館區裡的其他人比起來。那些人的全部時間都用在出海釣魚、購物，以及盡可能積攢最多物質財產。」

一如柳比莫夫愛上英國，戈傑夫斯基也同樣發現自己迷上了丹麥和它的人民、公園與音樂，還有丹麥公民視為理所當然的自由，包括性自由在內。丹麥人對性的態度極為開放，甚至從歐洲標準衡量都是先進的。有一天，歐列格造訪哥本哈根的紅燈區，一時興起走進了一家販售色情雜誌、情趣用品及各類情色書刊的店鋪。他在那兒買了三本同性戀色情雜誌，帶回家向葉蓮娜展示。「我只是好奇，我不知道同性戀者都怎麼做。」他把雜誌放在壁爐架上，公開展示一種在蘇聯得不到的自由。

「身為人類的我容光煥發，」他寫道，「那兒有這麼多美好、這麼活潑的音樂、這麼傑出的學校，還有一般人民之間這樣的開放與快活，回顧蘇聯龐大而貧瘠的集中營，我只能看成一種地獄。」他開始打羽球，發現自己愛上了這種運動，尤其享受羽球的欺敵面向。「羽毛球在空中飛行的最後幾秒會放慢下來，給了選手機會，在最後一刻動腦改變擊球。」最後一刻改變擊球的這門技巧，他鍛鍊得爐火純青。他參加古典音樂會、飢渴地閱讀圖書館藏書，並且走遍丹麥每個角落，有時為了間諜公事，但多半就只是為了享受能夠旅行的樂趣。

平生第一次，戈傑夫斯基覺得自己沒有受到監視。不過，他確實在監控之下。

丹麥的治安及情報部門，安全情報局（PET, Politiets Efterretningstjeneste）規模雖小，效能卻很高。該單位依法明定的職責是「預防、調查和打擊對丹麥這個自由、民主、安全國家之存續，構成威脅的行動與活動」。安全情報局強烈懷疑歐列格．戈傑夫斯基構成了這樣的威脅，從這位愛好古典樂的青年俄國外交官抵達哥本哈根那一刻起，他們就一直留意著他。

丹麥人照例都會監視蘇聯大使館人員，但缺乏實施二十四小時監控的資源。大使館內的某些電話受到監聽，同時，蘇聯國安會的技師則成功滲透了丹麥安全情報局的無線電網路，大使館內的監聽站照例也會截收丹麥監控小組的通聯。葉蓮娜．戈傑夫斯基這時和丈夫一同為國安會工作，她監聽這些通聯並譯成俄文。結果，國安會經常能藉此查出安全情報局偵防車的部署位置，並確保其軍官不受監視。被懷疑為國安會軍官的每一個人都有個代號：戈傑夫斯基在安全情報局的無線電通聯中被稱為「戈姆森叔叔」，指的是十世紀丹麥國王哈拉爾．「藍牙」戈姆森（Harald "Bluetooth" Gormsson）。

丹麥安全部門幾乎毫不懷疑，戈傑夫斯基（又名戈爾諾夫、又名瓜迪耶采夫、又名戈姆森叔叔）就是一名以外交身分為掩護的蘇聯國安會間諜。

某天晚上，歐列格和葉蓮娜應邀與他們的警察朋友夫妻共進晚餐。他們不在家的時候，安全情報局進入公寓裝設了監聽器材。不知為何，戈傑夫斯基對丹麥人伉儷的邀約起了疑心，於是按照自己在一〇一學校受過的訓練採取預防措施，他在客廳大門和門框之間擠了一滴膠水。他們晚餐後回家，發現這道不可見的膠水封印撕破

戈傑夫斯基（左）與亦師亦友的柳比莫夫。

了。從那時起，戈傑夫斯基對自己在家中的任何發言都小心留意。

這樣的相互窺伺對雙方而言，都是不規律又零散的。受過「乾洗」技藝訓練的國安會軍官，經常設法擺脫丹麥人的盯梢。但同樣經常發生的是，戈傑夫斯基和他的同事們以為自己成功「走黑」了，其實卻沒有。

或許是安全情報局正在監控哥本哈根的紅燈區，又或許是丹麥人正在跟蹤戈傑夫斯基，總之，他走進情趣商店購買同性戀色情雜誌時被發現了。一名喜愛同性戀色情的已婚俄國情報官是一大弱點，這個男人留下了可供勒索的把柄。丹麥安全部門細心做了注記，將這個價值不菲的有趣消息傳給了他們挑選的盟友。在西方情報機構的檔案裡，戈傑夫斯基的名字旁邊頭一次被打上問號。

歐列格．戈傑夫斯基逐漸進化成一名最有效能的國安會軍官。柳比莫夫寫道：「他不容置疑地在同僚中脫穎而出，這是優良教育、渴求知識、熱愛閱讀，以及和列寧一樣造訪公共圖書館的結果。」

他眼前的唯一一片烏雲是他的婚姻，內在文化生活綻放之際，他的婚姻卻似乎同樣快速地凋萎。一開始就幾乎不帶溫情的關係，變得愈來愈冰冷。戈傑夫斯基想要孩子，葉蓮娜卻堅決不要。派駐海外一年後，妻子透露自己在離開莫斯科之前墮過胎，而沒有先問過他。他覺得受騙，感到憤怒。這個精力極其充沛的人發現，自己的年輕妻子對於兩人身邊嶄新的聲光景象，竟不可思議地消極與無感。他開始覺得自己的婚姻「更多出於慣例，而不是愛」，他的「空虛感」也逐漸加重。戈傑夫斯基形容自己對女人的態度「滿懷敬意」。實際上，如同許多蘇聯男人，他對婚姻生活的想法老派，期望妻子毫無怨言地煮飯洗衣。葉蓮娜身為熟練的國安會通譯，堅持「女人有比家務更要緊的事得做」。歐列格或許對西方社會的許多新影響都很開放，但他絕不接受女性解放：他所謂葉蓮娜的「反家務傾向」，成了變本加厲的挫折來源。他去報名烹飪課程，想要讓葉蓮娜覺得難堪而更常下廚；但她或者沒注意到，或者毫不在意。她的「一句話回嘴」曾經讓他覺得風趣，如今卻只能令他惱怒。戈傑夫斯基覺得自己對的時候，可以執拗得寸步不讓。為了發洩挫敗，他每天都獨自在哥本哈根的公園裡跑步，一小時又一小時，回到家時疲累得無力爭吵。

婚姻出現裂縫之際，蘇聯集團內部也正在天搖地動。

一九六八年一月，有志改革的捷克斯洛伐克共產黨第一書記亞歷山大・杜布切克（Alexander Dubček）藉由放寬旅遊、言論自由和審查制度等方面的限制，逐漸鬆開蘇聯束縛，著手將國家自由化。杜布切克的「人性社會主義」承諾限制祕密警察權力，增進與西方國家關係，最終舉行自由選舉。

戈傑夫斯基愈來愈興奮地觀察這些事件。要是捷克斯洛伐克能讓莫斯科的掌控放鬆，其他蘇聯衛星國家也會相繼效法。在哥本哈根的國安會聯絡站內部，捷克改革的重大意義明顯產生了兩派不同意見。有些人堅稱莫斯科會出兵干預，如同一九五六年干預匈牙利那樣。但包含戈傑夫斯基和柳比莫夫在內的其他人，則確信捷克革命必將開花結果。「歐列格和我都確信，蘇聯戰車不會開進布拉格。」柳比莫夫寫道，「我們賭上一整箱樂堡啤酒。」就連一向不關心政治的葉蓮娜，似乎也因正在發生的事態而振奮。「我們把捷克斯洛伐克看成是我們邁向自由未來的唯一希望，」戈傑夫斯基寫道，「不只為了該國，也是為了我國。」

回到莫斯科的中心，國安會將捷克的改革實驗視為對共產主義本身的生存威脅，有可能打破冷戰的均勢，令情勢不利於莫斯科。蘇聯軍隊開始聚集於捷克國境。國安會不等克里姆林宮的信號，就派出一小群間諜隊伍打擊捷克的「反革命」，其中一員正是瓦西里・戈傑夫斯基。

正當弟弟懷著不斷增長的熱情，注視布拉格之春綻放，哥哥卻奉命將它扼殺於萌芽狀態。

一九六八年初，三十多名國安會非法特務，奉國安會主席尤里・安德羅波夫（Yuri Andropov）之命潛入捷克斯洛伐克，以破壞捷克改革運動、滲透「反動」知識分子群體，並綁架布拉格之春的重要支持者。這些特務多數喬裝成西方國家觀光客，因為根據推斷，捷克「煽動者」更有可能對明顯抱持同情的外國人透露其計畫。鎖定對象有知識分子、學者、新聞記者、學生及作家，包含米蘭・昆德拉（Milan Kundera）和瓦茨拉夫・哈維爾（Václav Havel）。這是蘇聯國安會歷來針對華沙公約盟國發動的最大規模情報行動。

瓦西里化名葛羅莫夫（Gromov），攜帶偽造的西德護照旅行。戈傑夫斯基兄弟的這位哥哥，已經擔任過國安會的綁架者，並發揮了他的才能。葉夫根尼·烏沙科夫（Yevgeni Ushakov）在瑞典擔任非法派遣特務多年，對該國進行測繪，並部署了下級特務網路，以備蘇聯揮軍入侵。但在一九六八年，中心得出結論，認為這個代號「浮士德」（FAUST）的間諜產生了被迫害妄想，必須予以移除。那年四月，瓦西里·戈傑夫斯基下藥迷昏了烏沙科夫，接著成功將他偷運出境，經由芬蘭送到莫斯科；他被送進莫斯科的精神病院，隨後獲釋，並遭國安會開除。瓦西里因此獲頒國安會的「圓滿服役」獎章。

次月，他和一名國安會同事開始著手綁架捷克改革運動兩名最重要的海外流亡人物：瓦茨拉夫·切爾尼（Václav Černý）和揚·普羅哈茲卡（Jan Procházka）。切爾尼教授是傑出的文學史家，由於發言捍衛學術自由，被共黨政權革除查理大學的教職。作家和電影製作人普羅哈茲卡曾公開譴責官方審查制度，要求「表意自由」。兩人這時都住在西德。國安會（錯誤地）確信這兩人領導一個「非法反國家」團體，志在「顛覆捷克斯洛伐克社會主義根基」，因此必須予以消滅。計畫很簡單：瓦西里·戈傑夫斯基會和切爾尼與普羅哈茲卡兩人結交，讓他們相信自己正面臨蘇聯殺手暗殺的迫切危險，並提供一個「暫時藏身處」。要是他們不願主動前來，就會被「特殊物質」制伏，然後轉交給國安會特別行動部的幹員，裝進一輛掛著外交人員車牌的後車廂，開過邊界進入東德——按照外交慣例，這類車輛通常不受搜查。但計畫未能奏效，切爾尼不顧瓦西里勸說，拒絕相信「自己置身於超乎尋常的危險」；普羅哈茲卡身旁有隨扈陪同，他只會說捷克語，而瓦西里聽不懂。用了兩星期嘗試勸說這兩位捷克異議人士跟著他走，並且失敗之後，瓦西里放棄了綁架行動。

化名葛羅莫夫的瓦西里·戈傑夫斯基，接著越界進入捷克斯洛伐克，加入人數雖少卻訓練精良、喬裝成觀光客的蘇聯非法特務及破壞分子隊伍。他們的任務是發動一連串「挑釁行動」，旨在製造捷克斯洛伐克即將爆發暴力反革命行動的不實印象。他們散發偽造的證據，指稱西方情報機構支持的捷克「右派分子」正計劃發動暴力政變。他們編造出呼籲推翻共產政權的煽動傳單，將軍火裝進隨手寫下「美國製造」字樣的包裹，然後藏匿起來，接著再「發現」它們，並指斥為暴動迫在眉睫的證據。蘇聯當局甚至宣稱查獲了接管共黨政府、扶植帝國主義傀儡的一項「美國祕密計畫」。

戈傑夫斯基哥哥站在國安會的最前線，誹謗並摧毀布拉格之春；他就跟父親一樣，從來不曾質疑自己的所作所為是否正直。

歐列格完全不知道哥哥就在捷克斯洛伐克，更不知道他正在進行的詭計。兄弟倆在那時及其後都不曾談論過這個問題。瓦西里嚴守自己的祕密，歐列格也愈來愈嚴守自己的。時序由春入夏，邁向全新捷克斯洛伐克的步伐看似加快，歐列格堅稱莫斯科絕不會出兵干預。「他們不能入侵，」他宣告，「他們不敢。」

一九六八年八月二十日深夜，二千輛戰車和二十多萬軍隊長驅直入捷克斯洛伐克境內，以蘇聯紅軍為主，但也有其他華沙公約國家的少數兵力。對抗蘇聯大軍毫無希望，杜布切克呼籲捷克人民不要抵抗。早晨來臨時，捷克斯洛伐克已成了被占領的國家。蘇聯斷然展演了「布里茲涅夫主義」（Brezhnev doctrine）：任何華沙公約國家若試圖放棄或改革正統共產主義，都會被武力強行帶回共產主義大家庭裡。布拉格之春結束，新的蘇聯之冬降臨了。

歐列格．戈傑夫斯基又驚駭又反感。當憤怒的丹麥抗爭者聚集在哥本哈根蘇聯大使館外譴責侵略，他深感羞恥。親眼看見柏林圍牆興建已經夠震驚了，但入侵捷克斯洛伐克卻為他所效力的這個政權之真正本質，提供了更露骨的證明。對共產體制的疏離飛快地轉變為憎恨：「這次對無辜人民的凶暴攻擊，讓我懷抱灼燒的激烈仇恨憎惡它。」

戈傑夫斯基從大使館大廳一角的電話打給家裡的葉蓮娜，用一大堆髒話咒罵蘇聯鎮壓布拉格之春。「他們這麼幹了，令人難以置信。」他幾乎流淚。「我的靈魂在痛。」他後來回想。但他的頭腦很清楚。

戈傑夫斯基所做的，其實是發送一則訊息。他知道大使館的電話被丹麥安全部門監聽，安全情報局也在竊聽他家的電話。丹麥情報機構一定會接收到他和妻子這段半顛覆的對話，並注記「戈姆森叔叔」並不像外表那樣，不是國安會機器裡一顆毫不質疑的螺絲釘。這通電話算不上是在接觸另一方，反而更像是一個暗示，一次情緒性的電刷觸碰，試圖讓丹麥人和他們在西方情報機構的盟友察覺到他的感受。他後來寫道，這是「第一次刻意向西方發出信號」。

西方錯失了這個信號。戈傑夫斯基伸出手來，卻沒有人注意到。在丹麥安全部門截收和處理的大量資料中，這個微小卻又意義重大的姿態無人察覺。

隨著捷克斯洛伐克傳來的噩耗逐漸完整，戈傑夫斯基的心思轉向了大學時代直言不諱的好友，斯坦尼斯瓦夫·卡普蘭。當蘇聯戰車開進他的國家，斯坦達會怎麼想？

卡普蘭大為憤慨。離開俄國之後，他在布拉格的內政部工作過，而後加入捷克的國家情報部門，國家安全局。卡普蘭小心隱藏自己對異議人士的同情，懷著黯淡的失望觀看一九六八年的事件，卻一語不發。布拉格之春的鎮壓引發了一波移民潮，約有三十萬人在蘇聯入侵後逃離捷克斯洛伐克。卡普蘭開始蒐集機密，準備加入逃亡。

戈傑夫斯基在丹麥的任期即將屆滿，這時他收到莫斯科發來的電報：「停止工作活動。留在當地分析，但勿再行動。」莫斯科中心得出結論，丹麥人對戈傑夫斯基同志表現出可疑的關注，可能已經查出他是國安會軍官。無線電截收顯示，從他到任以來，他平均每隔兩天被跟蹤一次，多過蘇聯大使館任一員工。莫斯科不想引發外交事端，因此只讓戈傑夫斯基在哥本哈根的最後幾個月研究一份國安會對丹麥的工作指南。

戈傑夫斯基的生涯和良知都來到了緊要關頭。他對捷克斯洛伐克事態的憤怒持續醞釀，但尚未凝聚到抉擇的地步。離開國安會不堪設想（恐怕也不可能），但他想知道自己有沒有可能從運行非法特務的工作轉調，加入柳比莫夫的政治情報部門，從事更有趣、更不汙穢的工作。

看著柏林圍牆興建，戈傑夫斯基首度對蘇聯政權產生質疑。

布拉格之春遭蘇聯壓制，讓戈傑夫斯基對母國徹底失望：「這次對無辜人民的凶暴攻擊，讓我懷抱灼燒的激烈仇恨憎惡它。」

戈傑夫斯基在職業層面和個人層面都停滯不前：他繼續執行領事業務、和葉蓮娜爭吵、對共產主義懷著不為人知的反感，並對西方文化狼吞虎嚥。在一位西德外交官家中的派對上，他和一位丹麥年輕男子交談起來，那人出奇友善，而且顯然喝得大醉。那位丹麥人似乎對古典樂所知甚多，他提議一起去酒吧續攤，戈傑夫斯基客氣地拒絕了，說自己得回家去。

這名年輕男子是丹麥情報部門的特務，這段對話是試圖設下同性戀圈套的開場白。在歐列格對於同性戀色情的明顯喜好促使之下，丹麥人施展了美男計，這是間諜工作最古老、最齷齪，也最有效的手段之一。丹麥安全情報局始終不太明白怎麼會失敗。這個訓練精良的國安會軍官察覺了色誘的企圖嗎？或者也有可能，這個香餌不合他的胃口。真正的解答更簡單，戈傑夫斯基不是同性戀，他完全沒意識到自己被調情了。

在小說之外，間諜工作幾乎不會完全照著計畫走。布拉格之春過後，戈傑夫斯基向西方情報機構發出了含蓄的訊息，卻沒被察覺。丹麥情報部門基於錯誤的前提試圖誘捕他，結果差之千里。雙方都試著靠近，卻沒有一方聯繫上對方。這時，戈傑夫斯基要回國了。

一九七〇年一月他返回蘇聯，這個國家比他三年前離開時更加壓抑、偏執和骯髒。布里茲涅夫時代的共產主義正統教條，似乎吸乾了所有色彩和想像力。戈傑夫斯基對自己的祖國反感：「一切看來是多麼破敗。」一大排長龍的人群、塵垢、令人窒息的官僚架子、恐懼與貪腐，與他遺落在丹麥的那個明亮豐饒的世界成了冷酷的對比。宣傳無孔不入，官員們替換著諂媚和粗魯兩副嘴臉，每個人都在刺探其他人；城市裡充斥著水煮甘藍菜和下水道堵塞的臭味。沒有哪件事物運作正常，沒有人笑，任何和外國人最漫不經心的接觸都會立刻引人猜疑。然而，啃噬著他的靈魂的卻是音樂，每個街角的擴音器裡震天價響的狗血愛國歌曲，照著共產黨公式寫成，乏味地轟鳴，令人無處逃避。那是史達林的聲音。戈傑夫斯基覺得日復一日都被這種他所謂的「極權噪音」攻擊。

他歸建S局，葉蓮娜則在國安會第十二部找到工作，該部門負責監聽及竊聽外國外交人員。她被指派到監聽斯堪地那維亞各國大使館及外交人員的單位，並晉升為中尉。兩人的婚姻如今只不過是「工作關係」，就算在莫斯科東部同居的那間醜陋公寓裡，他們也從來不談自己的工作或別的什麼。

按照歐列格的說法，往後兩年是「不上不下、微不足道的時光」。即使他獲得晉升，薪資更高，工作內容和三年前離開時還是沒兩樣，仍是替非法派遣特務準備身分。他申請學英語，希望有可能藉此派駐美國、英國或某個大英國協國家，但被告知絕無可能，因為丹麥人顯然已確認他是國安會軍官，因此不可能再派他到西方國家。摩洛哥倒是有可能。他開始無精打采地學法語。戈傑夫斯基滲入莫斯科灰暗的順從之中，罹患了嚴重的文化戒斷症。他焦躁不安，滿腔憎恨，愈來愈孤獨，卻無處可去。

一九七〇年春，一位年輕的英國情報官正在瀏覽一份剛從加拿大傳來的「個人檔案」。傑佛瑞·古斯科特（Geoffrey Guscott）身材纖瘦，戴著眼鏡，能說多種語言，極其聰明又頑強。比起詹姆士·龐德（James Bond），他更像喬治·史邁利（George Smiley）❸，已經有了一副慈祥和藹的大學講師相貌。但最能騙人的也莫過於外貌。根據某位同事的說法，古斯科特「個人對蘇聯情報部門造成的傷害，可能大過歷史上任何一人」。

生長在倫敦東南的古斯科特，父親是十四歲就輟學的印刷工人，他的工人階級背景與軍情六處多數官員大不相同。古斯科特爭取到達利奇公學（Dulwich College）的獎學金，然後錄取了劍橋大學，研讀俄文和捷克文。一九六一年大學畢業時，他突然收到一封信，邀他前往倫敦開會。他在那兒見到一位開朗

❸ 譯注：英國間諜小說大師約翰·勒卡雷（John le Carré）多部小說著作的主角。

的英國情報老手，向他描述自己戰時在維也納和馬德里擔任間諜的經驗。「我渴望旅行，這正是我想做的事。」古斯科特回想。二十四歲那年，他被吸收進入英國的對外情報部門，該單位自稱祕密情報局（SIS, Secret Intelligence Service），但幾乎人人都稱之為軍情六處。

一九六五年，古斯科特派駐捷克斯洛伐克，這時該國的改革浪潮方興未艾，他運行了一名代號「獲釋」（FREED）的間諜三年之久，此人是捷克情報部門官員。一九六八年布拉格之春發生時，他回到了倫敦，負責吸收捷克斯洛伐克國內及國外的捷克官員。蘇聯入侵，使得捷克組加速運轉。「我們得盡可能把握住每一個機會。」

古斯科特桌上的這份檔案，代號「丹尼切克」（DANICEK），是關於一名下級官員斯坦尼斯瓦夫．卡普蘭最近從捷克情報部門叛逃一事。

卡普蘭在布拉格之春過後不久前往保加利亞休假。他在該國失蹤，隨後在巴黎重新現身，正式叛逃到法國情報部門。卡普蘭說明自己希望在加拿大定居。加拿大情報部門與軍情六處關係密切，倫敦方面派員盤問這位叛逃者；加拿大無疑也向中央情報局告知了卡普蘭叛逃一事。年輕的捷克情報官渴望合作。丹尼切克的卷宗送到古斯科特桌上時，已經厚達數吋。

檔案把卡普蘭形容得聰穎又坦率，是「一位喜愛異性的越野跑者」。他帶來了關於捷克情報機構運作，以及他在莫斯科留學那些年的有用細節。做為例行公事，叛逃者會被要求指認他們所認識的任何可能對西方情報機構派上用場的人。卡普蘭的檔案裡涵蓋了大約一百人的姓名，大多是捷克斯洛伐克人。但卡普蘭列出的五名「個人」是俄國人，其中一人特別突出。

卡普蘭描述了他和歐列格．戈傑夫斯基的友誼，這位長跑夥伴注定要加入蘇聯國安會，但此人顯露出「政治幻滅的明確跡象」。赫魯雪夫解凍期間，這兩位朋友討論過共產主義的局限：「歐列格不是個封閉的人，他是認真思考的人，知道過去的恐怖，和卡普蘭沒什麼不一樣。」

古斯科特交叉核對這個姓名，發現有一位歐列格．戈傑夫斯基曾在一九六六年以領事官員身分派駐哥本哈根。丹麥安全情報局和軍情六處的關係很密切，丹麥情報機構的戈傑夫斯基檔案指出，幾乎可以確定他是國安會軍官，工作大概是向非法特務提供支援。沒有任何證據直接指向他，但他數度擺脫監視的手法，顯示出受過專業訓練。他與一名警察和數名牧師有過可疑的接觸；裝置在他公寓的監聽器揭露他的婚姻出了問題；他光顧情趣商店、購買同性戀色情刊物則引發了「一次笨拙的勒索嘗試」，毫無效果。戈傑夫斯基在一九七〇年一月返回莫斯科，消失在國安會中心的無底洞裡，天知道他現在在做什麼。

古斯科特在戈傑夫斯基檔案裡注記，要是這名能幹、捉摸不定、有可能是同性戀者、一度懷抱自由思想的國安會軍官再次現身於西方國家，或許值得與他接觸。歐列格被「標記」為一名「利害關係人」，代號「陽光」（SUNBEAM）。

同時，英國還得處理自身內部的蘇聯國安會間諜。

一九七一年九月二十四日，英國政府驅逐了一百零五名蘇聯情報官，這是歷史上規模最大的驅逐間諜行動。代號「大腳行動」（Operation FOOT）的這次大規模驅逐已經醞釀了一段時間，英國人和丹麥人一樣，都在密切監控具有官方身分的蘇聯外交官、記者、貿易代表，他們知道哪些是真正的外交官、哪些又是間諜。國安會的間諜行動變得愈發明目張膽，英國安全局（Security Service，即軍情五處）也亟欲反擊。導火線是歐列格．利亞林（Oleg Lyalin）的叛逃，他是一名喬裝為蘇聯針織品產業代表的國安會軍官。利亞林的工作絕非銷售共產國家的羊毛衫，他是國安會第十三部最高階的代表，也就是萬一與西方開戰時，負責擬訂應變計畫的破壞行動部門。軍情五處為他取了「金翅雀」（GOLDFINCH）這個化名，但他唱起歌來就像金絲雀。他透露的機密包括水淹倫敦地鐵、暗殺英國重要公眾人物，以及派遣破壞小隊在約克郡海灘登陸的各項計畫。這些揭露內容給了軍情五處期待已久的藉口，將所有已知的間諜全部掃地出門，讓國安會在世界上最大的駐外聯絡站之一幾乎在一夜之間化為烏有。往後二十年間，國安會費盡心力，要把倫敦站的戰力恢復到昔日光景。

「大腳行動」完全殺得莫斯科措手不及，在第一總局內部引起一陣驚恐。負責對外情報的第一總局本部位於莫斯科外環路附近的亞先涅沃（Yasenevo），在布里茲涅夫統治時期大幅擴編，從一九六〇年代的三千名軍官增加到超過一萬人。這場大規模驅逐被看成是一次慘敗，負責英國與斯堪地那維亞的部門首長遭到撤職（由於歷史因素，這兩個區域在國安會的部門架構裡，跟澳大利亞、紐西蘭合併在一起），由季米特里．亞庫辛（Dmitri Yakushin）接任。

人稱「灰衣主教」的亞庫辛出身貴族之家，卻是堅定的布爾什維克黨人，這位忠誠的共產黨員有著貴族風采，聲音宛如鑽孔機。二戰期間他在某個戰車團裡作戰，在蘇聯農業部是養豬專家，隨後轉調到國安會，一路晉升到美國處副處長。他和多數國安會高官不同，是有文化素養的人，蒐集善本書，抒發起己見十分響亮。戈傑夫斯基第一次與這位灰衣主教打交道的過程令他極其驚恐。

某個夜晚，戈傑夫斯基偷聽英國廣播公司世界新聞頻道，得知丹麥在「大腳行動」的連鎖反應中驅逐了他的三位前同事，他們都是在外交身分掩護下作業的國安會軍官。隔天早上，他向丹麥處的一位友人提起這個消息。五分鐘後，他的分機響了，震耳欲聾的怒罵迴響在電話線上：「戈傑夫斯基同志，要是你繼續在國安會裡散播丹麥疑似驅逐我方人員的謠言，就會被**懲處**！」那是亞庫辛。

戈傑夫斯基害怕自己真被開除。但過了幾天，英國廣播公司的報導證實後，灰衣主教把他叫到辦公室去，用一百分貝左右的音量直接講重點。「我要派人到哥本哈根，我們要重建那兒的隊伍。你會說丹麥語……想不想來我的部門工作？」戈傑夫斯基結結巴巴地說自己求之不得。「包在我身上。」亞庫辛吼道。

但S局局長拒不放人，他正是那種心胸狹隘的上司，就只因為別家老闆試著挖角，而決心把某位員工留在自己身邊。

事情就這樣令人洩氣地沒了下文，直到把他帶進國安會的哥哥瓦西里．戈傑夫斯基，以激烈的權宜之計協助加快了歐列格的升遷：猝死。

瓦西里已經酗酒好多年了。他在東南亞染上肝炎，醫師告誡他絕對不要再沾一滴酒。但他照喝不誤，很快就在三十九歲那年喝死自己。國安會以全軍禮安葬了他。隨著三位國安會軍官對空發射自動武器致敬，覆蓋著旗幟的靈柩降到莫斯科火葬場的地板之下，戈傑夫斯基回想自己對這個他稱作「瓦西科」（Vasilko）的男人，其實是多麼陌生。母親與妹妹悲痛地緊緊抓住彼此，同時也因為國安會要員到場而敬畏不已，她們對他的所知更少。安東穿著國安會制服，逢人便說他以兒子效命祖國為榮。

歐列格有點害怕他這位謎一般的哥哥。他還是完全不知道瓦西里在捷克斯洛伐克的非法特務活動。這對兄弟表面看來親近，但實際上，難以逾越的巨大機密卻隔開了他們。瓦西里以榮獲表彰的國安會英雄身分殉職，歐列格的名聲也隨之提升，為他讓自己從S局脫身、加入亞庫辛麾下英國—斯堪地那維亞處的努力，提供了小小的「道德槓桿」。「既然我的哥哥因S局的工作殉職，局長就難以拒絕我的請求。」非法派遣人員部門極度不情願地放他離開。蘇聯申請了丹麥簽證，宣稱戈傑夫斯基即將回到哥本哈根，擔任蘇聯大使館二等祕書；實際上，他如今是國安會第一總局的政治情報官——接替米哈伊爾．柳比莫夫先前的職務。

丹麥本來會拒發護照，因為他們懷疑歐列格是蘇聯國安會軍官。但他們反倒決定應該讓他回來，並予以嚴密監控。倫敦也得到告知。

他的性問題再次被提起。看來，戈傑夫斯基還沒向上級報告兩年前接觸同性戀一事。軍情六處推測，要是他報告了，可能就不會二度派駐海外，因為在國安會的扭曲思維之中，任何被西方情報機構鎖定的官員都會立刻變得可疑。軍情六處想當然耳地認為，是歐列格決定隱瞞自己被引誘的事實，但其實他那時就只是沒注意到。「我們的推測是，他決定保守這個祕密。」一位官員寫道。如果戈傑夫斯基對上司隱瞞了一個犯罪的祕密，如果斯坦達．卡普蘭對他的政治傾向所言不虛，這個俄國人或許值得再接觸一次。

軍情六處和丹麥安全情報局為他準備了一場歡迎會。

3 代號：陽光[1]

理查・布隆海德（Richard Bromhead）是哥本哈根的「我方人員」，而且不太介意有誰知道這回事。

這位軍情六處丹麥站站長是受過公學教育的老派英國人，一個愉快又待人熱情的傢伙，他把自己喜歡的人稱為「十足親愛的」，不喜歡的則是「上好的狗屎」。布隆海德是詩人和冒險家的後代，他的家庭出身高貴卻又一文不名，他就讀馬爾伯勒公學（Marlborough College），然後在德國服兵役，發現自己在一處先前囚禁英軍戰俘的戰俘營裡看管二百五十名德國俘虜。（「德軍指揮官是奧運划船選手，迷人的傢伙。我們玩得很愉快。」）他錄取劍橋大學，攻讀俄文，但他說在踏出校園的那一刻就忘光了每個俄文字。外交部拒絕了他的求職，然後他也找不到麵包店的工作，便決定成為藝術家。朋友建議他申請殖民地部的工作時，他正在一間破敗的倫敦公寓裡靠著洋蔥過活，畫著阿爾伯特親王紀念亭（Albert Memorial）。（「他們要我去尼科西亞（Nicosia）。我說：『漂亮。在哪裡啊？』」）到了賽普勒斯，他最終成為總督休・富特（Hugh Foot）的私人祕書。（「太好玩了。花園裡住著一個軍情六處官員，好傢伙，他吸收了我。」）正式進入「公司」之後，他首先被派駐在日內瓦的聯合國當臥底，然後來到雅典。（「立刻爆發革命的地方，哈哈。」）最後，一九七〇年，四十二歲的他被任命為軍情六處派駐哥本哈根的最高階官員。（「我本來該去伊拉克的，不知怎地。」）

布隆海德高大英俊，量身訂做的衣著無懈可擊，隨時樂意說笑話和再喝一杯，他很快就成了哥本哈根外交人員派對圈裡的熟面孔。他把自己的祕密工作稱作「胡搞瞎搞」。

理查・布隆海德是費盡心力讓自己顯得比實際上愚蠢得多的那種英國人。他是個難纏的情報官。

打從抵達哥本哈根的那一天起，布隆海德就開始動手讓蘇聯對手的生活變得悲慘。他在這個計畫裡和安全情報局副局長攜手合作，副局長是個詼諧的律師，名叫約恩・布魯恩（Jørn Bruun），他「以主動騷擾蘇聯集團（尤其俄國）外交官及其他人員為樂，做法實際上不花一毛錢，而且幾乎偵測不到」。為了協助布隆海德所謂的「戲弄行動」，布魯恩把麾下最優秀的兩位官員分派給他，分別是延斯・艾力克森（Jens Eriksen）和文特・克勞森（Winter Clausen）。「延斯個子小，留著長長的漂亮八字鬍。文特塊頭大，身材跟一座大門差不多。我把他們叫做阿斯特（Asterix）和歐胖（Obelix）❷。我們處得非常好。」

他們選定的目標之一，是一位已知的國安會軍官，名叫布拉佐夫（Bratsov）。每次尾隨這個人進入哥本哈根的某家百貨公司，克勞森就會徵用擴音系統，並宣告：「ＫＧＢ公司的布拉佐夫先生，請到服務台。」這樣的呼叫發生第三次之後，國安會就把布拉佐夫送回了莫斯科。另一名受害者是國安會聯絡站一位熱心的年輕軍官，他試圖吸收一位丹麥國會議員，這名議員立即通知了安全情報局。「議員住在距離哥本哈根兩小時車程的某個城鎮。我們讓他打電話給那個俄國人，跟他說：『馬上過來，我有些非常重要的事要跟你說。』俄國人就會開車到議員家，議員用伏特加灌飽他，跟他說一堆廢話。然後他會帶著不少醉意開車回去，寫給國安會一份長長的報告，最後在早上六點上床睡覺。然後，議員會在早上九點打電話跟他說：『馬上過來，我有些非常重要的事要跟你說。』最後俄國人精神崩潰，就此放棄。哈哈，丹麥人超強的。」

戈傑夫斯基的簽證獲得批准。軍情六處訓令布隆海德與這個新來者混熟，適當時機一到就探聽他的

❶ 吸收戈傑夫斯基的過程，描述於理查・布隆海德未發表的自傳〈鏡子荒原〉（*Wilderness of Mirror*）。該標題出自艾略特詩作〈小老頭〉（*Gerontion*, T. S. Eliot）。

❷ 編注：阿斯特和歐胖是一九六〇年代法國漫畫《高盧英雄傳》（*Astérix le Gaulois*）的兩位主角。

口風。丹麥安全情報局會持續得知最新進展，但他們同意這個專案應當由軍情六處在丹麥執行。

歐列格與葉蓮娜．戈傑夫斯基伉儷，在一九七二年十月十一日回到哥本哈根。感覺就像是回家。綽號歐胖的那位大個子丹麥臥底警探，小心翼翼地尾隨他們離開入境大廳。

在政治情報官的新職上，戈傑夫斯基再也不需要運行非法派遣特務，而是主動蒐集機密情報，試圖顛覆西方制度。這在實務上的意思是尋找、發展、吸收，而後控制間諜、聯絡人及線民。他們可能是丹麥政府官員、民選政治人物、工會幹部、外交官、商人、新聞記者，或任何享有特權、能取得攸關蘇聯利益之資訊的人。任職於丹麥情報機構的人就更加理想。如同在其他西方國家，有些丹麥人是堅定的共產主義者，願意接受莫斯科的命令；其他人則可能樂意提供情報換取金錢（這可是為眾多間諜行為打通關節的潤滑油），或者容易受到其他形式的說服、逼迫或引誘所影響。此外，PR線官員也需要採取「積極措施」影響大眾輿論，必要時散播不實資訊，培養同情莫斯科的輿論製造者，並在媒體上發表正面（且通常不實）描寫蘇聯的文章。國安會長久以來都精通於製造「假新聞」這門黑藝術。在國安會術語裡，外國聯絡人依其重要性分成幾種類別：最上層是「特務」，通常為了意識型態或財務理由，有意識地為國安會效力的人；次一等是「機密聯絡人」，這類人同情蘇聯事業，願意暗中相助，但可能並不知道來自蘇聯大使館的那位友善人士，其實在為國安會工作。再次一等是為數眾多的「公開聯絡人」，這是戈傑夫斯基在二等祕書的掩護身分裡，無論如何都要在工作過程中見面的人。機密聯絡人可能只是容易接觸、心懷同情，他們和樂意出賣國家的間諜之間存在著巨大差別。但機密聯絡人可能會演變成間諜。

戈傑夫斯基輕易地回到了丹麥生活與文化之中。米哈伊爾．柳比莫夫返回莫斯科接任英國—斯堪地那維亞處的高階主管職，他的遺缺由戈傑夫斯基接替。這個情報工作的新型態刺激卻又令人挫敗：丹麥人幾乎都太友善，當不了間諜；太誠實，搞不了顛覆；太有禮貌，說不出這種話來。吸收丹麥人的每一次企圖，都撞上了「禮貌」這堵跨不過的高牆。就連最熱情的丹麥共產黨人都對叛國感到躊躇。

但總有例外。其中一人是丹麥社會主義人民黨（Socialist People's Party）主席，日後成為歐洲議會議員的格特·彼得森（Gert Petersen）。代號「宙斯」（ZEUS）、被國安會歸類為機密聯絡人的彼得森，把他自己從丹麥外交政策委員會（Foreign Policy Committee）打探到的機密軍事情資傳遞出來。他見多識廣，而且「渴求無厭」。他用國安會公帳喝掉的啤酒和烈酒數量，讓驚嚇的戈傑夫斯基留下了深刻印象。

哥本哈根站新任站長阿弗雷德·莫吉廖夫切克（Alfred Mogilevchik）任命戈傑夫斯基為副站長。「你有跟人打交道的智力、精力與能力。」莫吉廖夫切克對他說，「而且你了解丹麥，會說這裡的語言。我還奢求什麼？」戈傑夫斯基晉升為少校。

工作方面，戈傑夫斯基在國安會內部一路順遂高升；但在內心深處，他卻是一團混亂。兩年的莫斯科生活讓他對共產政權更加離心，回到丹麥則讓他對蘇聯的庸俗、腐敗和虛偽失望更甚。他開始更廣泛閱讀，蒐集那些在俄國絕對不准持有的書籍：亞歷山大·索忍尼辛（Alexander Solzhenitsyn）、弗拉基米爾·馬克西莫夫（Vladimir Maximov）和喬治·歐威爾等人的著作，還有揭露史達林主義恐怖全貌的西方歷史書籍。卡普蘭叛逃到加拿大的消息輾轉傳來，這位朋友遭到捷克軍事法庭以洩露國家機密罪缺席審判，處以十二年有期徒刑。戈傑夫斯基感到震驚，但也不由得疑惑，西方究竟有沒有聽見他在布拉格之春過後的抗議呼喊？要是有的話，為何至今毫無回應？要是西方情報機構真的試著探他口風，他會接受還是拒絕這樣的挑逗？戈傑夫斯基日後聲稱，他一直都做好準備，等著對方陣營來輕拍他的肩膀。但實情比記憶更加複雜，幾乎總是這樣。

回到外交官的派對圈，戈傑夫斯基常常看見同一個高大、親切的英國人。

理查·布隆海德手上有兩張戈傑夫斯基的相片，都是丹麥方面提供的，一張在前一次派駐時偷拍下來，另一張則取自簽證申請表格。

「那是張我曾經研究過的嚴肅面孔，但不會讓人不舒服。他看來堅毅強悍，即使在倫敦的報告所描述的那種情境中，我也無法想像怎會有人以為他是同性戀。不管怎麼說，他看來也不像是個西方情報官員能輕易接觸的人。」布隆海德和他那個時代與階級出身的許多人一樣，相信所有同性戀者都會展現出某些易於識別的言行舉止。

他們的第一次直接相遇發生在哥本哈根市政廳（Rådhus）這座紅磚大廈裡，那是一場美術展的開幕式。布隆海德知道有個蘇聯代表團會來。身為真正外交官與間諜雜處的「外交人員午餐俱樂部」常客，他結識了幾位蘇聯官員。「我和一個來自伊爾庫次克（Irkutsk）的可怕小個子處得不錯，可憐的傢伙。」布隆海德看到那個矮小的伊爾庫次克人站在一群蘇聯外交官中間，戈傑夫斯基也在內，於是閒晃過去。「我不需要特別強調，就可以在問候他們時也把歐列格捎帶進去。我沒問他的名字，他也沒有主動告知。」

這兩個男人斷斷續續展開了一場關於藝術的對話。「歐列格一開口，那份嚴肅就消失了，」布隆海德寫道，「他面帶微笑，笑容裡有著真正幽默的神態，是其他國安會軍官往往缺乏的。這個新來者看來很自然，真心被人生給逗樂了。我喜歡他。」

布隆海德向倫敦回報已和目標接觸。主要的問題出在溝通，布隆海德幾乎把俄語完全忘光了，他只會講一點丹麥語，德語懂得更少——他用來命令德國戰俘的那種語言，實在不太適合這些情境。戈傑夫斯基的德語和丹麥語很流利，但完全不會英語。「我們設法在表淺的層次上對話。」布隆海德說。

哥本哈根的蘇聯、英國和美國大使館彼此背靠背，三棟建築形成一個古怪的外交三角地帶，由一片墓園隔開。即使在冷戰的嚴寒之中，蘇聯與西方的外交官彼此仍有不少社交互動，隨後數週內，布隆海德精心策劃，讓自己受邀參加戈傑夫斯基出席的幾場派對。「我們在幾次外交人員招待會上，越過其他賓客的頭頂彼此點頭致意。」

吸收敵方情報官往往需要跳一場複雜的雙人舞。太明顯的接觸會嚇跑戈傑夫斯基，但太隱微的信號又會被錯失。軍情六處懷疑布隆海德是否具備這種舞蹈所需的慎重。「他非常愛好交際，但有點像闖進瓷器店的公牛，而且蘇聯大使館人人都知道他是軍情六處人員。」按照布隆海德的性格，他只不過是決定舉辦一場派對，邀請戈傑夫斯基和一些蘇聯官員參加。「安全情報局找來了一位女子羽球選手。他們的想法是，那位女士和戈傑夫斯基會有共同興趣。」麗娜・科彭（Lene Køppen）是牙醫系學生，後來贏得女子羽球單打世界冠軍。她非常漂亮，而且對自己被用作誘餌毫不知情。按照一位軍情六處專案官的說法，這次接觸「未必具有性意味」，但要是戈傑夫斯基其實是異性戀者，從羽球發展到上床，那就再好不過。結果沒有。戈傑夫斯基喝了兩杯酒，和科彭簡短聊了些無關緊要的話，就離去了。一如布隆海德的預測，在社交、運動和性方面，這個俄國人都證明了友善，卻又難以接近。

回到倫敦，傑佛瑞・古斯科特這時到了蘇聯組工作，他和麥克・史托克斯（Mike Stokes）談起「陽光」案。史托克斯這位高階官員，曾是迄今為止效力於西方最成功的蘇聯間諜——歐列格・潘可夫斯基（Oleg Penkovsky）的專案官。潘可夫斯基是國安會在蘇聯軍方的對口，即總參謀部情報總局的上校軍官。自一九六〇年起，軍情六處和中央情報局聯合運行他長達兩年，他在莫斯科向上線提供科學及軍事情報，包括蘇聯在古巴部署飛彈一事，這些資訊讓美國總統甘迺迪（John F. Kennedy）得以在古巴飛彈危機期間居於有利位置。一九六二年十月，潘可夫斯基被國安會捉拿、逮捕及審訊，並於一九六三年五月處死。史托克斯是「龐大又振奮人心的有形存在」，對於吸收及運行蘇聯間諜知之甚詳。史托克斯和古斯科特一起策劃了一個野心勃勃的計畫：對戈傑夫斯基的政治同情來一次「酸鹼測試」。

一九七三年十一月二日晚間，歐列格與葉蓮娜才剛吃完晚餐（一個毫不快樂，幾乎寂靜的場合），這時公寓門口傳來響亮的敲門聲。戈傑夫斯基發現他大學時代的捷克好友，斯坦達・卡普蘭站在門口對他微笑。

戈傑夫斯基目瞪口呆，突然異常害怕。

「我的天！（*Bozhe moi*）我的天，斯坦達！你到底來這兒幹麼？」

兩人握手，戈傑夫斯基讓卡普蘭進屋，他知道這樣一來，賽局就無可挽回地轉變了。卡普蘭是個叛逃者，要是戈傑夫斯基的其中一個國安會鄰居看到他進門，光是這件事就足以讓人猜疑。然後還有葉蓮娜。就算他們的婚姻仍然完好，她身為忠誠的國安會軍官，可能仍會覺得自己有義務舉報丈夫與一名眾所周知的叛徒不期而遇。

戈傑夫斯基為老友倒了杯威士忌，將他引介給葉蓮娜。卡普蘭解釋，他目前在一家加拿大保險公司工作。他來哥本哈根和丹麥女友約會，在外交人員名冊上發現歐列格的名字，一時衝動就來找他。卡普蘭似乎沒變，還是一樣面孔坦率，舉止活潑，但拿著威士忌酒杯那隻手的微微顫抖出賣了他。戈傑夫斯基知道他在說謊，卡普蘭是某個西方情報部門派來的。這是一次試驗，而且是十分危險的試驗。這就是五年前布拉格之春遭鎮壓後撥打的那通電話，期待已久的回應嗎？如果是這樣，卡普蘭又為誰效勞？中央情報局？軍情六處？安全情報局？

對話破碎又緊張。卡普蘭敘述他從捷克斯洛伐克叛逃，經由法國抵達加拿大的經過。戈傑夫斯基含糊地咕噥幾句。葉蓮娜看來焦慮。沒過幾分鐘，卡普蘭喝光了杯中酒，站起身來。「好了，我叨擾你了。我們明天見面吃個中飯，好好聊一聊。」卡普蘭提議約在市中心的一家小餐館。

關上門來，戈傑夫斯基轉向葉蓮娜，說卡普蘭不請自來是多麼不尋常。她一語不發。「多麼奇怪的巧合，他竟然在哥本哈根現身。」他說。她的表情難以判讀，但帶有一絲戒懼。

戈傑夫斯基午餐時刻意遲到，確定自己沒有被人跟蹤。他幾乎沒睡。卡普蘭在窗邊的餐桌等候，神情看來輕鬆多了。他們聊起舊時光。馬路對面的一處咖啡座，有個身材魁梧的觀光客坐在那兒閱讀旅遊指南。麥克・史托克斯正在守望。

卡普蘭的造訪事先經過縝密策劃和排演。「我們需要一個說得通的理由，讓卡普蘭聯繫他。」古斯科特說，「另一方面，我們要他察覺自己正在被接觸。」

卡普蘭接獲的指示是談論自己的叛逃、剛從西方生活得到的喜悅，還有布拉格之春。然後摸透戈傑夫斯基的反應。

戈傑夫斯基知道自己正受到評估。當卡普蘭回顧一九六八年捷克斯洛伐克的戲劇性事件，他感到雙肩緊繃，只說蘇聯入侵令自己震驚。「我需要極度小心，我正走在深淵邊緣。」卡普蘭說到自己叛逃的細節，以及在加拿大愜意的新生活，戈傑夫斯基以一種看似鼓勵、卻又不明顯的方式點著頭。「我認為這點至關重要，雖然我應當發出正向信號，但不該對局面失去控制。」他不知道是誰派卡普蘭來測試自己的，也不打算問。

在每一段求愛過程中，重要的是不要表現得過分熱切。但戈傑夫斯基的慎重卻又不只是挑逗技巧而已。雖然在一九六八年為了捷克斯洛伐克發生的事件暴怒之後，他一直想著西方情報機構會不會聯繫自己，但他還沒有完全確定自己想被引誘，又或者誰在爭取自己。

午餐結束時，這兩位老友握手，斯坦達．卡普蘭消失在購物人潮之中。沒有說出決定性的話語，沒有做出宣告或承諾，但跨越了一條看不見的界線。戈傑夫斯基心想：「我知道我已經洩露得夠多，可以讓他寫成一份肯定的報告了。」

史托克斯在哥本哈根一家旅館的房間聽取卡普蘭的匯報，然後飛回倫敦，向傑佛瑞．古斯科特回報結果。戈傑夫斯基對卡普蘭突然現身感到訝異，但並不驚恐或憤怒；他看來感興趣也同情，對蘇聯入侵捷克斯洛伐克表示驚愕。最重要的是，戈傑夫斯基並未暗示會向國安會報告自己與一名被定罪的反共叛徒意外相遇。「太有趣了，這就是我們想聽到的。戈傑夫斯基顯然非常謹慎，但要是他不報告的話，就是先跨出了一大步。我們需要表明我們想爭取他，但不表現得太明顯。我們需要策劃一次偶遇。」

理查．布隆海德的「血液完全凍住了」。那是早上七點，雪下了一整夜，氣溫零下六度。青灰色的破曉在哥本哈根上空掙扎著展露，「陽光」看來是個最不合時宜的名字。連續三個早晨，在這麼「大清早」，這位軍情六處人員都坐在妻子沒裝暖氣的小轎車裡，停在城市北郊空無一人、綠樹成蔭的某條街上，從起霧的擋風玻璃窺探著一棟龐大的混凝土建築，一邊疑惑自己會不會凍傷。

丹麥監控人員確認，歐列格．戈傑夫斯基每天早晨都會跟一位名叫安娜、身為丹麥共產黨青年團學生成員的年輕女子，在市郊一處運動俱樂部打羽毛球。布隆海德前來監視這個地點，他選擇駕駛妻子毫不起眼的藍色奧斯汀，不開他自己掛著外交車牌的福特。他停在一處可以直視俱樂部大門的位置，但關掉引擎，因為汽車排出的熱氣可能引來注意。頭兩個早晨，「歐列格和那個女孩最終在七點三十分現身，兩人握手，各自駕車離去。她很年輕，有一頭黑色短髮，健美又纖細，但不特別漂亮。他們看來不像情人，但我不能確定。他們或許只是在公開場合小心謹慎。」

在這個零下氣溫監控的第三天早晨，布隆海德決定不要再等下去。「我的腳趾完全凍僵了。」他估算著比賽結束的大致時間，從沒有上鎖的前門走進俱樂部。服務台沒人在，幾乎可以確定歐列格和他的搭檔是建築物裡僅有的兩人。布隆海德思忖，要是他當場撞見這兩人躺在羽球場的地上偷情，事情就難辦了。

這名英國間諜走入視線的時候，戈傑夫斯基正在接發球。他立刻認出了布隆海德。身穿花呢套裝和厚重大衣的來者，在空蕩蕩的運動設施裡看來很不協調，毫無疑問就是英國人的模樣。歐列格舉起球拍打招呼，然後轉身打完比賽。

俄國人看到他似乎不覺得意外。「或許他在等我來？」布隆海德想著，「這樣一個經驗豐富、眼力敏銳的軍官，可能早就在前幾天注意到我的車了。再一次，他友善微笑。然後極認真地投入球賽。」

事實上，在他繼續比賽、布隆海德坐在觀眾席看球之際，戈傑夫斯基的腦袋不停運轉著。每件事都安排到位了：卡普蘭造訪、布隆海德家的派對，還有過去三個月來，這位和藹的英國官員似乎出現在自己出席的每一個社交場合裡。國安會確認布隆海德很有可能是情報官員，以「行為外向」著稱，「無論受邀與否，都會出現在大使館的派對上」。這名英國人在早晨這個時候現身於一個空蕩蕩的羽球場，就只意味著一件事：軍情六處試圖吸收自己。

球賽結束。安娜去淋浴，戈傑夫斯基閒晃著，毛巾圍在脖子上，雙臂張開。這兩位情報官員彼此估量著。「歐列格沒有顯現出一絲緊張。」布隆海德寫道。戈傑夫斯基注意到，這個英國人通常散發著「興高采烈的自信」，這次卻看來嚴肅至極。他們混雜著俄語、德語和丹麥語交談，布隆海德再加入一點不太協調的法語。

「你可不可以和我單獨談談？我很想跟你私下對話，在一個我們不會被人偷聽的地方。」

「我很樂意。」戈傑夫斯基說。

「跟你這個部門的人進行這種談話，對我來說會很有趣。我想，你是極少數會對我說實話的人。」另一條線跨越了：布隆海德透露，他知道戈傑夫斯基是蘇聯國安會軍官。

「我們可以吃個午飯嗎？」布隆海德繼續說。

「好，當然可以。」

「見面對你來說可能比我更困難得多，那麼，何不由你來選一家適合你的餐廳？」

布隆海德預期戈傑夫斯基會選一處鮮為人知、經過慎重考慮的會面地點。但他反倒提議兩人三天後在東門大飯店（Østerport Hotel）的餐廳見面，就在蘇聯大使館前的大街正對面。

布隆海德開著妻子的破車離去時，既雀躍又不安。戈傑夫斯基看來冷靜得不尋常，顯然不擔心他的接觸。他選了一間距離自己的大使館這麼近的餐廳，一支隱藏式麥克風就可以把兩人的對話回傳給對街的監聽者們。他們有可能會被經常在那家旅館用餐的蘇聯官員撞見。布隆海德頭一次意識到，他可能不是這次收編行動的發動者，反倒是被吸收的對象。「歐列格的行為舉止和餐廳選擇，令我強烈懷疑我著了自己的道。一切都太簡單了，感覺不對勁。」

回到英國大使館，布隆海德急電軍情六處總部：「我的天，我覺得他想要吸收我！」

但戈傑夫斯基只是在為自己建立掩護。他也回到自己的大使館，告訴站長莫吉廖夫切克：「英國大使館的那個人邀我午餐。我該怎麼做？我該接受嗎？」問題回傳到莫斯科，灰衣主教季米特里·亞庫辛立刻轟隆隆地回覆：「**當然！**你應當積極主動，不要躲避一個情報官。何不跟他見面？**採取攻勢！**英國是我國極感興趣的國家。」這是戈傑夫斯基的保險策略。取得了繼續執行的正式許可，他現在就可以和軍情六處進行「經批准的接觸」，而不致讓國安會懷疑他的忠誠。

情報工作最古老的險招之一是「誘餌」，即一方看似試圖爭取另一方的某人，引誘他共謀，取得他信任，然後揭發他。

布隆海德懷疑自己是不是成了國安會誘餌行動的目標。若非如此，戈傑夫斯基是真心想要吸收自己嗎？他應該假裝感興趣，看看蘇聯人打算走多遠嗎？對戈傑夫斯基來說，風險則更大。卡普蘭造訪，以及布隆海德隨後的接觸，或許全都是精心設計的陰謀之一環，要讓他表明自己的意圖，最後落得東窗事發。亞庫辛的准許提供了一些保障，但不多。要是他成了軍情六處誘餌行動的受害者，他的國安會生涯也就到此為止。他會被召回莫斯科，且無疑會被溯及既往，受害於「對方試圖吸收的任何人，皆應初步認定為嫌疑犯」這套國安會邏輯之下。

詹姆士·耶穌·安格頓（James Jesus Angleton）這位以多疑聞名的戰後中央情報局反間主任，將間諜賽局描述成一片「鏡子荒原」（wilderness of mirror）。戈傑夫斯基一案已經以不可思議的方式反射與折射了。布隆海德仍然假裝在安排兩位情報官同行的隨意會面，儘管兩人在冷戰中分屬對立陣營；同時，他也疑惑著自己是否正被對方吸收。戈傑夫斯基向國安會的上司假裝這是英國情報機構的瞎猜，只不過是一次偶遇帶來的午餐約會；同時，他也疑惑著軍情六處是否策劃要陷害自己。

三天後，布隆海德步行穿過三國大使館背後的墓地，跨越繁忙的哈瑪紹大街（Dag Hammarskjölds Allé），走進東門大飯店，背對窗戶在餐廳坐下，他從這個位置可以「密切監視餐廳大門」。安全情報局得知這次午餐之約，但布隆海德堅持不要派出任何人在現場監控，以防戈傑夫斯基發現並取消約會。

「蘇聯大使館每一位員工的照片貼滿了我們的辦公室，我仔細檢視餐廳裡所有人，看看能否認出任何一位。但每一個看來都是單純的丹麥人，或同樣單純的觀光客。我坐回去，想著歐列格會不會來。」

戈傑夫斯基準時走進餐廳。

布隆海德沒有看出「特別緊張的跡象」，「即使他的作風本身就上緊發條，隨時準備採取行動。他立刻看見了我。他已經收到告知，知道我預訂了哪一桌嗎？我想著，腦袋同時飛進了俗套的間諜狂熱。歐列格露出一貫友善的微笑，走了過來。」

兩人盡情享用東門大飯店美味的斯堪地那維亞自助餐，布隆海德感受到「自始即友善的氛圍」。對話範圍涵蓋宗教、哲學與音樂。歐列格在心中記下這件事，他的同桌不但做了功課，還「不厭其煩地談論我感興趣的話題」。當布隆海德說起國安會派駐這麼多軍官到海外是何等奇怪，戈傑夫斯基的回應「不置可否」。俄國人多半說丹麥語；布隆海德則答以亂七八糟的丹麥語、德語和俄語大雜燴，這樣的語言自助餐讓戈傑夫斯基發笑，即使他的開心「看來不帶任何惡意」。「他看來完全放鬆了，顯然意識到我們兩人都是情報官。」

咖啡和烈酒送上時，布隆海德提出了至關重要的問題：「你會不會必須報告我們的見面？」答覆透露了實情：「可能會，但我會做出很中立的報告。」

共謀的暗示終於在此出現，確切說來，還沒露出整條腿，但已經瞥見了腳踝。

即使如此，布隆海德吃完這頓午餐還是「比以前更加困惑」。戈傑夫斯基暗示自己向國安會掩飾了部分實情，但他的行為舉止也正像一個確信自己是獵人、而非獵物的人。布隆海德發了一份備忘錄給軍情六處總部：「我強調了我對整件事太過輕易的恐懼，以及我產生的強烈印象：他對我這麼好，是因為他想吸收我。」

戈傑夫斯基也向上司回報一份冗長乏味的文件，結論是這場會面「很有趣」，但他的行文強調「我自身主動權的明顯重要性」。灰衣主教看了很滿意。

然後發生了一件意想不到的事，那就是什麼都沒發生。

戈傑夫斯基專案停擺，整整八個月沒有任何接觸。究竟為何發生這種事，至今仍然成謎。按照傑佛瑞・古斯科特的說法：「如今回顧，你會想：『多可怕啊，這個專案就這樣拖延了好幾個月。』我們等著丹麥的報告，等著布隆海德回覆，但什麼都沒發生。布隆海德把注意力轉開了，他同時在追另外兩三個案子，這個案子的希望如此渺茫，你都以為不可能發生了。」或許布隆海德的疑心，讓他踩煞車的力道比原先預想的更重。「要是你推得太用力、太快，就有可能出錯。」古斯科特說，「事情進展順利的時候，往往是因為你沒有強推。」在這個例子裡，軍情六處卻連推都沒推，「真是一團糟。」

但長遠來說，這團混亂反而發揮了作用。幾星期過去，布隆海德都沒有試著再次聯繫，戈傑夫斯基先是擔憂，然後灰心，然後生氣，最後出人意表地安心了。暫停給了他時間深思。如果這是誘餌行動的話，軍情六處的動作會快得多。他會等下去，也會給國安會時間，讓他們忘記與布隆海德的接觸。在間諜行動中，就像愛情一樣，一點點距離、一點點不確定、一方或另一方的明顯冷卻，都能激起欲望。東門大飯店午餐之後令人沮喪的八個月裡，戈傑夫斯基的熱情升溫了。

一九七四年十月一日，那個高大的英國人在晨光中再度現身於羽球場，提議他們再見一面。布隆海德突然再次聯繫的理由是，他即將被轉調到北愛爾蘭臥底，組織對付愛爾蘭共和軍的行動。他幾個月內就要動身了。「時間所剩不多，因此我決定不要再浪費更多時間。」布隆海德後來寫道，簡潔地暗示他完全知道自己在浪費時間。他們同意在北歐航空集團經營的北歐航空飯店（SAS Hotel）見面，這棟嶄新的建築物向來不是蘇聯官員常去的地方。

歐列格抵達的時候，布隆海德正在酒吧區角落的餐桌等候。安全情報局的兩名探員阿斯特和歐胖早些時候抵達，正坐在酒吧彼端，試著讓自己在盆栽棕櫚樹後面毫不引人注目。

「以他一貫上了發條般的準時，歐列格在一點鐘聲響起時走進大門。我選定的角落光線昏暗，歐列格一度四下張望。為了防止他把太多注意力放在監控人員身上，我迅速站起身來。他直直走向我，帶著熟悉的微笑。」

氛圍立刻變得不一樣。「我覺得該是我掌握主動權的時候了。」戈傑夫斯基日後回想，「我滿懷期盼，他感受到這點，也有同感。」布隆海德首先動作。軍情六處授權他表明這不只是一次挑逗：「我們的飲料送來之後，我直接講重點。」

「你是國安會的人。我們知道你在第一總局的N線工作過，那是你們所有部門裡最隱蔽的，負責運行世界各地的非法特務。」

戈傑夫斯基並未掩飾自己的訝異。

「你願意跟我們說說你知道的事嗎？」

戈傑夫斯基不予回應。

布隆海德繼續進逼。「告訴我，你們站的PR線副站長，負責蒐集政治情報及運行特務的人是誰？」

一陣停頓，然後這個俄國人咧嘴笑了。

「就是我。」

這下輪到布隆海德刮目相看了。

「我曾經有過談論世界和平之類話題的念頭，但我對歐列格的直覺告訴我，不要嘗試這種花言巧語。但一切還是太過容易了，我的疑心讓我無法對這個人照單全收。我的本能告訴我，他是個了不起的好人，我可以信任他。另一方面，我的訓練和我對國安會軍官的經驗，卻驚呼著要我小心。」

又一個來意得到表明，兩人也都知道。「忽然之間，我們幾乎是同事了。」戈傑夫斯基寫道，「最後，我們開始直話直說。」

布隆海德這時進行了「酸性測試」。

「你願意私下，在一個安全處所和我見面嗎？」

俄國人點頭。

他接下來說的話，將不可見的燈號從黃燈轉成了綠燈：「沒有人知道我正在跟你見面。」

他們第一次相遇之後，歐列格告知了上級，也寫過書面報告。這次會面卻未經批准，要是國安會查出他與布隆海德接觸並且密不上報，他就完了。藉由告知軍情六處他沒有對任何人說，他極其明確地轉換了效忠對象，將自己的性命交託在軍情六處手上。他投靠到了另一方。

「這可是一大步，」古斯科特日後回想，「相當於通姦時說的：『我太太不知道我在這裡。』」戈傑夫斯基大感寬心，腎上腺素顫動翻湧。他們說好了三週後再次會面，地點選在城市邊緣的一家酒吧。戈傑夫斯基先離開，布隆海德數分鐘後離去。最後，兩名丹麥便衣情報官才從盆栽後面現身。

求愛告一段落：蘇聯國安會的戈傑夫斯基少校，此時為英國軍情六處效力。「陽光」啟動了。

在那淨化心靈的一刻，在哥本哈根一間旅館的角落，每一縷醞釀已久的反抗全都匯聚在一起：他憤怒於父親從未承認的犯罪，吸收了母親沉默的抵抗和祖母隱藏的宗教信仰；他憎恨自己生長於其中的體制，以及對自己所發現西方自由的愛好；他對蘇聯鎮壓匈牙利和捷克斯洛伐克、築起柏林圍牆的憤慨不斷積累；他對自己戲劇般的命運、文化優越感的意識，以及對於更美好俄國的樂觀信念。從此刻起，歐列格．戈傑夫斯基會過著兩種大不相同的平行人生，都是祕密的，而且彼此交戰。而決志的一刻隨著他性格中心的那股特殊力量一同到來：一種頑強不屈、不可動搖，對自己所作所為正確無誤的堅信，一份全心全意的道德責任，即將不可挽回地改變他的人生，一次正義的反叛。

布隆海德的報告傳回倫敦，軍情六處高階首長們在祕密情報局位於蒙克頓堡（Fort Monckton）的祕密訓練基地集合會商，這座堡壘建於拿破崙時代，位在朴茨茅斯（Portsmouth）附近的英格蘭南部海岸。晚上十點，一小群首長集合斟酌布隆海德的報告，並決定行動方針。「這是不是一次挑釁行動？這個問題一再被提出來。」傑佛瑞．古斯科特說。一名國安會的高階軍官，真的願意冒著生命危險，與一名已知的軍情六處特務私下會面嗎？另一方面，國安會真的敢拿自己的軍官搞誘餌行動嗎？經過一陣激辯，與會人員同意繼續執行。「陽光」或許太美好而不像是真的，但它也太美好而不能輕易放過。

三週後，布隆海德與戈傑夫斯基在那家幾乎空無一人的黑暗酒吧裡見面：兩人在路上都小心為自己「乾洗」，成功「走黑」。他們的對話務實有效，但斷斷續續。缺乏共通語言是嚴重的阻礙。英國間諜和俄國間諜之間建立了一種相互理解，但他們就是無法完全理解對方說了什麼。布隆海德解釋，既然他不久就要離開哥本哈根，安排往後會面的責任將移交給另一位同事，這位高階情報官員會說流利的德語，因此可以更容易地和戈傑夫斯基交談。布隆海德會選定一處便利的安全屋做為會面地點，為兩人互相引介，而後退出這個專案。

軍情六處哥本哈根站的祕書，就住在市郊夏洛滕隆德（Charlottenlund）住宅區的一間公寓。乘坐地鐵到這個地點很容易，祕書在適當時機也會迴避。布隆海德提議三週後的晚間七點，在公寓附近一家肉鋪門口和戈傑夫斯基會合。「店門提供了方便的遮蔽，不被明亮的街燈照到。還有，在店門口附近很難布置任何監視者，又不讓他們清楚顯露於周遭環境中。每天那個時候，該處會空無一人，所有丹麥人都會舒服地在被窩裡看電視。」

戈傑夫斯基在七點整準時到達，布隆海德稍後現身。兩人默默抓住對方的手，然後英國人說：「來，我幫你帶路。」那間安全公寓，或間諜術語裡的「行動祕密場所」（OCP, Operational Clandestine Premises）就在二百公尺外，但布隆海德迂迴繞路，以防有人跟蹤。「那一夜很冷，雪花飄落。」兩人都裹著厚重大衣。戈傑夫斯基沉默不語，陷入沉思：「我不怕被綁架，但我知道事情如今嚴重起來了：這是行動的真正起點。我第一次走進敵方地盤。」

布隆海德打開公寓大門，把戈傑夫斯基領進門，為兩人都倒了烈性威士忌加蘇打。

「你花了多久？」布隆海德問。

「半小時左右。」

「我很驚訝你會來。像這樣見我，豈不讓你冒著重大危險嗎？」

戈傑夫斯基停頓片刻，「非常字斟句酌地」回答：「可能有危險，但在此時此刻，我不認為真的會有危險。」

布隆海德用他怪異混雜的各種語言細心解釋，他隔天早上就要飛回倫敦，然後前往貝爾法斯特（Belfast）。但他三週內就會回來，在肉鋪門口和戈傑夫斯基會合，帶他去公寓，將他引介給新任專案官。一小群丹麥安全情報局官員知道事態發展，但這個專案由軍情六處專責執行。為了戈傑夫斯基的安全起見，布隆海德向他保證，英國情報機構內部只有極少數人知道他的存在，其中多數人絕不會知道他的真實姓名。在情報語言裡，參與祕密行動稱作「灌輸」（indoctrinated），戈傑夫斯基的專案會盡可能讓最少數的「被灌輸者」（indoctrinee）參與，並以最高安全等級運行，因為丹麥安全情報局或軍情六處內部可能有蘇聯間諜，準備向莫斯科通風報信。就連英國最親密盟友的情報部門——美國中央情報局，也會保持在「狀況外」。「有了這些對我們有利的因素，就能在健全基礎上發展我們的關係，開始認真合作。」

向戈傑夫斯基道別時，布隆海德思忖著自己對這個面帶微笑、顯然冷靜沉著的俄國國安會軍官所知多麼匱乏，他看來已經準備好賭上性命，與軍情六處共謀。雙方始終沒有提到錢的問題，也沒有提到歐列格自身安全或家人安全，或者他想不想叛逃。他們大致上都在聊文化和音樂，但不談政治、意識型態或蘇聯統治下的生活。戈傑夫斯基的動機也沒人談論。「我從來沒問過他為何這麼做，時機就是還沒到。」

隔天早上抵達軍情六處倫敦總部時，這些問題仍糾結著布隆海德。蘇聯集團部門的管制官很放心。「他對國安會事務很有經驗，也相應審慎，但他說這是個獨一無二的形勢，必須運用到極致。這是頭一次有國安會軍官對英國『未經事先告知』的接觸做出正向回應。」他說，蘇聯人疑心太重，絕不會對一個能接觸到真正機密的人設下誘餌。「他們從來不曾主動送上一個現職國安會參謀官……他們就是無法信任自己人不會在與（西方）專案官的關係中質變。」

軍情六處的首長們樂觀其成，「陽光」專案可以成為一大突破。戈傑夫斯基看來真心誠意。但布隆海德不那麼確定，這個俄國間諜尚未提供一丁點有用情資，更沒有對自己的行為提出說明。

專案官將特務移交給另一名專案官是個複雜的過程，有時更令人緊張不安，尤其在這名間諜剛被吸收的時候。一九七五年一月，離開哥本哈根後三週，布隆海德「盡可能安靜且隱姓埋名地潛回丹麥」，他搭機前往瑞典哥特堡（Gothenburg），與丹麥安全情報局官員文特・克勞森會合。接著他被塞進一輛福斯車的副駕駛座，坐在歐胖「微笑著的龐大塊頭」身邊，然後跨越邊界進入丹麥，在哥本哈根靈比（Lyngby）購物中心一間「恰到好處地不具個人色彩、又平淡乏味的」旅館登記住宿。

新任主管菲利普・霍金斯（Philip Hawkins）使用假護照從倫敦搭機前來。「你會喜歡他的。」布隆海德對戈傑夫斯基說過。他並不完全確定這是實情。「我當然不喜歡他，我認為他是坨上好的狗屎。」這既不準確也不公平。霍金斯是一名訓練有素的大律師：嚴厲、精準，與布隆海德完全不同。

在肉鋪與戈傑夫斯基會合之後，布隆海德護送他前往安全公寓，霍金斯就在那兒等候。戈傑夫斯基馬上對這位新專案官印象深刻。「他很高大，身強體壯，我立刻覺得跟他相處很不自在。」霍金斯說的是正式德語，語氣頗為生硬，似乎「以一種敵對的、近乎威脅的姿態」打量著自己的新特務。

布隆海德莊重地與戈傑夫斯基握手，感謝他的所作所為，並祝他好運。駕車離去時，布隆海德感受到一團混雜的情緒：遺憾，因為他喜歡也讚賞這位俄國間諜；焦慮，因為國安會陰謀的可能性揮之不去；以及深深的寬慰，因為這個專案對他而言告一段落了。

「我對自己的角色結束高興極了，」布隆海德寫道，「我無法克制地想著，自己恐怕挖了一個深不見底的『長鼻怪陷阱』（heffalump trap），而我的部門顯然決心一頭栽下去。」

4 雙重人生從此展開

人為什麼要當間諜？為何要拋棄家人、朋友和正職工作的安全保障，投身危機四伏、動盪不安的機密世界？尤其，為何會有人加入一個情報部門，隨後卻轉而效忠敵方情報機構？

最接近於戈傑夫斯基祕密叛離國安會的對照組，或許是金姆．菲爾比的例子。這位劍橋畢業的英國人走上了同一條路，但方向相反，他是祕密效力於蘇聯國安會的軍情六處官員。一如菲爾比，戈傑夫斯基也經歷了意識型態的深刻轉化，前者受到共產主義吸引，後者卻對它反感。但菲爾比早在一九四〇年設法獲得軍情六處吸收之前就已經轉向，其明確意圖是為國安會效力，對抗資本主義西方；戈傑夫斯基加入國安會時則是忠實的蘇聯公民，不曾想像過自己有朝一日會背叛。

間諜有著各種不同樣貌。有些人受到意識型態、政治或愛國情操激勵；為數驚人的間諜則因利而動，因為財務報酬可能十分誘人；其他人則被性愛、勒索、傲慢、復仇、失望，或機密所能賦予那種特有的勝人一籌和袍澤情誼捲入了諜報工作。有些人嚴守紀律又勇敢，有些人貪得無厭又卑怯。

史達林的間諜總管之一帕維爾．蘇杜普拉托夫（Pavel Sudoplatov），如此建議試圖在西方國家吸收間諜的下屬們：「去找那些被命運或天性傷害的人——醜陋的人，有自卑情結的人，渴求權力和影響力，卻敗給不利局面的人……只要跟我們合作，這一切都能得到獨特的補償。對一個有影響力的強大組織之歸屬感，會帶給他們勝過身邊英俊富有之人的優越感[1]。」多年來，國安會一直用「老鼠」（MICE）這個縮寫詞，指稱間諜工作的四大主流：金錢（Money）、意識型態（Ideology）、逼迫（Coercion）和自我（Ego）。

但還有浪漫的因素，也就是有機會過著隱蔽的第二人生。有些間諜是幻想家，前軍情六處官員及記者馬爾科姆．穆格瑞奇（Malcolm Muggeridge）如此寫道：「在我的經驗中，情報特務是比記者更誇張的說謊家❷。」諜報工作吸引了多過預期的被損害者、孤獨者和純粹怪咖。但所有間諜都渴求那份隱密的補償、那不被察覺的影響力，也就是：他們得以無情地行使私人權力。多數人普遍有著某種程度的智識虛榮，就像是知道公車站牌前比肩的候車乘客所不知道的重大事件那種隱密的感受。間諜工作，有一部分就是想像力的行動。

為了另一國的利益而對母國從事間諜行動的決定，往往是外在世界與間諜的內心世界碰撞產生的，外在世界通常由理性構思而成，至於內心世界，有時就連間諜本人也毫無察覺。菲爾比將自己定義成純粹信奉意識型態的特務、為了共產主義事業獻身的祕密戰士；但他不會承認自己同樣受到自戀、缺陷感、父親的影響，以及欺騙身邊所有人的衝動所驅使。艾迪．查普曼（Eddie Chapman）是戰時騙子及雙面間諜，以化名「之字形特務」（Agent Zigzag）著稱，他自認是愛國英雄（他確實是），但也同樣貪婪、投機和反覆無常，因此得到了「之字形」這個化名。俄國間諜歐列格．潘可夫斯基在古巴飛彈危機期間將關鍵情報提供給西方，他想阻止核戰，但他也要求把妓女和巧克力送到他在倫敦下榻的旅館，還要求晉見女王。

將歐列格．戈傑夫斯基推向軍情六處懷抱的外在世界，是政治性與意識型態的：他受到興建柏林圍牆與鎮壓布拉格之春強烈影響而背離；他讀過夠多西方文學，夠了解自己國家的真實歷史，也看過夠多的民主自由，知道共黨宣傳裡反映的社會主義極樂世界全是駭人聽聞的謊言。他在一個服從教條、不加質疑的世界裡成長，一旦拒斥那套意識型態，就轉而以改宗者的滿腔熱情堅決予以攻擊。他的反共之深

❶ 語出帕維爾．蘇多普拉托夫，引自 Hollander, *Political Will and Personal Belief*。

❷ Malcolm Muggeridge, *Chronicles of Wasted Time*, part 2: *The Infernal Grove*, London, 1973.

刻與不可逆轉，一如他的父兄及同輩為之獻身的程度。身為共產體制的產物，他直接理解國安會的無情殘酷。伴隨政治壓迫的是文化庸俗：他懷著狂熱愛好者的激憤，憎惡西方古典樂名作遭受審查，也憎惡代用的蘇聯音樂。他要求一套不一樣且更悅耳的人生配樂。

但驅動歐列格的內心世界則更加隱晦。他憧憬著浪漫和冒險。他無疑是在反叛自己的父親，那個馴服、充滿罪惡感、唯命是從的國安會政工。偷偷信奉宗教的外婆、默默不服從政權的母親、以三十九歲英年為國安會殉職的兄長，或許全都在潛意識裡產生影響，將他推向叛變之路。他對多數同事幾乎毫無敬意，這些坐領乾薪的國安會人員無知、懶惰又貪汙，升官靠的全是玩弄政治手腕和逢迎拍馬。他比身邊多數人都聰明，他自己也知道。戈傑夫斯基的婚姻當時無以為繼，他也很難交到知心朋友。他在尋求復仇和滿足，但也在尋找愛。

所有間諜都需要感受到自己被愛著。諜報及情報工作之中最強大的一股力量（也是最重要的迷思之一），即是間諜與間諜總管之間，特務與主管之間的情感聯繫。間諜想要覺得自己被需要，是祕密群體的一分子，而且受到答謝、信任及珍重。艾迪．查普曼與他的英國和德國主管都建立起密切關係；菲爾比是被魅力遠近馳名的國安會招聘官阿諾．多伊奇（Arnold Deutsch）吸收的，他形容後者是「了不起的人……他看你的眼神，彷彿那一刻人生中沒有任何事比起你這個人，以及跟你談話更重要❸。」利用及操弄這種對愛慕與肯定的渴求，是特務管理者最重要的技能之一。從來沒有一個成功的間諜不覺得自己與主管之間的關係，比起為了政治或利益而締結的策略婚姻更強大：在謊言和欺瞞中，產生了真實而持久的交融。

從他的新任英國專案官菲利普．霍金斯身上，戈傑夫斯基感覺到幾種情緒散發出來，但其中並不包括愛。

古怪又興高采烈的理查．布隆海德，由於看來「非常英國」，吸引了戈傑夫斯基。他正是柳比莫夫熱情描述過的那種大膽英格蘭人。霍金斯是蘇格蘭人，整個人冷了好幾度，正直、乾脆，像燕麥餅那樣又硬又脆。「他覺得自己的職責不是面帶微笑和友善，而是以律師的眼光審視專案。」一位同事說。

霍金斯在二戰期間負責審問德國戰俘。他在捷克和蘇聯專案工作多年，運行過多名叛逃者，最重要的是，他有著管理國安會內部間諜的直接經驗。時間拉回一九六七年，一位住在維也納的英國女性聯絡英國大使館，通報她收了一名有趣的新房客，是一位年輕的俄國外交官，看來樂於接納西方觀念，對共產主義頗為批判。她教他滑雪，可能也和他上床。軍情六處為他取了代號「穿透」（PENETRABLE），並開始調查他。他們發現，西德情報部門——聯邦情報局（BND）「也在爭取他」，而且已經接觸過身為國安會見習官的「穿透」一次，並得到了正向回應。英國與西德雙方同意一起運行這名特務，英方專案官正是菲利普．霍金斯。

「菲利普對國安會倒背如流，」一位同事說，「他領錢工作是為了懷疑。他顯然是管理戈傑夫斯基的最佳人選，他會說德語，而且他有空。」他也很緊張，並且經由展現攻擊性來掩飾自己的不安。在他看來，他的任務是查明歐列格有沒有說謊、願意吐露多少情報，以及想要什麼回報。

霍金斯要戈傑夫斯基坐下，然後開始進行法庭式的交叉詰問。

「你的站長是誰？站上有多少國安會軍官？」

戈傑夫斯基期待自己做出的重大抉擇能受到歡迎、讚美和祝賀。但他反倒被威嚇與盤問，彷彿成了敵方俘虜，而不是合作的新進特務。

「盤問持續了一段時間，我不喜歡這樣。」

戈傑夫斯基腦中冒出這樣的想法：「這絕不可能是英國情報部門的真正精神。」

審訊暫停一會兒。戈傑夫斯基舉起手，發表聲明：他會為英國情報機構工作，但只在三個前提之下。

❸ Borovik, *Philby Files*, p. 29.

「第一，我不要危害我在國安會聯絡站的任何同事。第二，我不要被偷偷拍照或錄音。第三，我不要錢。我要基於意識型態信念為西方工作，而不是為了好處。」

這下輪到霍金斯覺得被冒犯了。在他心中的法庭上，接受交叉詰問的證人不會開條件。第二個前提實際上沒有意義，要是軍情六處決定對他錄音，他絕不可能知情，因為錄音當然是祕密進行。他搶先拒絕接受財務補償，則更令人擔憂。間諜工作有一項公理：應當鼓勵線民接受禮物或金錢——但不要多得讓他們不想再要更多，或是忍不住一擲千金而引人疑竇。現金讓間諜覺得自己有價值，確立了「付款換取服務」這項原則，必要時還能當成把柄使用。他又為什麼想要保護他的蘇聯同事？他難道還忠於國安會嗎？實際上，戈傑夫斯基有一部分是在自保，要是丹麥開始驅逐國安會軍官，中心可能就會接著追查內部的叛徒，最終就會發現他。

霍金斯提出異議：「我們現在知道了你在站內的地位，不過，我國或盟國決定驅逐任何人前，總是會三思而後行。」但戈傑夫斯基堅持不讓步，他不會指認國安會軍官同袍，乃至他們的特務和非法特務，不該打擾他們。「這些人不重要，他們名義上是特務，但不會造成任何損害。我不要他們惹上麻煩。」

霍金斯勉強同意將他的條件轉達軍情六處，並說明工作方法。他每個月會搭機前來哥本哈根一次，度過長長的週末，這段時間他們可以見面兩次，每次至少兩小時。會面將在另一處安全公寓進行（由丹麥人提供，即使戈傑夫斯基並未被告知這點），位於北郊的巴勒魯普（Ballerup），這是與蘇聯大使館遙遙相對的城市彼端，一條地鐵路線終點的寧靜地區。戈傑夫斯基可以搭乘地鐵或駕車前往，停在一段距離之外。在那兒被大使館同事撞見的機率極低，要是有蘇聯監控人員部署在附近，他大概也會知情。丹麥的監控人員是更大的問題。戈傑夫斯基是有國安會軍官嫌疑的人，以前就被安全情報局監控過，要是他被撞見在市郊走進祕密會面地點，將會引起高度警戒。安全情報局裡知道軍情六處正在運行一名蘇聯特務的人數不到十二人，其中只有兩人知道他的姓名。兩人之中有一位是安全情報局反間主管、布隆海德的老朋友約恩·布魯恩。布魯恩會確保自己的部下不在戈傑夫斯基會見英國主管的日子裡尾隨他。最後，霍金斯交給他一個緊急電話號碼、隱形墨水，和一個倫敦地址，讓他能在兩次會面之間傳送任何緊急訊息。

兩人離開公寓時都滿心不悅。間諜與專案官的第一次接觸並不愉快。

然而，任命粗魯又不帶笑容的霍金斯，某種程度上結果卻是好的。他是專業人士，戈傑夫斯基也是。這名俄國人如今交託給了一位極其認真看待自身職責和對象安全的人。套句布隆海德愛用的說法：霍金斯不胡搞瞎搞。

由此開始了一連串每月一次的會面，地點在巴勒魯普一棟不起眼的公寓三樓單間套房裡。這個地方只配備了簡單的丹麥式家具，廚房設備一應俱全。房租由英國和丹麥兩國情報部門共同支付。在新的行動祕密場所第一次會面前幾天，兩名喬裝成電力公司工人的安全情報局技工在頂燈和插座裡安裝了麥克風，從壁腳板後方將連接線一直延伸到臥室，把錄音機安裝在床鋪上方的鑲板後面。戈傑夫斯基的第二個前提被違反了。

會面起初是緊張的，此後逐漸緩和，隨著時間過去，收穫出奇豐富。從多刺的猜疑展開的這段關係，慢慢演變成了高效能的關係，其基礎不在於愛慕，而在於不情願的互相尊重。做為愛的替代，戈傑夫斯基接受了霍金斯的專業認可。

要測試某人有沒有說謊，最好的方法就是問一個你已經知道答案的問題。霍金斯熟知國安會的組織架構，戈傑夫斯基以令人刮目相看的精確，敘述莫斯科中心裡龐大而複雜官僚機構的每一個局、部和分部。其中一些霍金斯已經知道，但還有很多他不知道：名稱、功能、技術、訓練方法，甚至競爭與內鬥、升遷與降職。這種層級的細節證明了戈傑夫斯基的坦誠：沒有哪個「誘餌」膽敢透露這麼多資訊。他從來不曾問過霍金斯軍情六處的相關資訊，或者做出雙面間諜試圖滲透敵方機構時可能採取的任何舉動。

軍情六處總部的間諜總管們很快就確信了戈傑夫斯基的真誠。「『陽光』是真的，」古斯科特做出結論，「他玩得光明正大。」

隨著戈傑夫斯基開始鉅細靡遺描述S局的活動，也就是他在轉調政治部門之前工作過十年的非法特務單位，軍情六處對他的這份確信也倍增了。他描述了莫斯科如何將喬裝成一般公民的特務布置在世界各地，包括「巨大且高度精密的編造假身分行動」：偽造文書、竄改註冊紀錄、隱藏內奸，以及聯繫、控制及資助蘇聯非法特務大軍的複雜方法。

每次會面之前，霍金斯都會取下臥室鑲板，插入一捲新錄音帶，打開錄音機。他會做筆記，但隨後還會細心抄寫每一段錄下的對話，將德文譯成英文。每小時的錄音都要花上三到四倍時間處理。如此寫成的報告接著交給英國大使館內一名軍情六處下級官員，由他連同錄音帶一起裝進外交郵袋裡寄回倫敦，外交郵袋的內容不受搜查。軍情六處總部熱切地等待這些報告。英國情報機構從來不曾運行過一個如此深入國安會的間諜。身為訓練有素的情報官，戈傑夫斯基完全懂得軍情六處想知道些什麼。他在一〇一學校時學過熟記大量資訊的技術，他的記憶力極為強大。

特務與專案官的關係逐漸改善。他們會分別坐在一張大咖啡桌兩端數小時之久。戈傑夫斯基喝濃茶，偶爾要一杯啤酒，霍金斯不喝飲料。兩人幾乎不閒聊。戈傑夫斯基發現自己很難喜歡這個帶著「嚴厲長老會牧師」神態的緊張蘇格蘭人，但尊重他。「他不是個容易開玩笑的人，但他盡責又認真，總是在做筆記，準備齊全，提出好的問題。」英國專案官經常帶著一份問題清單前來，俄國人把問題記下來，試圖在下次會面前找出答案。有一天，霍金斯拿出自己的一份報告，要求戈傑夫斯基檢視，這是用德文寫成、針對歐列格描述過的非法特務系統的詳盡書面報告。俄國人刮目相看，霍金斯顯然是德文速記大師，因為他完全沒有遺漏任何細節。直到後來他才想到：軍情六處一定在竊聽這間公寓。歐列格決定不要為了承諾遭違背而大驚小怪，他思忖，換成自己大概也會這麼做。

「我的心裡輕鬆許多，」戈傑夫斯基寫道，「我的新角色給了我生存意義。」他相信，這個角色無異於顛覆蘇聯體制，在善惡二元對立的鬥爭中，最終為俄國帶來民主，讓俄國人能夠自由生活、閱讀自己想看的書、聽巴哈的音樂。白天的國安會工作中，他繼續發展丹麥聯絡人、為親蘇記者撰寫文章，以及維修哥本哈根聯絡站分布不均的情蒐系統。他表現得愈是精力充沛，升遷的機會就愈大，也就愈能取得重要情資。這是很奇怪的處境：試圖向國安會展現自己的熟練，而不真正損害丹麥利益；一手布置間諜行動，又用另一手破壞這些行動，將自己的每一步全都告知霍金斯；敞開眼睛和耳朵，蒐集有用資訊與八卦，但表面看來又不至於太愛打聽。

葉蓮娜對自己的丈夫正在做的事始終一無所知。「間諜連自己最親近、最親愛的人都得欺瞞。」戈傑夫斯基日後寫道。但葉蓮娜對他來說，再也不親近也不親愛了。實際上，他很確定，要是她得知實情，身為忠誠的國安會軍官，她一定會阻止他。戈傑夫斯基知道國安會如何處置叛徒。不管丹麥法律或國際法怎麼規定，他都會被特別行動部的幹員捉拿、下藥迷昏，綁著繃帶塞在擔架上隱藏身分，送上飛機運回莫斯科，受到審訊、拷打，再被處決。俄語對於就地處決的婉曲說法是「最高措施」（*vyshaya mera*）：叛徒被押進一間房裡，讓他跪下，再朝他後腦開一槍。有時國安會還更別出心裁，據說，潘可夫斯基是被活活塞進焚屍爐的，死亡過程全程錄影，以儆效尤。

即使雙重生活帶來壓力，又免不了危險，戈傑夫斯基卻很滿足，獨自一人發起行動對抗蘇聯壓迫。然後，他戀愛了。

蕾拉·阿利耶娃（Leila Aliyeva）是哥本哈根世界衛生組織歐洲區辦公室的打字員。她的母親是俄羅斯人，父親是亞塞拜然人，長得高䠷又嫵媚，有一頭濃密的黑髮，深褐色的眼珠藏在長長的睫毛後面。相對於葉蓮娜，她害羞又不食人間煙火，但在放鬆的時候，她的笑聲響亮又有感染力。她還喜歡唱歌。蕾拉和歐列格一樣，出身國安會家族：她的父親阿里（Ali）在亞塞拜然國安會一路晉升到少將，然後在莫斯科退休。她被教養成穆斯林，兒時備受庇護。她迄今為止的極少數男友全都被父母仔細審查過。她的第一份工作是在設計公司當打字員，隨後在共青團機關報擔任記者，接著經由蘇聯衛生部申請世界衛生組織的祕書工作。如同每一個試圖前往海外組織工作的蘇聯公民，蕾拉獲准前往哥本哈根之前，意識型態的可靠程度也經過徹底審查。她那年二十八歲，小了歐列格十一歲。到達哥本哈根不久，蕾拉應邀參加蘇聯大使夫人舉行的歡迎會，夫人問她在莫斯科做過什麼工作。

「我當過記者，」蕾拉回答，「我想寫些關於丹麥的文章。」

「那你一定要見見大使館的新聞專員，戈傑夫斯基先生。」

就這樣，歐列格．戈傑夫斯基和蕾拉．阿利耶娃開始合作，為共青團刊物撰寫一篇介紹哥本哈根貧民區的文章。這篇文章始終不曾刊登，但他們的合作很快就變得更深入。「她合群、有趣、有創意、風趣，渴望受人喜歡。我對她一見鍾情，我們的愛火迅速燃燒起來。」脫離了父母的控制監督，蕾拉盡情投身於這段關係。

「他乍看之下是這麼沉悶，」蕾拉回想，「要是在街上見到，你是認不出他的。但當我開始和他交談，我驚訝得合不攏嘴。他知道這麼多事，是這麼有趣，幽默感極佳。慢慢地、慢慢地，我愛上了他。」

對戈傑夫斯基來說，蕾拉的溫柔性格和單純可愛，在葉蓮娜潑辣的蔑視之後成了補藥。他在人際關係中變得如此習慣於算計，不斷評估著自己和他人的言行。反之，蕾拉自然、外向又無拘無束，平生第一次，歐列格覺得被人愛慕。戈傑夫斯基將自己的小情人引進了一個嶄新的文學世界，其中包含俄國禁止的想法與現實。在他敦促之下，她閱讀了索忍尼辛的《古拉格群島》和《第一層地獄》（*The First Circle*），書中描述了史達林主義的黑暗殘酷。「他從藏書中選書送給我。我用心閱讀，這是真相的瀑布。他教育了我。」沒人跟她說過戈傑夫斯基是國安會軍官，但蕾拉從一開始就知道了。她從來不曾想過，他對這些書籍的興趣可能暗藏著更深沉的異議。他們在悄聲低語的幽會裡，想著天馬行空的計畫。他們想像著生下自己的孩子。國安會不贊同通姦，更不允許離婚。「我們的會面非常保密。任何能夠成為通姦罪證的照片，都會被用來對付他，懲罰非常嚴厲，他會在二十四小時內被驅逐出境。」他們必須保持耐心。但話說回來，他也習慣了緩慢而保密的戀愛。

戈傑夫斯基在兩項工作上都很認真，也打了很多羽球。蕾拉和兩位室友同住一間公寓，葉蓮娜常常在家，因此他會和蕾拉偷偷見面約會，隱蔽又刺激。但欺瞞與焦慮在此又多了一層：他這時在職業和個人兩個層面上都背叛了葉蓮娜，任何一個層面暴露出來都要大禍臨頭。他以精確和細心掩飾自己雙重不忠的形跡。每隔幾天，他就會發送一則密語訊息給蕾拉，兩人每次私通都選在哥本哈根的不同旅館；同時，每隔四週，他就會設法前往丹麥乏味郊區的一間普通公寓，從事叛國行徑。一年下來，他建立了一整套迴避系統，同時躲過蘇聯人的監控和妻子的猜疑。他和蕾拉與軍情六處的關係都在加深。他感到安全，但他其實並不安全。

某個冬日晚間，一名年輕的丹麥情報官正要返回巴勒魯普的家，這時他看到一輛掛著外交車牌的車輛停在小街旁，遠離外交人員區域。這個年輕人十分好奇，他也受過專業訓練，對此極感興趣。仔細一看，他認出這輛車屬於蘇聯大使館。一個蘇聯外交官週末晚上七點來到郊區做什麼？

蕾拉·阿利耶娃。

一層薄雪降下，剛踩出來的腳印從車輛離開。這名安全情報局官員跟著腳印走了二百公尺左右，來到一棟公寓。他走近時，一對丹麥情侶正要出門，他們熱心地為他開著大門。濕腳印穿過大理石地板來到樓梯口，他跟著腳印來到二樓的一間住家。屋內傳出壓低音量交談的聲音，說的是某種外語。他記下了地址和車牌號碼。

隔天早上，一份報告交到了丹麥反間主管約恩·布魯恩桌上：一名涉嫌為國安會工作的蘇聯外交官，被發現前往巴勒魯普的一間公寓，並在那兒以某種可能是德語的不明外語，對某人或某群人說話。「形跡頗為可疑，」報告做出結論，「我方應設法應對。」

但丹麥監視機器還沒開始行動，約恩．布魯恩就把引擎關掉了，這份報告從檔案裡遭到刪除。這位過度熱心的年輕官員由於觀察敏銳而得到稱讚，然後被「搪塞」了一個含糊理由，說這條線索不值得繼續追查。這也不是第一次發生了，某個安全機構由於勤奮盡責，險些破壞了一個正在進行的專案。

戈傑夫斯基得知自己差一點就被查獲，大為驚慌。「這次閃失震撼了我們，後續影響揮之不去。」從那之後，他就搭乘地鐵前往巴勒魯普。

幾個月過去，他對於提供姓名的抗拒逐漸消褪。倒不是因為有很多人名可以提供。他透露，丹麥的蘇聯特務和線民網絡少得可憐。這些人包含格特．彼得森，就是那位嗜酒的政治人物；和丹麥移民部門一名體重過重的警察，他三不五時會傳來某些趣聞；以及布置在全國各地，等著第三次世界大戰爆發的幾名非法特務。歐列格解釋，派駐哥本哈根的國安會軍官，花在捏造聯絡人好為個人開銷辯解的時間，遠遠多過真正跟誰見面的時間。這個令人安心的情報傳給了丹麥安全情報局。丹麥人小心翼翼，不把戈傑夫斯基指出的少數間諜一網打盡，因為這麼做會立刻指向國安會內部有人通風報信。安全情報局反倒決定密切注意這少數幾位丹麥的國安會聯絡人，等待時機。

雖然國安會在丹麥幾乎沒有值得一提的間諜，它在丹麥的斯堪地那維亞鄰國卻並非如此。岡沃爾．加爾通．哈維克（Gunvor Galtung Haavik）是挪威外交部一名不起眼的員工，這位前任護士當過外交部祕書和通譯，此時接近退休年齡。她身材嬌小、性格討喜，而且頗為羞怯。她也是一名擁有三十年資歷、老經驗的高薪間諜，曾祕密獲頒蘇聯的各族人民友誼勛章，頒贈理由為「加強國際理解」——某種意義上她確實如此，做法是把數千份機密文件交給蘇聯國安會。

哈維克的經歷，是經典的國安會操弄故事。第二次世界大戰末期，挪威仍在納粹占領之下，當時在博多（Bodø）一所軍醫院工作的她，愛上了俄國戰俘弗拉基米爾．柯茲洛夫（Vladimir Kozlov）。柯茲洛夫卻忘了告訴她，自己已婚，在莫斯科有個家庭。她幫助他逃往瑞典。戰後，俄語流利的她被挪威外交部錄用，派往莫斯科擔任挪威大使的祕書。她和柯茲洛夫的愛火在那兒復燃。國安會得知兩人禁忌之愛的風聲，提供了一間公寓讓他們密會。接著，國安會威脅要向挪威當局揭發兩人偷情，並把柯茲洛夫放逐到西伯利亞，除非哈維克同意成為蘇聯間諜。往後八年間，她將大量極機密資料傳送到蘇聯，並在調回奧斯陸的外交部之後繼續洩密。挪威做為北大西洋公約組織的北方側翼，在北極圈內與蘇聯的國界長達二百公里，國安會認為挪威是「北方鎖鑰」。冷戰在此冰冷而凶殘地進行著。代號「葛麗泰」（GRETA）的哈維克，與八名不同的國安會上線會面至少二百七十次。她持續收到莫斯科送來的現金和柯茲洛夫的訊息（或者也有可能是偽裝成俄國情人的國安會）。這位容易受騙又心碎的未婚婦女，在威逼之下與國安會合作，她甚至不是共產黨員。

阿恩．特雷霍特（Arne Treholt）的醒目與動人魅力，正與哈維克成反比。他是一位廣受歡迎的挪威內閣部長之子，也是知名記者，以及挪威勢力強大的工黨黨員。他衣著華麗，相貌英俊，對自己的左翼觀點直言不諱。特雷霍特很快就一帆風順。他娶了挪威電視明星卡莉．斯多莉克雷（Kari Storækre）為妻，擦亮了自己的社會名流招牌。《紐約時報》形容他是「挪威公眾生活中的黃金青年」。有些人認為他最後有可能當上總理。

但在一九六七年，特雷霍特對越南戰爭的尖刻反對引起了國安會注意。以蘇聯大使館領事官員為掩護身分的情報官葉夫根尼．別列亞耶夫（Yevgeny Belyayev）找上了他。特雷霍特後來向警方供稱（隨後又否認了這個說法），他是在奧斯陸的一次狂歡之後遭受「性勒索」而被吸收的。別列亞耶夫鼓勵特雷霍特接受現金以換取情報，到了一九七一年，在赫爾辛基的金雞餐廳（Coq d'Or restaurant），別列亞耶夫將他引介給國安會駐奧斯陸新任站長根納季．費奧多羅維奇．季托夫（Gennadi Fyodorovich Titov）。季托夫的冷酷無情讓他獲得了「鱷魚」這個綽號，儘管戴著大大的圓眼鏡、步態搖擺的他看來更像隻特別惡毒的貓頭鷹。此外，他還有著「第一總局最高明的馬屁精這個名號」。特雷霍特喜歡被人奉承，也喜歡享用免費午餐。往後十年間，他和季托夫用國安會的公款聚餐了五十九次。「我們的午餐非常愉快，」特雷霍特多年後回想，「我們在餐桌上討論挪威和國際政治❹。」

挪威在戈傑夫斯基的職權範圍之外，但斯堪地那維亞各國在國安會思維裡是合併在一起的，每一個聯絡站在相當程度上也都知道其他站的活動。一九七四年，一位名叫瓦吉姆·車爾尼（Vadim Cherny）的新任國安會軍官從莫斯科派駐丹麥，他在莫斯科時任職於第一總局的斯堪地那維亞與英國處。車爾尼是個平庸的軍官，也是積習難改的八卦大王。有一天他說漏嘴，提到國安會在挪威外交部門內部運行一名代號「葛麗泰」的女性特務。數週後，他又提到國安會在挪威政府內部吸收了另一個「更重要的」特務，「是個有新聞記者背景的人」。

戈傑夫斯基將這個情資傳達給霍金斯，霍金斯再傳回軍情六處和安全情報局。

這兩條極有價值的線索轉達給了挪威防諜處，消息來源經過層層掩蔽：挪威被告知這個情報可信，但沒被告知是由誰或從何處傳來。「這不是歐列格在工作過程中應當擁有的訊息，而是他聽來的事情——因此我們決定，不能讓消息直接追溯到他身上。」挪威人十分感激，也非常驚慌。文靜的外交部資深祕書岡沃爾·哈維克已經被懷疑了一段時間，戈傑夫斯基的警告提供了至關重要的確認。時髦的青年阿恩·特雷霍特被撞見與一名已知的國安會幹員同進同出之後，也引起了注意。兩人此後都會受到密切監視。

與挪威的關聯具體呈現了戈傑夫斯基專案最主要的挑戰，乃至整個間諜工作的一大難題：如何運用高級情報而不危及消息來源。一名深入敵營的特務，或許能夠揭露己方陣營裡的間諜，但如果把他們全部逮捕、清除的話，也等於警告了敵方他們內部有間諜，並危及消息來源。英國情報機構要如何利用戈

❹ 哈維克案與特雷霍特案，參看 Andrew and Mitrokhin, *Mitrokhin Archive* 記述。國安會哥本哈根聯絡站的活動，參看 Lyubimov, *Notes of a Ne'er-Do-Well Rezident* 以及 *Spies I Love and Hate* 兩書。

阿恩・特雷霍特（左）與「鱷魚」根納季・季托夫（中）。

岡沃爾・加爾通・哈維克（右），代號「葛麗泰」。

傑夫斯基所揭露的消息，又不讓火燒到他身上？

軍情六處從一開始就選擇放長線釣大魚。戈傑夫斯基還年輕，他提供的情資極佳，而且只會隨著資歷和升遷長進。對情資操之過急或索求無度，都有可能搞砸專案，毀了戈傑夫斯基。安全至上，菲爾比的災難已經讓英國人學到了內部出賣的危害。軍情六處內部「灌輸」過這項機密的一小群官員，只接收到他們需要知道的內容；而在丹麥安全情報局內部，知道戈傑夫斯基存在的人就更少了。他提供的情資十分節省地傳達給盟邦，有時經由稱為「保險絲」（cutout）的中間聯絡人，夾在細心包裝得像是來自別處的消息之中。戈傑夫斯基迅速洩露大量機密，但軍情六處確保這些機密上找不到他的指紋。

中央情報局對於「陽光」並不知情。英美雙方所謂的「特殊關係」，在情報圈中尤其融洽，但「只讓需要知道的人知道」這項原則仍同樣適用雙方。英方一致同意，中情局**不需要知道**英國在蘇聯國安會內部有個重要間諜。

情報部門不喜歡讓情報官沒完沒了地待在同一個地方，以免他們變得安逸；同理，特務主管也會輪調，以確保他們不致喪失客觀性，或是到頭來對單一專案或單一間諜投注過多心力。

根據這項原則，國安會駐哥本哈根站站長莫吉廖夫切克，也就由戈傑夫斯基的老友、親切友好的親英派、對蘇格蘭威士忌和花呢訂製上衣很有品味的米哈伊爾・柳比莫夫適時接替。兩人很快就恢復友誼。柳比莫夫這時再婚了，他和第一任妻子離婚導致在國安會的仕途受阻，但這時他又開始升遷了。戈傑夫斯基仰慕這位「和藹、從容的朋友」，以及他世故而諷刺的處世態度。他們一起度過漫漫長夜，聊天和喝酒，談論文學、藝術、音樂和諜報。

柳比莫夫看得出來，他的這位朋友兼門生前途一片光明。上級認為戈傑夫斯基「能幹又博學」，工作表現優良。「歐列格的舉止無懈可擊，」柳比莫夫寫道，「他從不參與任何內鬥，隨時準備好提供我需要的任何東西，謙遜一如真正的共產黨員，不汲汲營求升遷……大使館有些員工不喜歡他。他們說他『狂妄自大，聰明過頭』。但我不認為這是什麼惡行，多數人不都認為自己很聰明嗎？」唯有在事後回顧時，柳比莫夫才想起某些明顯的跡象。戈傑夫斯基多半不再出席外交官的派對，除了柳比莫夫之外，他也幾乎不跟其他國安會軍官社交。他沉浸於異議文學之中。「他的住處有某些我國查禁的作家所寫的書，身為資深同事，我建議他把這些書收起來。」這兩對夫妻經常一同晚餐，戈傑夫斯基在餐桌上會說笑話，酒喝得多了點，表現出婚姻幸福的模樣。葉蓮娜的一句話深深刻在柳比莫夫的記憶中。「他其實一點都不外向。」她說，「別想他會真心待你。」柳比莫夫知道兩人的婚姻嚴重緊張，沒把這句警告放在心上。

一九七七年一月某晚，戈傑夫斯基照常抵達安全公寓，發現菲利普．霍金斯和另一位戴著眼鏡、年紀更輕的男人一起在等他。霍金斯介紹這名男子是「尼克．韋納伯斯」（Nick Venables），他解釋，自己不久後就要到國外出任新職，這人會接替他的工作。

新任專案官正是傑佛瑞．古斯科特，就是這位人才在七年前讀過卡普蘭的檔案，並將戈傑夫斯基標記為潛在目標。古斯科特一直是霍金斯的主管幹事，因此對戈傑夫斯基專案的方方面面都知之甚詳。但他很緊張。「我以為我知道的足夠應對了，但我年紀還很輕。軍情六處說：『你可以應付的。』但我不那麼確定。」

戈傑夫斯基和古斯科特立刻喜歡上彼此。這位英國官員說流利的俄語，兩人從一開始就用親近的稱謂交談。兩人也都是長跑愛好者。但不僅如此，古斯科特和霍金斯相反，他看來很重視戈傑夫斯基身為一個人，而不只是情資來源。「他的每一方面都令人振奮，總是興高采烈，總是為他的任何錯誤真心道歉。」古斯科特是個志趣投合的人，此時他在極其保密的狀態中全職投身這個專案，在軍情六處內部只有他的祕書和直屬上司知道他的工作內容。陽光專案大有轉機。

軍情六處提議給戈傑夫斯基一部微型相機。有了微型相機，他就可以在聯絡站內拍攝文件，再將未經沖洗的底片交出。歐列格拒絕，被查獲的風險太高了：「從半開的門縫看一眼，那就全完了。」持有英國製的微型相機，本身就是足以入罪的證據了。不過，還有另一個方法能把文件夾帶出國安會聯絡站。

來自莫斯科的訊息和指示會以長條微縮膠卷的形式送達，經由蘇聯「外交郵袋」運送，國際法接受這種使領館之間來回傳送情資的方式，很安全，不受駐在國干預。聯絡站站長，或通常是譯電員，接著會將膠卷切成一條條，分發給各個相關部門或「線」：非法派遣特務（N線）、政治（PR線）、反情報（KR線）、技術（X線）等等。每一長條膠卷可能包含了十多封甚至更多信件、備忘錄或其他文件。要是戈傑夫斯基能在午餐時間將這些膠卷條偷運到大使館外，就能轉交給古斯科特複製，然後再交還給戈傑夫斯基。整個過程預計用不到半小時。

古斯科特向漢斯洛普公園（Hanslope Park）的軍情六處技術部門遞出申請，那兒是白金漢郡的一個鄉下莊園，四周環繞著綠樹成蔭的公園綠地，以及鐵絲網和衛哨構成的警戒線。漢斯洛普是（至今仍是）英國情報機構最機密、戒備也最森嚴的分站之一。二戰期間，漢斯洛普的專家們為間諜創造出各種令人歎為觀止的技術裝置，包括保密無線電、隱形墨水，甚至蒜味巧克力——發給空降到法國占領區內的間諜，以確保他們著陸後口氣聞起來像法國人。要是詹姆士．龐德系列故事裡的技術鬼才Q先生確實存在，他一定在漢斯洛普公園工作。

古斯科特的請求既簡單又有挑戰性：他需要一個小型可攜帶裝置，能夠祕密且迅速複製微縮膠卷。

聖安娜廣場（Sankt Annæ Plads）是哥本哈根市中心的一座長條形廣場，綠樹成蔭，距離王宮不遠，在午餐時間，尤其天氣晴朗的日子裡，總是人潮匯集。一九七七年的一個春日，一名身材魁梧、身穿商務西服套裝的男人走進公園盡頭的電話亭。他撥號的時候，有個背著背包的觀光客停下來問路，便走開了。就在那一刻，戈傑夫斯基將一捲微縮膠卷塞進了古斯科特的夾克口袋裡。約恩．布魯恩確保現場沒有安全情報局的監視。軍情六處聯絡站的一名下級官員坐在附近的長椅上打發時間。

古斯科特急忙趕往附近的安全情報局安全屋，把自己鎖在樓上臥室，從背包拿出一副絲絨手套，和一個六吋長、三吋寬，約莫一本迷你手帳大小的小方盒子。他拉上窗簾，關了燈，打開微卷條，將其中一端塞進小盒子裡，然後把膠卷穿過盒子。

「在黑暗中擺弄的過程讓人手心出汗。我一直都知道，要是我無法及時完成，就得放棄。要是我損壞了微卷，就真的會出事。」

第一次電刷觸碰整整三十五分鐘後，這兩個男人在公園另一端進行了第二次電刷觸碰，除了訓練精良的監視官，無人能察覺。微卷又回到了戈傑夫斯基的口袋裡。

從國安會聯絡站流入軍情六處手中的文件成了一道洪流。起初只有莫斯科中心發來、收件人是戈傑夫斯基的PR線指令，然後逐漸擴大到發給其他軍官的微縮膠卷條，他們經常在午餐時間將膠卷留在桌上或公事包裡。

報酬很大，但風險同樣大。每一次轉交偷來的資料，戈傑夫斯基都知道自己在玩命。另一名國安會軍官可能會在午餐時間意外返回，發現自己的微縮膠卷指令失蹤了，或者戈傑夫斯基有可能被撞見偷了他不該看到的資料。要是有人發現他帶著微縮膠卷離開大使館，他就死定了。古斯科特的說法輕描淡寫卻強而有力，他說，每次電刷觸碰都是「高度緊張的」。

戈傑夫斯基很驚恐，但決心堅定。每次接觸都讓他充滿悸動，彷彿賭徒走險得手，卻又疑惑運氣能否維持下去。即使在最寒冷的天氣裡，他都恐懼又興奮地帶著滿身大汗回到聯絡站，期望同事不要留意到他雙手顫抖。「接頭點」刻意遵循著不規律的模式：公園、醫院、飯店廁所、火車站。古斯科特把車停在附近，以防複製過程必須要在車內使用不透光的織物袋。

即使有各種預防措施，意外仍是無法解釋的。有一次，古斯科特安排好要在城北某個火車站進行電刷觸碰。他在火車站咖啡店的窗邊坐下，喝著咖啡等待戈傑夫斯基現身，並把微縮膠卷留在附近的電話亭壁架下。俄國人如時現身，放好東西離去，但古斯科特還來不及進電話亭，就有個男人先他一步進去，開始打電話。一通講很久的電話。一分鐘又一分鐘流逝，那個男人顯然聊得沒完，投了一枚又一枚硬幣。撿起膠卷、複製，再送回另一處接頭點的空檔只有三十分鐘，時間迅速流逝。古斯科特在電話亭外徘徊，來回換腳跳來跳去，表現出的焦慮一點也不假。講電話的男人不理他，古斯科特幾乎要硬闖進去搶走微卷，這時，那個男人才終於掛掉電話。古斯科特趕到第二個接頭點時，只剩下不到一分鐘。

身為柳比莫夫的副手和知己，戈傑夫斯基能夠取得很多微縮膠卷，「錄音帶的卷數大增」。最終，他取得和複製了多達數百份文件，其中有詳細的代號、行動、指令，甚至大使館編纂的完整一百五十頁機密評論報告，這是蘇聯在丹麥外交策略的完整圖像。這些情資被精心細分送回倫敦，經過偽裝，再零星分發出去：影響國家安全的就交給軍情五處，偶爾有些夠重要的消息，就給外交部。至於英國的盟邦之中，只有丹麥人從「陽光」的檔案裡獲得直接情資。其中一些資料，尤其是關於蘇聯在北極圈的諜報工作，則上呈外交大臣大衛．歐文（David Owen）和首相詹姆士．卡拉漢（James Callaghan）。資料來源都沒有向他們透露。

古斯科特搭機到丹麥的次數更多，而且停留更久了，每次都連續三天搬進巴勒魯普的公寓。這兩個間諜會在週五午餐時間交換微縮膠卷，接著週六晚上在公寓會面，隔天早上再次會面。和蕾拉的浪漫幽會，以及和古斯科特的諜報約會，意味著戈傑夫斯基離家的時間愈來愈長。他告訴葉蓮娜，自己忙著國安會的機密工作，與她無關。她或許相信，或許不信。

戈傑夫斯基的合作前提先是被稀釋，然後便煙消雲散了。俄國人知道自己被錄音；他拋棄了對於透露姓名的抗拒，指認出每一名國安會軍官、每一名非法特務和每一個消息來源；最後，他同意接受金錢。古斯科特對他說，英鎊會「不時」為他存進一家倫敦銀行，以備不時之需，藉此表達英國的感謝之意與彼此的「心照不宣」，也就是：他有朝一日會叛逃到英國。戈傑夫斯基或許不可能花用自己的諜報工作所得，但他重視這個姿態，接受了這筆錢。

戈傑夫斯基的價值更勝金錢，這也以另一個高度象徵的方式展現出來：軍情六處處長的親筆感謝信。

莫里斯．歐菲爾德（Maurice Oldfield），這位英國最高階的間諜，照慣例用綠色墨水署名為C——該慣例首先由軍情六處創辦人曼斯菲德．康明斯（Mansfield Cummings）從皇家海軍引進，皇家海軍的艦長向來都用綠墨水書寫。此後，每一位軍情六處處長都沿用了這個傳統。古斯科特在厚厚的奶油色信紙上，用英文打了一封歐菲爾德致戈傑夫斯基的感謝與祝賀信，再由祕密情報局首長簽下綠色署名。古斯科特將這封信譯成俄文，在下次會面時將原件和譯文一併交給戈傑夫斯基。歐列格讀著讚辭，滿臉笑意。他們分別時，古斯科特又把信帶走了；英國間諜大總管用綠墨水署名的私信，可不是適合歐列格持有的紀念品。「這是一種讓歐列格安心的方式，讓他知道我們認真看待他，建立正式關係，確保個人聯繫，也讓歐列格知道，他正在跟組織本身打交道。這些全都有助於安撫他，也標誌著這個專案的成熟。」下次會面時，戈傑夫斯基出示了他給歐菲爾德的回信。「陽光」與C的通信至今仍收藏在軍情六處檔案裡，證明了間諜工作成功所不可少的人性化舉措。

戈傑夫斯基的回信正是他的證言。

我必須強調，我的決定並非我個人不負責任或性格不穩的結果。下決定之前，是漫長的精神鬥爭和苦痛情緒；而對於我國發展的深刻失望，以及我個人的經驗，則為我帶來這份信念：民主及隨之而來的人性寬容，代表著我國唯一的道路。不管怎麼說，我國都屬於歐洲。現政權正是民主的反面，其程度是西方人無法完全理解的。一個人若是意識到這點，他就必須展現決志的勇氣，親自做些事情，阻止奴役進一步侵吞自由的領域。

岡沃爾．哈維克安排好了，在一九七七年一月二十七日晚上，和她的國安會管制官亞歷山大．普林西帕洛夫（Aleksandr Printsipalov）會面。她抵達位於奧斯陸郊區某條黑暗小街上的會面地點時，那位俄國人正在等候。挪威安全局的三名官員也在等候，他們一擁而上。一番「激烈打鬥」之後，蘇聯官員終於被制伏，從他口袋裡搜出二千挪威克朗，是要付給「葛麗泰」的最新一筆款項。哈維克並未反抗，她起初只承認和俄國人柯茲洛夫的戀愛，但最終心防瓦解：「我現在應該說清楚是怎麼回事，我當了將近三十年的俄國間諜。」她被控間諜及叛國罪名。六個月後，哈維克在獄中突然心臟病發去世，當時她的案件尚未開庭審理。

在隨後的外交惡果之中，國安會聯絡站站長根納季．季托夫被逐出奧斯陸。一名重要特務在挪威被捕的消息，迅速傳到了丹麥的國安會聯絡站，在軍官之間引起一片猜測，並在其中一人心中引起一陣「冰冷刺痛」的恐懼。戈傑夫斯基想當然耳地認為，是自己的密報直接導致她被捕。跟這個專案相關的所有人這下都會被約談，要是多嘴的車爾尼記得幾個月前跟戈傑夫斯基聊過「葛麗泰」，並且勇於舉報，國安會的肅奸人員可能就會開始追蹤。數週過去，沒人來拍他肩膀，戈傑夫斯基慢慢放鬆了，但這次事件是發人深省的警告：要是他傳遞的情資促成太明顯的行動，就會導致他的毀滅。

葉蓮娜．戈傑夫斯基不會被任何人愚弄。她的丈夫正在計劃些甚麼，他愈來愈常徹夜不歸，週末也不回家，對自己的缺席只有最簡單粗暴的解釋。葉蓮娜不用別人告知，就知道丈夫有婚外情。她憤怒地指控他，而他的否認令人難以信服。一連串「難看的場面」接著發生在公寓裡，吵鬧無疑都傳到了他們的國安會鄰居耳中。隨之而來的則是憤怒無語的沉默。關係幾乎是死了，但兩人都被困住。一如戈傑夫斯基，葉蓮娜也不想讓自己的國安會生涯被醜聞損害，她也想留在丹麥。他們遵照國安會的規則結婚，基於同一個理由，也至少必須在名義上保持已婚狀態。但這段婚姻毫無希望。

有一天，古斯科特問戈傑夫斯基，他是否處在「過度壓力」之下。顯然，丹麥監聽人員聽到了他公寓中的家庭騷亂和杯盤齊飛，並回報給了軍情六處。他要專案官放心，表示他的婚姻或許分崩離析，他本人卻沒有。但這又是一個提醒：他正受到監控，甚至是被如今成為友方的人們監控。

蕾拉是情緒上的避風港。相較於崩毀婚姻中的醜陋妥協，在一個個旅館房間裡，抓緊時間把握的那些與蕾拉的親密時光，看來就更加甜蜜。「我們訂好計畫，我一有機會擺脫婚姻，我們就結婚。」他寫道。葉蓮娜笨拙又易怒；苗條、黑髮的蕾拉則柔和、親切又風趣。她在國安會出生和成長，父親阿里剛過二十歲，就在亞塞拜然西北部的家鄉舍基（Shaki）被國安會吸收。母親是莫斯科貧窮家庭的七名子女之一，也是國安會人員，二戰結束後不久，就在莫斯科的訓練課程上與日後的丈夫相識。但不像他的妻子，戈傑夫斯基從來不曾感受到蕾拉在監視自己、評估自己。正是她的天真，成了他複雜生活的解藥。他愛她的程度，彷彿先前從來不曾愛過。但他同時也和軍情六處展開了紛亂的祕戀。他情緒上的欲望與諜報工作直接衝突，離婚與再婚不僅會損害他的國安會生涯，還會損及他為軍情六處獲取更有價值情報的機會。愛情往往始於真相毫不遮掩地迸發，始於靈魂的熱情袒露。蕾拉年輕又滿懷信任，完全相信她英俊體貼的愛人。「我從來不覺得自己從葉蓮娜手上偷走了他。他們的婚姻玩完了。我崇拜他，我把他當成偶像，他是完美的。」但她不知道的是，他從未完全存在於當下。「我的存在和我的思想，有一半都必須保密。」他不知道自己的雙重人生，會不會讓真正的心智結合變得不可能：「我能建立起我所盼望的親密與溫暖關係嗎？」

他終於向米哈伊爾．柳比莫夫傾訴，自己和世界衛生組織的一名年輕祕書正在戀愛，想要娶她為妻。他的朋友兼上司同情他，但也實事求是。柳比莫夫從個人經驗裡得知，要是國安會的清教徒們發現這個局面，他這位門生的前途必定遭受打擊。柳比莫夫在婚姻失敗後，被降職和無視了好幾年。「離婚的歐列格注定只能從事枯燥的密室工作。」他寫道。這位站長承諾會向上級美言幾句。

戈傑夫斯基和柳比莫夫更加親近了。一九七七年夏天，他們一起到丹麥海岸度過週末假期。某天下午在海灘上，柳比莫夫說到一九六〇年代在倫敦，他還是國安會的年輕軍官時，曾經發展過許多左翼人物，包括性格火爆的工黨國會議員麥可．富特（Michael Foot）。莫斯科認為富特是一名潛在的「影響特務」（agent of influence）人選，可向他提供親蘇聯見解，再由他複製在文章與演說中。這個人名當時對戈傑夫斯基毫無意義。

柳比莫夫或許是「終生摯友」，但他也是上好的情報來源。戈傑夫斯基從他身上打探到的每一件事都被傳回軍情六處，包括寄給柳比莫夫站長本人、收件人注明為其化名「科林」（KORIN）的文件。這段友誼也是一場背叛。柳比莫夫後來回想：「歐列格・戈傑夫斯基把我當成便士哨笛（penny whistle）一樣玩弄。」

每次會面之後，古斯科特都親自向歐菲爾德報告。在一次任務歸詢會議上，這位專案官提到軍情六處哥本哈根站新任站長「搭訕」柳比莫夫的經過，而他的反應看來非常友善。「『陽光』終究會離開哥本哈根，因此我方應當尋找替代目標，還有誰比柳比莫夫更適合？他十分親英，以前已經被接觸過一次，你會喜歡他的。他也是極其勢利的人，或許由更高階人士接觸他，會獲得良好反應。」由此產生了這個激進構想：軍情六處處長莫里斯・歐菲爾德要飛往哥本哈根，親自嘗試吸收這名蘇聯國安會站長。然而，反間主任堅決反對：「C」不能冒險主動出擊，要是行動出錯，注意力就會被引向戈傑夫斯基。「這個計畫砸了，感謝上帝。」一位情報官說，「太瘋狂了。」

戈傑夫斯基寫道：「我感到寬慰又亢奮，我再也不是為極權政體效力的不誠實之人了。」但這份誠實要求情感上的欺瞞，要求為達成高尚目標而詐騙，是一套神聖的兩面手法。他把自己所能找到的一切機密真相都告知軍情六處，同時對他的同事和上司、家人、最好的朋友、疏遠的妻子，以及新的愛人說謊。

5 行動代號：皮姆利科

距離倫敦滑鐵盧車站不遠處，蘭貝斯（Lambeth）的西敏橋路（Westminster Bridge Road）上，矗立著世紀之家（Century House），一座龐大而難看的二十二層玻璃與混凝土辦公大樓。這座建築物完全不起眼，出入其中的男男女女，看來也跟這個地區其他辦公室員工沒兩樣。但一個愛打聽的觀察者或許會注意到，這裡的大廳警衛比起一般警衛肌肉更粗壯、警覺性更高得多。他可能也會疑惑，為何會有這麼多電話工程廂型車，每天都在不尋常的時刻停駐大樓外。他可能還會發現，這裡的員工工時不固定，以及厚重的通電防撞柱遮擋著地下停車場。但要是這個愛打聽的觀察者逗留得夠久，能夠注意到這些細節，他就會被逮捕。

世紀之家是軍情六處總部，倫敦最機密的場所。官方紀錄上，它不存在，軍情六處也不存在。這是一個如此謹慎、又刻意普通的地方，新來者常常懷疑自己是不是被派到了錯誤的地址。「甚至有些人被局裡吸收了，」一位前任情報官寫道，「卻工作了一兩個星期之後才發覺[1]。」社會大眾對這座平凡無奇的建築物的真正用途始終一無所知，極少數知情的官員和記者則保持緘默。

蘇聯集團管制部門占據了整個十二樓。該樓層一角有一整區的辦公桌，由負責運行蘇聯行動及特務、並與軍情六處莫斯科站聯繫的小組——P5科使用。P5科只有三個人對戈傑夫斯基專案知情，其

[1] Cavendish, *Inside Intelligence*.

中一人是維若妮卡・普萊斯（Veronica Price）。

一九七八年，普萊斯四十八歲，未婚，為局裡盡心盡力，她是簡潔、務實的典型英國女性，絕不接受胡言亂語，尤其不接受男人胡說八道。她的父親是在第一次世界大戰中身負重傷的事務律師（「終其一生，彈片從他身上不停掉出來」），這讓她懷著強烈的正直愛國情操成長；但她也有著戲劇性格，從當過演員的母親繼承而來。「我不要當律師，我要旅行。」她因為速記能力不夠好，無法進入外交部工作，最終成了軍情六處的祕書。她先後在波蘭、約旦、伊拉克和墨西哥工作過，但軍情六處花了將近二十年時間，才明白維若妮卡・普萊斯的技能遠遠超出打字和填表格。一九七二年，她通過測驗，成為英國祕密情報部門首批女性官員之一。五年後，她被任命為P5科副科長。她每天從位於倫敦周圍各郡（Home Counties）的住處通勤到世紀之家，家中還有寡母、妹妹珍、幾隻貓和大量骨瓷。普萊斯堅持照規矩做事，她非常理智，按照一位同事的說法，「完全專心致志」。她喜歡解決問題。一九七八年春天，維若妮卡・普萊斯經「灌輸」得知了戈傑夫斯基專案，就此開始全力應對一個軍情六處不曾面臨過的問題：如何把一名間諜從蘇聯境內偷運出來。

數週之前，戈傑夫斯基來到安全公寓，看來疲憊又心事重重。

「尼克，我需要想想我的安全。最初這三年來我都沒想過，但我就快要返回莫斯科了。萬一我受到懷疑，你能為我組織逃離蘇聯的行動嗎？我回去的話，有沒有辦法出來？」

令人不安的謠言開始流傳：莫斯科中心懷疑國安會內部出了間諜。謠言並未暗示洩密發生在丹麥，甚至斯堪地那維亞，但光是內部調查的跡象，就足以挑起一陣令人憂慮的不祥顫慄。要是軍情六處自己被滲透了呢？又有一個菲爾比暗藏在英國情報機構內部，準備揭發戈傑夫斯基了嗎？無法確保他最終能再次駐外，尤其要是離婚的話，他可能永遠被困在蘇聯國內。戈傑夫斯基想知道，若有需要的話，自己還有機會脫身。

將蘇聯間諜弄出丹麥，簡單得一如兒戲，只需要打個電話給緊急號碼，在安全屋過一夜、一本假護照，和一張飛往倫敦的機票。但如果是在莫斯科，而且國安會已察覺到他的狀況下，要策動脫逃的可能性就大不相同了，大概是毫無機會。

古斯科特的回應令人警醒：「我們無法做出任何承諾，我們也不能百分之百保證你能脫逃。」戈傑夫斯基知道，成功機率還要更低得多。「當然，」他回答，「再清楚不過了。就告訴我個可能性，以防萬一而已。」

蘇聯實際上是個龐大的監獄，將二億八千多萬人監禁在戒備森嚴的國界之後，由一百多萬個國安會軍官和線民充當獄卒。全國人民無時無刻不被監控，而社會上被監視得最嚴密的地方，莫過於國安會本身：第七局職司國內監控，光是在莫斯科就部署了一千五百人左右。在布里茲涅夫強硬的共產主義作風之下，疑神疑鬼的程度幾乎回復到史達林時代的水準，創造出一個所有人彼此對抗的間諜國家，隨時隨地電話都被監聽、信件被拆閱，每個人都被鼓動著舉發他人。蘇聯入侵阿富汗，國際緊張局勢因而升高，國安會對國內的審查也就更嚴密。「夜晚擔驚受怕，白天忙亂地為一個謊言體制假裝熱情，這就是蘇聯公民的永久狀態。」歷史學者羅伯・康奎斯特（Robert Conquest）寫道❷。

在蘇聯境內滲透、吸收間諜，並與間諜保持聯繫，是極其困難的事情。鐵幕後方招募或投入的極少數特務，往往毫無警訊或解釋就消失無蹤。在一個對諜報工作永遠保持警覺的社會中，祕密特務的生命週期很短暫。國安會總是以毫不留情的速度收網。但身為現役國安會軍官，戈傑夫斯基似乎有可能事先得知自己的安全即將受到威脅，這能為他爭取到恰好足夠的時間緊急脫逃。

這正是維若妮卡・普萊斯樂在其中的那種挑戰，她在偷運出境這門技藝上，多少已經是個專家了。一九七〇年代中葉，她策劃了「看不見行動」（Operation INVISIBLE），將一對捷克科學家夫妻偷運出境

❷ Robert Conquest, *The Great Terror: A Reassessment*, Oxford, 1990.

送到奧地利。她也幫助一位代號「打亂」（DISARRANGE）的捷克情報官逃離匈牙利。「但捷克人和匈牙利人都沒有國安會，」她說，「俄國困難得太多、太多。」到達安全地帶的距離也遙遠得許多。脫逃失敗不只是損失一名特務而已，還會把強大的宣傳武器奉送給俄國人。

一種可能是從海路逃亡。普萊斯開始調查逃亡者能否使用偽造文件，搭乘從俄國某處港口啟程的班輪或商船。但碼頭和港口的戒備，與國界、機場同等森嚴，偽造文件也幾乎辦不到，因為俄國官方文書和紙鈔一樣，都蓋有無法複製的浮水印。機動船或許可以載送逃亡間諜橫越黑海抵達土耳其，或橫越裏海到達伊朗，但被蘇聯巡邏船攔截並擊沉的機率極高。蘇聯與土耳其、伊朗的陸上國界，距離莫斯科都有數百公里，由衛兵、地雷區、電網及鐵絲網嚴加防衛。

外交郵袋可以用來運送敏感物品跨越國界，主要是機密文件，但也包括藥品、武器，當然也可以用來運送人。打開一個標記為外交行李的包裹，實際上就是違反《維也納公約》。利比亞恐怖分子就是用這種方法把槍枝走私到英國。蘇聯人自己則試圖擴充外交郵袋的定義，他們宣稱，一輛載滿貨箱開往瑞士的九噸貨車應當不受搜查。瑞士人拒絕了。一九八四年，一名逃亡倫敦的外交官被人下藥迷昏、蒙上雙眼，裝進一個標記為「出口貨物」、寄給拉哥斯（Lagos）國際事務部的木箱。這個人就是剛被推翻的奈及利亞總統的連襟，他被倫敦史坦斯特機場（Stansted airport）的海關官員發現，獲得釋放。如果有個真人大小的外交郵袋從英國駐莫斯科大使館送出來，不可能不引起注目。

一個接一個選項，都由於行不通或冒險至極，紛紛被駁回。

但還有一個國際外交傳統，或許可以為戈傑夫斯基所用。

按照通行已久的國際慣例，由外交人員駕駛、掛著外交牌照的車輛，通常在跨越國界時不受搜查——這是外交豁免權的延伸，藉此保障外交官安全通行，不受駐在國法律追訴。但這是慣例，不是法律條文，蘇聯邊防警衛對於搜查任何令人起疑的車輛也不會有絲毫悔意。儘管如此，這套慣例仍是環繞俄國領土固若金湯的圍牆上的一道小小縫隙：躲在外交車輛裡的間諜，或許有可能溜過鐵幕的這道裂縫。

俄國與芬蘭的國界是距離莫斯科最近的東西方交界，儘管從俄國首都還是得駕車十二小時才能到達。西方外交官定期會前往芬蘭休息、享樂、購物或就醫。他們通常開車前往，俄國邊防警衛對於外交車輛通過檢查站也已司空見慣。

但要如何將逃亡者弄上車，又是一道難題。英國大使館、領事館，以及所有外交人員的住處，都由身穿警察制服的國安會軍官牢牢看守著。任何俄國人試圖進入都會被攔阻、搜身，並嚴格訊問。不僅如此，英國大使館的車輛無論前往何處，經常都有國安會監控人員尾隨，外交車輛也由國安會技術人員檢修，因此可以假定車上裝有暗藏的竊聽器及追蹤裝置。

從每一個角度應對這個問題數週之後，維若妮卡．普萊斯提出了一個計畫，其中充滿了假設條件：如果戈傑夫斯基能向軍情六處莫斯科站示警，並表示他需要脫逃；如果他能設法前往芬蘭邊界附近的會面地點，並不被跟蹤；如果軍情六處官員駕駛的外交車輛能擺脫國安會監視夠久，並來得及接他；如果他能安全藏匿在車內；如果蘇聯邊防警衛遵循外交慣例，不經調查就讓他們過關……那麼他或許可以逃到芬蘭。（然而他可能還是會被芬蘭當局逮捕，並送回俄國。）

這是各種渺小希望中最渺茫的一個，但也是維若妮卡．普萊斯所能想到最好的機會。這意味著，也是最有可能做到的。

軍情六處莫斯科站站長奉命在芬蘭邊界附近尋找一處適合接走逃亡者的會合地點。他從列寧格勒駕車前往芬蘭，裝作去一趟購物行程，並找到了一處可以做為接運點的路邊停車區，距離邊界約五十八公里，接近標有「八三六公里」的路標——指的是從莫斯科起算的距離。兩座民警哨所❸前後相距十六公里，監控著所有往來車輛的活動，尤其外國車輛。這個路邊停車區就在兩座哨所間幾乎等距之處，如果

❸原注：也稱交警哨所（GAI posts），「國家汽車檢查單位」（*Gosudarstvennaya Avtomobilnaya Inspektsiya*）的縮寫。

軍情六處的接人車輛暫停幾分鐘，假設沒被國安會尾隨的話，第二座民警哨所可能不會留意到這個耽擱。這片區域林木茂密，一條小路向右方呈弧形延伸出去，彎曲成大大的D字形，有一排樹木做屏障，與公路隔開，然後小路又與公路匯合。停車區旁有一塊大小宛如倫敦連棟房屋的巨石，可以當作入口的標誌。軍情六處官員從車窗向外拍攝了幾張照片，然後駕車向南返回莫斯科。要是他被人撞見的話，國安會肯定會懷疑一個英國外交官為何要拍攝某個不見人煙之處的大石頭。

維若妮卡·普萊斯的計畫也需要一處「信號點」，讓戈傑夫斯基想要傳遞訊息或需要脫逃時使用。莫斯科的許多英國外交官，包括軍情六處聯絡站兩名官員及一名祕書，都住在庫圖佐夫大街（Kutuzovsky Prospekt）上、人稱庫茲（Kutz）的同一棟綜合大樓裡。這條寬闊的大街位於莫斯科河以西，對面有一家麵包店，距離蘇聯哥德式高樓烏克蘭大飯店（Hotel Ukraine）不遠，就在張貼著公車時刻表、音樂會演出訊息和《真理報》的一排廣告看板旁邊。該處通常擠滿了閱報的人群，對街那棟受到嚴密看守的住宅大樓裡的外國人們，也經常「利用」這家麵包店。

計畫預想，戈傑夫斯基人在莫斯科的時候，每週二晚上七點半，會由一名軍情六處人員「巡邏」這處信號點。這個地點其實從住宅大樓的某些位置可以清楚看見。這名軍情六處官員會以買麵包為由出門，或算準下班時間，準時經過信號點。

偷運出境計畫只會以一種方式啟動：戈傑夫斯基必須在七點三十分準時站在麵包店旁，手裡提著一個喜互惠超市（Safeway）的塑膠袋。喜互惠的提袋上有個大大的紅色S字樣，在單調的莫斯科環境裡十分凸顯，是一眼就能認出的標誌。戈傑夫斯基在西方生活過、工作過，他拿著這樣東西就不會特別引人注目。塑膠袋是貴重物品，特別是外國塑膠袋。做為追加的識別符號，戈傑夫斯基應當戴上一頂新買不久的灰色皮帽，穿灰色長褲。如果軍情六處官員看見戈傑夫斯基拿著至關重要的喜互惠提袋在麵包店旁等候，他或她確認收到脫逃信號的方法，則是提著一個哈洛德百貨（Harrods）的綠色袋子，吃著一條奇巧牌（KitKat）或瑪氏牌（Mars）巧克力棒，走過他身邊。「這是個名副其實『僅供餬口』的權宜之計。」一位官員如此評述。這個吃巧克力的人也要穿著灰色衣物——長褲、長裙或圍巾——視線短暫接觸，但不要停下腳步。「灰色是不顯眼的顏色，因此有助於避免監視者發現特定的行動模式。缺點是，灰色在莫斯科漫長冬天的昏暗中幾乎看不見。」

脫逃訊號一經發出，計畫第二階段就會立即展開。三天後的星期五中午，戈傑夫斯基應當搭上跨夜列車前往列寧格勒。沒有跡象顯示葉蓮娜也會同行。抵達俄國第二大城之後，他要搭計程車到芬蘭車站（Finland Station），也就是一九一七年列寧回國發動革命的那個著名地點，坐上第一班列車，到波羅的海海濱的澤列諾戈爾斯克（Zelenogorsk）。他再從那兒搭上前往芬蘭邊界的巴士，在位於邊境城鎮維堡（Vyborg）南方二十五公里處的會合地點或附近下車，該處距離國境四十二公里。他要藏身在這個路邊停車區的灌木叢裡等候。

同時，駕駛外交車輛的兩名軍情六處官員從莫斯科動身，在列寧格勒過夜。確切時間點決定於蘇聯當局之手，因此更形複雜：外出旅行的官方許可文件，必須在出發前兩天取得，特殊的出境車牌也必須裝在外交車輛上。執行這項功能的車庫只在每週三和週五營業。要是戈傑夫斯基在週二發出信號，車輛所需的文書流程要在週五下午一點前完成，軍情六處小組才能在當天稍晚出發，好在週六下午二點三十分準時抵達會合點，中間只有四天空檔。他們會把車開進路邊停車區，彷彿要在路邊野餐。確定安全之後，其中一名官員會打開車輛引擎蓋：這就是戈傑夫斯基從藏身處現身的信號。他會立刻爬進後車廂，用太空毯包裹全身，藉此阻擋人們相信部署在蘇聯邊界上的紅外線攝影機和熱感探測器，並服下一顆鎮靜劑藥丸。然後他就會在車上跨越國界，進入芬蘭。

這個脫逃計畫的代號是「皮姆利科」。

軍情六處一如世界上多數祕密機構，理論上是從一份官方核准的清單隨機分配行動代號的。通常，這些代號都是真正的字詞，刻意不痛不癢，以免洩露它們指涉的內容。但間諜們往往抗拒不了誘惑，會選擇令人聯想得到事實、或提供某些幽微（甚至也不那麼幽微）線索的字詞。軍情六處行動代號的保

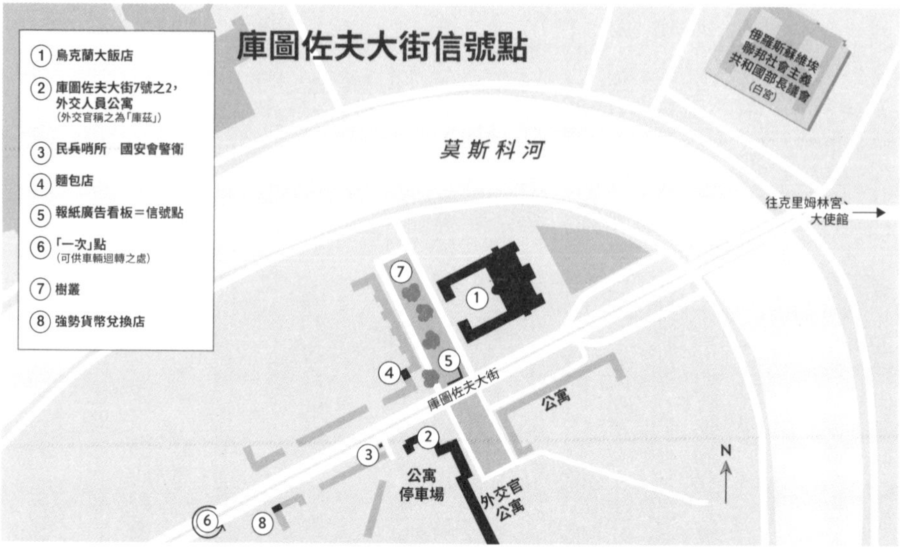

戈傑夫斯基必須在庫圖佐夫大街信號點發出脫逃訊號，「皮姆利科」才會啟動。

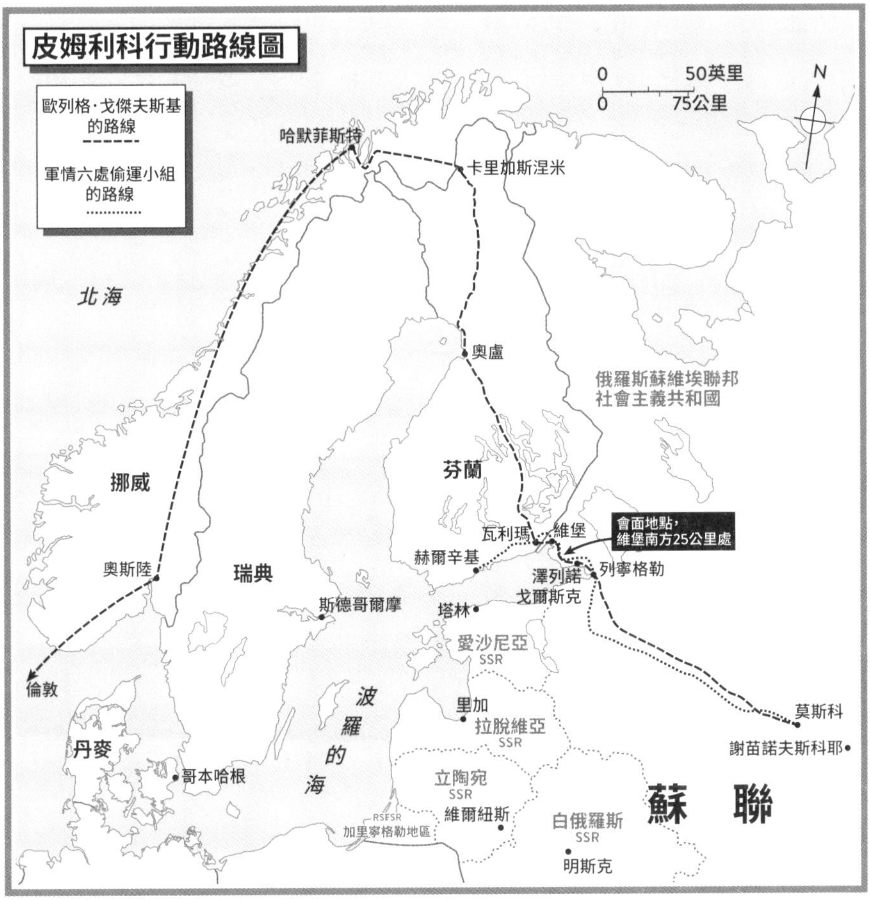

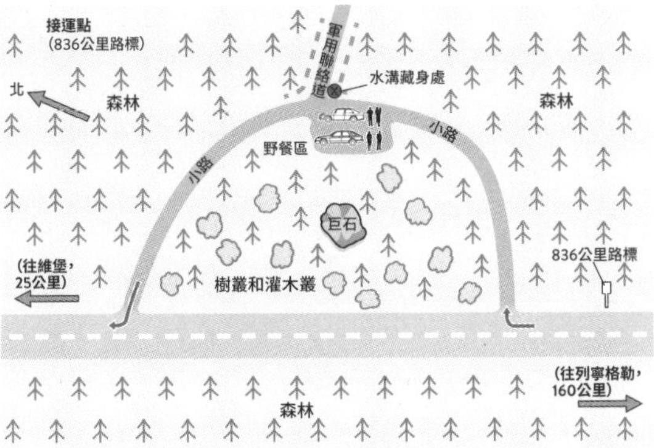

戈傑夫斯基接著得自行前往芬蘭邊界附近的接運點，與脫逃小組會合。

管人，是一位名叫烏蘇拉（Ursula，真名）的祕書。「你打給烏蘇拉，請她從清單挑選下一次專案的名稱。但要是不喜歡的話，可以再回去找她幫你取個更好的名字。或者你也有可能得到一組形容了專案各個面向的代號，然後選一個你最喜歡的。」二戰期間，軍情五處為史達林（名字的意義是「鐵人」）取的代號是GLYPTIC，意思是「石雕像」；德國為英國取的代號是GOLFPLATZ，即「高爾夫球場」。代號的用途甚至包含隱晦的侮辱，中央情報局曾在一封電報意外透露美國人為軍情六處取了「緊張」（UPTIGHT）這個代號，這在世紀之家引起一陣嗤之以鼻。

「皮姆利科」聽來是道地的英國名字——要是行動奏效的話，英國正是戈傑夫斯基的落腳之處。下次會面時，戈傑夫斯基禮貌地聽取古斯科特概述皮姆利科行動。他研究了會面點的照片，仔細傾聽庫圖佐夫大街上脫逃信號的安排。

戈傑夫斯基對維若妮卡·普萊斯的脫逃計畫認真思考了很久，然後宣告它完全不可行。「這是個非常有趣、有創意的脫逃計畫——但太複雜了。信號點的細節太多、前提條件不切實際。我沒有認真看待。」他將計畫牢牢記住，同時暗自祈求自己無需記得。回到世紀之家，抱持懷疑的人們說皮姆利科行動不可能成功。「我非常認真看待它，」普萊斯日後回想，「很多人卻不這樣想。」

一九七八年六月，米哈伊爾·柳比莫夫將戈傑夫斯基領進蘇聯駐哥本哈根大使館的辦公室，通知他很快就要返回莫斯科了。第二次派駐丹麥的三年任期結束毫無意外，但這段期間對戈傑夫斯基的婚姻、職業生涯和諜報工作都引出了許多問題。

葉蓮娜這時已經完全知曉丈夫和一名祕書長期外遇，她同意一回到莫斯科立即離婚。蕾拉在世界衛生組織的工作同樣告一段落，數月之內也會返回俄國。戈傑夫斯基想要盡快再婚，但他對於離婚帶給職業生涯的衝擊完全不抱幻想。戈傑夫斯基在國安會內部晉升得又快又高，到四十歲這年，他成了一項重大升遷計畫的考慮人選，可望出任第一總局第三處副處長，負責斯堪地那維亞工作。但這一路上，他對手不少、樹敵甚多，莫斯科中心那些標榜清教徒作風的暗箭傷人之輩，必定迫不及待找藉口槍打出頭鳥。「他們會衝著你來，」柳比莫夫從個人經驗發出警告，「他們不只會譴責你離婚，還會指控你借駐外之便搞婚外情。」站長向莫斯科遞交一份報告，稱讚戈傑夫斯基是「作風徹底、政治思想正確的軍官，各項能力皆優，語言流利，撰寫報告得心應手」。柳比莫夫也寫了附函呈交處長，敘述戈傑夫斯基的婚姻問題，並請求從寬處分，期望此舉可以「軟化打擊力道」。他們兩人都知道，由於莫斯科中心激烈的道德主義，他恐怕又要被打入冷宮很久。

返回莫斯科在即，職業前景陷入未知，戈傑夫斯基或許會把握這個機會結束間諜生涯，躲藏起來。軍情六處始終明確表示，他隨時可以洗手不幹，並到英國尋求庇護。他或許會做出合情合理的決定，不要回到蘇聯生活的匱乏和壓迫，而是情願就此叛逃西方，可能的話也帶著情人同行。但他似乎不曾考慮過逃跑的可能性。他會返回俄國，祕密培養自己對英國新近產生的忠誠，盡他所能蒐集機密，並且靜待時機。

「你對於回到莫斯科的日子有什麼志向？」古斯科特問他。

「我要找出蘇聯領導層最機密、最重要、最根本的那些要素，」戈傑夫斯基回答，「我要找出這個體制的運作方式。我不可能得知一切，因為中央委員會就連對國安會都保密。但我會盡我所能尋找。」這就是戈傑夫斯基反叛的本質：盡可能搞清楚他所憎恨的這個體制，能把它摧毀就更好。

一如長跑，成功的諜報工作也需要耐性、精力和時機。戈傑夫斯基的下一份職務，可能會在負責英國及斯堪地那維亞工作的第三處。他會從內部研究國安會，蒐集任何對英國及西方可能派上用場的情資。一旦關於他離婚和再婚的喧擾漸趨平息，他或許又能跟柳比莫夫一樣，重新在國安會內步步高升。或許短則三年，他又有機會再次派駐海外。他會在下一圈裡調整節奏。不管在莫斯科會發生什麼事，他的奉獻都會持續下去。他會繼續留在賽場上。

一名打進蘇聯國安會深處的間諜，是每個西方情報機構的終極大獎。但如同中央情報局局長理查·赫姆斯（Richard Helms）所言，將特務滲透到國安會內部，「就像是在火星上部署常駐間諜那樣不可能辦到」❹。西方國家「在蘇聯境內值得一提的蘇聯特務為數極少」❺，這意味著「關於敵方遠程計畫及意圖的可靠情報，幾乎不存在」❻。英國情報機構這時終於有機會將他們在國安會內部的人運用到極致，獲取他無意中發現的全部機密。

但軍情六處決定反其道而行。

在情報史上近乎獨一無二的自律與克己行動中，主管戈傑夫斯基的間諜總管們並不鼓勵他在莫斯科繼續保持聯繫或反饋機密。世紀之家的特務主管反倒選擇讓他們的間諜休眠。戈傑夫斯基一回到莫斯科，就會完全聽其自便。

推論很簡單，而且無懈可擊：在俄國不可能像在丹麥那樣運行戈傑夫斯基。莫斯科沒有安全屋，沒有友好的在地情報部門願意照顧他的安全，要是他被發覺了，也沒有可靠的應變方案。監視程度太過嚴密，不只是有情報官嫌疑的人員，而是每一名英國外交官都受到持續監視。在蘇聯境內運行特務的歷史證明，過度熱切幾乎必定帶來致命後果，一如潘可夫斯基的悲慘敗亡。遲早（通常更早），這名間諜都會被全知全見的國家揭發，並被捉拿和肅清。

正如一位軍情六處官員所言：「歐列格太棒了，不能危害到他。我們有了這麼寶貴的資產，必須保持克制。在蘇聯繼續保持聯繫的誘惑很巨大，但祕情局（即軍情六處）對於我方能否足夠頻繁及安全地這麼做，卻缺乏信心。我們很有可能把他消耗掉。」

古斯科特告知戈傑夫斯基，他在莫斯科的時候，軍情六處不會試圖聯繫他，不會嘗試安排祕密會面或採集情報。但如果戈傑夫斯基需要聯繫，他可以聯繫。

每個月第三個週六早上十一點，軍情六處會派出一名官員，在距離花園環路不遠的莫斯科中央市場時鐘下徘徊，外國人在這個繁忙的地點不會顯得格格不入。再一次，他或她會帶著哈洛德百貨的袋子，身穿灰色衣物。「這個舉動有兩個目的：假如歐列格只想求個安心，知道我們持續在為他的利益著想，他就可以看見我們，又不至於受到注目。假如他要進行電刷觸碰，傳遞實體訊息，他就會用灰帽和喜互惠袋子讓自己變得顯眼。」

要是他提著袋子、戴著帽子現身，電刷觸碰計畫就會進入第二階段。三個週日之後，他應當前往紅場上的聖瓦西里主教座堂（St. Basil's Cathedral），在下午三點整登上教堂後方的螺旋樓梯。再一次，為了易於識別，他應當戴著灰帽子、穿著灰長褲。一名軍情六處官員，可能是身穿灰色衣物、手拿灰色物品的女性，會算好時間從上層走下來，在兩人擦身而過的逼仄空間裡，他就可以將書面訊息遞給她。

這樣的電刷觸碰只應該在他發現了直接影響英國國家安全的情資時展開，例如英國政府內部的某個蘇聯間諜。而且，軍情六處無法對此做出回應。

如果他必須脫逃，他可以在某個週二晚上七點三十分，提著喜互惠塑膠袋站在庫圖佐夫大街的麵包店前，啟動偷運出境計畫。軍情六處每週都會監控那個地點。

古斯科特詳述這些計畫之後，交給他一本牛津大學出版社發行的精裝本莎士比亞十四行詩。這本書看起來就像是俄國人會從西方帶回家的尋常紀念品，但它其實是一份別出心裁的備忘錄，是維若妮卡・普萊斯的贈禮。在封底內側的裱紙之下有一小張玻璃紙，上面以俄文寫著皮姆利科行動的全部內容：時間點、識別服裝、脫逃信號、八三六公里路標後方的會面點，以及各重要地點間的距離等細節。戈傑夫斯基應當將這本書放在莫斯科公寓的書架上。如果要在嘗試脫逃之前回顧這些內容，他可以把書泡在水裡，剝下裱紙，抽出那張膠膜。做為更進一步的安全措施，地名從俄國改成了法國：莫斯科成了「巴黎」，列寧格勒則是「馬賽」，以此類推。要是國安會在他前往國界途中發現了這張「小抄」，未必會洩露確切的逃亡路線。

❹ Helms, *A Look Over My Shoulder*，轉引自 Hoffman, *Billion Dollar Spy*。
❺ Gates, *From the Shadows*，轉引自 Hoffman, *Billion Dollar Spy*。
❻ CIA assessment, 1953，轉引自 Hoffman, *Billion Dollar Spy*。

古斯科特最後交給他一個倫敦的電話號碼。要是戈傑夫斯基來到蘇聯境外，並自覺安全，這時他就應當撥打這個號碼，隨時都會有人接聽。俄國人在一團雜亂的筆記中間，顛倒過來記下了這個號碼。

數月之前，戈傑夫斯基傳給了古斯科特一個重要的小小情報，取自斯堪地那維亞的小道消息：國安會，或軍方的情報總局，也有可能是兩個機構合作，在瑞典吸收了一名重要間諜。細節很簡略，但這名臥底似乎效力於瑞典文職或軍方的某個情報機構。軍情六處和丹麥人討論了這個密報，謹慎進行調查。「用不了多久就逮住了他，」古斯科特說，「我們很快就得到足夠證據，幾乎絕對可以確認這個人。」瑞典是重要的盟邦，瑞典情報群體遭到蘇聯滲透的事證太過重大，不能不分享。古斯科特此時向戈傑夫斯基解釋，這項情資已傳達給斯德哥爾摩，沒有透露消息來源，不久就會採取相應行動。他並未表示反對。「現在，他信任我們會保護他這個消息來源。」

戈傑夫斯基和古斯科特握手致意。二十個月來，這兩人每月至少見面一次，轉手了數百份機密文件，從未被察覺。「這是真正的友誼，真正的情投意合。」古斯科特多年後這麼說。但這是一種怪異的友好，在嚴格限制之中增長。戈傑夫斯基始終不知道尼克．韋納伯斯的真名。這位間諜和他的上線從來不曾在餐廳一起吃過飯。「我很樂意和他一起出去兜風，但我們不能。」古斯科特說。他們的關係完全發生在安全屋的四壁之內，總有一部錄音機運轉著。如同一切間諜關係，這段關係也受到欺瞞和操弄損害、影響：戈傑夫斯基正在顛覆他所痛斥的政體，並爭取他渴求的尊嚴；古斯科特正在敵人的堡壘內部，運行一名長期合作、深深潛伏的特務。但對他們兩人來說，意義也不僅止於此：他們的關係是一段熱烈的情感紐帶，從機密、危險、忠誠與背叛裡打造出來。

帶著裝在喜互惠袋子裡的那本莎士比亞十四行詩，戈傑夫斯基最後一次走出安全公寓，進入丹麥的夜色之中。從這時開始，這段地下情會以遠距離進行。在莫斯科，戈傑夫斯基想要的話就能和英國情報機構聯繫，但軍情六處沒有辦法先聯繫他。他需要的話可以試著脫逃，但英國人無法先展開脫逃計畫。他得自行其是。英國情報機構只能看著、等待著。

要是戈傑夫斯基願意進行這場看不見終點的賽跑，那麼軍情六處也願意奉陪。

在莫斯科中心的第一總局本部，戈傑夫斯基來到第三處處長面前，說明自己正在離婚，計劃要再婚。這麼做的同時，他也等於看著自己的職業生涯在眼前凋萎。處長是一位矮胖的烏克蘭人，名叫維克多・格魯什科（Viktor Grushko），天性愉快又愛挖苦人，完全服膺於國安會的道德主義文化。「這件事改變了一切。」格魯什科說。

不出柳比莫夫所料，胸懷大志的戈傑夫斯基被一拳打回現實。他沒能成為副處長，而是伴隨著強烈的道德非難，被發配到了人事處。「你在駐外期間外遇，」他的某些同事幸災樂禍，「有夠不專業。」他的工作乏味又無足輕重。他屢次被降格，成了夜間值勤官，即使還算是高階軍官，卻「沒有明確職責」。他又一次被困住了。

離婚以完全不帶感情的蘇聯式效率達成。法官對葉蓮娜說：「你丈夫因為你不想要小孩、他想要小孩而和你離異。是這樣嗎？」葉蓮娜厲聲反駁：「完全不是！他愛上了一個漂亮小妞。不過如此而已。」

這時，葉蓮娜晉升到上尉軍銜。她重回老本行，監聽外國使節。身為離婚過程中被損害的一方，她的國安會生涯不受影響，但她始終不原諒戈傑夫斯基，也沒有再婚。每當國安會高階女軍官聚會喝茶，葉蓮娜都會怒斥前夫的不忠：「他是坨虛情假意的狗屎、騙子、戴著假面具的人。不管哪一種背叛他都幹得出來。」戈傑夫斯基不忠的八卦，在國安會下級單位裡傳來傳去，多數人都把葉蓮娜的說法當成下堂妻的苦毒而不予理會。「你對一個被拋棄的妻子還能期待什麼？」第三處一位同事說道，「不管是我還是其他人，都沒想過要報告這種事。」但說不定有人打了報告。

戈傑夫斯基歸國一個月後，他的父親逝世，享壽八十二歲。只有一小群年邁的國安會軍官出席了火化儀式。家族公寓裡的一次守靈有三十多位親戚參加，戈傑夫斯基發表演說，讚頌父親對共產黨和蘇聯的業績——這正是他如今積極密謀顛覆的意識型態和政治體制。多年後，戈傑夫斯基思量，父親之死對母親而言或許是「解放」。事實上，因為父親逝世而悄悄獲得解放的人，正是戈傑夫斯基自己。

安東．拉夫連季耶維奇．戈傑夫斯基從來沒對家人說過，他身為祕密警察在一九三〇年代饑荒和清洗期間的所作所為。直到父親去世後多年，戈傑夫斯基才知道，父親在認識奧爾嘉之前曾經結過婚，早先這段密婚可能也有過子女。相對來說，歐列格也不曾向父親說明自己在國安會的工作性質，更沒提過自己新近向西方效忠。這位年邁的史達林主義者要是得知，想必驚恐萬分。遍布於這段父子關係之中的謊言，一直延續到了墳墓裡。戈傑夫斯基暗中憎惡著父親所代表的一切，包括盲目服膺於殘酷意識型態，還有蘇維埃人的怯懦。但他也愛著這個老人，甚至尊敬他的倔強，這是兩人共有的特質。父子間的愛與欺瞞同時並存。

戈傑夫斯基的再婚，和離婚一樣迅速高效。蕾拉在一九七九年一月返回莫斯科，婚禮數週後在公證辦事處進行，隨後在女方家長的公寓舉行家族晚宴。看到兒子這麼快樂，奧爾嘉深感欣慰。她始終不大喜歡葉蓮娜，認為這個媳婦是眼光銳利的國安會野心家。這對夫妻在列寧大道一〇三號一間國安會合作者所持有的新公寓裡成家，位於八樓。「我們的關係溫暖又親近，」戈傑夫斯基寫道，「正是我始終渴望的一切。」這段婚姻的核心是欺瞞，但是被購買家具、搭建書架、懸掛丹麥買來的畫作等等家庭生活的簡單樂趣給掩蓋了。歐列格想念西方的音樂與自由，但蕾拉毫無怨言或質疑就回歸了蘇聯生活方式。「真正的幸福是排上一整晚的隊，然後買到想要的東西。」她說。不久她就懷孕了。

戈傑夫斯基被安排撰寫第三處的歷史，這個有名無實的工作為蘇聯過去的諜報行動提供了洞見，但與當前諜報工作毫無關聯。只有一次，他在挪威課同事的辦公桌上瞥見一個檔案夾，標題最後幾個字母是「ＯＬＴ」——是特雷霍特（Treholt），只不過前半段被一張紙遮住了。這更進一步指出了阿恩．特雷霍特是蘇聯國安會現役特務。他思忖，英國人對這件事會有興趣，但還不足以冒險嘗試通知他們。

他沒有試著聯繫軍情六處。置身於母國的這位流亡者，以孤獨的自豪孕育著自己不可告人的忠誠。而在俄國全境，或許只有一個人可以理解戈傑夫斯基的感受。

金姆．菲爾比或許衰老、孤獨，又常常喝到爛醉，但他的智力敏銳如常。從他親身體驗的漫長雙重間諜生活中，沒有人比他更懂得不被察覺和揪出臥底的方法。他在國安會內部仍是傳奇人物。戈傑夫斯基帶回一本敘述菲爾比案的丹麥著作，請求這位英國人為他簽名。簽好的書上有著這段話：「致好友歐列格——不要相信你看到的任何白紙黑字！金姆．菲爾比。」兩人並非朋友，儘管他們有很多共通點。菲爾比在軍情六處內部暗中為國安會效力三十年之久，他這時過著舒適的半退休生活，但他在背叛方面的專長仍可供蘇聯主子們運用。

戈傑夫斯基歸國後不久，菲爾比接獲中心的請求，要他評估岡沃爾．哈維克案，判定出錯之處。這位資深的挪威間諜何以被捕？菲爾比詳讀哈維克的檔案數週之久，然後一如他在漫長生涯裡屢次做到的，獲得了正確結論：「出賣這名特務的洩密，只有可能出自國安會內部。」

維克多．格魯什科將高階軍官召集到辦公室，其中包括戈傑夫斯基。「跡象顯示，國安會內部有人洩密。」格魯什科宣告，接著提出菲爾比對哈維克案做出的嚴謹結論：「這尤其令人憂心，因為事件的模式顯示，**叛徒說不定此刻就在這個房間裡**。他可能就坐在我們當中。」

戈傑夫斯基驀地感到一陣恐懼，隔著長褲口袋狠狠捏了大腿一把。哈維克漫長的間諜生涯裡，見過十多位國安會主管。戈傑夫斯基從來不曾涉入此案運行，也不負責挪威事務，但他確信是自己向古斯科特的密報，直接導致了哈維克被捕。此時，由於一名精通欺敵之道的年邁英國間諜，猜忌的疑雲危險地逼近了他，噁心感從喉頭上湧。他極力掩飾震驚，回到辦公桌，不禁想著，他告知軍情六處的事情，還有哪些會回過頭來威脅自己。

史迪格．柏格林（Stig Bergling）曾經把身為祕密特務的人生描述為「灰色、黑色、白色，在迷霧與褐色煤煙裡黯淡」❼。但他自己身為瑞典警察、情報官員和蘇聯臥底的生涯，卻是色彩鮮豔。

柏格林當過警察，後來加入瑞典情報安全局（SÄPO）的監控單位，負責監看瑞典境內蘇聯特務嫌疑人的活動。一九七一年，他被任命為情報安全局駐瑞典國防參謀部聯絡官，得以接觸高度機密資料，包括瑞典軍方所有防禦設施的細節資訊。兩年後，他在黎巴嫩擔任聯合國觀察員時，與蘇聯駐貝魯特武官、總參謀部情報總局軍官亞歷山大．尼基佛洛夫（Aleksandr Nikiforov）接觸。一九七三年十一月三十日，他以三千五百美元的代價，把第一批機密文件賣給了蘇聯人。

柏格林成為間諜的理由有二：他非常喜歡金錢，以及他非常反感上級長官的專橫姿態。其後四年，他提供給蘇聯人一萬四千七百份文件，揭露了瑞典的國防計畫、武器系統、安全密碼及反間行動，並使用隱形墨水、微點和短波收音機與蘇聯上線聯繫。他甚至簽下一張收據，上面寫著「為俄國情報部門提供資訊所得金額」❽，當然，這就意味著他今後無從招架國安會的脅迫。柏格林可真愚蠢。

然後戈傑夫斯基密告，指出瑞典情報機構內部有一名蘇聯特務。軍情六處反間主任親自飛往哥本哈根，告知瑞典安全部門內部出了間諜。

這時，柏格林升任情報安全局監察室主任，他是瑞典陸軍後備軍官，同時也暗中成為蘇聯軍事情報部門上校軍官。

瑞典調查人員決定收網。一九七九年三月十二日，依照瑞典方面要求，他在特拉維夫機場遭到以色列國家安全局（Shin Bet）逮捕，並被移交給瑞典情報安全局的前同事。九個月後，他被宣判間諜罪，處以終身監禁。柏格林從蘇聯的間諜總管手上賺到了一小筆錢，而他對瑞典國防造成的損失，據估計需要二千九百萬英鎊才能補救。

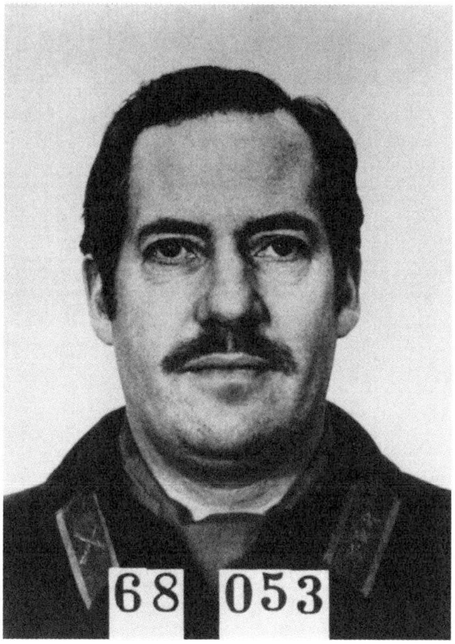

史迪格・柏格林，1973 年成為蘇聯間諜。

一個接一個，戈傑夫斯基指認的蘇聯間諜相繼就逮。結果，西方或許更安全了，戈傑夫斯基卻不安全。隨著第三處的內部猜疑不斷累積，他的生涯陷入停滯，但他這時有了幸福婚姻，第一個孩子即將出世；或許戈傑夫斯基又有機會選擇與過去一刀兩斷，和軍情六處斷絕一切聯絡，期望國安會永遠不會查明實情，終其一生低調度日。但他反倒加快步伐。他的生涯需要重新啟動，他一定要讓自己被派駐西方，或許甚至派駐到英國本土。

他會去學習英語。

國安會為通過官方外語課程的軍官加薪百分之十，以兩種外語為上限。戈傑夫斯基已經會說德語、丹麥語和瑞典語。但無論如何他還是註冊了英語。四十一歲的他是國安會英語課上最老的學員，課程預計四年修完；他兩年內就完成了。

要是國安會的同事更仔細留意的話，他們可能會疑惑，戈傑夫斯基何以在毫無財務誘因的情況下，這麼急著學會一種新語言，以及他為何突然對英國這麼感興趣。

戈傑夫斯基買了一套兩卷的英俄辭典，沉浸於英國文化之中——或者該說，是蘇聯公民獲准看到的最多英國文化內容。他閱讀邱吉爾（Winston Churchill）的《第二次世界大戰回憶錄》（*History of the Second*

---

❼ 轉引自 AFP report, 28 June 1995。

❽ 同前注。

World War）、弗瑞德里克・福賽斯（Frederick Forsyth）的《胡狼末日》（*The Day of the Jackal*），以及費爾丁（Henry Fielding）的《湯姆・瓊斯》（*Tom Jones*）。從哥本哈根歸國接任第一總局智庫主任這項要職的米哈伊爾・柳比莫夫回想，他這位朋友「經常上門聊天，請教關於英格蘭的明智忠告」。柳比莫夫也樂於從命，高興地大談倫敦夜總會區和蘇格蘭威士忌的享受。「何其諷刺！」柳比莫夫後來寫道，「我就在那兒，給一個英國間諜關於英格蘭的忠告。」蕾拉也幫助他學習，在深夜抽考他英語辭典，自己也跟著學到了一些英語。「我好羨慕他的能力，他一天可以學會三十個單字。他很聰明。」

遵照柳比莫夫的建議，戈傑夫斯基開始閱讀薩默塞特・毛姆（Somerset Maugham）的小說。毛姆在第一次世界大戰期間曾是英國情報官員，他在虛構小說中精采地刻劃了諜報工作的道德模糊性。戈傑夫斯基尤其重視亞申登（Ashenden）這個角色，這是一名在布爾什維克革命期間被派往俄國的英國特務：「亞申登讚賞良善，卻不會被邪惡激怒。」毛姆寫道，「人們有時覺得他冷酷無情，因為他對他人更感興趣，而不依戀他們❾。」

為了進一步增強英語能力，戈傑夫斯基協助翻譯金姆・菲爾比的報告。如同他那個世代的政府官員，菲爾比也用一種詰屈聱牙的上流官僚英語書寫、說話。這種慵懶拖沓、母音拉長的語調稱為「白廳官話」（Whitehall Mandarin），異常難以翻譯成俄文，但它也為英國官場晦澀難懂的語言充當了有用的入門讀物。

英國與斯堪地那維亞課的兩組人員在第三處比鄰工作。戈傑夫斯基開始跟可能幫助他轉調到英國組的任何人建立關係。一九八〇年四月，蕾拉生下長女瑪莉亞，自豪的父親邀請了處長維克多・格魯什科和柳比莫夫來和他一起慶祝。「格魯什科和我應邀享用晚餐，是他岳母準備的亞塞拜然佳餚，」柳比莫夫回想，「她對我們說起丈夫的功績，他曾在赤卡（布爾什維克黨的祕密警察）工作過。戈傑夫斯基向我們炫耀他在丹麥蒐集的畫作。」

奉承老闆的問題在於，老闆往往轉調他處，這可能意味著白費不少心力。

米哈伊爾．柳比莫夫突然被國安會開除，名聲掃地。他和戈傑夫斯基一樣，成了中心裡道德主義者們的眼中釘，但他的罪過更重：隨著他的第二次婚姻失敗，他和另一名軍官的妻子有染，又沒有在就任新職前主動告知國安會。他被免職了，且不得申訴。柳比莫夫一直是有用的機密情報來源，但也是恩主、盟友和知交。熱情高漲的柳比莫夫宣布他有意成為小說家，他要當俄國的薩默塞特．毛姆。

維克多．格魯什科升任第一總局副局長，接任第三處處長的則是前任駐奧斯陸站長，阿恩．特雷霍特的專案官，綽號「鱷魚」的根納季．季托夫。英國－斯堪地那維亞課的新課長則是尼古拉．格里賓（Nikolai Gribin），這位充滿魅力的人物，一九七六年在哥本哈根是戈傑夫斯基的下屬，但此後在國安會階序裡晉升為他的上級。格里賓身材苗條、端整又英俊。他的娛樂表演是拿起吉他，彈奏悲切的俄國歌謠，直到屋裡所有人都流淚。他的野心奇大，與上級官員套交情簡直成了獨門絕活。「老闆們認為他是個了不起的小夥子。」反之，戈傑夫斯基認為格里賓是個討厭鬼，「標準的馬屁精、野心家」。但他需要格里賓的支持。戈傑夫斯基硬著頭皮，向他傾注諂媚。

一九八一年夏天，戈傑夫斯基通過了最後一次測驗。他的英語還算不上流利，但這時，至少理論上，有資格派駐英國了。九月，二女兒安娜出生。蕾拉證明了自己是「第一流的母親」，也是體貼又盡責的妻子。「她在家裡棒極了。」歐列格心想。他再也不是醜聞主角了。復職的最初跡象，顯現在他被要求起草第三處的年度報告。他也漸漸出席更多次重要會議。即使如此，他還是開始懷疑自己有沒有可能再接觸到夠重要的機密，讓他有理由與軍情六處恢復聯繫。

回到世紀之家，「陽光」小組也在思索同一個問題。三年過去了，戈傑夫斯基悄無聲息。庫圖佐夫

9 W. Somerset Maugham, *Ashenden, or, The British Agent*, Leipzig, 1928.

上／
國安會第一總局副局長維克多．格魯什科。

下／
國安會英國—斯堪地那維亞處處長尼古拉．格里賓。

大街的信號點受到仔細監控，而脫逃計畫「皮姆利科」行動也恆常準備就緒。小組安排了一次完整的預演：聯絡站站長和太太沿著脫逃路線駕車前往赫爾辛基；古斯科特和普萊斯在芬蘭邊界彼端和他們會合，接著一路駕車北行到挪威國界。在莫斯科，無論天氣好壞，每週二晚上七點三十分，一名軍情六處聯絡站人員或其中某人的妻子，都會監看著麵包店外的人行道，瑪氏或奇巧牌巧克力棒準備就緒，留意著一個頭戴灰帽、手提喜互惠塑膠袋的男人。每月第三個週六，一名手提哈洛德百貨提袋的軍情六處官員，都會站在中央市場的時鐘附近，假裝在購物，警覺著電刷觸碰信號。「女王陛下政府還欠我購買一顆冬季番茄的十英鎊，那大概是莫斯科僅有的一顆。」一位官員回想。

戈傑夫斯基始終不曾現身。

那一年，傑佛瑞．古斯科特出任軍情六處瑞典站站長——部分原因在於，如果會說瑞典語的戈傑夫斯基再度駐外，或許有可能在斯德哥爾摩現身。但他不曾出現。這個專案進入了深層冬眠，毫無甦醒跡象。

然後，傳來一聲心跳，明確的生命跡象，多虧了始終可靠的丹麥情報部門。丹麥安全情報局也很想知道這名俄國間諜的下落。一位經常造訪莫斯科的丹麥外交官，奉命在下次前往時隨口打聽那位丹麥語說得漂亮的迷人俄國領事官員——戈傑夫斯基同志。果然，丹麥人出席的下一場歡迎會上，戈傑夫斯基也來了，看上去自信又健康。丹麥外交官向安全情報局回報，戈傑夫斯基再婚了，如今是兩個女兒的父親。這次確認的目擊，迅速轉達給了軍情六處。

但安全情報局的報告裡最重要的一段，也是讓整個「陽光」小組湧起一陣興奮的內容，是戈傑夫斯基在享用雞尾酒和開胃點心時隨口說出的一句話。

刻意表現得滿不在乎的戈傑夫斯基，轉向那位丹麥外交官說道：「我現在正學著說英語。」

根納季・季托夫有個問題。這位第一總局第三處處長手上有個職缺，要在蘇聯駐倫敦大使館派駐一名國安會軍官，但沒有人選可用，至少，沒有一個能指望向根納季・季托夫卑躬屈膝的人——卑躬屈膝正是出任這項職務的首要資格。

「鱷魚」就是這麼一個常見於所有大型官僚組織的人物，他施予恩惠的前提是，接受者從今而後要成為他的奴隸。季托夫為人粗魯、工於心計，諂媚上級又輕蔑下屬。戈傑夫斯基評價他為「整個國安會中最討人厭、最不得人心的軍官之一」，但他也是最有權力的軍官之一。岡沃爾・哈維克遭捕之後，季托夫被挪威驅逐出境，但因有著精銳間諜總管的名聲，他繼續遠距離運行阿恩・特雷霍特，並定期在維也納、赫爾辛基及其他地方和他會面、享用豐盛的午餐。一九七七年返回莫斯科之後，季托夫靠著玩弄殘忍的辦公室政治、討好上司，並指派親信出任要職而扶搖直上。戈傑夫斯基憎惡他。

自從一九七一年，一百多位國安會軍官在「大腳行動」中被驅逐出境以來，中心一直在努力重建倫敦聯絡站。但就是找不到夠多能幹又會說英語的軍官補足差額。國安會曾在一九三〇年代全面滲透英國建制，透過菲爾比及所謂劍橋間諜網，造成重大損害，但如今沒能重演這項成就，反倒成了深沉挫敗的根源。眾多非法特務偷渡到英國境內，許多國安會軍官也以記者或貿易代表的身分工作，但仍缺乏能以正式外交官身分為掩護、有效運行的間諜。

一九八一年秋天，國安會駐英國的ＰＲ線副站長返回莫斯科，他表面上的身分是蘇聯駐倫敦大使館參事。第一順位的繼任人選被英國外交部拒絕，因為軍情五處準確地懷疑此人涉嫌從事祕密活動。國安會需要一個擁有駐外經驗、能說英語、具備合法外交人員履歷，又不會被英國人逕行否決的人選來接替這份高位。

戈傑夫斯基開始暗示自己符合這些標準，而且不作第二人想。英國—斯堪地那維亞課新任課長格里賓也樂見其成，但季托夫想要在倫敦安插自己的走卒，至今為止，戈傑夫斯基尚未表現出必要程度的恭順。由此，展開了一陣激烈的卡位，季托夫試圖把自己的人選安插到該職位上，戈傑夫斯基則把熱忱、逢迎與偽裝謙卑結合起來展演，期望三者調配得恰到好處：他不著痕跡地遊說、不動聲色地貶抑任何對手，同時極力拍滿「鱷魚」的馬屁。季托夫終於軟化了，即使他懷疑英國會不會核發簽證。「戈傑夫斯基在西方很出名，」他說，「他們可能會立刻拒絕他。但我們反正試試看。」

戈傑夫斯基毫不吝惜地表達感激之情，內心深處則期盼著很快就能對「鱷魚」報一箭之仇。身為官運亨通的國安會軍官之妻，蕾拉對於遷居英國的機會欣喜若狂，在她心目中，英國簡直是個神話般讓人著迷的地方。兩個小女孩都長得很快，瑪莉亞是個健壯的幼兒，精力充沛又獨立，安娜才剛開始牙牙學語地說俄文。蕾拉想像自己在倫敦帶著兩個打扮漂亮、說著英語的女兒上學，在商品滿溢的巨大超市裡購買食物，還可以探索古城。蘇聯的宣傳把英國描繪成了工人橫遭踐踏、資本家巧取豪奪的地方，但丹麥時光已經讓蕾拉體驗到西方生活的實況，她在一九七八年也曾做為蘇聯代表團一員短暫造訪倫敦，參加世界衛生組織大會。如同許多一同踏上冒險之路的伴侶，在外國建立全新家庭生活的前景，讓他們變得更親密：他們一起興奮地想像著一個街道寬闊、古典音樂會永不休止、餐廳美味、公園雅致的地方。他們可以在城市裡漫遊、隨心所欲讀書、結交新的英國朋友。戈傑夫斯基向蕾拉描述他在哥本哈根見過的英國人：他既風趣，又見多識廣，充滿歡笑，又慷慨大方。丹麥令人興奮，他說，但他們在倫敦會過得更快樂。四年前他們初次相遇時，戈傑夫斯基描繪過一幅他們環遊世界的景象，一位成功的國安會軍官和年輕美麗的妻子，以及持續繁榮的家庭；如今他正在履行這個諾言，她因此更愛他了。但戈傑夫斯基也在想像著那些不跟蕾拉分享的情景。國安會駐倫敦聯絡站是世界上最活躍的分站之一，他會在這兒經手最重要的機密。一旦確定安全，他就會和軍情六處重新取得聯繫。他會在英國境內當英國間諜，有朝一日，或許過不了多久，或許數年之後，他就會告訴軍情六處到此為止了。然後他就可以叛逃，最終向妻子吐露自己的雙重生活，他們就會永遠留在英國。這就是他沒告訴蕾拉的事。

派駐倫敦對丈夫和妻子來說，都是實現夢想；但他們的夢想各自不同。

戈傑夫斯基獲發一本新的外交護照。簽證申請表格填寫完成，送交英國駐莫斯科大使館，再從大使館發回倫敦。

兩天後，軍情六處蘇聯科科長詹姆士．史普納（James Spooner）坐在世紀之家的辦公桌前，這時一名下屬進來，氣喘吁吁地宣布：「我有些大消息。」她遞出一張紙，「看看這份剛從莫斯科送來的簽證申請表。」隨表格送來的信件陳述了歐列格．安東尼耶維奇．戈傑夫斯基同志被任命為蘇聯大使館參贊，請求英國政府立即核發外交簽證。

史普納欣喜若狂，但別人不可能看得出來。

史普納的父母親是醫生和蘇格蘭高階社工，他在學生時代曾是某個「天賦異稟男生」俱樂部的成員。他帶著歷史學一級榮譽學位，以及對中世紀建築的熱情，從牛津大學畢業。「他聰穎出眾，判斷出奇準確，但很難得知他真正的想法。」一位同輩這麼說。史普納一九七一年加入軍情六處，這又是一個天賦異稟人士的俱樂部。有些人預測，他的資質足以在日後當上祕密情報局首長。軍情六處以英勇無畏、甘冒風險、憑直覺行事而聞名；史普納卻恰好相反。他就像學院裡的歷史學者那樣應對情報工作的複雜性（他日後會請人撰寫第一部獲得正式授權的軍情六處歷史），蒐集證據、細究事實，只在反覆考慮之後才做出結論。史普納不是個倉促下判斷的人；他反倒非常緩慢、漸進且一絲不苟地逐步得出判斷。一九八一年，他才三十二歲，但已在外交人員身分掩護下，做為軍情六處官員在奈洛比和莫斯科工作過。他會說流利的俄語，對俄國文化著迷。任職莫斯科期間，國安會試圖將他捲入一次經典的「誘餌」行動，由一名蘇聯海軍軍官提議擔任英國間諜。史普納的派駐因此提前結束。一九八〇年初，他接掌了在蘇聯集團國家境內及境外運行蘇聯特務的行動小組「P5科」，成員包括維若妮卡·普萊斯。他在許多方面，都與蘇聯國安會的對手根納季·季托夫形成天壤之別：他極其厭惡辦公室政治，對逢迎無動於衷，而且嚴守專業。

「陽光」的案卷是最早交到他桌上的文件之一。

戈傑夫斯基人在莫斯科，不與外界接觸，事業停滯不前，因此這個專案漂流懸置。「不做接觸顯然是對的，」史普納說，「這個戰略決策非常好，我們是在放長線釣大魚。當然，我們不知道會發生什麼事。我們沒有理由認為他會到倫敦來。」

但這時，戈傑夫斯基重新受到起用，歷經三年的不作為和掛慮，詹姆士·史普納、傑佛瑞·古斯科特·維若妮卡·普萊斯和「陽光」小組馬上開始行動。史普納召來普萊斯，向她出示那份簽證申請表。

「我真的很開心。」普萊斯說，這句話對她來說相當於興奮過度而失控。

「太棒了，這正是我們期望的。」

「我得出去想一想。」她對史普納說。

「別想得太久，」史普納說，「這件事得上報給『C』。」

核發簽證給戈傑夫斯基不是件簡單的事。原則上，任何國安會軍官嫌疑人都會自動被英國禁止入境。正常情況下，外交部會進行初步查核，並查出歐列格兩度派駐哥本哈根。向丹麥方面提出例行的資訊請求後，就會揭露他在丹麥的檔案裡被列為情報官嫌疑人，簽證便會立即遭到拒發。但此時並不是正常情況。軍情六處需要戈傑夫斯基立即獲准入境英國，而且不受查問。他們當然可以逕行指示移民部門核發簽證，但這麼做恐怕會引起猜疑，因為會顯示出戈傑夫斯基有些不尋常之處。這項機密，絕不得流出軍情六處。向丹麥安全情報局示警之後，對方也很樂意幫忙。軍情六處告知對方，英國外交部很快就會來查問，丹麥方面便「竄改了紀錄」，他們回應外交部：雖然有過懷疑，但無法證明戈傑夫斯基是國安會人員。「我們設法留下足夠的懷疑，好讓簽證正常通過審核。我們說：『沒錯，他被丹麥人標記過，但並未完全確認。』」就外交部和移民部門所知，戈傑夫斯基不過是另一個蘇聯外交官，可能有點怪，但或許並無異狀，當然不值得大驚小怪。英國護照署核發外交簽證通常至少需要一個月；戈傑夫斯基做為合格外交人員入境英國的許可，只用了二十二天就送達。

在莫斯科看來，似乎快得可疑。「太奇怪了，他們這麼快就發簽證給你，」戈傑夫斯基去領取護照的時候，俄國外交部官員陰沉地說道，「他們一定知道你是誰，你去過外國那麼多次。你的申請表送來時，我本來很確信他們一定會拒絕。他們最近拒絕了這麼多申請。你可以當作自己非常幸運。」這位眼尖的官員大概沒有把這份懷疑告訴別人。

國安會體系則緩慢得多。過了三個月，戈傑夫斯基還在等候離開蘇聯的正式許可。國安會的內部調查部門——K局第五處，正在查看戈傑夫斯基的背景，而且不慌不忙。他開始懷疑是不是出了什麼問題；世紀之家的焦慮程度也在升高。人在瑞典的傑佛瑞．古斯科特奉命做好準備，立即搭機返回倫敦，在戈傑夫斯基抵達時迎接他，但他沒有來。是哪裡出錯了嗎？

隨著等待的週數延長，戈傑夫斯基充分利用時間瀏覽國安會本部的檔案——這是地球上最機密、最難被滲透的地方之一，除非你是其中一分子。莫斯科中心的內部保防系統複雜至極，卻也十分粗糙，最機密的行動檔案保存在處長辦公室一個上鎖的櫃子裡；但其他文件則收存於各課辦公室，由監督處內各類不同工作的官員保管在各個保險箱裡。每天晚間，每一位官員都會鎖上自己的保險櫃和檔案櫃，把鑰匙收進一個小木盒，然後用一塊泥膠封上木盒，並在泥膠上蓋上自己的個人印章，宛如古代文件使用的火漆封蠟。值勤官再將這些盒子收齊，放進根納季．季托夫辦公室裡的另一個保險櫃。保險櫃鑰匙再被放進一個小盒子，用同樣方式封好，蓋上值勤官的印章，然後存放在第一總局祕書處的辦公室，那兒二十四小時有人值班。這套體系得消耗掉大把時間，還有大量泥膠。

戈傑夫斯基在六三五室有一張辦公桌，那裡是英國課的政治組。三個龐大的鐵壁櫥裡，收存著英國境內被認為是國安會特務、潛在特務或機密聯絡人的個人檔案。六三五室裡只收存現役人員的檔案，多餘的檔案則搬移到大檔案室裡。這些檔案貯存在硬紙箱裡，一排架子上三個紙箱，每個紙箱裝兩個檔案，用細繩和泥膠封上。要解封一個檔案，需要處長簽名准許。英國課的壁櫥中有六個標記為「特務」的個人檔案，另外還有十多個列為「機密聯絡人」。

戈傑夫斯基開始仔細探究，並建立起國安會在英國現行政治行動的全貌。副處長季米特里・茲維坦科（Dmitri Svetanko）取笑他的惡補行為：「不要浪費太多時間讀，因為等你到了英國，自然會明白情況。」但戈傑夫斯基繼續研究，期望自己勤奮的名聲足以抵銷掉任何懷疑。他每天都會簽名拿走一份檔案，撕開封蠟，接著發覺國安會正在爭取、或者已經掌控的一個又一個英國人。

嚴格說來，這些人都不是間諜。ＰＲ線主要是在尋求政治影響力與機密資訊，其目標是輿論製造者、政治人物、新聞記者，及其他處於掌權地位的人。其中有些人被認為是有自覺的特務，知情地以祕密手段提供資訊、機密或其他內容；其他人則被歸類為「機密聯絡人」，是提供協助的線民，以不同程度知情共謀。有些人接受款待、假期或金錢；其他人只不過是蘇聯事業的同情者，他們甚至沒有意識到國安會在發展他們。其中多數人要是知道自己值得取一個代號、知道自己值得放進國安會總部某個上鎖鐵壁櫥的一份檔案，想必會大吃一驚。儘管如此，這群人的品質，跟國安會聯絡站在丹麥爭取的無名小卒仍是大不相同。英國是重要目標，其中某些專案可追溯到數十年前，有些姓名更是令人震驚。

傑克・瓊斯（Jack Jones）是工會運動最受尊崇的人物之一，這位追求正義的社會主義者，曾被英國首相戈登・布朗（Gordon Brown）譽為「世界上最偉大的工會領袖之一」❶。他也是一名國安會特務。

瓊斯曾是利物浦的碼頭工人，西班牙內戰期間加入國際旅為共和軍作戰。一九六九年，他當上運輸

❶ Gordon Brown, *Guardian*, 22 April 2009.

與一般工人工會（Transport and General Workers' Union, TGWU）祕書長，這個工會會員超過二百萬人，曾是西方世界最大的工會；他擔任這個職位將近十年。一九七七年的一次民意調查顯示，百分之五十四的選民認為瓊斯是英國最有權力的人，影響力比首相更強大。和藹、坦率、永不妥協的瓊斯，是工會面向公眾的形象。但他的私人世界曖昧多了。

瓊斯在一九三二年加入共產黨，至少直到一九四九年都是黨員。他在療養西班牙內戰期間的傷勢時，首度被蘇聯情報機構找上。根據軍情五處的一份報告，對倫敦共產黨總部的一次監聽行動揭示出，瓊斯「準備將他在工會職權內曾祕密收到的政府資訊及其他資訊，轉達給黨」。國安會在一九六四至六八年間正式將他列為特務，代號「夢」（DRIM，Dream的俄文轉寫），當時他送交了「身為工黨全國執行委員會（NEC, National Executive Committee）及國際委員會委員所取得的工黨機密文件，以及他的同事和熟人資訊」❷。他接受了讓他「度假開銷」的捐助，而且「國安會認為他是一名『很有紀律、有用的特務』，傳遞了唐寧街十號動向、工黨領導階層，以及工會運動之相關情資」。一九六八年的布拉格之春，使得瓊斯與國安會斷絕關係，但檔案顯示，在那之後的年代裡雙方仍有過零星接觸。他在一九七八年從運輸與一般工人工會退休，尖刻地拒絕獲頒貴族頭銜，但他仍是左翼運動的有力人士。戈傑夫斯基注意到，「檔案中明確顯示，國安會想要與他恢復聯繫」。

卷宗上還有一個大名字，是左翼的工黨下議院議員鮑伯．愛德華茲（Bob Edwards），這又是一位前碼頭工人、西班牙內戰老兵、工會領袖，以及長期的國安會特務。一九二六年，愛德華茲就曾帶領青年代表團前往蘇聯，晉見過史達林和托洛茨基。在漫長的政治生涯中，愛德華茲證明了自己是一位自願的線民，能接觸到高級機密。「毫無疑問，」軍情五處後來做出結論，「這位下議院議員會把他所能掌握的一切，全都傳給國安會❸。」他暗中獲頒蘇聯第三高的勳獎——各族人民友誼勳章，以表彰他的祕密工作。他當時的專案官列昂尼德．扎伊采夫（戈傑夫斯基在哥本哈根的前上司）與他在布魯塞爾會面，親自向他出示這枚勳章，然後帶回莫斯科保管。

除了大魚之外，檔案中也包含一些小魚，像是芬納・布羅克韋勛爵（Lord Fenner Brockway），他是老資歷的和平運動家、前任下議院議員，也當過工黨祕書長。在與國安會的多年往來之中，這位「機密聯絡人」接受了蘇聯情報機構的大量款待，但似乎從未提供任何有點價值的資訊。一九八二年，他已經高齡九十四歲。另一份檔案則與《衛報》記者理查・哥特（Richard Gott）有關。早在一九六四年，哥特還在皇家國際事務研究所（Royal Institute of International Affairs）任職時，就在倫敦被一名蘇聯大使館官員找上，這是與國安會數度接觸的第一次。他享受著自己與間諜世界的擦身而過。「我相當享受那種詭祕氛圍，任何讀過冷戰間諜故事的人都會明白。」他後來說。雙方在一九七〇年代恢復聯繫，國安會為他取了代號「朗」（RON）。他接受了蘇聯出錢的旅遊，前往維也納、尼科西亞和雅典。哥特日後寫道：「如同其他許多新聞記者、外交官和政治人物，我在冷戰期間和俄國人午餐……我收下了紅金（red gold），即使其形式只是為我和伴侶支付開銷。在這種情況下，那是該受責備的愚蠢，即使當時看來更像是個令人愉快的玩笑❹。」

但如同所有間諜機構，國安會在現實遭受阻礙之時，也容易變得一廂情願，並常常憑空編造事實。檔案中確認的幾個人只不過是左翼人士，被視為潛在的親蘇聯人士。英國的核裁軍運動（Campaign for Nuclear Disarmament），也被看作是特別肥沃的吸收場所，「當中許多人都是理想主義者，」戈傑夫斯基注意到，「多數人無意間『提供了協助』。」每個目標都被取了一個代號，但他們並不因此就成了間諜。正如情報工作經常發生的狀況，政治檔案包含了純粹從報紙或期刊上採集的大量材料，然後被國安會駐倫敦人員粉飾得宛如機密，彷彿顯得很重要。

---

❷ 轉引自 Andrew, *Defence of the Realm*。

❸ 同前引書。

❹ Richard Gott, *Guardian*, 9 December 1994.

然而，有一個卷宗比起其他卷宗更加顯眼。那個硬紙箱裡有兩個檔案夾，一個厚達三百頁，另一個約一半大小，以舊細繩捆紮、泥膠封印。這個檔案被命名為「靴子」（BOOT），封面的「特務」兩字被劃掉，補上了「機密聯絡人」。一九八一年十二月，戈傑夫斯基頭一次撕開封蠟，打開檔案。第一頁是一段正式的引言：「本人，少校資深行動官伊凡・阿列克謝耶維奇・彼得羅夫（Petrov, Ivan Alexeyevich），在此建立特務麥可・富特之檔案，此人為英國公民，另取化名『靴子』❺。」

「靴子」特務就是麥可・富特閣下，他是傑出的作家和演說家、左翼的資深下議院議員、工黨黨魁。如果工黨在下次大選獲勝，此人正是即將出任英國首相的政治人物。女王陛下忠誠反對派（Loyal Opposition）的領袖，竟是支薪的蘇聯國安會特務。

戈傑夫斯基想起了在丹麥那時，米哈伊爾・柳比莫夫曾經描述他在一九六〇年代努力爭取一名嶄露頭角的工黨下議院議員。柳比莫夫在他的自傳裡，用任何一位知情者都能會意的強烈暗示，把他執行吸收工作的那家倫敦酒吧叫做「柳比莫夫與靴子」（The Lyubimov and Boot）❻。戈傑夫斯基知道，麥可・富特已經躍居為英國最重要的政治人物之一。接下來十五分鐘，他快速翻閱檔案內容，心跳隨之加速。

麥可・富特在政治史上有著獨特地位。晚年的他成了被嘲弄的人物，由於不修邊幅的外貌、工裝外套（donkey jacket）、厚重的眼鏡和多節枴杖，人們笑他是「稻草人偵探華澤爾」（Worzel Gummidge）。但有二十年的時間，他是工黨左翼的卓越人物，不僅是文化素養高尚的作家、雄辯的大眾演說家，更是信念嚴謹的政治人物。他成了英國最為特有的動物，一位國家寶藏。生於一九一三年的他，職業生涯從新聞記者開始，編輯社會主義刊物《論壇報》（Tribune），一九四五年當選國會議員。一九七四年，他首度入閣，由哈羅德・威爾遜（Harold Wilson）首相任命為就業國務大臣。工黨黨魁詹姆士・卡拉漢在一九

❺「靴子」檔案的詳細內容，收錄在與戈傑夫斯基的訪談裡，存於《週日泰晤士報》法律檔案之中。

❻ Mikhail Lyubimov, in Womack (ed.) *Undercover Lives*.

工黨黨魁麥可・富特。

工會領袖傑克・瓊斯。

七九年大選敗給了瑪格麗特．柴契爾（Margaret Thatcher），一年半後辭去黨魁，富特在一九八〇年十一月十日當選為工黨黨魁。「我的社會主義信念堅強得一如既往。」他說❼。那時英國經濟嚴重衰退，柴契爾不得民心，民意調查顯示，工黨的支持率領先保守黨十多個百分點。下一次大選預定在一九八四年五月舉行，富特屆時贏得大選，並成為首相的機率看來不小。

要是「靴子」檔案公諸於世，必定會立即摧毀這一切。

彼得羅夫少校顯然很有幽默感，他選擇代號的時候，無法抗拒富特／靴子（Foot/Boot）這組雙關語。但卷宗的其他內容卻嚴肅至極，其中按部就班描述了從一九四〇年代晚期，國安會確認富特立場「進步」開始，雙方二十年關係的演變過程。在《論壇報》辦公室第一次與富特會面時，喬裝成外交官的國安會軍官把十英鎊（現值約二百五十英鎊）塞進他口袋裡。他沒有拒絕。

檔案裡有張單據，列出了這些年來付給富特的款項。這是一份標準格式，標明日期、金額及經手官員姓名。戈傑夫斯基審視數字，估算出一九六〇年代支付了十到十四筆款項，每筆一百到一百五十英鎊不等，因此總計約有一千五百英鎊，換算成今天的幣值，超過三萬七千英鎊。這些錢的去向不明。柳比莫夫後來對戈傑夫斯基說，他懷疑富特「自己留下了一點」，但這位工黨議員並非唯利是圖之輩，這些現金看來更有可能用來維持長年一貧如洗的《論壇報》。

檔案的另一頁，則列出了從倫敦聯絡站運行「靴子」特務的歷任專案官，真名及代號一併列出：戈傑夫斯基立刻看到了代號「科林」的柳比莫夫。「我很快把整張名單瀏覽一遍，目的之一是要看看還有沒有我認識的人，並查明能夠操縱這樣一個人的軍官是哪些人。」還有一份長達五頁的索引，這張清單是富特與國安會談話中提及的每一個人名。

會面大約每月一次，經常是在蘇荷區（Soho）的快樂輕騎兵（Gay Hussar）餐廳共進午餐。每次約會都經過精心策劃，見面前三天，莫斯科會發出一份提綱，載明應當討論的事項。會面後的報告先由倫敦站PR線主任讀過，再呈交站長，然後送回莫斯科中心。每一層審閱都會對這個正在發展的專案做出評估。

戈傑夫斯基詳讀其中兩份報告，並略讀另外六份。「我對這些報告的用語和文風，以及其中反映出的關係性質很有興趣——它們比我預想的更好。這些報告不太別出心裁，但頗有見地、文筆流暢。這是一段發展得很好的關係，雙方都抱著同情、保守機密，誠摯地交談，論及大量細節，其中充滿真實的資訊。」柳比莫夫尤其熟練於運行富特和付錢給他。「米哈伊爾．彼得羅維奇會把錢裝進信封，塞到他口袋裡——他舉止優雅，能把這個動作做得令人心悅誠服。」

國安會得到了什麼回報？戈傑夫斯基回想：「富特爽快地向他們透露工黨運動的相關資訊。他告訴他們哪一位政治人物和工會領袖親蘇聯，甚至暗示哪一位工會首領應當獲得蘇聯資助的禮物，也就是到黑海度假。身為核裁軍運動的首要支持者，富特也傳達了他所知道的核武議題論戰情況。做為回報，國安會提供他鼓吹英國裁軍的文章草稿，讓他能夠編輯並發表在《論壇報》上，而不提及真正來源。富特並未向國安會抗議一九五六年蘇聯入侵匈牙利一事，他經常訪問蘇聯，受到最高規格接待❽。」

富特的消息無比靈通，他提供了工黨內部勾心鬥角的細節，以及工黨對於其他熱門議題的態度，包括越南戰爭、甘迺迪遇刺的軍事及政治後果、迪亞哥．賈西亞島（Diego Garcia）新建美軍基地，以及一九五四年解決韓戰未了問題的日內瓦會議。富特處於獨一無二的地位，能提供蘇聯人政治洞見，也樂於接受蘇聯立場。其操縱手法十分巧妙，「麥可．富特會得到告知：『富特先生，我們的分析人員得到結論，要是大眾知道某某消息會很有幫助。』然後專案官會說：『我準備了一些材料……你喜歡的話，就拿去用。』他們會討論在他自己的報紙或其他報刊上刊登哪些消息是好的。」從來沒有人認為富特刊登的文章是來自蘇聯文宣材料。

「靴子」是特務的特有種，他和國安會的定義並不完全相符。他並不隱瞞自己和蘇聯官員見面一事

❼ Michael Foot, http://news.bbc.co.uk/onthisday/hi/dates/stories/november/10/newsid_4699000/4699939.stm.

❽ Charles Moore, interview with Gordievsky, *Daily Telegraph*, 5 March 2010.

（但他也不會張揚），既然他是公眾人物，也就不可能祕密安排。他是一位「輿論創造者」，因此更趨近於「影響特務」（此為特定術語），而非「特務」（此為諜報工作的確切用語）。富特也不會知道國安會將他歸類為特務，這是國安會的內部定義。他在智識上仍然保持獨立，他沒有洩露國家機密（當時也無從取得任何國家機密）。他無疑相信，自己接受蘇聯捐助來維持《論壇報》，是為進步政治與和平事業服務。他甚至有可能完全沒察覺到，和他對話的人是蘇聯國安會軍官，這些人為他提供資料，將他透露的一切回報給莫斯科。如果是這樣，他實在天真得出奇。

一九六八年，「靴子」專案改變了走向。富特在布拉格之春過後強烈批判莫斯科，他在海德公園的一場抗議集會上宣告：「俄國人的行動證實了，社會主義所遭受的最嚴重威脅之一，正是克里姆林宮本身[9]。」蘇聯從此不再提供金錢給富特。「靴子」從「特務」被降格為「機密聯絡人」，會面頻率變得更少，到了富特競選工黨黨魁之時，雙方已經完全停止會面。但從一九八一年蘇聯國安會的角度看來，這個專案仍在進行，或許有待重新開始。

「靴子」檔案讓戈傑夫斯基確信無疑：「直到一九六八年為止，國安會都認為麥可．富特是一名真正的特務。他直接收取我方的金錢，意思是我方可以認為，他憑著良心擔任特務。特務收錢的話再好不過——這是強化雙方關係的要素。」

富特並未違反法律，他不是蘇聯間諜，也沒有背叛國家。但他接受了一個敵對強權、一個極權獨裁體制的指令，並暗中收受金錢，同時提供了對方資訊。要是他和蘇聯國安會的關係被政敵發現（政敵在他的黨內和黨外都有），就會瞬間摧毀他的政治生涯，將工黨斬首，引爆一場改寫英國政治的醜聞。最低限度來說，富特也一定會輸掉下次大選。

人們相信，是列寧發明了「有用的白痴」（*poleznyi durak*）一詞，意指某人可被利用於散播宣傳，而他對此毫無自覺，或者不知道這麼做的目的正是操縱者想要的。

麥可．富特對蘇聯國安會很有用，也完全是個白痴。

戈傑夫斯基在一九八一年十二月讀了「靴子」檔案。次月，他再讀一遍，盡他所能記住內容。副處長季米特里・茲維坦科詫異地發現，戈傑夫斯基還在埋頭閱讀英國個案的經歷，尤其都已經跟他說過不勞費心了。

「你在幹麼？」他猛地發問。

「我在讀檔案。」戈傑夫斯基說，努力讓自己聽起來就事論事。

「你真有必要這樣嗎？」

「我以為，我應該做好萬全準備。」

茲維坦科不為所動。「你何不寫些有用的報告，而不是浪費時間讀這些檔案？」他厲聲說著，走出辦公室。

一九八二年四月二日，阿根廷入侵了英國在南大西洋的前哨，福克蘭群島。就連反對黨領袖、和平使徒麥可・富特，都呼籲「用行動，而非空話」回應阿根廷侵略。柴契爾派出一支特遣部隊前往驅逐入侵者。在莫斯科中心裡，福克蘭戰爭激起了反英情緒暴漲。柴契爾在蘇聯已經是仇恨對象，福克蘭衝突只不過是英帝國主義狂妄自大的又一例。「國安會的敵意近乎歇斯底里。」戈傑夫斯基回想。他的同事都確信，英國會被勇敢的小國阿根廷打敗。

英國正在戰爭中，戈傑夫斯基是國安會內部唯一支持英國的人。他忍不住懷疑，自己有沒有可能踏上這個他暗地裡宣誓效忠的國家。

終於，國安會K局第五處給了戈傑夫斯基前往英國的許可。一九八二年六月二十八日，他和蕾拉，以及這時分別兩歲和九個月大的女兒，一起搭上蘇聯民航班機飛往倫敦。終於上路了，他也放下心，並急著想跟軍情六處重新取得聯繫。然而，未來仍是渾沌不明。要是他為英國進行的工作成功，那麼他終

❾ Michael Foot, speaking at Hyde Park rally, June 1968.

究必須叛逃，或許再也不可能重返俄國。他恐怕再也見不到母親或妹妹。要是他被人揭發，那麼他多半會在國安會的押解下回國，面臨審訊和處決。飛機起飛，四個月來緊湊地祕密研讀國安會檔案所積累的心理包袱，讓戈傑夫斯基心情更為沉重。抄錄自己發現的一切必定太過危險，他反倒在腦海中裝載著英國境內每一位PR線特務，以及蘇聯駐倫敦大使館每一位國安會間諜的姓名；他也帶著確認劍橋間諜網「第五人」身分的證據、金姆．菲爾比流亡莫斯科的活動，以及挪威人阿恩．特雷霍特為莫斯科擔任間諜的進一步證明。還有最重要的，他帶著自己記住的「靴子」檔案，也就是國安會麥可．富特案卷的細節——這是英國情報機構收到的一份意外贈禮，也是一顆出奇易爆的政治炸藥。

第二部

戈傑夫斯基的官階步步高升，職位安穩。他提供的大量情報定期呈交到英國首相桌上，他也正從內部攻擊他所憎恨的共產體制。

然而，一帆風順的表象之下，正醞釀著一場驚濤駭浪的賭局。

他唯一的籌碼，就是自己的人生……

7 代號：諾克頓❶

外在看來，奧德瑞奇．艾姆斯（Aldrich Ames）只是個平庸、心有不滿的中央情報局官員。他飲酒過量，婚姻在緩慢且平淡無奇的踉蹌中瓦解，手上的錢始終不夠用。他在冷戰邊緣的墨西哥城嘗試吸收蘇聯間諜，工作無趣至極，成效低落得讓維吉尼亞州蘭利（Langley, Virginia）的中情局總部不斷發出催促。艾姆斯感到自己被低估、薪水被剋扣，又欲求不滿。近來，他屢遭申斥：在耶誕派對喝到爛醉、保險箱忘記上鎖，還把裝著某位蘇聯特務照片的公事包遺落在火車上。在他的工作紀錄裡，除了與一般人無異的平庸、確確實實的二流、無所事事的毫不起眼之外，沒有任何跡象顯示他還有些別的什麼。他高大瘦削、戴著厚重眼鏡、蓄著始終不太有自信的八字鬍，從一群人裡很難一眼認出，在人潮中更是直接隱形。艾姆斯身上毫無特別之處——或許這就是問題所在。

瑞克．艾姆斯❷的內心深處是一團憤世嫉俗的瘡疤，堅硬又紅腫，擴大的速度如此緩慢而難以察覺，艾姆斯自己尤其渾然不覺。

艾姆斯曾經胸懷壯志。一九四一年，他生於威斯康辛州河瀑市（River Falls, Wisconsin），一九五〇年代的童年歲月，表面看來就像是穀片盒上描繪的那種恬靜平淡的夢想，掩蓋了他遭逢的抑鬱、酗酒和無聲絕望。他父親起初是位學者，後來在緬甸為中情局工作，將美國政府祕密資助的金錢轉交給緬甸刊物。艾姆斯小時候讀過萊斯利．查特利斯（Leslie Charteris）以「聖徒」西蒙．鄧普勒（Simon Templar "the Saint"）為主角的驚悚小說，他想像自己是「瀟灑、風度翩翩的英國冒險家」。他穿上風衣，讓自己看來像個間

中情局官員奧德瑞奇・艾姆斯。

諜，並練習魔術戲法。他喜歡愚弄別人。

艾姆斯聰明又有想像力，但現實似乎從來不符合他的期望，也不曾把他自覺應得的事物賜給他。他被芝加哥大學退學，做過一陣子兼職演員。他憎恨權威，「若被要求做自己不想做的事，他不會爭論。他就是不做。」他最終勉強弄到一個學位，在父親建議下漂進了中情局。「兒啊，說謊是壞事，但如果是為了實現更大的善，那就沒問題。」他父親在愈來愈濃重的波本酒氣裡這麼說。

中情局的初級官員訓練課程，是以激發愛國情操、在複雜艱困的情蒐世界裡盡忠職守為宗旨，但也有可能產生其他作用。艾姆斯學到的是：道德具有可塑性；美國法律凌駕於他國法律；貪婪的間諜比信守意識型態的間諜更有價值，因為「若用金錢拉攏，就更容易掌握和玩弄他們」。艾姆斯逐漸相信，吸收特務取決於「評估某人弱點的能力」。你只要知道某人的弱點，就可以捕捉並且操弄他。不忠並非罪惡，而是作業工具。「諜報的本質是背信。」艾姆斯如此宣告。他錯了：**成功運行特務的本質，正在於維繫信任**，以另一種更高的忠誠取代原先的效忠。

艾姆斯被派往土耳其，那兒是東西冷戰的諜報戰中心，他將訓練投入實戰，開始在安卡拉吸收蘇聯

❶ 艾姆斯生平的一手資料，參看 Earley, *Confessions of a Spy*; Weiner, Johnston and Lewis, *Betrayal*；以及 Grimes and Vertefeuille, *Circle of Treason*。

❷ 編注：瑞克（Rick）即奧德瑞奇（Aldrich）的小名。

特務。艾姆斯確信自己是天生的間諜總管，擁有「專注於一個目標、建立一段關係，（並）將我自己和對方操縱到我意欲達成的局面之中的能力」。但他的上司認為，他的表現頂多只是「差強人意」。布拉格之春過後，他奉命趁夜張貼數百張寫著「記住六八年」字樣的傳單，以製造蘇聯入侵捷克激怒了土耳其人民的印象。他把傳單丟進垃圾桶，就出門喝酒了。

一九七二年返回華盛頓之後，艾姆斯接受了俄語訓練，其後四年都在蘇聯—東歐部門任職。他搭上的這艘船並不幸福。尼克森總統（Richard Nixon）利用中央情報局，試圖妨礙聯邦政府調查一九七二年水門大廈闖空門一案，這個消息被揭露後，在中情局內引發一場危機，也發起了針對該局過去二十年來活動的一系列調查。調查報告被稱為「家醜」（Family Jewels），其中指出了一連串證據確鑿、嚴重逾越中情局規章的非法行動，包括監聽記者、入室竊盜、暗殺陰謀、人體實驗、勾結黑手黨，以及有系統地監控國內平民。形同枯槁、愛好蘭花的中央情報局反間主任詹姆士・安格頓，幾乎用他的內部肅奸行動一手搞垮了中情局，這些行動全都基於一份執迷不悟的錯誤信念，也就是，他誤以為金姆・菲爾比正在策劃大規模滲透西方情報機構。一九七四年，安格頓終於被迫退休，留下了疑神疑鬼的強烈遺緒。中情局也在間諜戰中落居下風，「由於安格頓和他的反間人員過度熱情，我們在蘇聯境內幾乎沒有值得一提的蘇聯特務了。」和艾姆斯約莫同時入局、日後當上中情局長的羅伯・蓋茲（Robert M. Gates）這麼說[3]。往後十年間，中情局經歷了全面改革，但艾姆斯加入時正值低谷，士氣低落、漫無章法、普遍不受信任。

一九七六年，他轉往紐約，試圖吸收蘇聯特務，然後在一九八一年派駐墨西哥城。中情局注意到他的酗酒，以及拖延和抱怨的傾向，但從未有人建議開除他。在中情局工作將近二十年後，他明白了該局的運作方式，但他的職業生涯停滯不前。對此，他責怪所有人。他在墨西哥城吸收特務的成效甚微，而他把多數同事和全部上司看作白癡。「我做的事多半毫無用處。」他承認。艾姆斯太快又欠缺考慮地娶了情報官同事南西・塞格巴特（Nancy Segebarth）。他的婚姻一如戈傑夫斯基，變得相敬如冰，也沒有子女。小南沒有跟著他到墨西哥赴任。他和許多自己不太喜歡的女人談過幾場不滿意的戀愛。

到了一九八二年中，艾姆斯落得一成不變：不滿、孤獨、易怒又不得志，卻又太懶、太貪杯，對於阻止衰落，他無所作為。然後，羅莎里歐走進了他的生命，照亮了他。

瑪莉亞・德・羅莎里歐・卡薩斯・杜普伊（Maria de Rosario Casas Dupuy）是哥倫比亞大使館的文化專員。羅莎里歐出身一個擁有法國血統、家道中落的哥倫比亞貴族家庭，那年二十九歲，飽讀詩書，輕佻又活潑，有著黑色捲髮和燦爛笑容。「她就像一絲新鮮空氣，吹進了充滿陳年雪茄菸味的房間。」一位派駐墨西哥城的國務院員工這麼說。但她也不成熟、貧窮又貪婪。她的家族曾經擁有龐大的鄉村莊園，她受過最好的私校教育，也在歐洲和美國讀過書。她是哥倫比亞菁英的一分子。但她的家族破產了，「我在有錢人身邊長大，」她說過，「但我們從來都沒錢。」羅莎里歐想要改變這種處境。

她在一場外交人員的晚宴上認識了瑞克・艾姆斯。他們坐在地上熱烈討論現代文學，然後一起回到他的公寓。羅莎里歐認為艾姆斯是美國的正規外交官，因此大概算得上富裕。瑞克發現她「聰穎又美麗」，很快就決定要追求她。「我們兩人的性愛棒極了。」他說。

羅莎里歐得知自己的美國新情郎已婚、窮困，又是中情局間諜時，她的熱情或許略有消褪。「你跟這些討厭鬼在一起幹麼？」她強烈要求，「你為什麼要浪費你的時間、你的才能？」艾姆斯承諾，他會盡快跟小南離婚，再娶羅莎里歐為妻。然後他們會一起在美國展開新生活，「從此過著幸福快樂的日子」。對一個領取中情局微薄薪資的男人而言，這是個昂貴的承諾——和小南離婚會很昂貴，和品味奢華的羅莎里歐結婚，更可能會毀了他。他對羅莎里歐說，他會從中央情報局辭職，開啟新的事業，但四十一歲的他既沒有意向，也沒有精力這麼做。反之，在瑞克・艾姆斯焦慮不安的心中某處，一個計畫正逐漸成形，他要讓這份收入低微、令人不滿的中情局工作，變得更有利可圖。

❸ Gates, *From the Shadows.*

奧德瑞奇・艾姆斯正在為賺錢的新未來做打算的時候，世界彼端，一個頭戴鴨舌皮帽的矮壯男人溜出了倫敦肯辛頓宮花園（Kensington Palace Gardens）十三號的蘇聯大使館，走向西邊的諾丁丘門（Notting Hill Gate）。走了數百公尺後，他原路折返，右轉走上別條路，然後迅速左轉走上另一條路，再進入一間酒吧，一分鐘後走出側門。最後，在一條小街上，他走進一個紅色電話亭，關上厚重的門，撥打四年前他在哥本哈根拿到的那個電話號碼。

「嗨！歡迎來到倫敦。」傑佛瑞・古斯科特預錄的聲音以俄語說道：「非常謝謝你打電話來，我們盼望著和你見面。同時，先休息幾天，安頓下來。我們七月初再聯絡。」這段錄音邀請他在七月四日晚間回電。古斯科特的聲音「極其令人寬慰」。

軍情六處運行了戈傑夫斯基八年，這時，他們在國安會倫敦聯絡站裡打進了一個熱切又有經驗的間諜，他們不想太快採取行動，把專案搞砸。

歐列格和家人很快就在肯辛頓大街（Kensington High Street）上分配給他們的兩房公寓安頓下來，這棟建築居住的全是蘇聯大使館人員。蕾拉為自己不熟悉的新環境著迷，但戈傑夫斯基卻意外感受到一陣失望的刺痛。自從他被理查・布隆海德吸收以來，英國一直是他的目的地，這個地方在他的想像裡總是蒙上一層魅惑又精明練達的光環，是現實世界完全無從企及的。然而，倫敦比哥本哈根骯髒許多，也不比莫斯科乾淨多少。「我本來想像，一切都會整潔得多，也會更有吸引力。」但他思忖，光是抵達英國，就可說是「一場重大勝利，對英國情報機構和我本人皆然」。軍情六處無疑知道他已經抵達，但他等候數日才進行聯繫，以防自己受到國安會監控。

抵達的那天早上，戈傑夫斯基走了四百公尺到蘇聯大使館，將全新的通行證交給門衛，而後，他被護送到國安會聯絡站——位在頂樓的一處狹窄、煙霧瀰漫的設防駐地。那兒的不信任感根深柢固，由一個沉迷於猜忌的站長統治，他的姓氏是生硬刺耳的「古克」。

阿爾卡季・瓦西里耶維奇・古克將軍（General Arkadi Vasilyevich Guk）名義上是蘇聯大使館一等祕書，實際上卻是國安會站長，他在兩年前來到倫敦，始終堅持拒絕入境隨俗。他的無知程度十分駭人，毫不掩飾野心，還經常喝醉，將任何形式的文化興趣都摒棄為知識分子的做作，而且徹底拒斥一切書籍、影片、戲劇、藝術和音樂。古克曾在國安會的反情報局（KR線），藉由肅清波羅的海各國反抗蘇聯統治的民族主義者而嶄露頭角。他主張暗殺，也是箇中行家，喜歡吹噓自己曾經提議肅清多名逃亡西方的叛徒，包括史達林的女兒，以及紐約的猶太保衛聯盟（Jewish Defence League）主席。他只吃大量的俄國食物，幾乎不說英語。來到倫敦之前，他曾是莫斯科國安會聯絡站的站長。他和米哈伊爾・柳比莫夫恰好相反，仇恨英國和英國人，但他最恨的是蘇聯駐英大使維克多・波波夫（Viktor Popov），這位有教養、帶點紈褲習氣的外交官正象徵著古克所蔑視的一切。大多數時候，這位國安會站長都在辦公室裡閉門不出，喝著伏特加、菸抽個沒完、說波波夫的壞話，並努力想出新招暗算這位大使。他發回莫斯科的多數資訊純屬虛構，只是為了迎合猖獗於莫斯科的陰謀論，精心編寫而成。例如，他說一九八一年三月新成立的中間偏左政黨社會民主黨（SDP, Social Democratic Party），其實是中央情報局的發明。戈傑夫斯基如此總結自己的上司：他是「一團肥大臃腫的人，腦袋平庸，滿肚子卑鄙伎倆」。

聰明得多、卻也更具威脅性的人物，則是列昂尼德・葉夫雷莫維奇・尼基堅科（Leonid Yefremovitch Nikitenko），他是反間主任，也是古克的首要心腹。他相貌英俊，想要的時候就能施展魅力，而且冷血無情。他有雙深陷的淡黃色眼睛，極少錯失任何事物。尼基堅科一開始就決定，要在倫敦出人頭地的方法就是迎合古克。他也是一位熟練的反情報軍官，條理分明又工於心計，在倫敦累積三年經驗之後，他已經學到英國情報機構的許許多多事物。「沒有哪一門生意比得上它，」尼基堅科思量著自己和軍情五處、軍情六處鬥爭的工作，做出如此宣告，「我們是政治人物、我們是軍人。最重要的是，我們是美妙

國安會駐倫敦站長阿爾卡季・古克將軍（右）。

舞台上的演員。我想不出還有哪一門生意比情報工作更棒❹。」要是有誰會給戈傑夫斯基帶來麻煩，那就是尼基堅科了。

戈傑夫斯基的直屬上司，也就是政治情報（ＰＲ線）主任，是伊戈爾・費奧多羅維奇・季托夫（Igor Fyodorovich Titov，與根納季・季托夫沒有親屬關係）。他是一位禿頂、菸不離口的鐵面孔，對西方色情雜誌的口味欲求不滿，他會在蘇荷區購買這些雜誌，裝進外交郵袋寄回莫斯科，送給國安會的親信。季托夫並非正式的大使館外交人員，而是以記者為掩護，身分是俄文週刊《新時代》（*New Times*）的特派員。戈傑夫斯基在莫斯科就認識季托夫，認為他是個「真正邪惡的人」。

現在，這三位上司就在站長室等著戈傑夫斯基。他們的握手缺乏熱情，問候套話連篇。古克馬上就不喜歡這個新來者，因為他看起來有文化；尼基堅科受過的訓練是對誰都不信任，看著戈傑夫斯基的眼光帶著保留；季托夫則把新來的下屬視為潛在競爭對手。國安會是個強烈的部族社會：古克和尼基堅科都是ＫＲ

線出身，懷著根深柢固的反情報心態，因此出於本能將這個新來者視為威脅，此人「一路擠上來」，得到一個幾乎不配擔任的職位。

疑心病出自宣傳、無知、機密，與恐懼。一九八二年國安會的倫敦聯絡站，是地球上最疑神疑鬼的地方之一，這個組織充斥著一種多半源於幻想的四面受敵心態。既然國安會投注大量時間心力窺伺莫斯科的他國外交官，它想當然耳認為，軍情五處和軍情六處在倫敦必定也是這麼做。實際上，雖然英國安全局肯定在監控及跟蹤國安會密探嫌疑人，程度卻不如俄國人想像的那麼嚴密。

但國安會仍堅信，整個蘇聯大使館都是某個巨大、持久的竊聽行動之目標，如果看不出窺伺跡象，只不過是證實了英國人必定做得爐火純青。隔壁的尼泊爾大使館和埃及大使館想當然耳地被認定為「監聽站」，因此蘇聯官員禁止在鄰近的圍牆附近說話；國安會認為，有看不見的間諜帶著望遠鏡頭，追蹤著出入使館的每一個人；根據傳聞，英國人還特別在肯辛頓宮花園地下開鑿了一條隧道，以便在大使館下方安裝竊聽設備；國安會也禁止使用電動打字機，因為輕觸鍵盤的聲音可能被收聽及破譯，就連手動打字機也不鼓勵使用，以防敲擊聲洩密；每一面牆上都貼著告示：「不得高聲說出姓名或日期」；窗戶全都用磚塊填塞，只有古克辦公室除外，微型收音機喇叭將俄國的罐頭音樂灌進雙層玻璃窗房間的空隙，散發出特有的低沉顫音，更添一層超現實氛圍。一切機密對話都在地下室某間金屬襯裡、沒有窗戶的房間裡進行，那兒終年陰濕，夏季更是炙熱。波波夫大使的辦公室位在中間樓層，他確信（或許沒錯）國安會在天花板安裝了竊聽設施，監聽他的對話。古克個人尤其執迷於倫敦地鐵系統，他從來不曾進去過，因為他堅信地鐵站內的某些廣告看板含有雙面鏡，軍情五處藉此追蹤國安會人員一舉一動。古克無論到哪兒，都駕駛自己的象牙色賓士車。

戈傑夫斯基這時察覺，自己正在一個微縮的史達林主義國度裡工作，與倫敦其他地方隔絕，這是個

❹ 轉引自 Bearden and Risen, *The Main Enemy*。

翻攪著不信任、瑣碎妒恨和背後中傷的封閉世界。「嫉妒、惡毒思維、暗算、陰謀詭計、譴責，所有這些行徑的規模之大，讓莫斯科的中心看來倒像個女校。」

國安會聯絡站真是個討人厭的工作場所。但話說回來，在戈傑夫斯基心目中，國安會也不再是他的首要雇主了。

一九八二年七月四日，戈傑夫斯基從另一處不同電話亭，再次撥打軍情六處的那個號碼。總機事先接獲告知，立即將電話轉接到十二樓的一張辦公桌。這次由傑佛瑞·古斯科特親自接聽。他們的談話很開心，但也簡潔務實：提議隔天下午三點會面，經過推算，約在俄國間諜最不可能潛伏的一處地點。

史隆街（Sloane Street）上的假日酒店（Holiday Inn）很有理由被稱為倫敦最無聊的旅館。它唯一的特殊之處，是一年一度舉辦的瘦身比賽。

戈傑夫斯基在指定時間走進旋轉門，立刻在大廳彼端看見了古斯科特。他身旁坐著一位舉止優雅的女士，五十出頭、金髮整齊、鞋子合適。維若妮卡·普萊斯在這個專案工作了五年，但只在模糊的照片和護照快照上看過戈傑夫斯基。她輕推古斯科特，悄聲說：「他來了！」古斯科特以為四十三歲的戈傑夫斯基在這些年裡老了，但他看來仍健壯。俄國人看見英國主管時，臉上閃過「微微一笑」。古斯科特和普萊斯起立，視線不曾接觸就逕自沿著走廊走向旅館後方。彷彿說好了一般，戈傑夫斯基也跟著他們走出後門，穿過柏油路面，走上一層樓梯，來到旅館停車場一樓。眉開眼笑的古斯科特在一輛車旁等候，車後門開著。普萊斯前一天深夜將這輛車停在此處，以備迅速脫身，就停在樓梯門邊，距離通往出口的坡道不遠。這是一輛福特車，為了接人而特地購買，車牌號碼無法追溯到軍情六處。

唯有在這位間諜安全上車之後，他們才互相問候。古斯科特和戈傑夫斯基坐在後座，俄語說得飛快，兩位老友互相探問家人近況，而普萊斯開車，信心十足地駛過稀疏的車流。古斯科特說明，他從海外回到倫敦是為了迎接戈傑夫斯基，並擬訂今後計畫，準備移交給新任專案官。俄國人點頭。他們開過哈洛德百貨、維多利亞和阿爾伯特博物館（Victoria and Albert Museum），穿越海德公園，轉入貝斯沃特

（Bayswater）一棟新建公寓的前院，開進了地下停車場。

維若妮卡花了好幾週，和渾然未覺的房地產經紀人在西倫敦到處尋找，才找到了這處合適的安全屋。這戶單間套房位於一棟現代公寓的三樓，由一排行道樹遮蔽在街道之外。地下停車場的出入口直通建築物內部——任何試圖尾隨戈傑夫斯基的人，即便有可能看見他的座車駛入，卻無法辨別他走進哪一間公寓。後花園有扇門通往一條小街，提供了一條穿越建築後方、進入肯辛頓宮花園的緊急脫逃路徑。這間套房距離蘇聯大使館夠遠，其他國安會軍官不太可能偶然撞見戈傑夫斯基；但對他來說又夠近，讓他能駕車前來、停車，跟專案官會面，再回到肯辛頓宮花園——全都在兩小時內完成。附近還有一家熟食店，可以提供美食支援。普萊斯堅持：「套房必須要有愉快氣氛，要有一種獨特地位。布里克斯頓（Brixton）隨便一個破舊的地方可不行。」套房裡布置著雅致的現代家具。這裡也受到監聽。

他們一在客廳坐下，普萊斯就開始忙進忙出，把茶端上。國安會對於女性專案官幾乎毫無所知，戈傑夫斯基也從未見過像普萊斯這樣的女人。「他立刻對她有了好感，」古斯科特觀察到，「歐列格對女人很有眼光。」這也是他第一次體驗到正式的英國茶。如同她這個年紀和階級的許多人，普萊斯把茶看成一種神聖的愛國儀式。古斯科特介紹她為「珍」（Jean）。戈傑夫斯基思忖，她的面孔「似乎體現了英國人正派與榮譽的一切傳統品質」。

古斯科特概述了工作計畫。要是歐列格同意，就每月一次在午餐時間來到這間套房，與軍情六處專案官會面。國安會聯絡站在午餐時間空無一人，軍官們都出門設宴款待聯絡人了（或者更精確地說，款待自己）。戈傑夫斯基的不在場，並不會引人注意。

古斯科特這時交給他肯辛頓大街與荷蘭公園（Holland Park）之間一棟房屋的鑰匙。那是他的隱蔽處，是他一察覺到危險，就能夠帶著或不帶家人藏身的地方。要是他想取消會面、需要臨時與軍情六處官員見面，或需要任何種類的緊急支援，他應當撥打抵達英國時撥打的那個號碼。總機每天二十四小時有人值班，接線員會把電話轉給小組任何一名當值人員。

古斯科特又提供一項至關重要的慰藉。從莫斯科脫逃的計畫——「皮姆利科」行動，在他派駐倫敦期間仍會隨時準備就緒。國安會的休假權利給得大方，軍官每年冬季可以返國休假四週，夏季則長達六週。他也有可能臨時奉召返國。無論他何時在莫斯科，軍情六處官員都會繼續檢查庫圖佐夫大街麵包店前和中央市場兩處信號點，尋找一個手持喜互惠提袋的男人。就連這名間諜不在國內的時候，他們都會這麼做。國安會密切監視著莫斯科所有英國外交官，監聽他們的公寓；烏克蘭大飯店頂樓和外交人員公寓屋頂的監視哨，則監控著他們的舉動。任何脫離常規的行為都有可能被察覺：如果他們在戈傑夫斯基人在莫斯科時定期走過麵包店，他不在時停止，他返國時又開始，這個模式就會被察覺。軍情六處會在他到訪前及到訪後的數週內，持續監看這個地點。嚴謹的諜報技術必須要讓皮姆利科行動的程序維持數月或數年之久。

專案進入新階段，獲得一個新代號：「陽光」成了「諾克頓」（NOCTON，林肯郡一個村莊的名稱）。

軍情六處過去從來不曾運行過一個駐紮在倫敦的國安會間諜，這個局面帶來了新穎的挑戰，尤其是來自其姊妹部門軍情五處的威脅。英國安全局（即軍情五處）負責監控倫敦所有國安會軍官嫌疑人的行動。如果讓有著「守望者」名號的軍情五處監視隊伍「A4科」，撞見了戈傑夫斯基在貝斯沃特某處可疑地點參加祕密會議，他們無疑會展開調查。但如果發出一道總括命令，「不」對戈傑夫斯基進行監視，又會清楚顯示出他受到保護。不論哪種情況，都會讓專案安全受到致命危害。沒有哪一個如此重要的專案，能夠不先告知安全局就在英國境內運行的。因此，這個專案決定與軍情五處共同運行，並「灌輸」包括安全局長在內的少數幾位軍情五處高階官員。如此一來，軍情六處就能得知戈傑夫斯基受到監控的時段，得以確保會面進行而不被守望者監視。

軍情五處與軍情六處的這項合作是史無前例的。英國情報機構的這兩個分支未必總是意見一致——這或許不足為奇，因為捉拿間諜和運行間諜這兩項任務未必相容，它們有時重疊、偶爾衝突。這兩個情報組織的傳統、行為準則及技術各自不同。雙方的競爭很深刻，經常帶來反效果。歷史上，軍情六處有些人往往將國內安全局輕視為區區警察單位，欠缺想像力和活力；相對來說，軍情五處也傾向於把對外情報官員視為瘋癲的公學出身冒險家。雙方都認為對方「口風不緊」。軍情五處對軍情六處官員金姆．菲爾比的長期調查，將雙方的相互猜忌深化為徹底敵對。但為了「諾克頓」專案，雙方將會聯手工作：軍情六處負責每日運行戈傑夫斯基；軍情五處的極少數人則會得知最新發展，負責這個專案的安全面向。將機密圈擴大到軍情六處之外的決定，代表著引人注目的背離傳統，也是一次賭博。軍情六處與軍情五處關於戈傑夫斯基的共享資訊，代號為「幽冥仙女」（LAMPAD，希臘神話中的冥界仙女）。軍情六處內部只有極少數人知道「諾克頓」，軍情五處內部知道「幽冥仙女」的人數更少；同時知曉兩者的軍情六處及軍情五處人員，交集起來不超過六個人。

同意了工作條款、茶杯收走之後，戈傑夫斯基探身向前，開始傾吐這四年累積的機密，都是他在莫斯科蒐集並記住的、滾滾而來的大量資訊：姓名、日期、地點、計畫、特務及非法派遣人員。古斯科特匆匆寫下筆記，只是偶爾打斷以釐清某些重點。戈傑夫斯基幾乎無需催促，他鎮定地瀏覽了記憶事實的龐大資料庫，一步接一步、一圈接一圈。第一次會面只是大致瀏覽了戈傑夫斯基的記憶表面，但隨著時間過去，他放鬆下來，機密就以一種克制的方式傾瀉而出，還有助於淨化他的身心。

人人都會排練自己的回憶，他們相信自己愈常記得某個事件，就會愈接近事件的真相。這未必真實。多數人都會述說過去事件的某種版本，然後堅持到底，或者粉飾美化。戈傑夫斯基的回憶能力卻不同，他不僅前後一致，更會漸進與增生。「每次會面，他都補充愈來愈多細節，逐漸增廣了我們所知。」維若妮卡．普萊斯說。照相式記憶（photgraphic memory）記下的是單一、精確的黑白圖像；戈傑夫斯基的記憶則是點描式的，一連串的點連接起來並填滿之後，就會產生出色彩鮮豔的巨幅油畫。「歐列格擁有記憶對話的傑出天賦。他記得時機、上下文、用字遣詞……他不會被牽著走。」他甚至記住了自己在奉命值夜班時，與其他軍官的對話。身為一名訓練精良的情報官，他知道哪些記憶可能攸關利害，哪些則是多餘的。他提供的資訊都已修飾妥當，並且經過分析。「他有著敏銳的洞見，對事物意義的理解極佳，這令他與眾不同。」

會面遵循著既定模式進行，起初每月一次，而後兩週一次，再來每週一次。不論這位俄國人何時來到安全屋，古斯科特和普萊斯都會以溫暖的歡迎和簡易的午餐等候他。「他仍遭受著文化衝擊，又在一個根本上和他敵對的國安會聯絡站工作，」古斯科特回想，「他儲備了大量知識。我們最重要的目標是不要讓他打退堂鼓。我們非常急切地要讓他安心。」

一九八二年九月一日，戈傑夫斯基抵達公寓，發現有第三個人陪著古斯科特和普萊斯一起等候自己，他是個衣冠楚楚、樣貌認真、黑髮漸禿的年輕人。古斯科特以俄語介紹這人是「傑克」。戈傑夫斯基第一次和軍情六處蘇聯科科長詹姆士·史普納握手。兩人立即融洽起來。

詹姆士·史普納的流利俄語和行動技能，讓他在古斯科特返回斯德哥爾摩後，自然成了運行這個專案的人選。他原先預定要到德國接任新職，這時轉而奉派運行「諾克頓」專案。「我花了兩分鐘左右答應。」特務與管理者默默地估量彼此。

「我得到了詳細介紹，他正是我預期的那種人，」史普納說，「年輕、有力、機靈、守紀律、專注。」這些詞同樣可以用來形容史普納自己。兩人成年之後的整個人生都浸潤於情報工作；兩人都經由歷史的稜鏡看待間諜工作；他們在譬喻上與實際上也都說著相同語言。

「我對他不曾有過任何猜疑，一點都沒有。」史普納說，「很難解釋，但你就是知道該信任什麼、不該信任什麼。你行使自己的判斷。歐列格完全可靠、誠實，受到正確動機驅使。」

戈傑夫斯基立即認可史普納是「一流的情報官，但也真心體貼、充滿情緒與感性，在個人及道德原則上都誠實」。他後來形容史普納為「我所擁有過最好的照顧者」。

在戈傑夫斯基看來，英國仍顯得「怪異又陌生」，但隨著會面一次接著一次，與軍情六處定期接觸的規律成了一套模式。貝斯沃特的這間公寓提供了避風港，是遠離古克的國安會聯絡站裡殘酷內鬥和偏執敵對的避難所。維若妮卡會從當地熟食店準備一道菜，通常是野餐點心，偶爾也包括醃鯡魚和甜菜根這類俄國菜餚，還有一兩瓶啤酒。史普納總是把一部錄音機放在咖啡桌上，做為隱藏式竊聽設備故障時的備援，但也是專業精神的宣示，是視線的焦點。會面長達兩小時，每次會面終了，他們都會約定下一次。然後，史普納抄錄並翻譯兩人的對話，撰寫完整報告。他常常工作到深夜，而且在家工作，以免在世紀之家內部引人注目：為了向軍情六處同仁掩飾他真正的工作，有傳聞說史普納正在執行某項海外專案，需要出國旅行。他的逐字稿接著成了一片採石場，供各種不同「顧客」個別擷取報告之用——按照軍情六處的標準做法，每份報告只處理一個主題範圍。一次會面可能產生二十份報告，有些報告的篇幅短得只有一句話。核對、分析、劃分、偽裝和分發「諾克頓」專案產品，則由軍情六處內部的特別小組負責，由一位能幹的冷戰專家領軍。

戈傑夫斯基有系統地開採自己的回憶，他記憶、精煉及積累。經過三個月的匯報，他從自己的記憶中仔細找出了一切細節。其結果就是軍情六處歷史上最大規模的「作業下載」，對蘇聯國安會過去、現在及未來計畫的嚴謹而詳盡的洞察。

一個接一個，戈傑夫斯基驅除了軍情六處歷史上的魔鬼。他解釋，金姆・菲爾比還在為國安會工作，但他是兼職分析員，肯定沒有中央情報局的詹姆士・安格頓所想像的那種全知全見的操控能力。多年來，英國建制一直在懷疑，是否還有一個像菲爾比那樣的間諜潛伏在他們當中；新聞小報則持續追獵著所謂「第五人」，還指認出眾多人選，讓許多人的生涯，甚至性命在過程中遭到摧毀。《抓諜人》（*Spycatcher*）一書作者、背離軍情五處的前情報官彼得・萊特（Peter Wright），始終執迷於一套理論，認為軍情五處前處長羅傑・霍利斯（Roger Hollis）是蘇聯臥底，由此引發一連串內部調查，造成重大破壞。戈傑夫斯基消除了這個陰謀論，最終確認了霍利斯的清白。他確認出「第五人」是約翰・凱恩克羅斯（John Cairncross），這位前軍情六處官員早在一九六四年就供認自己是蘇聯特務。戈傑夫斯基回報，英國人在想像中作繭自縛，這樣的場面讓莫斯科中心高興得有些困惑，因為實在太過怪誕，國安會甚至懷疑是英國的陰謀。他描述，根納季・季托夫本人讀了英國報刊對這場獵巫的一篇篇報導之後質問：「他們為什麼說羅傑．霍利斯是臥底？真是胡說八道，無法理解，一定是英國人特別拿來對付我們的某種把戲。」長達二十年的獵捕臥底行動，完全是一次白費工夫，為害極其慘烈。

戈傑夫斯基對國安會檔案的研究還解開了其他謎團。一名在一九四六年被發現、代號「艾利」（ELLI），卻從未被正式指認的蘇聯間諜，其實就是前任情報官李歐．隆恩（Leo Long），二戰之前他已經在劍橋大學被吸收，為共產主義事業效力。義大利核子物理學家布魯諾．龐蒂科沃（Bruno Pontecorvo）二戰期間參與了英國的原子彈研究，他在一九五〇年叛逃蘇聯之前七年，就已自願為國安會效勞。戈傑夫斯基也揭露了挪威間諜阿恩．特雷霍特仍在活動。特雷霍特先前在紐約任職於挪威駐聯合國代表團，此時返回挪威，在聯合參謀學院（Joint Staff College）深造，得以接觸大量機敏資料，他將這些資料全傳遞給了蘇聯國安會。挪威安全局自從一九七四年戈傑夫斯基首次密報以來，就已經在監視特雷霍特，但尚未採取行動，部分是由於英國請求，因為英方害怕逮捕特雷霍特可能會讓消息來源遭受懷疑，他們始終沒有向挪威指明消息來源。這時，要準備收特雷霍特的網了。

一小群軍情六處高階官員在世紀之家集合，聽取「諾克頓」專案官匯報的初步結果。他們都不是感情外露和情緒化的人，但房間裡瀰漫一種「興奮與期待」的氣氛。這些首長原先預期能夠得知英國境內龐大的國安會特務網，例如「劍橋五人組」這類共諜，並掌握他們一路騙取建制信任、以破壞內部的情況。首長們想當然耳認為，一九八二年的國安會必定一如既往般強大。但戈傑夫斯基證明了，事實並非如此。

國安會在英國只有少數特務、聯絡人和非法派遣人員，其中沒有任何人真正構成威脅。這個發現既令人寬慰，也令人失望。戈傑夫斯基揭露了國安會檔案裡包含工會領袖傑克．瓊斯，以及工黨下議院議員鮑伯・愛德華茲的活動檔案；他指認了收受國安會金錢或娛樂的「聯絡人」同情者，像是《衛報》記者理查・哥特，以及年邁的和平運動家芬納・布羅克韋。但抓諜人發現，這些獵物幾乎不值得他們追逐。然而，有個消息尤其令人憂慮：戈傑夫斯基顯然不曾聽過傑佛瑞・普萊姆（Geoffrey Prime）這個人，他是負責通訊及信號情報的英國情報機構「政府通信總部」（GCHQ）的分析員，才剛因蘇聯間諜罪名被捕。要是戈傑夫斯基看過所有檔案，那麼，從一九六八年就開始擔任蘇聯間諜的普萊姆，怎麼會沒有相關檔案？答案很簡單：運行普萊姆的是國安會反情報部門，而不是英國—斯堪地那維亞課。

戈傑夫斯基對於國安會在倫敦、斯堪地那維亞及莫斯科等地行動的詳盡描述，證明了蘇聯這個對手並非神話中身高十呎的巨人，它反倒有所缺陷、笨拙又效率不彰。一九七〇年代的國安會，顯然已經不是一個世代以前的那個國安會。一九三〇年代的那份意識型態狂熱，曾讓國安會吸收了這麼多的忠誠特務，但此時，它已被一種駭人的從眾心態取而代之，由此產生出完全不同種類的間諜。國安會仍然龐大，資金充裕又冷酷無情，也仍然能夠號召某些出類拔萃的新人，但它的成員如今也包含了許多坐領乾薪之輩和馬屁精，這些懶惰的野心家缺乏想像力。國安會仍是危險的對手，但它的弱點與缺陷這時都被揭露了。在國安會進入衰退期的同時，新生命與新抱負開始推動著西方情報機構。軍情六處正逐漸擺脫一九五〇及六〇年代因間諜醜聞而元氣大傷時所採取的守勢。

信心與興奮震顫，傳遍了組織上下。這個國安會是可以戰勝的。

不過，戈傑夫斯基提供的豐富資訊還有另一個面向，逼得英國情報及安全部門的高層坐起身來，費力吞下。

麥可・富特與蘇聯國安會的短暫親近，發生在遙遠的過往。戈傑夫斯基小心翼翼，不去誇大「靴子」特務的重要性，傑佛瑞・古斯科特對此案的評估也明確表示：富特只是為了「混淆視聽目的」，在很久以前受到利用；他不是間諜，或者說，在情報圈普遍接受的意義上，他不是「有自覺的特務」。但他自一九八〇年起擔任反對黨工黨的黨魁，此時正在挑戰柴契爾的國家領袖地位。他在下次大選就有可能成為首相，大選最遲要在一九八四年舉行。如果富特先前與國安會的金錢往來關係公諸於世，他的可信度就會被摧毀，贏取政權的機會隨之終結，歷史可能也要改變走向。許多人已經認為他是危險的左翼分子，但他與國安會的聯繫，會讓他的意識型態立場整個被抹上更邪惡的色調。讓富特顯得幼稚和愚蠢至極的實情，已經夠尖銳了，但在選戰熱潮中，他可能會被塑造成一個羽翼豐滿、忠心不二的國安會間諜。

「我們很擔心這個消息的敏感性，還必須避免這項消息因為政黨政治理由而被利用，」史普納說，「國內的意識型態深刻分歧，但我們知道，必須把這項資訊排除在政治主流之外。我們擱置的這項資訊，有著極大空間可供人曲解。」

關於富特的揭露，對國家安全有著嚴重後果。軍情六處將證據交給軍情五處處長約翰・瓊斯（John Jones）。安全局必須決定下一步該怎麼走。「這要由他們決定。」

羅伯・阿姆斯壯爵士（Sir Robert Armstrong）身為內閣祕書長，是英國政府文官之首，也是首相的最高政治顧問，他正是負責監督情報部門及其與政府關係的官員。政治中立的阿姆斯壯，是白廳廉潔的化身，擔任過哈羅德・威爾遜和愛德華・希思（Edward Heath）兩位首相的首席私人祕書。他是柴契爾最信任的顧問之一，但這不表示他會對她言無不盡。

軍情五處處長告訴阿姆斯壯，麥可・富特曾是「靴子」特務，是蘇聯國安會的支薪聯絡人。他們一致認為，這個訊息的政治煽動性太過強大，不能告知首相。

多年後被問到這次事件時，阿姆斯壯的回答謹慎又含糊，遵循著最傑出的政府傳統：「我知道麥可・富特在成為工黨黨魁之前，被認為與蘇聯國安會有來往，《論壇報》據信得到了莫斯科的財務支援，可能來自國安會……戈傑夫斯基確認了此事。我不知道有多少訊息向外交大臣或首相透露過。」

日後，阿姆斯壯成了「抓諜人審判」的關鍵證人，在這場訴訟中，英國政府試圖阻止彼得・萊特揭發內幕的回憶錄出版，但沒有成功。阿姆斯壯發明了「節約真相」（economical with the truth）這個說法，他在傳播麥可・富特的實情時，看來肯定做到了最節約的地步：他沒有告訴柴契爾或首相的其他最高顧問，他沒有告訴文官體系、保守黨或工黨的任何人，他沒有告訴美國人或英國的任何其他盟邦。他沒有對任何人說過。

接到這顆未爆彈的內閣祕書長，把它放進口袋裡收藏著，只能期望富特輸掉大選，問題自行平息。維若妮卡·普萊斯直言：「我們把它埋掉了。」即使如此，軍情六處內部仍有些討論提及麥可·富特一旦勝選的憲政後果。他們一致認為，如果和蘇聯國安會往來過的政治人物成為英國首相，就必須告知女王。

戈傑夫斯基下載的資料中還有另一部分，比「靴子」檔案更加危險。這項國安會的機密不但有可能改變世界，更有可能毀滅世界。

一九八二年，冷戰再度升溫到了核戰確實有可能發生的地步。戈傑夫斯基披露了一件事情，那就是克里姆林宮錯誤地、卻又完全認真地相信：西方即將按下核彈發射按鈕。

8 核彈攻擊行動❶

一九八一年五月，蘇聯國家安全委員會主席尤里．安德羅波夫召集高階軍官舉行祕密會議，並發布一段令人震驚的聲明：美國正在策劃使用核武發動「第一擊」，藉此消滅蘇聯。

二十多年來，東方與西方的核戰由於互相保證毀滅的威脅，因此受到遏制，也就是，無論哪一方挑起核戰，雙方最終都會毀滅的這一承諾。但到了一九七〇年代末，西方開始在核武軍備競賽中超前，原本充滿張力的緩和狀態被一種不同的心理對抗取而代之，克里姆林宮在這種心理對抗裡，懼怕自己被核武先制攻擊給摧毀、打敗。一九八一年初，國安會運用一套新近研發的電腦程式，分析地緣政治局勢，結論是「世界強權的相互關係」正轉而有利於西方。蘇聯干預阿富汗的代價慘重、古巴正耗盡蘇聯資金、中央情報局正積極對蘇聯展開隱蔽行動、美國正在大舉擴軍：蘇聯看來正在輸掉冷戰，克里姆林宮宛如一個在經年累月的對打中氣力放盡的拳擊手，害怕一記出其不意的重拳就會結束比賽。

國安會主席之所以堅信蘇聯面臨核武奇襲不堪一擊，恐怕與安德羅波夫的個人經驗更有關係，而不是因為理性的地緣政治分析。一九五六年，他擔任蘇聯駐匈牙利大使時，曾在鎮壓匈牙利起義中扮演關鍵角色，並親眼目睹了一個看似強大的政權可以在多短的時間內被推翻。十二年後，安德羅波夫再次敦促採取「極端措施」撲滅布拉格之春。這個「布達佩斯屠夫」（Butcher of Budapest）堅定地信奉武力和國安會高壓手段，羅馬尼亞的祕密警察首領形容他是「用國安會取代共產黨治理蘇聯的人」❷。新上任的美國雷根政府自信與樂觀的姿態，似乎更加凸顯了迫在眉睫的威脅。

於是，如同每一個真正的偏執狂，安德羅波夫開始尋找證據來確認自己的恐懼。

核彈攻擊行動（Operation RYAN，RYAN是俄語「核彈攻擊」〔*Raketno-Yadernoye Napadeniye*〕的縮寫）是蘇聯歷史上在承平時期進行過的最大規模情報行動。在蘇聯最高領導人列昂尼德・布里茲涅夫陪同之下，安德羅波夫向目瞪口呆的國安會聽眾宣告，美國和北約組織正在「積極準備發動核戰」。國安會的任務是找出這種攻擊即將發生的跡象，並提供初期預警，好讓蘇聯不至於措手不及。**這句話暗示著，要是能找到攻擊即將發生的證明，那麼蘇聯自己就可以先發制人了。**安德羅波夫本人在蘇聯衛星國鎮壓自由的經驗，使他確信攻擊就是最好的防禦方法。面對第一擊的恐懼，恐怕就是要發出第一擊。

核彈攻擊行動出自安德羅波夫的狂熱想像。它逐漸擴大、轉移成國安會與總參謀部情報總局（軍方情報機構）內部的情報執迷，消耗了成千上萬工時，並讓超級強權間的緊張升到了駭人地步。核彈攻擊行動甚至有自己的命令式箴言：「不要錯失！」（*Ne Prozerot!*）一九八一年十一月，核彈攻擊行動的最初指令發給了美國、西歐、日本和第三世界國家的國安會現地聯絡站。一九八二年初，國安會所有聯絡站都奉命以核彈攻擊行動為第一優先。戈傑夫斯基抵達倫敦時，該行動已經獲得了自我推進的動力。然而，這個行動卻是基於強烈的誤解。美國並未準備第一擊，國安會上天下地搜尋著攻擊計畫的證據，但實情正如軍情五處正式授權的歷史所述：「這種計畫不存在❸。」

發起核彈攻擊行動的安德羅波夫，違背了情報工作的第一條法則：**絕對不要設法確認自己原本就相信的事情。**希特勒曾確信，D日行動的入侵大軍會在加萊（Calais）登陸，他的間諜（在盟軍雙面間諜協

❶ 核彈攻擊行動的關鍵史料，參看 Barrass, *Great Cold War*; Fischer, "Cold War Conundrum"; Jones (ed.), *Able Archer 83*。
❷ Ion Mihai Pacepa, in *National Review*, 20 September 2004.
❸ Andrew, *Defence of the Realm*.

國安會主席尤里．安德羅波夫。

助下）也就這麼告訴他，結果，這反而確保了諾曼第登陸成功。東尼．布萊爾（Tony Blair）和小布希（George W. Bush）堅信，薩達姆．海珊（Saddam Hussein）擁有大規模毀滅性武器，他們的情報部門也就適時做出了這種結論。墨守成規又獨斷專行的尤里．安德羅波夫，完全確信國安會的手下們會找到核武攻擊逼近的證據，他們也就這麼「找到」了。

戈傑夫斯基在離開莫斯科之前，聽取過核彈攻擊行動的介紹。國安會的這項政策影響深遠，透露給軍情六處時，世紀之家的蘇聯專家們起初只是帶著懷疑看待這個傳聞。克里姆林宮那些老朽真的對西方的道德誤解得這麼徹底，以至於相信美國和北約能夠率先攻擊嗎？這肯定只是某個資深的國安會怪物在危言聳聽吧？或者，說不定更邪惡的是，這是為了說服西方放棄擴軍、甚至裁軍，而故意散播不實消息的伎倆？情報社群毫無把握。詹姆士．史普納不禁懷疑，中心真有可能「和真實世界這麼脫節嗎」？

但在一九八二年十一月，安德羅波夫繼布里茲涅夫之後，成為蘇聯最高領導人，也成為第一位當選蘇聯共產黨總書記的國安會主席。沒過多久，國安會聯絡站接獲通知，核彈攻擊行動「如今的重要性尤其嚴峻，達到特別急迫的程度」。於是一封電報送達國安會倫敦站，收件人為阿爾卡季．古克（化名「葉爾馬科夫」（Yermakov）），標示為「限本人拆閱」及「絕密」。戈傑夫斯基偷偷把電報塞進口袋，帶出大使館，交給了史普納。

題為「揭發北約準備以核彈攻擊蘇聯的固定行動任務」的這封電報，正是核彈攻擊行動的藍圖，針對應當警告國安會對西方攻擊預作準備的多項指標，提供了詳細指示。這份文件證明了蘇聯對第一擊的恐懼是真誠、深信不疑，且不斷增長的。其中陳述：「任務目標為確保各聯絡站以條理分明的工作，揭發首要敵人（美國）準備發動核彈攻擊的任何計畫，並組織起持久觀察，監控對蘇聯使用核武之決策，或核彈攻擊之直接準備的跡象。」這份文件列出了攻擊可能發生的二十項指標，從合理到荒誕，不一而足。國安會軍官奉令對「關鍵核武決策者」實施嚴密監控，其中詭異地包含教會領袖和銀行大亨。另外，可能做出該決策的建築物，以及核子武器庫、軍事設施、疏散路線和防空洞，皆應予以密切監視。並且，應當緊急吸收政府、軍方、情報部門及民防組織內部的特務；甚至鼓勵軍官們計算深夜時分在政府重要建築裡有多少盞燈亮著，因為西方官員會挑燈夜戰，為攻擊做準備。政府機關停車場的車輛數量也應予以計算，例如，國防部突然需要停車位，這可能就是攻擊準備工作的指標。醫院也應予以監視，因為敵方會預期第一擊受到報復，因此預先對大量傷亡做好準備。也應當同樣密切注意屠宰場，要是宰殺的牛隻數量遽增，這可能顯示出西方正在世界末日前夕囤積漢堡。

最怪異的訓令是要求監控「血庫中的血液存量」，並回報政府是否開始收購血液供應和囤積血漿。「核彈攻擊開始準備的重要跡象之一，可能是向捐血者購買的血量以及買血支付的價格增加……查明數千處捐血者接待中心的位置及血液價格，並記錄任何變動……捐血中心數量及支付金額若是意外驟增，應立即向中心報告。」

當然，在西方，血液是由社會大眾捐贈的。支付的報酬就是一塊餅乾，有時是一杯茶。然而，克里姆林宮想當然耳認為，資本主義滲透了西方生活的一切面向，他們相信「血庫」其實就是一種銀行，血液可以在其中買賣。國安會駐外聯絡站裡，沒有人敢提請上級注意這個基本的誤解。在一個怯懦且階序分明的組織中，只有一件事比顯露自己的無知更危險，那就是讓老闆的愚蠢受人注目。

戈傑夫斯基和同事們起初對這份古怪的要求清單不屑一顧，他們將核彈攻擊行動看作不過是中心毫無意義、消息閉塞的沒事找事又一例。較敏銳、有經驗的國安會軍官都知道，西方不想要核戰，北約和美國發動奇襲更是不可能。古克自己「只對中心的要求口頭應付」，他認為這些要求十分「荒謬」。但在蘇聯情報機構的世界裡，服從比常識更強大，世界各地的國安會聯絡站開始盡責地尋找敵方計畫的證據，並且不可免地找到了證據。只要檢視得夠認真，幾乎任何人類行為都會開始顯得可疑：外交部忘記關上的一盞燈、國防部的停車位短缺，以及一位可能好戰的主教。隨著子虛烏有的攻擊蘇聯計畫「證據」不斷積累，似乎證實了克里姆林宮早就在恐懼的事，也加重了中心的疑神疑鬼，並引起新的蒐證要求。虛構之事就這樣永續長存，戈傑夫斯基稱之為「情蒐及評估的惡毒螺旋，駐外各站感到有義務回報令人驚恐的消息，即使他們自己並不信」。

其後數月間，核戰攻擊行動成了國安會心無旁鶩的唯一主導工作。同時，雷根政府的言論又加強了克里姆林宮對於美國正在積極發動一面倒核戰的確信。一九八三年初，雷根將蘇聯斥為「邪惡帝國」；潘興二型（Pershing II）中程彈道飛彈即將部署於西德，又加重了蘇聯的恐懼。這些武器具有「猝不及防的第一擊能力」，能在最短四分鐘內毫無預警地命中蘇聯目標，包括蘇聯飛彈基地在內。飛彈打到莫斯科的時間據估計為六分鐘左右。要是國安會針對攻擊發出充分警告，就能讓莫斯科得到「採取報復措施所必需的……一段預期時間」，換言之，就是先下手的時間。三月，雷根發布公開聲明，可能會導致這類先制報復行動不管怎樣都會失效：那就是美國的「戰略防禦計畫」（Strategic Defense Initiative）。該計畫當時立即就有了「星戰計畫」（Star Wars）之名，其設想運用衛星及部署於太空的武器，構築出一道能擊落蘇聯核彈的防護盾。這個計畫會讓西方變得刀槍不入，令美國得以發動攻擊，而且不怕報復。安德羅波夫憤怒指控華盛頓當局「編造出最有效發動核戰的新計畫，指望獲勝……華盛頓的行動讓全世界都陷入危險。」核彈攻擊行動計畫擴大了，對安德羅波夫和他聽話的國安會部屬來說，這是蘇聯生死存亡的問題。

一開始，軍情六處將核彈攻擊行動解讀為國安會無能的追加證據，著實令人振奮：一個投注全副心力尋找虛假陰謀的組織，不會有多少時間從事有效的諜報工作。但隨著時間過去，雙方的憤怒言論變本加厲，事態變得很明顯，不能只把克里姆林宮的恐懼當成是浪費時間的幻想。一個害怕衝突逼近的國家，這時愈來愈有可能先下手為強。核彈攻擊行動，以最決斷的方式呈現出冷戰對峙變得多麼不穩定。

華盛頓的鷹派立場為蘇聯的敘事火上加油，結局可能會是核戰末日。但美國的外交政策分析人員往往會將蘇聯表達的驚恐斥為故意誇大，其目的是為了宣傳，只不過是長久以來互相虛張聲勢的賽局之一。但安德羅波夫堅稱美國籌劃發動核戰，他是完全認真的。多虧這位俄國間諜，英國人知道了。

必須告知美國，即使克里姆林宮的恐懼是建立在無知與偏執之上，卻是真誠的。

英美兩國情報部門之間的關係，有點像是哥哥與弟弟，親近卻競爭、友善卻嫉妒、互相支持卻往往口角。英美兩國過去都曾被共黨特務滲透高層，雙方都懷著揮之不去的猜疑，都覺得對方恐怕不可靠。在雙方既有的協議下，截收到的信號情報由雙方共用，但人力資源取得的情資卻較少共享。美國運行著英國一無所知的間諜，反之亦然。這些來源的「產品」以「只讓需要知道的人知道」為原則來提供，但何謂「需要」，定義卻是不斷變動。

戈傑夫斯基對於核彈攻擊行動的揭露，以一種有益、卻節約事實的方式，傳達給了中央情報局。截至此時為止，「諾克頓」的資料僅僅發給軍情六處及軍情五處內部「灌輸」過的情報官員，並以特案方式傳給丹麥安全情報局，以及英國首相辦公室、內閣辦公室，和外交部。若將分發擴大到美國情報群體在內的範圍，就意味這個專案來到了緊要關頭。軍情六處並未透露這些資料來自世界哪一方，或者由誰提供。來源被精心掩飾並低調處理，情資以遮蔽來源的方式受到包裝。「我們決定以正常ＣＸ（情資報告）的形式，傳遞經過切片、編輯的材料。我們必須隱藏出處，我們說情報來自一名中級官員，人不在倫敦。我們必須盡可能讓這份材料顯得平淡無奇。」但美國人毫不懷疑他們聽見的訊息是真實的、可靠的：這是最高級的資訊，可靠又寶貴。軍情六處沒有告訴中情局，這項情資來自蘇聯國安會內部。但或許他們也不需要特別告知。

由此，開始了二十世紀最重要的情報共享行動之一。

緩慢而謹慎、帶著沉靜的驕傲和低聲炫耀，軍情六處開始一點一滴把戈傑夫斯基的機密提供給美國。長久以來，英國情報機構都以運行特務的能力為榮，美國或許擁有資金和技術實力，但英國人理解人類，或者他們情願這樣相信。戈傑夫斯基案在相當程度上，為英國人彌補了自菲爾比年代持續至今的難堪，並以些許英國式的趾高氣揚展現出來。美國情報建制既欽佩、好奇、感激，卻也對弟弟的紆尊施惠感到些微惱怒。中情局並不習慣被其他機構決定自己需要知道、不需要知道什麼。

最終，隨著戈傑夫斯基的諜報所得在總量與細節上一併增長，這些情資會設法送達美國政府最高層，影響橢圓形辦公室（Oval Office，即美國總統辦公室）的決策。但只有極少數美國情報官員知道英國人在蘇聯有一名高階臥底——其中一人就是奧德瑞奇・艾姆斯。

從墨西哥返國之後，艾姆斯的中情局生涯開始有了起色。他和羅莎里歐在華盛頓郊區維吉尼亞州的瀑布教堂鎮（Falls Church）成家，到了一九八三年，即使工作成績時好時壞，他仍被拔擢為中情局蘇聯行動處的反情報主任。艾姆斯持續在中情局逐級升遷，但速度不夠快，無法抑制他對事業愈來愈強烈的不滿。羅莎里歐同意嫁給他，但他跟前妻的離婚昂貴得幾乎毀了他。艾姆斯辦了一張新信用卡，立即就因購置新家具欠債五千美元。羅莎里歐失望又悲傷，經常打電話給哥倫比亞的家人，光是電話費每月就要四百美元。他們的公寓空間狹小，艾姆斯開的是一輛破舊的富豪汽車（Volvo）。

按照艾姆斯的思路，考慮到他每天經手的機密所具有的價值，區區四萬五千美元的年薪真是微薄至極。在雷根政府精力充沛的新任中情局長比爾・凱西（Bill Casey）領導下，蘇聯處變得更活躍了，這時在鐵幕後方運行大約二十名間諜。艾姆斯知道他們所有人的身分；他知道中情局正在莫斯科城外竊聽一條電纜線，從中吸取大量情報；他知道技術部的小夥子們改裝了一個貨櫃，得以從行經西伯利亞鐵路、載運著核彈頭的列車上接收資訊；最後，他也得知了這項機密：軍情六處有一名高階特務，大概在蘇聯國安會內部，但英國人隱藏他的身分。艾姆斯知道這些機密，還有其他很多機密。但他坐在華盛頓好幾家酒吧啜飲波本酒的時候，最清楚知道的是這件事：他破產了。他也想買新車。

來到英國六個月後，戈傑夫斯基的雙重人生在愉快的規律裡安頓下來。蕾拉歡喜地探索新家，對丈夫的祕密活動渾然不覺。他的兩個女兒似乎一夜之間就成了英國小女孩，她們用英語對玩偶說話。他愛英國的公園和酒吧，還有肯辛頓的中東小餐館和它們的異國辣味。蕾拉和葉蓮娜相反，她喜愛下廚，始終滿懷驚嘆地報告著英國商店裡買得到的各式食材。家務和育兒完全交給了蕾拉，她不但沒有怨言，還經常談到自己能在海外生活一陣子是多麼幸運。她想念莫斯科的家人和朋友，但她知道，他們很快就會回家，因為蘇聯外交人員的任期幾乎不會延長到三年以上。每當蕾拉想家，歐列格就試圖轉移話題。他知道，總有一天，他得對她說自己是英國間諜，他們不會回國。但何必現在就讓她遭受壓力與危險？他對自己說，蕾拉是個俄國好太太，向她吐露欺瞞的時刻一到，儘管她或許會有一段時間感到震驚和不滿，但她總會接受的。她遲早都會得知實情，晚點知道似乎是更好的選項。

他們埋首於英國首都的藝術生活中，出席古典音樂會、藝廊開幕及戲劇表演。他相信，自己為西方從事間諜工作，是文化異議分子的行動，而非叛賣行徑：「如同作曲家蕭士塔高維奇（Dmitri Shostakovich）用音樂反擊、作家索忍尼辛用文字反擊，我身為一名國安會人員，也只能經由我自己的情報世界行動。」他以提供機密做為反擊。

每天早上，他都會在荷蘭公園跑步。每隔一週左右，在預先約定的不同日子裡，當他知道軍情五處的守望者不在場，就會告知同事要在午餐時去見聯絡人，然後上車，開往貝斯沃特的安全屋。他在地下停車場用一片塑膠套掩蓋座車，遮住外交車牌。

中心不再用微卷發送指令，於是戈傑夫斯基開始在每次會面之前把實體文件夾帶出去，有時是一整批文件。他會等到辦公室空無一人，然後小心把文件塞進口袋。有很多文件可供選擇，中心的不同部門競相向倫敦聯絡站的眾多人員提出要求：大使館內有二十三名國安會軍官，另外八人在蘇聯貿易代表團

蕾拉和兩個女兒，攝於 1982 年倫敦。

臥底，還有四人喬裝為記者，還有非法派遣特務，再加上十五名總參謀部情報總局派出的軍事情報官。「中心量產卷帙浩繁的情資，我可以隨意傳遞任何一份。」

戈傑夫斯基一進入公寓，就由史普納盤問他，同時，維若妮卡．普萊斯準備午餐；溫柔迷人、效率絕佳的軍情六處祕書莎拉．佩吉（Sarah Page）則在臥房拍攝所有文件。戈傑夫斯基的記憶開採完畢之後，焦點就轉向當前的行動。「我們很快就進入了現行工作，」史普納說，「他會為我們更新上次會面以來發生過的一切，包括事件、指示、訪客、本地活動、與聯絡站同仁的談話。」戈傑夫斯基這位訓練有素的觀察者，把可能派上用場的一切事物全銘記在心，不管是中心傳來的指令、核彈攻擊行動的最新要求和報告、非法特務活動及指向其身分的線索、發展對象、特務吸收，以及人員異動等等。但他也帶來了八卦和傳聞，這些趣聞透露出他的同事們下班時間的思想、謀劃與作為，他們喝了多少酒、他們跟誰上床、他們想跟誰上床。「你可以說自己是國安會聯絡站的編制外人員了。」戈傑夫斯基對史普納說。

維若妮卡·普萊斯不時複習皮姆利科行動的細節，以防他突然被召回莫斯科，急需脫逃。從這項脫逃計畫構思以來，如今已經有了某些重大修改。戈傑夫斯基這時已婚，有兩名幼子。因此軍情六處會準備兩輛脫逃用車，而不是一輛；兩個後車廂分別藏匿一名成人和一名幼兒，小女孩會施打強力催眠藥，讓她們熟睡，以減輕心理創傷。為了預先做好準備，在脫逃時刻到來時可能得對女兒下藥，維若妮卡·普萊斯給了他一支注射器和一顆橘子，讓他練習注射。每隔幾個月，他都會為女兒們量體重，體重數字回報給軍情六處莫斯科站，待命的注射器劑量也會隨之調整。

專案開展出了自己的節奏，但緊張仍持續不斷。有一次在安全屋會面過後，歐列格到附近的康諾特街（Connaught Street）取車（他難得一次決定不停在地下停車場）。他正要走下人行道時，卻驚恐地看見古克的象牙色賓士車沿著馬路向他駛來，肥胖的站長握著方向盤。戈傑夫斯基以為自己被撞見，緊張得冒汗，立刻開始編造理由，想要解釋自己來一個遠離大使館的住宅區做什麼。但古克似乎沒看到他。

只有三名政治人物被引進信任圈中。柴契爾在一九八二年十二月二十三日「灌輸」了諾克頓專案，就在戈傑夫斯基抵達英國整整六個月後。未經加工的情報被裝進名為「紅夾克」的特殊紅色文件夾裡，收進一個上鎖的藍色盒子，只有首相本人、她的外交顧問及私人祕書有鑰匙。柴契爾得知，軍情六處在蘇聯國安會倫敦站內有一名特務，但她不知道那位特務的姓名。柴契爾政府的內政大臣威廉·懷特洛（William Whitelaw）在一個月後得知這個專案。此外僅有一名內閣首長知情，就是外交大臣。諾克頓專案的資料，尤其是核彈攻擊行動的資料，在傑佛瑞·侯艾（Geoffrey Howe）接任外交大臣時，帶給他「強烈印象」：「蘇聯領導人確實真心相信他們自己的大部分宣傳。他們真的害怕『西方』正在陰謀推翻自己——並且有可能、就是有可能，不擇手段達成目的❹。」

❹ Howe, *Conflict of Loyalty*.

然而，在戈傑夫斯基為軍情六處執行的諜報工作全力推進之際，他為國安會執行的工作卻停滯不前。站長古克和副站長尼基堅科公然敵視他，直屬上司伊戈爾．季托夫對他始終不友善。但並非所有同事都是不善猜疑的庸才，有些人眼光十分敏銳。三十來歲的PR線同事馬克西姆．帕什科夫（Maksim Parshikov）是列寧格勒一位藝術家之子，許多文化品味都與戈傑夫斯基氣味相投。他們在政治組的辦公桌相鄰，工作時一同收聽英國廣播公司第三台（Radio 3）的古典樂。帕什科夫發現，自己的這位同事「令人愉快又聰慧，教育程度和文化水準都與眾不同」。帕什科夫感冒的時候，戈傑夫斯基介紹他使用去鼻塞噴劑歐治鼻（Otrivin），他最近才在英國藥局裡發現這種藥。「我們靠著喜愛古典樂和歐治鼻而結合起來。」帕什科夫寫道。但他察覺了戈傑夫斯基內心的焦慮：「對我，還有在歐列格來到倫敦最初數月之間特別親近的其他人來說，事情很明顯，他的生活中發生了嚴重又令人不安的事——他看來極其緊張，承受著壓力。」這位新同事身上有些不同之處，那是種令人焦慮的矜持。帕什科夫說：

> 聯絡站的領導們打從一開始就不喜歡他。他不按常理喝酒，他太過聰慧，他不是「我們的一分子」。想像一場典型的派對，紀念某個蘇聯節日，在駐地某間小小的中央辦公室舉行。一切都理所當然進行著：桌上有三明治和水果，伏特加和威士忌給男士，一瓶葡萄酒給幾位女士。從站長開始，賓客一個個乾杯。戈傑夫斯基自願當起了管家，熱心斟滿每個空杯，除了他自己的，他的酒杯裡只有紅酒。他從來不跟誰真正深交，有些人覺得這很怪。但我想：管他的，在我們的職位上，你總會碰到各式各樣的人。有個軍官太太受不了戈傑夫斯基，她說不上來不喜歡他的理由，但她認為歐列格不知怎地「不對勁」、「不自然」，是「雙面人」。❺

帕什科夫幾乎不去理會那些壞話。「我太懶了，不想跟著誹謗我在站上的好同事。」帕什科夫思忖，戈傑夫斯基最大的問題，在於他的工作表現不佳。他的英語還是說不好；他會定期出外午餐，卻幾乎沒帶回新的情資。他到職數月之內，八卦充斥的聯絡站裡就有人極力散播耳語，說歐列格不適任。

戈傑夫斯基知道自己陷入了困境。他從PR線的前任接手了一些聯絡人，但這些人全都沒提供有用的情報。他接觸了一名被中心指認為「特務」的歐洲國家外交官，發現「他雖然很樂意吃大餐，卻不曾告訴過我任何一點要緊事」。另一位被指為可能吸收對象的人，是愛丁堡利斯（Edinburgh Leith）選區的下議院議員朗恩・布朗（Ron Brown），這位前工會組織者由於高聲支持阿富汗、阿爾巴尼亞、北韓等共產政權，而受到蘇聯國安會注目。但他由於行為粗暴，不斷跟國會當局槓上，最終在偷竊情婦內衣、並毀壞她的住處之後，被工黨開除。生於利斯的布朗，蘇格蘭口音重得化不開。此人多采多姿、熱情友好，他講的話俄國人幾乎完全聽不懂。戈傑夫斯基要跟上英國廣播公司的標準英語發音就已經夠困難了，他請布朗吃過幾次午餐，坐在那兒看似理解地點頭，其實每十個字只聽懂一個，而那位蘇格蘭人在家鄉口音裡嘟噥著愈扯愈遠的話題。「就我所理解，他講的搞不好是阿拉伯語或日語。」回到聯絡站，戈傑夫斯基按照他所以為的那位蘇格蘭人語意，寫下一篇純屬虛構的報告。布朗有可能在洩露高級機密，但他同樣也有可能在聊足球。他有罪，或是無辜，這始終是歷史之謎，永遠隱藏在他令人無法理解的蘇格蘭口音之中。

恢復及鞏固原有的聯絡人，令人洩氣的程度一如尋找新聯絡人。鮑伯・愛德華茲年近八十，是年紀最大的現任下議院議員，他是毫不改悔的國安會之友，很樂意閒聊美好舊時光，但對於今後的資訊幾乎無話可說。戈傑夫斯基也重新聯繫上了前工會領袖傑克・瓊斯，在他的公屋住處和他見面。退休許久的瓊斯開心地接受午餐款待，不時也收下現金撥款，但身為線民卻「毫無用處」。中心經常指出著名的「進步人士」，例如核裁軍運動家瓊・魯多克（Joan Ruddock）和廣播主持人梅爾文・布萊格（Melvyn Bragg）。國安會相信，只要接觸方法對了，這些人都有可能成為蘇聯間諜。然而，對於這件事，國安會

❺ 馬克西姆・帕什科夫的敘述，收錄在一份未發表的自傳中。

完全搞錯了，一如其他許多事。戈傑夫斯基在工黨、和平運動、英國共產黨及工會邊緣漂流了好幾週，嘗試培養新的聯絡人，卻屢屢失敗。六個月過去，他的努力幾乎毫無成效。

聯絡站的首席分析員是古克的另一名黨羽，他尖刻批評戈傑夫斯基的工作表現，並開始抱怨這個新人是沒用的廢物。戈傑夫斯基向帕什科夫坦白，他害怕在年度休假時回去莫斯科，恐懼著「因為工作表現低落而被批判」。但中心只是冷漠以對：「停止大驚小怪，繼續工作。」

戈傑夫斯基陷入麻煩。他被站長討厭，在大使館裡不受歡迎，同時奮力要在新職位、新語言和新城市裡令人刮目相看。他也太忙於為英國人蒐集情資，投入國安會日間工作的時間變得不夠。

戈傑夫斯基在日間工作的問題，給了軍情六處一個出乎意料又驚恐的兩難。如果他被送回國，西方最重要的間諜就會在剛開始生產重要性足以改變世界的情報之時被迫停擺。這個專案有賴於戈傑夫斯基在專業上的進展，因為他在國安會眼中愈是成功，升遷的期望就愈大，得以接觸的有用資料就愈多。他的國安會生涯需要提振，軍情六處決定以兩種前所未見的方式達成這個目標：幫他做間諜的功課，同時解決掉妨礙他的人。

軍情六處蘇聯科內「諾克頓」小組的年輕官員馬丁・蕭福德（Martin Shawford）被指派了這項任務：讓戈傑夫斯基的同僚和上司滿意。蕭福德會說俄語，剛從外派莫斯科的職務歸國不久，他負責處理這項專案提供的政治報告。他開始把資訊匯集起來，交給戈傑夫斯基，讓他當成自己的工作成果，回報給國安會，內容足以讓中心相信他是蒐集政治情報的專家，卻又沒好到實際上對蘇聯人產生用處。這種資訊在間諜術語裡稱為「雞飼料」（chickenfeed），是不至於造成重大損害的真實資訊，可以為了增強一名特務的可信度而送給敵人，龐大、飽足，但欠缺真正的營養價值。英國情報機構在第二次世界大戰期間成了產製雞飼料的專家，將大量細心監控過的資訊，透過雙面間諜傳遞給他們的德國上線，有些屬實，有些半真半假，有些以假亂真。蕭福德爬梳報章雜誌上的公開來源資訊，以此充當戈傑夫斯基從聯絡人或其他消息來源辛苦蒐集到的重大資訊，例如種族隔離的南非局勢、英美關係現狀等概要，或從保守黨會議邊緣打聽到的該黨小道消息。加上一些想像力，這些東西都能變得宛如蒐集而來的情報。「我們需要材料，好讓他回報給站上，藉此解釋他的缺席、會面等等活動。這對於建立他的可信度、解釋他的舉動都很重要。我們知道他能從他認識的那類人身上蒐集到什麼樣的閒話。」軍情六處對於可公開資料的需求如此之大，使得軍情五處負責這項專案的K6科窮於應付。「在戈傑夫斯基案的歷史裡，這造成了情報部門之間幾乎唯一一次摩擦。」蕭福德每週會謄打一份四分之三頁的摘要，由戈傑夫斯基帶回聯絡站，轉譯成國安會用語，自行添加某些細節，再交給上級。軍情六處交給他的小抄，他會撕碎，再用馬桶沖掉。

但是，餵食雞飼料只不過是養肥歐列格生涯前景的其中一種方式。為了讓上級相信他工作成效卓著，戈傑夫斯基還需要跟真正的人見面，這些人能供給他無用卻真實的資訊。畢竟，僅僅提供大量資訊而沒有具名消息來源，終究會引起懷疑。戈傑夫斯基需要他自己的「機密聯絡人」，於是軍情六處給了他幾位。

K4科在軍情五處內部負責對蘇聯目標從事反間諜工作，他們監控、盯梢，一有機會就制伏英國境內活動的間諜，也就是國安會及情報總局軍官，以及他們的吸收對象和非法特務。其中，經常需要使用「接觸特務」（access agent），這類人能夠在平民生活中與間諜嫌疑人接觸、獲取其信任、向他套話獲取資訊，並且佯裝同情，或假裝自己可被吸收。如果這名間諜自行暴露身分，是非法特務的話就可能被逮捕；是以外交身分掩護留在英國的話，就可能被驅逐出境。但這類行動的最終目標，都是要引誘間諜成為共犯，再以利誘或威脅手段，說服他成為對付蘇聯的間諜。這些接觸特務又稱為「受控聯絡人」（controlled contacts），他們都是尋常男女，由K4科暗中吸收，在肉眼不可見的間諜戰中效力。他們其實是誘餌；當然，他們也是蘇聯情報官會想要吸收的那種人。一九八〇年代初期，K4科針對蘇聯目標同時執行著數十個專案，運行了大量的臥底接觸特務。

羅絲瑪麗．史賓賽（Rosemary Spencer）高䠷、黑髮、嫵媚，是英國保守黨中央黨部熟悉不過的一景。

保守黨的神經中樞位於西敏市中心的史密斯廣場（Smith Square）三十二號。四十二歲的史賓賽小姐任職於研究部國際組，曾協助起草調查福克蘭戰爭的弗蘭克斯報告（Franks Report）。人們有些刻薄地說：她嫁給了黨。她愉悅又機靈，或許是因為寧可獨處，她正是蘇聯國安會鼓勵旗下軍官吸收的那種消息靈通的政治建制成員。保守黨的同事們要是發現研究部這位快活的單身女性，其實是軍情五處的臥底特務，想必會大吃一驚。

戈傑夫斯基在西敏的一場派對上與羅絲瑪麗．史賓賽初次相遇。他們的相見絕非意外，他奉命留意一位活潑迷人的保守黨研究員；她則收到提醒，可能會有一名喬裝為俄國外交官的國安會軍官前來接觸她，若是如此，她應當促成這段關係。他們相約午餐。戈傑夫斯基施展了全副魅力。他知道她是軍情五處的接觸特務，她也知道他是國安會人員，但她不知道他其實在為軍情六處效勞。他們再次相約午餐，然後又一次。羅絲瑪麗的軍情五處主管建議她可遞交哪種資訊，例如與她的工作利害相關、但不太敏感的事項，以及保守黨內部的片段小道消息，一點又一點雞飼料。戈傑夫斯基把這些資訊謄打成一份報告，其中不僅包含羅絲瑪麗**告訴過**他的事，還有由軍情六處供應、一位人脈廣泛的保守黨員**可能會**告訴他的其他資訊。國安會也確實刮目相看，認為戈傑夫斯基在保守黨中央黨部裡，培養了一個重要的新消息來源，或許最終能夠發展成機密聯絡人，甚至特務。

戈傑夫斯基與史賓賽的關係發展成了堅實的友誼，但也是一段欺瞞的友誼。她相信自己在欺騙他，他也藉著讓她這麼認為而欺騙她。他在利用她，以改善自己在國安會的地位，而她覺得自己對蘇聯發動了一次打擊。這又是一個諜報工作固有的欺瞞與溫柔相結合的例子：一位英國保守黨研究員與一位蘇聯外交官的友誼，兩人都是祕密間諜。他們都懷著真誠的愛慕之心對彼此說謊。

在國安會聯絡站內，戈傑夫斯基的名聲迅速水漲船高。就連古克對他的態度似乎也暖和起來。呈交中心的報告都由站長簽署，戈傑夫斯基的工作成果開始讓古克顯得成效卓著。帕什科夫注意到，戈傑夫斯基的舉止有了顯著變化。「他開始習慣團隊，習慣和他人建立關係。」他看來更有自信，也更輕鬆了。唯一見不得戈傑夫斯基成功的人，就是他的直屬上司伊戈爾・季托夫。這位PR線主任始終把他的下屬當成威脅，戈傑夫斯基見多識廣的報告和新增的大量消息來源，更讓他加倍堅決地封殺這位下屬的晉升機會。戈傑夫斯基正要步步高升，季托夫卻極力阻礙。於是，軍情六處動手將他除去。

一九八三年三月，伊戈爾・季托夫被英國宣告為不受歡迎人物，並受令立刻離境。戈傑夫斯基事先得知這項驅逐他上司的計畫。為了平息疑慮，另外兩名情報總局軍官也同時被驅逐出境，理由是「活動與外交官身分不符」，這是間諜行為的公認婉曲說法。季托夫大怒。「我不是間諜。」他對記者扯謊❻。國安會聯絡站裡沒幾個人對他的離開感到遺憾，覺得意外的人就更少了。過去幾個月來，西方國家發動了一波驅逐間諜行動，也有充分證據表明季托夫是國安會現役軍官。

季托夫被除去之後，戈傑夫斯基成了政治情報主任顯而易見的繼任人選。他晉升到中校軍銜。

軍情六處讓他們的間諜在國安會升遷的計策完全奏效。到了一九八三年中，他已經從面臨去職之虞且不得人緣的失敗，轉變成了聯絡站的明日之星，吸收特務及蒐集情報的名聲都在迅速增長。這條打造出來的升遷之路不曾引起一絲懷疑，帕什科夫說：「一切看來都很自然。」

身為聯絡站的政治情報主任，戈傑夫斯基如今能夠接觸到PR線檔案，並得以證實軍情六處已經在懷疑的事：蘇聯對英國建制的滲透程度低得可憐，只有六人列為「被吸收的特務」（多半年事已高），或許還有十多個「機密聯絡人」（多半無足輕重）。大部分只不過是「紙上特務」，他們「為了讓軍官在莫斯科眼裡顯得忙碌，才被列入名冊」。並沒有新的金姆・菲爾比潛伏。更積極的發展是，戈傑夫斯基的新職使他對其他部門（線）的工作有了更多見解：X線（科學技術）、N線（非法特務），及KR線（反間保防）。一片又一片，戈傑夫斯基撬開了國安會的機密，將它們傳遞給了軍情六處。

蕾拉加入國安會聯絡站成為兼職員工之後，又多了一個資訊來源。阿爾卡季・古克需要再找一位祕

❻ *The New York Times*, 2 April 1983.

書，而蕾拉是個又快又有效率的打字員。她得到指示，把孩子們交給晨間托兒所，然後到聯絡站報到上班。此後，古克的報告都由她謄打。蕾拉對站長滿懷敬畏。「他是隻孔雀。身為國安會的將軍，真的很了不起。我從不發問，只謄打我被交代要打的內容。」她沒有留意到，當她在晚餐時間描述她這一天的工作、她為老闆謄打的報告內容，以及祕書們的流言蜚語時，她的丈夫聽得多麼仔細。

帕什科夫提到他新近升遷的上司看來是多麼快樂，又是多麼慷慨。「各位，在娛樂開銷上花錢吧。」戈傑夫斯基對下屬們說，「今年我們在提供聯絡人的娛樂和禮物上花費很少。你們要是不花錢，這筆補助明年就會被刪掉。」這是在號召浮報開銷，他的某些同事無需第二次邀請就會照辦。

戈傑夫斯基完全有理由感到滿足與自信。他的官階步步高升，職位安穩。他提供的大量情報定期呈交到英國首相桌上，他也正從內部攻擊他所憎恨的共產體制。還會出什麼差錯？

一九八三年四月三日，復活節週日，阿爾卡季．古克回到荷蘭公園四十二號的住處，發現有個信封塞進了他的信箱。信封裡是一份絕密文件，概述上個月驅逐季托夫及兩名情報總局人員一案的那份軍情五處案件摘要，其中包含了這三人如何被確認為蘇聯情報官的細節。文件附上的字條裡，作者提議交付更多機密，並對聯絡方式做出複雜的指示。字條署名「科巴」（Koba），這是史達林早年的其中一個化名。

英國情報機構內部有人主動提議要當蘇聯間諜。

9 來自「科巴」的威脅❶

阿爾卡季·古克到處都察覺得到威脅與陰謀。這位國安會倫敦站長，在蘇聯同事的心思裡、在倫敦地下鐵的廣告看板後面、在英國情報機構不可見的陰謀中，都看見了威脅與陰謀。

「科巴」的來信讓他疑心到發狂。信中的指示詳細又明確：古克應當在皮卡迪利地鐵站皮卡迪利線第三、四月台樓梯右手邊欄杆的頂端釘上一根圖釘，以表明合作意願；「科巴」則會在距離牛津街不遠的亞當夏娃路（Adam and Eve Court）一排五個電話亭的中間那個，纏繞一段藍色膠帶在電話線上，表示收到信號。接著，他會進行無人信號交換，將一個內裝機密資訊的底片盒，黏貼在牛津街學院電影院（Academy Cinema）男廁馬桶的水箱蓋下面。

古克得在四月二十五日之前接受要求，從收信起算二十二天時間。

這位站長看了這封非同小可的信一眼，斷定必然是栽贓，是軍情五處的「誘餌」，是為了陷害他，讓國安會難堪，再把他驅逐出境而設計的蓄意挑釁。於是他置之不理。

古克假定，他的住所必定在軍情五處監控之下。他是正確的。英國情報機構內部那一位真心想合作的間諜肯定也知道這點，因此不應該冒著被撞見的風險，把這樣一包東西送到他家門口。但他沒想過，「科巴」可能拿到了軍情五處的監控班表，特意選在復活節週日午夜過後投遞包裹，因為他知道那時沒

❶ 關於貝塔尼案，參看 Andrew, *Defence of the Realm*，以及當時的報紙記載。

有守望者在值勤。

古克把包裹歸檔，慶賀自己打敗了一個如此顯而易見的詭計。

但「科巴」拒絕被置之不理。沉默兩個月後，第二包資料在六月十二日夜半時分，又塞進了古克的信箱。這個包裹更有趣了，其中有一份兩頁長的軍情五處文件，是倫敦所有蘇聯情報官的完整名單；每一名間諜都被標記為「完全確認」、「大致確認」或「涉嫌隸屬於國安會聯絡站」。附上的字條又一次提出要供應更多機密資料，並提議．套全新的信號系統與無人情報交換：古克想要聯繫的話，應當在七月二日或四日午餐時間，將他的象牙色賓士車停放在漢諾威廣場北側的收費停車格。信件作者收到信號的話，就會在七月二十三日把一個裝著底片的綠色嘉士伯啤酒罐，留在西倫敦格林福德（Greenford）與霍森登巷（Horsenden Lane）平行的一條人行小徑上，一盞缺少燈罩且歪斜的故障路燈燈柱底下。古克應當在尤斯頓車站旁梅爾頓街（Melton Street）聖詹姆士公園（St. James's Gardens）第一處入口右手邊的門柱底下放一片橘子皮，以確認收到啤酒罐及內容物。訊息再次署名為「科巴」。

古克召來反情報主任列昂尼德．尼基堅科，兩人在大使館閣樓緊閉的門後喝著伏特加、抽著香菸，一同檢視這個謎題。古克仍然堅持這次接洽是個笨拙的陰謀。自願效勞的間諜也叫做「投靠者」（walk-in），比情報機關所選定吸收的人更加可疑。文件只透露了國安會已經知道的事，資訊正確，卻沒有幫助。換句話說，這是雞飼料。再一次，他似乎完全沒想過，「科巴」是故意提供古克查核得到的資訊，藉此展現誠意。尼基堅科不太相信這是軍情五處的挑釁。文件看來不假，這是由英國情報部門編製的一份國安會聯絡站完整「戰鬥序列」表。它當然是準確的。信號點與無人情報交換的間諜技術夠複雜，說明了這是個不想被逮到的人。在尼基堅科的黃色眼珠看來，這個提案是真心誠意的；但他太機靈、太有野心，不想頂撞上司。他們請示了中心，中心傳回命令：按兵不動，視情況而定。

戈傑夫斯基察覺到「站上醞釀著不尋常的事」。古克和尼基堅科不斷離席密商，並向莫斯科發送急電。站長的心思一望便知，身為一個沉溺於偏執保密的人，古克卻是輕率得不得了。他也是個吹牛大王。六月十七日早上，他把戈傑夫斯基召來辦公室，關上門，裝模作樣地問道：「想不想看看不得了的東西？」

古克接著把影印的兩頁文件推過桌面。「我的天！」戈傑夫斯基輕聲咕噥著，「我的天！這些東西哪來的？」

他掃視了那份國安會官員名單，看到了自己的姓名。他被分在「大致確認」一類。他立刻掌握到了言外之意：不管是誰編纂了這份名單，那人都還無法確認他是國安會特務；不管是誰傳出了名單，那人也無從得知他正在私下擔任英國間諜，因為對方要是知道的話，就會向古克出賣他，藉此保護自己不被揭露。「科巴」顯然能夠取得機密，但他不知道戈傑夫斯基是雙面間諜，還不知道。

「很準確。」他說著，把文件交還。

「沒錯，」古克說，「他們幹得很好。」

副匯報官斯拉瓦．米舒斯京（Slava Mishustin）請他幫忙翻譯名單時，戈傑夫斯基更仔細看了這份文件一遍。米舒斯京對於英國人能夠蒐集到國安會人員「如此準確的資料」大感驚嘆。戈傑夫斯基對這份資訊的來源，知道得很清楚了。

但他的困惑多於擔憂。他傾向於同意古克，午夜送信到荷蘭公園四十二號這個舉動，看來更像是挑釁而非真心提案，英國情報機構必定有什麼盤算。但如果英國人試圖執行誘餌行動，何以史普納沒有事先提醒他？軍情五處真的想讓國安會知道，他們已經正確指認出國安會在英國的所有軍官了嗎？

他在午餐時間溜出大使館，撥打緊急號碼。維若妮卡．普萊斯立即接聽。「怎麼回事？」戈傑夫斯基發問，接著描述了送到古克住處的離奇信件，以及他看到的文件。維若妮卡沉默片刻。然後她說：「歐列格，我們得見個面。」

戈傑夫斯基在一小時後抵達，詹姆士．史普納和維若妮卡．普萊斯已經在安全屋等著。

「我知道**你們**不會這麼做，但有人在耍我們。」他說。

然後他看著史普納臉上的表情。「我的天！你的意思是，這不是真的？」

維若妮卡說：「據我們所知，並沒有正在進行的挑釁行動。」

戈傑夫斯基後來將軍情六處的反應描述為「典型的沉著」。但實際上，英國情報機構內部有人自願當蘇聯間諜一事揭露，在得知此事的極少數人當中引發了驚慌，隨之湧現一陣恐怖的似曾相識之感。如同應對菲爾比、霍利斯及先前的其他間諜醜聞那樣，英國情報機構如今又要開始執行內部肅奸行動，試著揪出叛徒。要是這名內奸得知調查正在進行，他可能就會察覺國安會聯絡站內部有人向英方通風報信，戈傑夫斯基自己就會陷入危險。這名「投靠者」顯然地位正好，能接觸到機密資料，也懂得間諜技術。必須在更具危害性的機密傳給蘇聯人之前制止他或她。為軍情五處和軍情六處效力的人數多達數千，「科巴」就在他們之中。

但在此時展開的緊張追捕裡，英國情報機構有一項最重要的優勢。

不管這個間諜是誰，他都不知道戈傑夫斯基其實是英國特務。要是「科巴」曾是「諾克頓」專案小組的一員，他絕對不會進行這種接洽，因為他知道戈傑夫斯基會立刻向軍情六處回報——正如此時發生的狀況。他的第一個動作必定會是向古克揭發戈傑夫斯基，以確保自身安全，但此事並未發生。搜查叛徒一事，於是應當由知曉戈傑夫斯基的機密、能受到完全信任的人員專責執行。肅奸行動的代號是「埃爾曼」（ELMEN，奧地利提洛爾邦〔Tyrol〕一座城市的名稱）。

「灌輸」過戈傑夫斯基專案的極少數軍情五處人員，將會在軍情五處反情報部門「K部」部長約翰．德弗瑞爾（John Deverell）指揮下，負責查出這名內奸。他們不在德弗瑞爾的辦公室工作，藉此讓挖掘過程與軍情五處其他人員完全隔絕，他們在一個祕密組織內部的祕密部門裡，自成了一個祕密小組。「小組之外，沒人注意到任何異常之處。」埃爾曼小組給自己取了外號「病號」（the Nadgers），這個俚語詞鮮為人知，但似乎是一九五〇年代史派克．米利根（Spike Milligan）在《呆子秀》（*The Goon Show*）節目裡發明，意指某種不明確的痛苦、病症或疾患。像是「哎喲，我生了重病」。這個詞也是睪丸的俚語。

伊莉莎・曼寧漢姆－布勒（Eliza Manningham-Buller）在一場派對上被吸收，於一九七四年加入了英國安全局。情報工作早已存在於她的基因之中，她的父親曾任檢察總長，起訴過早先的敵方間諜，包含軍情六處內部的雙面間諜喬治・布雷克（George Blake）；母親則在第二次世界大戰期間訓練信鴿，將牠們投放到法國占領區，由反抗軍將訊息傳回英國。曼寧漢姆－布勒絕對可靠、小心謹慎，因此被挑中，戈傑夫斯基專案很早就「灌輸」給她了。她還被引進「幽冥仙女」小組，分析戈傑夫斯基從丹麥產出的情報，並與軍情六處聯絡。到了一九八三年，她任職於軍情五處人事部門，這正是搜查間諜的理想位置。

曼寧漢姆－布勒後來在二〇〇二年成為軍情五處處長，在這個由男人主宰的競爭世界裡登上顛峰。她「過度熱情的上流女子」作風是假象；真正的她直率、自信，且極其聰明，儘管軍情五處內部有著性別歧視和偏見，她卻極其忠於這個她稱作「我的命運」的組織。發現英國情報機構內部又出了一個叛徒，令她大感震驚。「這是我生涯中最不快的時刻之一，尤其在一開始不知道是誰的時候，因為你走進電梯會四下張望，疑神疑鬼。」為免引起同事猜疑，「病號」組員經常在下班之後，在曼寧漢姆－布勒母親名下的內殿律師學院（Inner Temple）公寓碰頭。其中一位組員臨盆在即，她腹中的孩子被暱稱為「小病號」。

對情報部門來說，再沒有比搜捕內部某個身分不明的叛徒更痛苦、更打擊士氣的了。菲爾比對軍情六處自信的損害，比起他充當蘇聯國安會間諜所造成的任何危害都來得重大，也更持久。內奸不只是挑動不信任而已，他跟異端一樣，損害了信仰本身的融貫一致。

曼寧漢姆－布勒和她的「病號」同伴調出人事檔案，開始逐步篩檢可能的叛徒名單。軍情五處那份關於三名蘇聯間諜驅逐案的文件，也有送到外交部、內政部和首相官邸；列出蘇聯所有情報官的那張表格，則由軍情五處針對蘇聯的反情報部門「K4科」繪製，向不同機密部門分發了五十份。肅奸人員首先著手確認有可能同時取得這兩份文件的人選。

歐列格・戈傑夫斯基一家人在六月下旬搭機返回莫斯科時，調查正在全速進行。他幾乎沒心情度假，但拒絕年度例假會立刻引起疑心，風險很大。「科巴」仍未落網，他隨時都有可能發現戈傑夫斯基的活動，並向古克告發。要是人在莫斯科時發生這種事，戈傑夫斯基很可能就回不來了。軍情六處莫斯科站進入戒備狀態，以防他急需接觸或發出逃亡信號。

同時，「病號」逐漸逼近了一個人，事後看來，這人在英國情報機構裡的存在，宛如一個不好笑的笑話。

麥可·約翰·貝塔尼（Michael John Bettaney）是個孤僻的人，心懷不滿且性格不穩。就讀牛津大學時，他繞著學院方場踢正步，用留聲機大聲播放希特勒的演說。他身穿花呢上衣和雕花鞋，抽著菸斗。「他的衣著像銀行經理，夢想成為衝鋒隊員。」一位大學同學說❷。他有一次在派對過後點火燒自己，並短暫留過希特勒那種小鬍子，女生們卻不覺得有魅力。他還把自己的北部口音改成上流腔調。後來的調查說他是「懷有強大自卑感、不安全感的人」。嚴重的不安全感並非安全局官員的理想品性，但他就讀牛津時仍被接觸吸收，並於一九七五年加入軍情五處。

正式的入門課程過後，他就被拉進了最艱難的任務，在北愛爾蘭對抗恐怖活動。貝塔尼質疑過自己身為天主教徒是否適任，他的懷疑卻被駁回了。這是嚴峻的工作，複雜且極其危險。在愛爾蘭共和軍內部運行特務、竊聽電話、在極不友善的酒吧裡和粗魯的人們交談，只要走錯一步就有可能在貝爾法斯特（Belfast）某條後街被一槍爆頭。這個工作讓貝塔尼精神受創，他也表現不佳。他的父親在一九七七年去世，母親隔年也去世。即使父母雙亡，貝塔尼在貝爾法斯特的任期卻延長了。伊莉莎·曼寧漢姆—布勒重看他的檔案，不禁目瞪口呆：「我們把貝塔尼變成了這個樣子，他始終沒有從北愛爾蘭恢復過來。」他的口音、衣著、形象全都不屬於自己，他沒有親人、朋友、愛情或堅定信念，他尋找著人生目的，並做著一份完全不適合的差事。「他並不真實。」曼寧漢姆—布勒說。情報工作獨特的壓力和機密，或許

❷ *The Times*, 29 May 1998.

上／
軍情五處官員麥可・貝塔尼。

下／
伊莉莎・曼寧漢姆—布勒。
2002 年，她當上了軍情五處處長。

推著他愈發遠離現實。要是貝塔尼選擇別種工作的話，說不定會過著滿足平靜的生活。

回到倫敦之後，他在訓練部門待了兩年，然後在一九八二年十二月調職到K４科，也就是軍情五處分析及對抗蘇聯在英國境內間諜工作的部門，工作內容包括運行接觸特務。他獨自生活，和他為伴的只有一個大型塑膠聖母像、若干俄國聖像、一抽屜的納粹戰時勳章，以及大量色情書刊。沉默寡言又孤立的他，屢次勸說軍情五處的女性員工和他上床，卻一無所獲。偶爾有人聽見他在派對上叫嚷著「我在幫錯誤的一方做事」這種醉話，還有「等我退休了，來我的鄉間別墅看我」。貝塔尼第一次送信給古克的六個月前，有人發現他癱坐在倫敦西區的人行道上，醉到站不起來。因為在公共場合喝醉，他被拘留，還衝著警察咆哮：「你們不能抓我，我是間諜。」他被罰款十英鎊。軍情五處不接受他的辭呈，這是一大錯誤。

原本不該允許麥可．貝塔尼出現在國家機密方圓一英里之內，但三十二歲那年，他已經在安全局任職八年，並晉升為軍情五處蘇聯反間部門的中級官員。

他行為不軌的明顯跡象雖有得到關注，卻又遭到忽視。他的天主教信仰突然煙消雲散。到了一九八三年，他每天要喝掉一瓶烈酒，一位督導給了些「友善的建議」，勸他少喝點酒。此外，就沒有進一步行動。

同時，貝塔尼開始自行其是。他開始默記機密文件內容，抄下筆記，隨後在倫敦南郊的半獨立式房屋將筆記謄打出來，並拍下相片。只要輪到他值夜班，他就會把相機帶進軍情五處，把他拿得到的所有檔案全都拍下來。沒人搜過他身。同事們用約翰．勒卡雷（John le Carré）小說中間諜總管的名字史邁利稱呼他，但他們也說他「一副盛氣凌人、自以為是的模樣」。貝塔尼和許多間諜一樣，他想知道並隱藏起來的祕密，比坐在他隔壁的間諜更大。

K４科有四位官員，其中兩位「灌輸」過戈傑夫斯基專案。貝塔尼沒有，但無論在字面上還是隱喻上，他都坐在組織最大的機密旁邊。這個機密就是，軍情六處在蘇聯國安會倫敦站裡有個間諜。

貝塔尼後來自稱在一九八二年皈依了馬克思主義，並堅稱他為蘇聯國安會效力的渴望是出自純粹的意識型態信念。他在一篇自我辯解的長文裡，將自己的行動塗抹上一層政治殉道的色彩，這篇文章是憎恨、陰謀理論與義憤填膺三者的怪異特調。他指控柴契爾政府「盲從雷根政權一意孤行的侵略政策」，並為了帶給「已經擁有太多的人更多財富」而蓄意加重失業。他自稱是為了追求世界和平而行動，攻訐軍情五處使用「邪惡不道德的手段……不只要推翻蘇聯政府及共產黨，更要摧毀蘇聯社會的全盤構造」。他採用了革命者的浮誇修辭：「我呼籲海內外同志們重振決心、加倍努力，實現歷史必然的勝利。」

貝塔尼的馬克思主義政治，就跟他虛情假意的口音一樣膚淺。他從來不是菲爾比那種類型的堅定共產黨人，幾乎沒有證據顯示他對蘇聯、對世界不可避免地邁向共產主義，或者對受壓迫的無產階級特別情投意合。他一不留神就說出了真心話：「我覺得自己需要激進地影響事態。」貝塔尼要的不是金錢、革命或世界和平；他要的是關注。

國安會完全不在意他，因此更加令人傷心。

第一次送信到古克的信箱卻引不起任何反應，貝塔尼驚詫至極。他回到皮卡迪利車站好幾次，在欄杆上不見任何圖釘，他得出結論：他選擇的無人情報交換和信號點，想必離蘇聯大使館太近了。他的第二套指令選定了倫敦市中心之外的地點，暗號交換日也提前數週，還提供了K4科近期最機密的文件。貝塔尼等待著，滿懷疑惑，喝得爛醉。

事後看來，貝塔尼幾年前就該被確認為危險人物了。但世上最強大的三個間諜機構——中央情報局、軍情六處和國安會，全都在不同時期無力招架內部的背叛，儘管只要仔細查看這些背叛者，就會發現他們極度可疑。情報部門一向享有洞見卓越、冷靜高效的名聲，但就算仔細審核過人選，他們聘用及留任錯誤人選的可能性還是跟其他大型機構一樣高。冷戰之下的雙方，在這門事業裡往往飲酒過量，官員和特務透過杯中物逃避壓力，酒精的力量模糊了他們的現實。特務與管理者之間獨具一格的傷神費力關係，往往在喝酒的歡愉和無拘無束中得到潤滑。不同於政府其他部門，祕勤部門往往吸收了許多想像力豐富的人，這些人擁有邱吉爾所謂的「開瓶器頭腦」（corkscrew minds）。如果說，背叛者的特徵是機靈、古怪、飲酒過多，那麼英美兩國戰時及戰後的間諜有一半都有嫌疑。但國安會在這方面就不一樣了，因為國安會名義上禁止酗酒，也禁止具有個性。戈傑夫斯基的背叛沒被察覺，是因為他很清醒，而且外表循規蹈矩；貝塔尼沒被察覺，恰恰是因為他並不清醒，也並不循規蹈矩。

同時，「病號」小組將肅奸對象縮小到三名嫌疑人，頭號人物就是貝塔尼。然而，監視他是個問題。貝塔尼十分熟識A4科的監視隊伍，也受過訓練，能察覺自己遭到跟蹤，要是他認出其中一名守望者，遊戲就結束了。不僅如此，守望者們也認識貝塔尼，恐怕會忍不住向軍情五處的其他人洩露他們的同事正受到監控。因此，決定不用軍情五處的專家，而是指派軍情六處的「諾克頓」小組監控，他們都不是貝塔尼認識的人。軍情五處處長明確否決在軍情五處行動中使用軍情六處官員，但德弗瑞爾無視命令。負責戈傑夫斯基專案的軍情六處官員，將會跟蹤貝塔尼，並試圖在他從事叛變行為時當場捉拿。

貝塔尼得到了代號「小妖精」（PUCK），但這個選擇在「病號」小組裡很不受歡迎。「全體組員都認為，這個代號與莎士比亞有關[3]，很不恰當。這個字本身又與一個眾人皆知的盎格魯撒克遜髒字太過相似，令人不適。」

七月四日早上，在倫敦南郊寇斯頓（Coulsdon）維多利亞路的末段，有一對衣衫不整、服裝破舊的夫妻漫無目的地閒晃。其中一人是軍情六處的蘇聯陣營行動主管，P5科的西蒙・布朗（Simon Brown），另一位則是戈傑夫斯基脫逃計畫的擬訂者維若妮卡・普萊斯。從珍珠飾物到兩件式套頭毛衣，普萊斯穿的都是倫敦周圍各郡產物，她實在不適合這種花招。「我借了清潔女工的帽子來。」他們穿上偽裝服時，她這麼宣告。

早上八點五分，麥可・貝塔尼從維多利亞路五號現身，在家門口暫停片刻，來回張望街道兩端。「在那一刻，我就知道是他了。」布朗說，「沒人會這麼做，除非他們有罪，要尋找被監控的跡象。」

貝塔尼沒有多看那對窮困潦倒的夫婦一眼，他也沒看到八點三十六分從寇斯頓鎮車站開出的列車上，車廂裡離他不遠的那個懷孕女子；也沒看到從維多利亞車站步行到寇松街（Curzon Street）軍情五處大樓的十分鐘裡，一路尾隨他的那個禿頭男人。那一天，貝塔尼在午餐時間休息了兩小時，但不知何時就消失在午餐時間的人潮中。軍情五處無法確定他是不是去了漢諾威廣場，查看國安會站長是否終於把車停在廣場北側，示意要和他一起玩了——古克沒有這麼做。

灰心又焦慮的貝塔尼決心再努力一次，勸誘國安會合作。七月十日午夜過後，他把第三封信塞進古克信箱，這封信要求對方表明先前的包裹是否已經收到，以及蘇聯人如何回應。他提出要在七月十一日上午八點五分打電話給蘇聯大使館總機，指名找古克。站長應當接聽，並以一組特定字詞形式，表明他對「科巴」手上的豐富機密究竟有沒有興趣。

軍情五處為何沒有嚴密監控古克的住處，沒有看見那名間諜第三次送信？至今仍是一個謎。戈傑夫斯基此時人在莫斯科，無法向英國友人密報這次接洽。但無論如何，貝塔尼表現出的各種強烈心理壓力（或者他已經崩潰了），都坐實了自己的罪狀。七月七日，他和同事們談到古克，同事們覺得他的態度十分「癡迷」，他還提到軍情五處應當吸收這名國安會站長；隔天他說，就算有誰向國安會提供一個「絕佳的」消息來源，都會被國安會拒絕；他開始針對特定國安會官員提出奇怪的問題，並對職權範圍之外的檔案表現出興趣。他滔滔不絕地談論過往間諜的行事動機，包括金姆．菲爾比在內。

七月十一日早上，他從公用電話打給蘇聯大使館，自稱「科巴先生」，要求轉接古克，國安會站長拒不接聽。貝塔尼三次向這位國安會站長獻上珍貴的禮物，古克每一次都逕自拒收。這種被糟蹋的機會，在情報史上實屬罕見。

❸編注：精靈帕克（Puck）是莎士比亞《仲夏夜之夢》裡的角色。

三天後，貝塔尼問軍情五處一位同事：「要是有個英國情報官把一封信塞進古克家的門縫，你覺得他會怎麼回應？」狐狸尾巴露出來了——「科巴」就是麥可．貝塔尼。

但不利於貝塔尼的證據都是間接證據。他的電話受到監聽，但沒有多少收穫；他的住家也被大略搜索過，但沒有發現足以入罪的證據。貝塔尼以專業效能隱藏自己的行跡，如果軍情五處想要起訴定罪，就得在叛變行動中當場拿下他，或是得到他的自白。

八月十日，戈傑夫斯基一家結束休假，返回英國。回來後在貝斯沃特安全屋第一次會面時，戈傑夫斯基得知此時雖然有了確切的嫌疑人，軍情五處內部那名間諜卻尚未被捕。回到國安會聯絡站，他隨口問起那位神祕的「科巴」拋出的誘餌在他離開時有沒有進展，但沒有任何新發現。他恢復正常規律，為國安會發展聯絡人，也為軍情六處蒐集情報，但知道英國情報機構內部某處仍有一名間諜逍遙法外，讓他很難集中精神。這個人第一次送信給古克時，顯然不知道戈傑夫斯基在為英國當間諜。但這時已過了四個月，「科巴」在這四個月間得知實情了嗎？古克是否同意接收那人，甚至，他的國安會同事此時是不是在監視他，等著他踏錯一步？這個間諜一天沒落網，威脅就隨之增加。他到學校接女兒、帶蕾拉出門晚餐、聽巴哈、閱讀藏書，極力表現平靜，同時焦慮持續加重。軍情六處的朋友們能在那位無名間諜逮到自己之前，先一步捉住他嗎？

同時，貝塔尼顯然厭倦了等待古克答覆，他決定把自己的違禁商品帶到別處。他在辦公室脫口而出，說自己想去維也納休假，維也納是冷戰諜報工作的中心之一，有個龐大的國安會聯絡站。軍情六處搜索過貝塔尼的辦公室櫥櫃，發現一份文件提及「大腳行動」中一名被英國驅逐的國安會軍官，他此時就住在奧地利。看來，貝塔尼就要逃跑了。

軍情五處決定把他捉來，嘗試取得自白。這是一場豪賭，要是貝塔尼全盤否認，並從安全局辭職，依法就不能阻止他出國。與貝塔尼當面對質的計畫代號是「寇伊」（COE），可能會產生反效果。「我們無法保證成功。」軍情六處警告，並指出要是貝塔尼應對得宜，他可能「最終揚長而去，得以為所欲為」。最重要的是，攔截貝塔尼絕對不能追溯到戈傑夫斯基身上。

九月十五日，貝塔尼奉召前往高爾街（Gower Street）軍情五處總部，討論最近發生的一樁緊急反間案件。他抵達之後，反倒被帶往頂樓的一間住所，約翰．德弗瑞爾和伊莉莎．曼寧漢姆－布勒在他面前攤開那些對他不利的證據，包括一張古克家門口的照片，暗示有人看見他送信的過程，儘管其實沒人看到。貝塔尼十分震驚，「顯然很緊張」，但他控制住自己。他用假設口吻，談論這個理論上的間諜應當做些什麼事，又完全不表明自己做過任何事。他提到，自白不符合他的利益，這是不言自明的承認，卻絕非自白。即使他承認了自己的罪過，這些證據仍不足以呈堂，因為他沒有被逮捕，也沒有律師在場。軍情五處要他說出一切，然後逮捕他，他們告知他的法律權利，然後再讓他自白一次。但他就是不說。

竊聽器將對話傳到樓下的監控室，一群軍情五處和軍情六處的高階官員伸長脖子，想要聽懂每一個字。「聽他試圖避免承認任何事，這段過程真令人煎熬。」其中一人說道。貝塔尼或許性格不穩，但他並不笨。「我們真的很怕貝塔尼成功蒙混過關。」到了晚上，每個人都筋疲力竭，卻仍然毫無突破。貝塔尼同意在這間住所過夜，即使軍情五處依法無權拘留他。他拒絕吃午餐，這時又拒絕晚餐。他要了一瓶威士忌，鎮定地喝著。曼寧漢姆－布勒和兩名隨扈同情地聽著，「不時提出心口不一的問題」，他則是對軍情五處蒐集的「一整套證據」表達讚賞，卻不承認實情。他一度開始稱英國人為「你們」、俄國人是「我們」，也承認自己警告過國安會軍官正受到監控，但他就是不願自白。凌晨三點，他終於倒頭睡去。

隔天早上，曼寧漢姆－布勒為他做了早餐，他不吃。失眠、宿醉、飢餓、脾氣異常暴躁的貝塔尼宣告，他不打算自白。但接著，他突然放棄了用假設語氣說話，改用第一人稱。他開始提及「金姆（菲爾比）和喬治（布雷克）」這兩位先前的冷戰間諜，話中充滿同情。

貝塔尼在上午十一點四十二分轉向訊問官，並宣告：「我想我應該全盤托出，告訴K部長，我要坦白。」德弗瑞爾正好不在房裡。頑固了這麼久，又突然屈服，這完全符合貝塔尼的衝動性格。就在一小時內，他被送到了羅徹斯特街（Rochester Row）警局，進行完整自白。

針對維多利亞路五號更仔細搜查後，他的間諜證據一一揭露：在一個飛利浦電動刮鬍刀的盒子裡，裝有他打算在維也納聯繫的國安會軍官詳細資料；地下煤窖的碎石底下找出了攝影器材；洗衣櫃裡藏著未沖洗的機密資料底片；硬紙盒裡的一層眼鏡下面，是極密資料的手寫筆記；謄打出來的筆記則縫進了墊子裡。貝塔尼表現出不尋常的悔意：「我讓安全局陷入了要命的處境，這不是我的本意。」

英國間諜機構內部又查獲一名臥底內奸，這件事被刻劃成安全局的勝利。柴契爾以「本案處理之妥當」為由，向軍情五處處長表達祝賀之意。「病號」組員向戈傑夫斯基發送個人訊息，強調「我們對他的感受有多麼熱烈」。戈傑夫斯基也透過史普納答覆，表示他盼望有朝一日能親自感謝這些軍情五處官員：「我不知道這一天會不會到來，也許不會。儘管如此，我希望這個想法能記錄下來：就『民主』一詞最直接的意義而言，他們才是民主的真正捍衛者。是他們加強了我的這份信念。」

內閣官員當中，唯一一位知曉戈傑夫斯基參與了這次捉拿英國間諜的人，就是柴契爾。在英國情報機構內部，只有「病號」組員知道實情。隨著媒體爭相報導，某些審慎為之的不實資訊也散播開來，這些不實資訊暗示了貝塔尼叛變的密報是來自「信號情報」（例如監聽），或是俄國人自己向安全局通報了內部間諜。某份報刊的錯誤報導如此寫著：「倫敦的俄國人對於貝塔尼和他們接觸感到厭煩，他們相信他是個典型的密探，於是告訴軍情五處貝塔尼在浪費時間。從那時起，軍情五處就開始調查貝塔尼。」為防範內部還有其他間諜，並將大眾的焦點從真正消息來源轉移開，軍情五處偽造了一份歸檔用的報告，其中提及貝塔尼接洽的消息是由蘇聯大使館一名正規外交官洩露出來。蘇聯人一概否認，他們堅稱，國安會出了間諜的說法只是捏造出來的文宣，是在冷嘲熱諷，「目的是危害英蘇關係的正常發展」。在國安會聯絡站內，古克始終咬定，這一整套的裝模作樣全是軍情五處為了給他難看而策劃的。（若非如此，就等於承認自己犯下了驚人大錯。）至於貝塔尼遭到揭發的真正消息來源，戈傑夫斯基並未察覺自己有受到一絲懷疑：「我不認為古克或尼基堅科有把我跟『科巴』聯想在一起過。」

在這一切猜測當中，在這聳人聽聞的貝塔尼案大量報導當中，真相始終不曾浮上檯面：布里克斯頓監獄裡，那個違反《官方保密法》（Offical Secrets Act）被控十項罪名、正在等待審判的男人，其實是被歐列格．戈傑夫斯基送進去的。

10 「柯林斯先生」與柴契爾夫人❶

「鐵娘子」對她的俄國間諜產生了好感。

瑪格麗特．柴契爾從來沒見過歐列格．戈傑夫斯基。她不知道他的姓名，卻不知為何堅持稱他為「柯林斯先生」（Mr. Collins）。她知道他在俄國大使館內部從事間諜活動，擔憂著他所承受的個人壓力，並且思忖他「隨時有可能脫身叛逃」。首相堅持，一旦時機到來，他和他的家人必須好好得到照顧。她說，這位俄國特務不是區區「一隻生產情報的母雞」，而是一半真實、一半想像的英雄人物，他在極其危險的條件之下，為自由效力。他的報告由首相的私人祕書呈遞，依序編號，並標記為「極密」、「親閱」與「僅供英國機要部門」，意即不與他國共享。首相熱切地攝取這些情報，「她會逐字閱讀、批注、提出問題，發還的報告上附帶著她的標記、畫線、驚嘆號和評語。」照她的傳記作者查爾斯．摩爾（Charles Moore）所述，柴契爾「並不介意自己被機密本身和諜報的浪漫所打動」，她也察覺到，這位俄國人正在提供獨一無二的寶貴政治洞見：「戈傑夫斯基的發報……向她傳達了蘇聯領導層對西方現象的反應，這實際上就是對她的反應。沒有其他情資能做到這點。」這名間諜打開了一扇深入克里姆林宮思維的窗戶，使她得以懷著癡迷與感激一窺究竟。「恐怕沒有哪位英國首相，曾以柴契爾投注在戈傑夫斯基的個人關注度，追蹤過一位英國特務的專案。」

正當英國情報機構獵捕「科巴」之際，蘇聯國安會力圖確保柴契爾輸掉一九八三年大選。在克里姆林宮眼中，柴契爾是「鐵娘子」——這個由蘇聯軍方報刊發明的綽號，本是為了侮辱她，卻令她洋洋得意——而國安會自從她一九七九年掌權以來，就策劃了「積極措施」暗算她，包括與同情蘇聯的左翼記者合作，刊載負面報導。國安會仍與英國左翼有聯繫，莫斯科堅信自己的幻覺，認為能影響選舉、令工黨勝出，畢竟工黨黨魁在國安會檔案裡仍被列名為「機密聯絡人」。在這個情境中，莫斯科樂意採用下流伎倆暗地攪局，將一場民主選舉倒向它屬意的候選人——耐人尋味地，這彷彿預示了當今世局。

要是工黨勝選，戈傑夫斯基就會置身於一種真正怪誕的處境之中：將國安會機密傳遞給一國政府，而該國首相曾自願接受蘇聯國安會金錢資助。到頭來，麥可．富特身為「靴子」特務的前生仍受嚴加保密；國安會操弄選舉的努力毫無作用，在前一年福克蘭戰爭勝利的助威之下，瑪格麗特．柴契爾於六月九日大獲全勝。得到了人民重新授權，又暗中握有戈傑夫斯基對於克里姆林宮心理的洞見，柴契爾將目光轉向了冷戰。她眼裡所見的局勢，令人極度驚恐。

「雷根的煽動語言與蘇聯的疑心妄想，兩者若結合，很可能會有致命後果。」一九八三的下半年，東方與西方眼看就要被這股致命結合推向重大無比的武裝衝突。美國總統向國會參眾兩院演說時，承諾要將「馬列主義掃進歷史的垃圾堆」❷。美國軍力迅速增強，隨後發動了多種心理作戰，包括侵入蘇聯領空及海軍祕密行動，並展現出北約軍力能夠多麼逼近俄國軍方基地。這些行動，旨在挑撥俄國人的不安，也如願以償。蘇聯的核彈攻擊計畫更加緊鑼密鼓，國安會駐外聯絡站接獲大量命令，要求找出美國與北約準備發動核武奇襲的證據。八月，國安會第一總局局長（日後出任國安會主席）弗拉基米爾．克留奇科夫（Vladimir Kryuchkov）親自發送電報，指示各外站監控西方的戰爭預備措施，例如「祕密派遣破壞小組，攜帶核子、細菌及生化武器」侵入蘇聯。盡責回報可疑活動的國安會聯絡站，能獲得嘉獎；未能回報者，則受嚴厲批判，並要求改進。古克被迫承認自己揭露「美國及北約預備以核武奇襲蘇聯之

❶ 柴契爾對戈傑夫斯基的看法，參看 Moore, *Margaret Thatcher*。
❷ Ronald Reagan to the Houses of Parliament, 8 June 1982.

具體計畫」的作為有所「缺失」。戈傑夫斯基將核彈攻擊行動斥為「鬧劇」，但他呈交軍情六處的報告毫無懷疑餘地。他指出，蘇聯領導階層是真心恐懼，已準備好放手一搏，他們慌到相信自己的生存有賴於先下手為強。這個形勢在日本海上空的一次悲慘意外之後，變得更加險峻。

一九八三年九月一日凌晨，蘇聯截擊機擊落一架誤入蘇聯空域的大韓航空波音七四七客機，機上二百六十九名乘客及機組員全數喪生。這起「韓航〇〇七班機」擊落事件，使得東西雙方關係墜入危險新低點。莫斯科起先矢口否認擊落客機，但接著就宣稱這架客機是侵犯蘇聯領空的間諜機，是美國發動的蓄意挑釁。雷根總統則譴責「大韓航空屠殺事件」是「一次獸行……殘暴不仁」，他挑起了國內外群情激憤，並藉此盡情享受某位美國官員日後所謂的「全然自以為義的歡愉」❸。美國國會通過進一步增加國防開支。莫斯科則隨之將西方對於擊落韓航〇〇七班機的憤怒，解讀成蓄意的道德歇斯底里，是為了預備進攻蘇聯。克里姆林宮不但不道歉，更指控美國中央情報局「犯罪的挑釁行徑」。一連串特急電報送達國安會倫敦站，指示保衛蘇聯資產及公民、防範可能發生的攻擊，並且應把事件歸咎於美國，還要蒐集情資以坐實莫斯科的陰謀理論。隨後，國安會倫敦站由於「努力反制針對南朝鮮客機事件之反蘇活動」，獲得了中心表彰。重病臥床、行將就木的安德羅波夫，厲聲抨擊他所謂美國「無恥的軍國主義精神病」。戈傑夫斯基將這些電報夾帶到大使館外，統統遞交給軍情六處。

韓航〇〇七班機遭到擊落，是兩名飛行員根本上的無能所造成的後果，一位是韓國人，另一位是俄國人。但戈傑夫斯基向軍情六處報告的內容清楚說明了，在緊張升高、互不理解的壓力之下，一場尋常的悲劇會如何惡化成危險至極的政治形勢。

就在如此激烈的不信任、誤解和攻擊性當中，上演了一次將冷戰推向實戰邊緣的事件。

北約自一九八三年十一月二日至十一日實施的戰爭演習，代號為「一九八三年優秀射手」（Able Archer 83），旨在模擬持續升高的衝突，並以核武攻擊為其終點❹。雙方過去都曾多次舉行過這類軍事演練。參加「優秀射手」演習的美軍及西歐其他北約盟國軍隊共有四萬人，經由加密通訊來部署、協調行動。指揮所的演習內容設想橘軍（華沙公約國家）進軍南斯拉夫，隨後入侵芬蘭、挪威，最終進攻希臘，藍軍（北約）則要保衛盟國。隨著假想的衝突加劇，一場正規戰爭看來會升高到投入化武和核武的地步，令北約得以實施核武投放程序。雖然這只是一場預演，並未投入真正的武器，但在韓航〇〇七班機擊落事件過後的狂熱氛圍中，克里姆林宮的危言聳聽之輩卻看見了更邪惡的內容：這場演習是掩蓋真正開戰準備的伎倆，這正是三年多以來，安德羅波夫一再預言的那種核武「第一擊」。核彈攻擊行動一直以來尋覓的，正是這個跡象。就在國安會試圖查明真實核武攻擊的此時此刻，北約也開始模擬一次逼真的核武攻擊。「優秀射手」演習當中，多項前所未見的特點更是增強了蘇聯認為這不只是演習的猜疑，包括：一個月前，英美兩國祕密通訊暴增（其實是為了回應美國入侵格瑞那達）；西方各國領袖都參與了演習的開頭；以及歐洲各處美軍基地軍官調動的模式出現異狀。內閣祕書長羅伯．阿姆斯壯爵士隨後向柴契爾簡報，指出蘇聯人的反應非常驚恐，是因為這次演習「在蘇聯的重大國定假日實施，（且）具有實際軍事活動及警報的形式，而不只是戰爭演練」。

十一月五日，國安會倫敦站接獲中心電報，警告美國及北約一旦決定發動第一擊，他們的飛彈就會在七到十天內升空。古克奉命執行緊急監控，偵測出各關鍵地點的任何「不尋常活動」，包括核武基地、通訊中心、政府掩體，以及最重要的唐寧街十號。中心相信，官員們會在首相官邸忙亂地準備開戰，「而且不會告知新聞媒體」。國安會還下達了一項先發制人的指令，指示其軍官監控倫敦的「政治、經濟、軍事菁英人士」，注意他們是否有疏散家眷的跡象。

戈傑夫斯基把這份電報傳遞給軍情六處，這是西方第一次接收到蘇聯正以非比尋常且令人驚恐的方

❸ 語出國防部助理部長小亨利．卡托（Henry E. Catto, Jr.），引自 *Los Angeles Times*, 11 November 1990.

❹ 關於優秀射手演習，參看 Barrass, *Great Cold War*; Fischer, "Cold War Conundrum"; 以及 Jones (ed.), *Able Archer 83*。

式應對這場演習。兩天（或許三天）後，第二份特急電報發送到國安會各外站，誤報美軍基地已進入警戒狀態。中心提出了多種解釋，「其中一種認定，在『優秀射手』演習的掩護下，核武第一擊已進入倒數計時。」（事實上，美軍基地加強保安，只是為了應對美軍官兵在貝魯特遭受恐怖攻擊。）戈傑夫斯基傳來的情報為時已晚，無法讓西方各國停止演習。到了這時候，蘇聯已經開始準備自己的核子武器。駐紮東德和波蘭的軍機全都配有核武，瞄準西歐的七十枚左右SS20導彈也全都加強戒備，攜有核子彈道飛彈的蘇聯潛艦則部署在北極冰層下，躲避西方偵測。中央情報局回報了波羅的海三國和捷克斯洛伐克境內的軍事活動，有些分析員確信，蘇聯已經將洲際彈道飛彈發射井準備就緒，只待發射。但他們在最後一刻克制住了。

十一月十一日，「優秀射手」演習如期結束，雙方慢慢放下槍口，這場毫無必要、且大眾完全沒注意到的駭人對峙，終於告一段落。

全世界曾有多麼接近戰爭，歷史學家對此看法不一。官方授權的軍情五處歷史，將「優秀射手」演習描述為「一九六二古巴飛彈危機以來，最危險的一刻」❺。其他人則主張，莫斯科自始至終都知道這只是一場演習，蘇聯的核戰準備只不過是同樣在練拳而已。戈傑夫斯基本人倒很沉著：「我覺得這只是進一步反映了莫斯科的疑心加重，雖令人不安，但不是他們找不到更多核武跡象而極度擔憂的原因。」

然而，在英國政府內部，讀過戈傑夫斯基的報告、也讀過莫斯科傳來的一連串電報的人們，都相信核戰浩劫就在千鈞一髮之間。按照英國外交大臣傑佛瑞·侯艾的說法：「戈傑夫斯基讓我們毫不懷疑，俄國人有多麼恐懼核武攻擊真的會發生。北約刻意更動了演習的某些面向，好讓俄國人也毫不懷疑這只是一場演習❻。」事實上，北約脫離標準做法的結果，說不定反倒加深了居心險惡的印象。聯合情報委員會（Joint Intelligence Committee）後來的一份報告得出結論：「我們不能忽略下列可能性：至少有些蘇聯官員／軍官將『優秀射手』演習解讀為……構成真正的威脅。」

瑪格麗特·柴契爾深感憂心。蘇聯的恐懼與雷根的話語結合起來，可能的下場就是核戰，但美國尚未充分意識到這個形勢，也未意識到自己就是造成這個形勢的部分原因。她下令必須採取行動，「消除蘇聯因誤判西方意圖而過度反應的危險」。外交部必須「針對蘇聯可能誤會北約即將發動奇襲一事，迫切考量如何與美國人交涉」。軍情六處同意「與美國人分享戈傑夫斯基所揭露的內情」。「諾克頓」專案資料的分發更進一步了，軍情六處明確告知中央情報局，蘇聯國安會認為演習是為了發動戰爭而精心準備的前奏。

「我不明白他們怎麼會相信這種事，但這值得深思。」雷根總統得知克里姆林宮在「優秀射手」演習期間真心懼怕遭受核武攻擊時，如此說道❼。

事實上，這位美國總統已經詳加考慮過核戰造成世界末日的可能性。一個月前，他看完電影《浩劫後》（*The Day After*），「大感沮喪」，這部電影講的是美國中西部某座城市毀於核武攻擊。「優秀射手」演習過後不久，他出席五角大廈的簡報會，會中描述了核戰「極度恐怖」的影響。就算美國「贏得」這樣一場衝突，恐怕也會造成一億五千萬美國人喪生。雷根說，這場簡報是「一次最令人警醒的經驗」，那一夜，他在日記裡寫道：「我覺得蘇聯人……對於遭受攻擊是這麼疑神疑鬼……我們應當告訴他們，這裡每一個人都無意做出那種事。」

雷根和柴契爾都把冷戰理解成「共產勢力威脅著和平的西方民主」。由於戈傑夫斯基，他們如今也意識到，蘇聯的不安會危害世界的程度，可能更甚於蘇聯的侵略。雷根在回憶錄寫道：「這三年教會了我一件關於俄國人的驚人之事：蘇聯統治集團最高層，有很多人真心害怕美國和美國人……我開始明白，許多蘇聯官員怕我們，不只因為我們是對手，也因為我們是潛在的侵略者，可能向他們投放第一擊

❺ Andrew, *Defence of the Realm*.
❻ Howe, *Conflict of Loyalty*.
❼ 轉引自 Oberdorfer, *From the Cold War to a New Era*。

核武[8]。」

「優秀射手」演習標誌著一個轉捩點，冷戰對峙這駭人的一刻，未曾被西方媒體及大眾察覺，但它觸發了解凍，儘管緩慢，卻感受得到。雷根政府開始緩和自己的反蘇言論，柴契爾決定主動接觸莫斯科。「她認為，跳脫『邪惡帝國』修辭，思考西方能如何結束冷戰的時刻已經到來。」克里姆林宮的疑心病也逐漸趨緩，尤其在一九八四年二月安德羅波夫去世之後，即使國安會官員仍被要求對核戰準備的跡象保持警覺，核彈攻擊行動的勢頭卻已開始減退。

這有一部分要歸功於戈傑夫斯基。在此之前，他提供的機密當中，分發給美國的都是精心篩選過的零碎小塊；但自此之後，他的大量情報內容會有越來越多與中央情報局共享，即使仍經過細心偽裝。關於「優秀射手」演習期間蘇聯驚恐的資訊，據說來自「一名捷克斯洛伐克情報官……其任務為監控北約重大演訓」。戈傑夫斯基樂見軍情六處將他的情報和中情局分享。「歐列格想要這樣，」他的英國主管之一說，「他想要有所影響。」他也確實造成影響。

中情局在蘇聯有幾名間諜，但沒有一個消息來源能夠提供這種「深入蘇聯心理的真正洞見」，或是「面對先制攻擊隨時可能發生而流露出真心緊張的原始文件」。時任中情局情報分析副局長羅伯．蓋茲，讀了依據戈傑夫斯基的情報撰寫的報告，意識到中情局錯失了先機：「我對這些報告的第一個反應，不只是我們恐怕遭受了重大情報挫敗，還有我們很可能走到了核戰邊緣，卻渾然不知，這正是『優秀射手』演習最駭人之處[9]。」數年後，中情局內部針對「優秀射手」演習恐慌撰寫的一份內部機密如此總結：「戈傑夫斯基的資訊，使得雷根總統頓悟……唯有戈傑夫斯基經由軍情六處向華府及時示警，事態才不致失控[10]。」

從「優秀射手」演習開始，戈傑夫斯基的政治報告菁華就會定期總結，並明確地由同一名特務傳出，送交雷根總統。羅伯．蓋茲以後見之明寫道：「我們在蘇聯的消息來源，往往是提供軍事及軍事研發相關資訊的人物。**戈傑夫斯基給我們的，卻是關於領導層思維的資訊**——這些資訊對我們來說有如鳳毛鱗角。」雷根對自己讀到的內容「至為感動」，他知道，這些內容來自深藏於蘇聯體制內部某處某個冒著生命危險的人。來自軍情六處的資訊「在中情局被當成了至聖之物，只有一小群人能看到，他們在嚴格條件約束下閱讀紙本」，然後這些資訊經過重新包裝，再送交橢圓形辦公室[11]。戈傑夫斯基的情報支持了「雷根的這份信念：必須做出更大努力，不只要減緩緊張，更要終結冷戰」。中情局既感激又挫折，也深深好奇這些持續流出的機密的可能來源。

間諜們往往對自己的技藝夸夸其談，但諜報工作的真相，卻是它往往不會產生什麼持久的差異。政治人物珍愛加密資訊，因為這種資訊是機密，但加密未必就會比公開取得的資訊更加可靠，甚至往往更不可靠。要是我方陣營裡有敵方間諜，敵營裡也有我方間諜，世界或許會稍微安全一些，但本質上終歸是回到原點，落在「我知道你知道我知道……」這一晦澀難懂且不可量化的光譜某處。

然而，在非常難得的情況下，間諜會對歷史產生重大影響。破解「謎式密碼」（Enigma code）使得第二次世界大戰至少縮短了一年。諜報及戰略欺敵的成功，支撐著盟軍入侵西西里島和登陸諾曼第；蘇聯在一九三〇及四〇年代滲透西方情報機構，則為史達林在與西方的往來中帶來重大優勢。

改變過世界的重要間諜為數極少，且全部是精挑細選。歐列格．戈傑夫斯基就是其中一分子。**他在歷史的緊要關頭掀開了蘇聯國安會的內部運作，不僅揭露蘇聯情報機構的作為（與不作為），也揭露了克里姆林宮的思維與籌劃，藉此轉變了西方思索蘇聯的方式**。他冒著生命危險，背叛自己的國家，讓世界變得安全一點點。如同中情局內部的一份機密評述所言，「優秀射手」演習恐慌是「冷戰最後一次

---

❽ 轉引自 *Washington Post*, 24 October 2015。
❾ Gates, *From the Shadows*.
❿ 參看 Jones (ed.), *Able Archer 83*。
⓫ Corera, *MI6*.

的發作」。

一九八四年二月十四日，成千上萬人擠滿紅場，參加尤里．安德羅波夫的喪禮。出席的外國要人包含柴契爾，她身著優雅的喪服，身形看似比平日更結實，因為她把一個熱水瓶塞在大衣裡，抵禦莫斯科的酷寒。她對美國副總統喬治．布希（George Bush）說，這場喪禮是東西雙方關係的「一場及時雨」。她進行了一次大膽的嘗試。整場喪禮中，她始終保持著「合宜的肅穆」，反觀其他西方領袖，在喪禮期間「漫不經心地閒聊」，甚至在扶靈者們放下安德羅波夫的靈柩時發出竊笑。一位魁梧的英國隨扈口袋凸起，國安會斷定他攜有武器；他跟著柴契爾回到克里姆林宮的接待處，掏出的卻是一雙高跟鞋，供首相更換。她用了四十分鐘和安德羅波夫的繼任者，年老體衰的康斯坦丁．契爾年科（Konstantin Chernenko）交談，對他說「他們或許還有最後一次機會，確立基本裁軍協議」。契爾年科的食古不化讓她震驚，形同一尊共產主義歷史的活化石。「拜託行行好，去幫我找個年輕的俄國人來。」她在返國的專機上對助理們說⓬。其實，官員們已經發現了一個人選，能夠勝任蘇聯的對談者角色，他是蘇共政治局的明日之星，名為米哈伊爾．戈巴契夫（Mikhail Gorbachev）。

柴契爾圓滿地扮演了自己的角色，她所搬演的劇本，有一部分出自戈傑夫斯基之手。喪禮前夕，詹姆士．史普納請他針對柴契爾出席時應當達成的目標提供指點：戈傑夫斯基主張要穩重與友善，但也要小心俄國人的敏感易怒和防衛心。「關於她應當如何表現，歐列格做了完整簡報。」軍情六處負責分析與分發專案「成品」的官員說，「她在觀禮台上身著黑衣、頭戴毛帽，表情十分嚴肅。這是一次引人注目的展演。她洞悉了他們的心理，如果少了歐列格，她可能會強硬得多。因為歐列格，她知道怎麼把手上的牌打到最好。他們注意到了。」

回到蘇聯駐倫敦大使館，波波夫大使在國安會人員一同出席的大使館館員會議上發言，指出柴契爾出席喪禮在莫斯科大獲成功。「首相對場合的敏銳度和強大的政治頭腦，令人印象深刻，」波波夫報告，「柴契爾夫人不遺餘力地吸引她的東道主。」

這就是圓滿的情報循環：戈傑夫斯基向首相簡報，建議她如何回應蘇聯人，再把蘇聯對首相舉止的反應回報給英方。間諜通常提供事實，交由接收者分析，但經由戈傑夫斯基獨一無二的視角，他得以為西方詮釋國安會的思維、期望，與恐懼。「這正是歐列格貢獻的本質所在，」軍情六處分析員說，「進入他者的思想，熟習他們的邏輯、理性。」

戈傑夫斯基的諜報工作兼具正向和負向：在正向形式裡，其提供了重大機密、預警及洞見；而在同樣有用的負向形式裡，也確保了國安會駐英聯絡站是一塌糊塗的，跟掌管它的人一樣又慢又笨、成效不彰、弄虛作假。阿爾卡季・古克鄙視中心裡的上級，卻又急著滿足他們的要求，不管那些要求有多麼荒謬。當他從ＢＢＣ廣播裡聽到格林漢姆公地（Greenham Common）舉行了一次巡弋飛彈演習，這位站長急忙撰寫報告，說自己事先就知情這次演習。當英國舉行大規模反核示威，古克不實地堅稱國安會以「積極措施」引發抗爭，藉此居功。兩名蘇聯公民在倫敦自殺，更讓古克猜疑到了極點，死者之一是貿易代表團團員，另一人是某位官員之妻。他將兩具遺體送回莫斯科，下令查明兩人是否遭到毒殺，國安會的科學家也聽命確認——即使代表團員是自縊而死，官員之妻則是從陽台墜樓。戈傑夫斯基心想，這又是「一個跡象，顯示蘇聯的疑心病加重了他們的精神官能症」。國安會的這位站長小心掩飾自己在貝塔尼案的無能，他向莫斯科保證，這一切全是英國情報機構精心編造的詭計。

古克小心翼翼地保守自己的祕密，但戈傑夫斯基仍能蒐集到為數驚人的有用資訊，從使館內部的閒

⑫ Moore, *Margaret Thatcher*.

談，到對政治及國家意義重大的資訊，不一而足。國安會在英國運行著許多非法特務，即使N線在國安會聯絡站內部是半獨立運作，但每當戈傑夫斯基取得地下間諜網的相關資訊，都會向軍情五處通風報信。在英國煤礦工人罷工最為激烈的一九八四至八五年間，戈傑夫斯基得知，全國礦工聯合會（NUM, National Union of Mineworkers）聯繫了莫斯科，請求提供財務支援。國安會反對資助礦工，戈傑夫斯基本人也對國安會同事們說，要是莫斯科被發現對產業行動提供資金，將會導致「不良後果，且徒勞無功」。但蘇共中央委員會另有打算，核准由蘇聯外貿銀行轉帳一百多萬美元（最終，瑞士的受款銀行起了疑心，轉帳未曾執行）。柴契爾把礦工誣衊成「內部敵人」，這個偏見無疑是在發覺外部敵人樂意資助罷工之後受到了強化。

戈傑夫斯基的諜報雷達，也能捕捉到與莫斯科相去甚遠的其他敵人。一九八四年四月十七日，女警伊馮・弗萊契（Yvonne Fletcher）在倫敦市中心的聖詹姆士廣場上，遭人從利比亞人民辦事處（Libyan People's Bureau）以機關槍射殺。隔天，國安會聯絡站收到中心電報，傳達「槍擊由格達費（Muammar al-Gaddafi）親自下令實施的可靠資訊」，並報告「利比亞駐東柏林情報站的一名資深殺手，已飛往倫敦監督執行槍擊」。戈傑夫斯基立即將這封電報轉交軍情六處，從而強化了強力應對的論據。柴契爾政府與利比亞斷交，將格達費手下的暴徒驅逐出境，實際清除了英國境內的利比亞恐怖活動。

情報的醞釀有時很緩慢。早在一九七四年，戈傑夫斯基就首度向軍情六處警告阿恩・特雷霍特的間諜活動，但挪威安全局過了十年才決定採取行動，部分原因是為了保護消息來源。在此同時，挪威左翼這位魅力十足的明星步步高升，當上了挪威外交部新聞科長。一九八四年初，戈傑夫斯基得知挪威政府準備收網，他被問到是否反對；既然他是首先通風報信的人，特雷霍特被捕就有可能危害他的安全。戈傑夫斯基毫不遲疑：「當然要收網。他是北約和挪威的叛徒，你們當然必須趁早逮捕。」

一九八四年一月二十日，特雷霍特在奧斯陸機場被挪威防諜處長拘留。據信他正要前往維也納，與過去十三年來共進午餐的夥伴，也是他在蘇聯國安會的主管「鱷魚」根納季・季托夫見面。在他的公事包裡查獲六十五件機密文件，還有八百份文件從他家中起出。他起先否認從事間諜行為，但在出示了他與季托夫會面的照片之後，他先是劇烈嘔吐，接著說：「我還能說什麼[13]？」

季托夫也被挪威情報局攔截，並得到一個交易提案：若同意變節或叛逃西方，他就能獲得五十萬美元。他拒絕，於是被驅逐出境。

特雷霍特受審時，被控在奧斯陸、維也納、赫爾辛基、紐約、雅典等地將機密交付蘇聯及伊拉克特務，對挪威造成「不可彌補的損害」。他被控收受蘇聯國安會八萬一千美元，報章形容他為「繼奎斯林之後，挪威的最大賣國賊」——二戰期間，奎斯林（Vidkun Quisling）勾結納粹，其姓氏已經成了指稱叛國者的英語名詞。法官評述，被告抱持著「對於自身重要性不切實際且誇大的見解」。他的叛國罪名成立，判處二十年徒刑。

一九八四年夏末，詹姆士·史普納轉調其他職務，專案官由西蒙·布朗接任，這位會說俄語的蘇聯行動科（P５科）前科長，曾經喬裝流浪漢跟蹤貝塔尼。布朗早在一九七九年就被引進「諾克頓」專案，當時他身為軍情六處莫斯科站站長，負責監控脫逃行動皮姆利科計畫的信號點。這兩人並沒有像戈傑夫斯基和史普納一樣立刻產生默契，他們第一次會面時，維若妮卡準備了芹菜當午餐，一邊燒著開水。布朗很緊張：「我想，要是我俄語說得不流利，他會當我是白癡。後來我回放錄音帶時，驚恐地發現，我只聽得見水壺燒開的呼嘯聲愈來愈大，以及一個男人咬著芹菜的嘎吱聲。」每次會面時，沉著的軍情六處祕書莎拉·佩吉總是在場，令人安心：「她鎮靜的存在感大大有助於人性化，輕柔地舒緩了略顯焦慮的氛圍。」

同時，戈傑夫斯基繼續從事日間工作，也就是發展政治聯絡人，其中有些是真誠的蘇聯同路人，還

[13] AP, 26 February 1985.

有一些則像羅絲瑪麗．史賓賽那樣，提供有用的雞飼料。這位保守黨中央黨部研究員並非唯一一名由軍情五處運行、提供他資訊的受控聯絡人，而他們都不知道，戈傑夫斯基其實是為英國情報機構效力的雙面間諜。大倫敦議會（Greater London Council）代表芬奇利（Finchley）選區的保守黨議員、切爾西保守黨協會（Chelsea Conservative Association）前主席，內維爾．畢爾（Neville Beale）是另一名受控聯絡人，他向戈傑夫斯基提供不屬於機密且十分無聊的議會文件，但這些議會文件進一步證明了戈傑夫斯基獲取官方資訊的技能。

中心經常提出可能吸收對象的建議，其中絕大多數完全不切實際，且不可能辦到。一九八四年，中心發來一封限本人親閱的電報，指示戈傑夫斯基與麥可．富特，也就是前特務「靴子」重新建立關係。富特在大選慘敗之後辭去了工黨黨魁，但他仍是下議院議員，也是左翼的領導人物。電報指出，即使富特從一九六〇年代晚期之後就不再與國安會互動，但「重新建立聯繫或許能派上用場」。要是軍情六處運行的一名間諜積極吸收英國最高階政治人物之一的消息傳出，將會產生重大惡果。「設法拖延，」軍情六處建議，「能脫身就脫身。」戈傑夫斯基向中心回報，說他會安排在派對上和富特交談，「小心地」透露對他先前的聯繫知情，並試探他是否支持。然後，戈傑夫斯基什麼都沒做，指望中心忘掉這個想法——中心確實也淡忘了一陣子。

最初兩年間，「諾克頓」專案產生了數千份情報及反情報報告，有些報告只有短短幾句話，有些長達數頁。這些報告再進一步區別及分發——給軍情五處、柴契爾、白廳某些部會及外交部，還有愈來愈多內容給中央情報局。英國選定的其他盟國偶爾會收到反情報線索，但只有在重大利益遭受危害時才會。不過，中情局屬於「受惠國」這一特殊範疇。

軍情六處對戈傑夫斯基大感滿意，國安會也是如此。莫斯科的上級領導們對他在PR線主管崗位上穩定產出不間斷的資訊刮目相看；軍情六處給他的雞飼料資訊十分引人入勝，讓國安會飽足又滿意；就連古克都很滿意他，渾然不知這位成功的下屬，就要為古克自己的諜報生涯畫下一個丟人現眼的句點。

一九八四年四月十一日，麥可．貝塔尼的審判在中央刑事法院開庭，受到盡可能最嚴密的安全戒護，法庭的窗戶全都遮蓋起來，大批警力監控，並架設了保密電話連接軍情五處總部，以備訴訟過程中諮詢之需。證據太過機密，使得審判多半不公開進行，不讓民眾或記者到場。貝塔尼身穿細條紋西服，打一條圓點領帶。他堅稱自己的動機是「純粹且意識型態的，他不是同性戀者，未被脅迫，也不為牟利而行事。」

歷經五天聽證，貝塔尼被判處二十三年有期徒刑。

「你讓背叛成了你的行動方針，」首席法官連恩勛爵（Lord Lane）宣判時說道，「在我看來很明顯，你在很多方面都很幼稚。對我而言也很清楚，你剛愎自用又危險。你會毫不遲疑向俄國人揭露相關人名，而且幾乎肯定會造成不只一人喪生。」

媒體對貝塔尼自述為共產主義間諜的說法照單全收，因為，大眾很容易就能理解一個人「漸進、最終全面的政治轉向」。報章雜誌在貝塔尼身上看見他們想要看到的一切。《太陽報》呼喊：「粗花呢笨蛋（Tweedy twit）成了邪惡的叛徒。」《泰晤士報》說：「情報界的冷戰從未減緩。」《每日電訊報》陷入恐同困境，極力影射他是同性戀，因此自然就是不可信任的了：「貝塔尼看來很享受附庸風雅的同性戀大學社團與他為伴。」立場左傾的《衛報》最同情他：「在他心目中，他正運用著自己在軍情五處的地位，試圖阻止英國和西方盟國踉蹌步入一場新的世界大戰。」而在華盛頓，美國當權者們對於英國情報機構再次因內奸而受害感到苦惱（同時暗自竊笑）。「總統真的很擔憂。」白宮發言人表示。一位中情局消息來源告訴《每日快報》：「我們不得不再次質疑英國情報體系的保防。」安全委員會（Security Commission）隨後的調查，毫不留情地批判軍情五處未能察覺反覆無常的貝塔尼所構成的危險。《泰晤士報》甚至猜想，將軍情五處和軍情六處合併為單一情報機構的時機是否已經到來：「畢竟，蘇聯國安會在國內外都運行。」

但這些報刊全都猜不到，軍情五處第一位正式定罪的叛徒，是被軍情六處在蘇聯國安會內部的一名間諜給揭發的。戈傑夫斯基從這次情報災難中拯救了英國，同時再次為自己的職業升遷鋪好道路。

阿爾卡季．古克在呈堂證供裡被指認為蘇聯國安會站長。這位肥胖的蘇聯將官被拍下照片，那時，他和戴著翼框眼鏡的妻子正要離開肯辛頓的住處。他的照片顯眼地刊登在報刊頭版上，標題印著「密探古克」（Guk the Spook），而這位鑄下大錯的蘇聯間諜頭目「回絕了國安會自二戰以來，第一次在安全部門內部吸收一名滲透特務的機會」。不過，古克似乎很享受自己獲得的關注，「招搖過市一如電影明星」。

要排除古克，並為戈傑夫斯基掃除障礙，讓他得以在國安會內部繼續高升，取得更多機密資料，此刻正是大好時機。軍情六處要求立刻將古克驅逐出境，白廳則無意引發另一場外交爭議。軍情六處新任反間及保防主任（DCIS, Director of Counter-Intelligence and Security）克里斯多福．柯文（Christopher Curwen）指出，除去這名站長的機會僅此一次：「古克始終極其謹慎，不讓自己直接涉及國安會的特務運行，今後可能還會更加小心⓮。」軍情五處也有些人反對此舉，他們指出，一名新任郵件保防官剛被派往莫斯科，要是古克被驅逐，這位新任保防官肯定也會被以牙還牙、驅逐出境。但軍情六處堅稱，這樣的代價值得。隨著古克被除去，尼基堅科外派任期也即將屆滿，戈傑夫斯基最終可望接任國安會駐倫敦站站長。「賭注非常高，」一位高階官員主張，「我們等於是有機會接觸到國安會針對我國的所有行動，或者幾乎所有。」一封以柴契爾名義起草的信函送到外交部，信中宣稱：古克既已受到公開指認，就必須予以驅逐。信中有個巧妙的小細節：古克的姓氏被拼寫為「Gouk」。這是《每日電訊報》的拼法，在英國各報刊中獨一無二。柴契爾是《每日電訊報》的讀者，對外交部的暗示因此不言自明：首相從早報上讀到了俄國間諜頭目的消息，要把他趕出去，如果外交部繼續阻撓驅逐行動，就由她親自處理。這招奏效了。

一九八四年五月十四日，古克由於「活動與外交官身分不符」，被宣告為不受歡迎人物，限期一週打包離開英國。一如預期，蘇聯人立即回應，將軍情五處新近派任的官員趕出莫斯科。

古克離開的前一晚，蘇聯大使館舉行了道別派對，會上供應大量飲食，還有一連串演說向去職的站長致敬。輪到戈傑夫斯基發言時，他沒完沒了地加以恭維：「我想必是講得太順口了，只聽得出一丁點不誠懇。」古克隨後蹣跚起身，咕噥著說：「你跟大使學了不少。」大使虛情假意的長篇大論才華，是長年流傳於大使館的笑話。即使古克已經喝得大醉，他還是感受到自己的下屬巴不得他走人。隔天，古克將軍搭機返回莫斯科，從此徹底銷聲匿跡。他讓自己受人注目，令國安會顏面無光。這遠比他的極端無能更加不可原諒。

列昂尼德．尼基堅科被任命為代理站長，他立刻著手策劃讓自己正式接任站長。戈傑夫斯基成了他的副手，得以接觸更多國安會聯絡站的電報與檔案。軍情六處收到的新情報突然間多得應接不暇，終極大獎此時伸手可及：要是戈傑夫斯基能設法運作接任站長，聯絡站的全部機密就是他的囊中物了。但尼基堅科擋在前面。

列昂尼德．尼基堅科是國安會裡最聰明的人物之一，也是極少數把自己的工作當成使命的人。他日後將會接掌國安會反情報部門K局。見過他的一位中情局官員形容他是「胸圍寬大、虎背熊腰的男人，朝氣蓬勃……他喜愛間諜賽局的戲劇場面，無疑也精於此道。他在這個機密世界裡如魚得水，每一刻都樂在其中，他是個自力架設舞台、自編自導自演的演員[15]。」在英國待了四年多之後，這位黃眼珠的反情報官員早該輪調返回莫斯科，但尼基堅科決心要得到令人垂涎的站長一職。國安會的海外工作通常為期三年，但中心有時樂意延長某人的外派時間，於是，他熱烈展開活動，以展現自己是站長的不二人選；或者更準確地說，他要表明戈傑夫斯基不適任站長。這兩人始終不喜歡彼此，古克的繼承戰爭就在此時開打，由於不曾宣戰，因此格外激烈。

---

14. Andrew, *Defence of the Realm*.
15. Bearden and Risen, *Main Enemy*.

軍情六處不知道該不該再次插手，將尼基堅科宣告為不受歡迎人物，藉此完全掃清戈傑夫斯基上位的障礙。連鎖反應正在發揮效果，專案官們運用專案名稱當雙關語，稱之為「諾克頓效應」（NOCTON effect）。這個策略很誘人，要是戈傑夫斯基能當上站長，那麼他在倫敦的任期就會產生最大成果，外派任期屆滿時就可以叛逃。但經過一些爭論，最後認定驅逐尼基堅科的行動太過分，「可能會帶來反效果」。短期間連續驅逐兩名國安會軍官，雖然在當時的緊繃氛圍中仍屬意料之內，但如果把戈傑夫斯基的三個直屬上司全清除掉，恐怕就太像固定模式了。

戈傑夫斯基最親近的同事，馬克西姆·帕什科夫注意到，他的朋友如今「看來進入狀況了，從升任副站長那一刻起，歐列格就顯得和緩、解放，舉止更沉著也更自然。」有些人覺得他變自大了。他的朋友和前同事米哈伊爾·柳比莫夫當時回到了莫斯科，被革職後試圖以作家之姿東山再起。「他和我彼此通信，他沒有立即回信，讓我很生氣，有時我寄兩封他才回一封。權力會把人寵壞，倫敦站副站長如今可是大人物了。」柳比莫夫不知道他的這位老朋友有多忙，他同時做著兩份機密工作，還同時在謀劃另一次升遷。

一家人幸福地在倫敦定居下來。女孩們成長得很快，她們說著流利英語，就讀英國國教會學校。早在一百年前，卡爾·馬克思（Karl Marx）本人就對女兒們適應英國生活之迅速大吃一驚。「想到要離開她們珍愛的莎士比亞之國，她們就覺得驚駭；她們都成了徹頭徹尾的英國人。」馬克思太太這麼說[16]。戈傑夫斯基發現自己成了兩個英國小女孩的父親，同樣又驚又喜。蕾拉也愈來愈享受英國生活。她的英語進步了，但她很難結交英國朋友，因為妻子們不許獨自與英國公民見面。但她和始終落在同事邊緣的戈傑夫斯基不同，她輕易就跟國安會群體的其他人打成一片，與大使館其他職員的太太們愉快地喝茶聊八卦。「我在國安會軍官家庭長大，」她曾經說過，「我爸爸是國安會軍官，我媽媽也是國安會軍官。青春期的時候，我家那一區幾乎所有人都為國安會工作。我所有朋友和同學的父親，也都是國安會軍官。因此，我從來不認為國安會是怪獸，或者跟任何恐怖事物有關。它是我全部的人生，我的日常生活[17]。」

丈夫的迅速晉升令她自豪，她也鼓勵丈夫接任站長的雄心。他常常看似心事重重，偶爾緊盯遠處，彷彿鎖定著另一個世界。他還經常啃咬指甲。某些日子裡，他看來特別亢奮，在神經壓力下緊繃著。她將這種表現歸因於他的重責大任所帶來的壓力。

戈傑夫斯基喜愛蕾拉的無拘無束，還有她的活力與獻身家庭生活。她的天真可愛與極其欠缺世故猜忌，是一帖解藥，足以對治他正在經歷的詭計扭曲。他從來不曾覺得自己與她這麼親近，儘管有道謊言仍隔開了他們。這謊言，只有他自己知道。「我的婚姻是這麼幸福。」他心想。他也不時疑惑著，究竟能不能讓她參與自己的祕密，拖她下水成為共謀，藉此讓他們的結合變得更真誠完整。她終究會得知的，在他有朝一日決定叛逃到英國之時。當軍情六處小心探問他，叛逃時刻來臨時妻子會做何反應，他的答覆很堅決：「她會接受的，她是個好太太。」

他不時就會在蕾拉面前公然批判莫斯科。有一次，稍嫌忘形的他說共產政權是「惡劣、錯誤、犯罪的」。

「噢，別再碎念了。」蕾拉打斷他，「這就只是閒話，你拿它一點辦法也沒有，講這些又有什麼用呢？」

戈傑夫斯基被激得忍不住回嘴：「說不定我**可以**做些什麼。說不定有一天你會看到，我**是可以**做些什麼的。」

他及時克制住自己。「我打住了。我知道，要是我繼續講下去，就會告訴她更多，或給她暗示。」他後來思忖：「她不會明白的，誰都不會明白，沒有人。我從來沒跟別人說過。不可能，完全不可能。那很孤單，非常孤單。」在他的婚姻核心之處，是不為人知的寂寞。

⑯ 轉引自 Gareth Stedman Jones, *Karl Marx: Greatness and Illusion*, London, 2016。

⑰ Radio interview with Igor Pomerantsev, Radio Liberty, 7 September 2015.

戈傑夫斯基愛慕他的妻子，但他無法把實情託付給她。蕾拉還是國安會的一分子，但他不是。

那年夏天返回莫斯科度假時，歐列格奉召前往第一總局本部，參與攸關他前途的「高層討論」。他在丹麥認識的那位吉他神童，尼古拉．格里賓，這時已是英國—斯堪地那維亞處處長。宛如「友誼本身」，他向歐列格提出了兩種升遷可能：回到莫斯科接任副處長，或是接任倫敦站站長。戈傑夫斯基客氣並堅決地指出，他比較想要後者。格里賓建議他忍耐：「任何人愈接近站長一職，危險性就愈大，陰謀詭計也愈激烈。」但他保證全力支持戈傑夫斯基。

話題轉向政治，格里賓熱情地說起共產世界裡冉冉升起的那顆名為米哈伊爾．戈巴契夫的璀璨新星。戈巴契夫是一位聯合收割機操作員之子，在共產體制裡迅速竄升，不到五十歲就當上蘇共政治局正式委員。人們看好他有可能繼任氣息奄奄的契爾年科。格里賓透露，國安會「得出結論，戈巴契夫是未來的最佳人選」。

瑪格麗特．柴契爾也得到同樣結論。

戈巴契夫已被認定為她所寄望的精力充沛的俄國領袖：一位改革派、眼光高遠的人。相對於心胸狹隘的蘇聯老朽統治者，他曾跨出蘇聯集團遊歷。外交部試探過戈巴契夫，他在一九八四年夏季接受邀請，將會在來年十二月訪問英國。柴契爾的私人祕書查爾斯．鮑威爾（Charles Powell）告訴她，這次訪問提供了「獨一無二的機會，得以嘗試深入下一代蘇聯領導人的思考」[18]。

這也是戈傑夫斯基的一次機會。身為國安會聯絡站的政治情報主管，他會負責向莫斯科簡報戈巴契夫應當期望的事項；身為英國特務，他也會向軍情六處簡報俄方針對出訪所做的準備。這是情報史上獨一無二的一刻，一名間諜藉由為雙方從事間諜活動，並向雙方回報，而置身於形塑、甚至編排兩位世界領導人會晤的地位之上：**戈傑夫斯基能建議戈巴契夫向柴契爾發言的內容，同時，他也能提示柴契爾對戈巴契夫說些什麼**。倘若會晤順利進行，戈傑夫斯基確保站長職位的機會就能提高，情報的意外收穫也將隨之而來。

蘇聯備位領導人即將來到倫敦的消息，使得國安會倫敦站一下子陷入忙亂的準備工作。莫斯科的指令不斷湧入，要求對英國人生活的每一面向，包括政治、軍事、技術及經濟，都提供詳細資訊。仍在持續的礦工罷工尤其受到關注：他們會勝利嗎？他們如何獲得資助？當然，罷工在蘇聯是禁止的。中心對於戈巴契夫預期東道主英國會做什麼，以及英國情報機構可能在策劃哪些令人不快的驚喜，都要求提供確切依據。一九五六年赫魯雪夫訪問倫敦時，軍情六處監聽他下榻的旅館、監控他的電話，甚至派出一名蛙人查看他乘坐的蘇聯巡洋艦船體。

雙方互不信任的遺緒根深柢固。戈巴契夫是堅定的共產黨員，是蘇聯體制的產物；柴契爾是咄咄逼人的反共人士，她將共產主義哲學斥為既不道德又高壓。「克里姆林宮有良知嗎？」一年前，她在美國的邱吉爾基金會演說時問道，「他們有沒有問過自己，生命的意義是什麼？活著都是為了什麼？……沒有。他們的信條是良知的荒野，不為善與惡的刺激所動[19]。」歷史將戈巴契夫表述成一名自由派進步人士，他日後設計了「開放」（*glasnost*）與「重建」（*perestroika*）政策，將會轉變蘇聯，啟動各種瓦解蘇聯的力量。但這些跡象在一九八四年幾乎都還看不出來。柴契爾與戈巴契夫矗立於政治與文化巨大隔閡的對立兩端，成功的會晤無從確保；和好需要某些微妙的外交手腕，以及暗中謀劃。

國安會將出訪英國看成是增加戈巴契夫籌碼的機會。「盡可能給我們最好的簡報，」格里賓告訴戈傑夫斯基，「那樣一來，他看來就會智高一籌。」

戈傑夫斯基和他的團隊著手展開工作。「我們真的是捲起袖子苦幹，」馬克西姆．帕什科夫回想，「針對英國政策一切重要面向，以及英方所有與會人員的詳細情況，製作深入的備忘錄。」戈傑夫斯基為尼基堅科蒐集到的，並呈交莫斯科國安會的一切資訊，也都交給了軍情六處。不僅如此，英國情報機

⑱ Moore, *Margaret Thatcher*.

⑲ https://www.margaretthatcher.org/document/105450.

構也將資訊餵給戈傑夫斯基，讓他加進自己呈交莫斯科的報告：包括討論主題、意見可能一致或分歧之處（如礦工罷工），以及和與會人士互動的祕訣。可以說，實際上是英國情報部門為這場即將舉行的會晤設定好議程，並且同時向雙方簡報。

米哈伊爾與蕾莎．戈巴契夫伉儷於一九八四年十二月十五日抵達倫敦，這次訪問歷時八天。行程預留了購物和觀光的時間，包括虔誠地前往馬克思在大英圖書館撰寫《資本論》時的座位朝聖。但是，這次訪問本質上是一個長時間的外交手段，在首相鄉間別墅契克斯（Chequers）的一系列會談中，冷戰對手雙方審慎地彼此試探。每天晚間，戈巴契夫都要求提供三到四頁的詳盡備忘錄，並「預測明日會談將要採取的路線」。國安會沒有這種資訊，但軍情六處有。這是確保雙方團隊意見一致，同時向莫斯科上級展現戈傑夫斯基價值所在的天賜良機。軍情六處取得外交部為外交大臣傑佛瑞．侯艾起草的簡報文件，列出他會向戈巴契夫及其團隊提出的重點。接著，這份文件轉交給戈傑夫斯基，他趕回國安會聯絡站，急忙以俄文繕打，再交給匯報官放進每天的備忘錄中。「就是這個！」尼基堅科讀到時這麼說，「這正是我們所需要的。」

傑佛瑞．侯艾的外交部簡報，成了國安會為戈巴契夫做的簡報。「就這樣放進去，一字不改。」戈巴契夫的訪英行程大獲成功。即使意識型態南轅北轍，柴契爾和戈巴契夫兩人似乎意氣相投。當然，仍有些緊張時刻。柴契爾教訓訪客，指出自由企業與競爭的長處；戈巴契夫堅稱「蘇聯體制更加優越」，並邀請她親自見證蘇聯人民的生活多麼「歡樂」。他們對包含物理學家安德烈．沙卡洛夫（Andrei Sakharov）在內的異議人士遭遇，以及軍備競賽問題爭吵不休。在一次出奇緊繃的交談中，柴契爾指控蘇聯資助礦工，戈巴契夫否認：「蘇聯沒有轉帳給全國礦工聯合會。」說完，斜眼一瞥他的宣傳部長（也是蘇聯代表團一員），補上一句：「就我所知是這樣。」這是謊言，柴契爾也知道。先前在十月，戈巴契夫親自簽名同意執行計畫，供給罷工礦工一百四十萬美元。

但即使經過這些脣槍舌戰，兩位領袖仍相處融洽。兩人簡直就像是在搬演同一套劇本，某種意義上，確實如此。國安會每天向戈巴契夫提供的簡報，發還時「有些段落畫了線，表示感謝或滿意」。他讀得很仔細。「雙方都由我們提供簡報，」軍情六處分析員說，「我們在做一件新鮮事——真正試圖運用資訊，不加扭曲，藉此經營關係，開展新的可能。我們是在歷史關頭奮力工作的少數人。」

觀察家注意到，「顯而易見的人際化學反應發揮了作用」。討論結束時，戈巴契夫宣告自己「真的非常滿意」。柴契爾也有同感：「他的人格截然不同於一般蘇聯黨政官僚的僵硬腹語術。」戈傑夫斯基向軍情六處回報「莫斯科的熱烈回應」。

柴契爾在一封致雷根總統的短箋中寫道：「我確實覺得他是個能打交道的對象。我其實相當喜歡他——毫無疑問，他完全忠於蘇聯體制，但他樂意聆聽和真誠對話，並且自行做主[20]。」這句話成了這次訪問的流行語。一九八五年三月契爾年科逝世，戈巴契夫終於繼位後，這句流行語也用來指稱日後更有活力的領導作風：「能打交道的對象。」

這次事務上的突破之所以能實現，部分得歸功於戈傑夫斯基。

中心很滿意。國安會偏愛的領袖人選戈巴契夫，展現出政治家風範的品質，倫敦站的表現更是超水準。尼基堅科「由於處理出訪事宜極其妥善」，受到特別嘉獎。但這份表彰對戈傑夫斯基助益更大，這位能幹的政治情報主任，依據從眾多英國消息來源蒐集到的資訊，製作了如此詳盡且見識卓著的簡報。戈傑夫斯基這時成了繼任站長的領先人選。

然而，在同時為國安會與軍情六處精采完成任務的滿足之中，一絲不安如同鋒利的碎片，扎進了戈傑夫斯基心裡。

在戈巴契夫訪問期間，尼基堅科召見他的副手。在這位代理站長面前的桌上，他攤開一份呈交戈巴

[20] Thatcher to Reagan, note released to UK National Archives, January 2014.

契夫的備忘錄，上面做了筆記。

這位國安會的反情報專家，用他的黃色眼珠緊盯著戈傑夫斯基。「嗯，關於傑佛瑞・侯艾的一份非常出色的報告。」尼基堅科說道，然後停了一拍，「聽來就像一份英國外交部文件。」

柴契爾與戈巴契夫。

11 俄羅斯輪盤的賭局

中央情報局蘇聯處處長伯頓·葛伯（Burton Gerber）是對付國安會的專家，他在與蘇聯的間諜戰中累積了廣泛的行動經驗。這個瘦高的俄亥俄州人堅定、自信、專一，是在過去的彼此猜忌當中毫髮無傷的新生代美國情報官員之一。他建立了所謂的「葛伯法則」（Gerber Rules），規定應當認真看待每一個為西方從事間諜工作的提議，每一條線索都要予以追蹤。他有個奇妙的嗜好是研究狼群，而他獵捕國安會目標的手法，也有些與眾不同的狡詐之處。一九八〇年，他被派駐莫斯科擔任中情局站長，一九八三年初返回華府，接掌該局最重要的部門，負責運行潛伏在鐵幕之後的間諜。這些間諜人數可多了。在局長比爾·凱西領導下，中情局擺脫過去十年的不確定，進入了密集行動且大獲成功的時期，尤其是在軍事領域。在蘇聯境內，中情局正在執行的祕密行動有一百多項，還有至少二十名活躍的間諜，人數之多前所未見，在情報總局、克里姆林宮、軍方建制和科研機構內部都有。中情局的間諜網包含了幾位國安會軍官，但他們的級別都比不上那名向英國軍情六處提供第一手高級情資的神祕特務。

在對蘇諜報方面，只要是伯頓·葛伯不知道的事物，就代表不值得知道，只有一個重大例外：他不知道國安會那位英國間諜的身分。這令他煩惱不已。

葛伯看過軍情六處提供的情資，既欽佩又著迷。每一份情報工作的心理滿足感，都在於比敵人知道得更多，但也在於比盟友知道得更多。在中情局總部（位於蘭利）所統括一切的全局觀點裡，中情局有權得知自己想知道的任何一切。

英美兩國的情報關係既緊密又互相支持，卻也不平等。中情局擁有龐大資源和遍及全球的特務網絡，其情報蒐集能力唯有蘇聯國安會足以匹敵。在有助於美國利益的時候，中情局會與盟國共享情資，消息來源也會受嚴密保護，如同所有情報機構的做法。情報共享是雙向的，但按照某些中情局官員的看法，美國有權得知一切。軍情六處正在提供最高品質的情資，但不管中情局多麼頻繁地暗示自己想要知道情資出處，英國人都帶著令人惱怒且執拗的禮貌，拒不告知。

終於，他們的暗示不再隱晦。在一場耶誕派對上，中情局倫敦站站長比爾．格雷佛（Bill Graver）走到軍情六處蘇聯集團管制官的身旁。「他抓住我，把我按在牆上說道：『你可不可以多告訴我一些這個消息來源的事？我們需要確保這些資訊是可靠的，因為它真的太棒了。』」

這名英國官員搖頭。「我不會告訴你他是誰，但可以向你保證，我們對他有十足信心，他也具有證實情資的權威。」格雷佛就此打住。

約莫與此同時，軍情六處向中情局請求幫一個忙。多年來，英國情報機構的高階官員一直在遊說位於漢斯洛普的技術部門，請他們研發一部有用的祕密拍攝相機，但軍情六處首長們始終以開銷過大為由加以否決。軍情六處用的仍是老舊的美樂時（Minox）相機。但眾人皆知，中情局吸收了一名瑞士鐘錶匠，開發出一款精巧的微型相機，藏在尋常的比克（Bic）打火機裡，只要搭配一段二十八公分長的線頭以及一根別針，就能拍出完美的相片。線頭用口香糖黏在打火機底部，把線頭末端的別針平放在文件上，就可以測出理想的焦距，再按下打火機頂端的按鈕啟動快門。別針和線頭都可以藏在衣領後面。打火機本身看來完全無害，甚至還能點菸。這會是讓戈傑夫斯基使用的最理想相機。當他叛逃的時刻來臨，他就可以帶著相機進入駐地，然後「清空保險箱」。這個決策一路上呈給局長比爾．凱西，最後，中情局同意提供一台微型相機，但在交付相機之前，中情局和軍情六處之間有一段耐人尋味的對話。

中情局：「你們要把相機用在任何特定用途上嗎？」

軍情六處：「我們在裡面有人。」

中情局：「我們會得到情資嗎？」

軍情六處：「不一定，不能保證。」

軍情六處面對要求、哄騙或收買都不予回應，葛伯大感灰心。英國人手上有張非常棒的王牌，而他們在隱瞞他。中情局後來對於「優秀射手」演習恐慌的機密評估報告這麼寫道：「送達（中情局）的資訊……主要來自英國情報機構，內容片斷、不完整且含糊。此外，英國人保護消息來源的身分……他的真偽也無法獨立確認❶。」這份情資一路上呈到了總統那兒。不知道消息的確切出處，就是令人難堪而已。

在上級允許之下，葛伯謹慎地展開獵捕間諜行動。一九八五年初，他指示中情局一名調查員著手查明這位英國超級間諜的身分。軍情六處絕對不會察覺此事。葛伯不認為這麼做是背叛信任，更不算刺探盟友，更像是在了結一些未盡之事，是慎重且正當的交叉查核。

奧德瑞奇·艾姆斯此時是中情局蘇聯處反情報主任。後來接任蘇聯處處長的中情局官員米爾頓·畢爾登（Milton Bearden）寫道：「伯頓·葛伯決心查明英國消息來源的身分，並指派蘇聯及東歐行動處反情報主任奧德瑞奇·艾姆斯將他推敲出來❷。」葛伯後來宣稱，他並未要求艾姆斯執行這項偵探工作，而是要求另一名「頗具天賦從事這類查核」的不具名官員執行。這名官員很有可能和反情報主任艾姆斯一起工作。

艾姆斯的職銜聽起來響亮，但蘇聯處這個負責肅清間諜、評估易受滲透行動的單位，在凱西的中情局裡被認為是個密室工作：「是個垃圾堆，用來堆放那些只有一點點才能的格格不入之輩」。

艾姆斯這時四十三歲，這個頭髮灰白的政府官僚，有著一口爛牙，還有酗酒問題，以及花錢如流水

❶ 參看 Jones (ed.), *Able Archer 83*。
❷ Bearden and Risen, *Main Enemy*.

的未婚妻。他每天都從自己在瀑布教堂鎮上租來的小公寓出發，辛苦穿越通勤車陣來到蘭利，坐在辦公桌前「悶悶不樂，陰沉地思索未來」。艾姆斯的負債總額達到四萬七千美元，他幻想著搶銀行。一份內部評估提到他「不注重個人衛生」；他的午餐幾乎總是流質食物，而且吃很久。妻子羅莎里歐「把她充足的閒暇時間都用來花瑞克的錢」，還不斷抱怨錢不夠用。他的職業生涯停滯了，這會是他最後一次升職。中情局令他失望，他也憎恨自己的上司伯頓．葛伯，葛伯曾因為艾姆斯報公帳帶羅莎里歐去紐約而申斥他。或許中情局本該察覺艾姆斯開始變壞了，但如同軍情五處的貝塔尼，光是行為怪異、飲酒過量和工作時好時壞，本身並不足以做為懷疑的理據。艾姆斯是中情局裡的一件家具，破舊卻熟悉。

艾姆斯的職位與資歷，讓他得以接觸到所有針對莫斯科的行動相關檔案。但有這麼一個蘇聯間諜，將充滿價值的情報轉了一手傳給中情局，他卻不知道那人的身分：由英國人運行的一位高階特務。

要在龐大的蘇聯政府體制中確認一位間諜的身分，是一項令人生畏的任務。按照夏洛克．福爾摩斯（Sherlock Holmes）的說法：「一旦排除掉不可能的選項，不管剩下什麼，無論多麼不可能，都一定是真相。」中情局此時打算著手的，正是這項工作。這項工作並非最基本的，但每個間諜都會留下線索。中情局的偵探們開始爬梳過去三年來，這名神祕的英國特務所提供的資訊，並試圖經由消去法及三角測量，將他（或者，也可以想見，是她）定位出來。

調查過程大概是這樣子。

軍情六處提供的核彈攻擊行動相關細節顯示，這個消息來源是一位蘇聯國安會軍官，即使材料據稱來自中階官員，但其品質卻明白顯示出自高階職位。報告的頻繁程度意味著，此人經常與軍情六處會面，這又指向了他大概在蘇聯境外，而且有可能就在英國境內。並且，他似乎「知道英格蘭的資訊」，這又加強了他人在英國的這份直覺。要查明一名個別間諜的身分，可以透過他產生的內容下手，但同樣的，也能透過他沒有提供的內容。英國人傳來的情報，是大量的高級政治情資，幾乎不含技術或軍事資訊，因此，此人很有可能任職於國安會第一總局的ＰＲ線。打進國安會內部的一名特務，無疑會指認出一些為蘇聯效力的西方間諜。那麼，蘇聯近年來在哪些地方損失了特務？挪威的哈維克和特雷霍特，以及瑞典的柏格林。然而，近期最戲劇性的一次蘇聯間諜暴露事件發生在英國，也就是媒體大幅報導的麥可·貝塔尼被捕受審一案。

中情局深諳蘇聯國安會的組織架構，第一總局第三處將斯堪地那維亞和英國合併為同一個業務範圍。上述的這個模式，似乎指向了隸屬該部的某人。

搜尋中情局的國安會特務已知及涉嫌人選資料庫，就會確認只有一名這樣的人選，他曾在哈維克和柏格林落網當時派駐於斯堪地那維亞，並在特雷霍特和貝塔尼被捕時派駐於英國：一名四十六歲的蘇聯外交官，一九七〇年代早期就已在丹麥受到注意。交叉查詢則顯示出，中情局的斯坦達·卡普蘭檔案上，有著歐列格·戈傑夫斯基的姓名。細查之下還會揭露，丹麥方確認了此人可能是國安會軍官，但英國卻在一九八一年核發真正的外交官簽證給他，直接違背了英國自己的法規。英國近日也驅逐了多名國安會軍官，包括站長阿爾卡季·古克。他們是蓄意在為自己的間諜清除晉升障礙嗎？最後，搜尋一九七〇年代中情局在丹麥的紀錄，結果顯示「一名丹麥情報官員曾經說漏嘴，提到軍情六處吸收了一名國安會軍官，時間是一九七四年他派駐哥本哈根之時❸」。發往中情局倫敦站的一封電報，確認了歐列格·戈傑夫斯基符合以上的側寫。

同年三月，伯頓·葛伯已經確定，自己知道了那位英國人隱藏多時的間諜身分。

中情局贏得了一場令人滿足的小小專業勝利。英國以為自己知道美國所不知道的事，但這時，中情局知道了軍情六處以為他們不知道的事。賽局就是這樣進行的。歐列格·戈傑夫斯基被中情局隨機取了「搔癢」（TICKLE）的代號，這個聽來中性的標籤，匹配著一場無傷大雅的國際較勁。

❸參看 Earley, *Confessions of a Spy*。

回到倫敦，戈傑夫斯基懷著不斷增長的興奮，等待莫斯科的音訊，同時又帶有一絲令他反胃的不安。他正處於接任站長的最有利位置，但中心不慌不忙，一如往常。之前戈巴契夫訪問期間，戈傑夫斯基提供了消息靈通的簡報，但尼基堅科針對這件事的陰險評論仍持續困擾著他；私底下，他怪自己未能把消息來源包裝得更妥善。

一月，他奉命搭機返回莫斯科，進行一次「高層簡報」。

這次傳喚在英國情報機構內部引起辯論，有鑑於尼基堅科發出的含蓄威脅，有些人害怕這是圈套。正式將歐列格納入我方，為他安排叛逃的時機到來了嗎？這名間諜已經高尚地繳出亮眼表現，有些人堅稱，讓他返回俄國的風險太大。「這裡有一個潛在的富礦。但要是出了差錯，我們損失的可不只是一名高階特務。我們就坐在資訊寶庫上，但迄今為止的資訊流通受限，因為如果完全利用、分享這些資訊，不可能不危及歐列格。」

然而，這份大獎如今伸手可及，戈傑夫斯基本人也信心十足。莫斯科並未發出危險信號，這次傳喚或許正是他勝出了這場與尼基堅科的權力鬥爭的證明。「我們不太憂慮，他也不太憂慮。」西蒙・布朗回想，「雖然很擔心國安會遲遲不確認他的新職，但他認為自己大概不會有事。」

即使如此，戈傑夫斯基還是得到了退出的機會。「我們對他說，而且我們是認真的，要是你現在想脫身，你就可以脫身。要是他就此脫身的話，會令人非常失望。但他和我們一樣熱切，他不認為有什麼巨大危險。」

在他出發前的最後一次會面，維若妮卡・普萊斯按部就班，詳細複述了皮姆利科行動計畫。

戈傑夫斯基抵達莫斯科的第一總局本部，處長尼古拉・格里賓熱情款待，並告知他「已獲選為接任古克的最佳人選」。正式布達將會在那年稍後舉行。數日後，他在國安會的內部會議上被介紹為「新任駐倫敦站長，戈傑夫斯基同志」。這項任命太早就揭露給國安會同事，格里賓大發雷霆，但戈傑夫斯基寬慰又高興。升遷的消息傳出來了。

只有在得知了某位同事的下場之後，他的心滿意足才稍稍受到一點打擊。那是X線的國安會上校弗拉基米爾．維特洛夫（Vladimir Vetrov），X線是從事技能及技術間諜工作的部門，維特洛夫在巴黎任職數年後，開始為法國情報機構從事間諜活動。他的代號是「道別」（FAREWELL），總共提供了四千多份文件及資訊，導致四十七名國安會軍官被法國驅逐出境。一九八二年，維特洛夫返回莫斯科時，在停放路邊的車內和女友起了激烈爭執。一位民警聽到騷動，敲打車窗想了解狀況，維特洛夫以為是自己的間諜行為敗露，即將被捕，於是刺殺了那位民警。他在獄中不小心透露自己被捕之前涉及某些「大事」，後續調查進一步揭露了他叛國的程度。這名不幸被取名為「道別」的間諜，於一月二十三日處死，就在戈傑夫斯基搭機返回倫敦的前幾天。維特洛夫是個凶惡的狂人，為自己招來了毀滅，但他的處決提醒了眾人，充當西方間諜的國安會叛徒一旦落網，會是什麼下場。

一九八五年一月底，戈傑夫斯基帶著升遷的消息回到倫敦，軍情六處的喜悅再也按捺不住——如果不是極度保密的話，他們必將欣喜若狂。在貝斯沃特的安全屋會面時，現場充滿了嶄新的迫切興奮之情。這是史無前例的重大成功，他們的間諜不久就要接掌國安會倫敦站，得以獲取每一項機密。此後，他肯定還會更上層樓，已有些跡象顯示他即將再次升遷，最後可能在國安會官拜將軍。三十六年前，金姆．菲爾比曾經升任軍情六處駐華盛頓特區站長，成了一名打進西方權力中心的蘇聯國安會間諜。如今，軍情六處也以其人之道還治國安會，風水輪流轉，可能性似乎是無限的。

戈傑夫斯基懷著亢奮的恍惚，等候任命正式確認。同事馬克西姆．帕什科夫覺得，他的朋友有個行為變得特別怪異：「他稀疏、灰白的頭髮突然染成了橘黃色。」一夜之間，戈傑夫斯基的髮型就從蘇聯的花白色變成了異國龐克。他的同事們私下竊笑：「他又有個小情婦了嗎？還是，但願不要，就在接任國安會倫敦站長前五分鐘，歐列格意外成了同性戀？」帕什科夫小心問起他的頭髮怎麼了，歐列格有些尷尬地解釋，他要用洗髮精，卻不小心誤用了妻子的染髮劑。這是最沒說服力的解釋，因為蕾拉的黑髮與戈傑夫斯基新染的驚人赭黃色調大不相同。「當這種『用錯洗髮精』的狀況逐漸頻繁，我們就不再問了。」帕什科夫得出結論，「人人都有權保持自己的怪癖。」

尼基堅科奉命準備返回莫斯科。被一個只在英國待了三年的下屬捷足先登，令他怒不可遏，他的祝賀也精心表現得毫無誠意。戈傑夫斯基到四月底才會正式接任站長，在交接期間，尼基堅科刻意盡其所能地不合作、不客氣，還對上級大肆挑撥，盡全力向任何願意聽的人貶低新任站長。更令人擔心的是，他拒不移交下任站長有權閱覽的電報。戈傑夫斯基對自己說，或許這只是心胸狹隘的報復，但尼基堅科的姿態卻散發一種比區區酸葡萄更為不祥的意味。

對戈傑夫斯基和諾克頓小組來說，這個專案進入了怪異的懸而未決狀態。等到尼基堅科終於離去，前往國安會本部反情報部門就任他的新職，戈傑夫斯基就會得到國安會保險櫃的鑰匙，軍情六處無疑就要喜慶豐收了。

就在戈傑夫斯基預定接任站長的十二天前，奧德瑞奇・艾姆斯決定為蘇聯國安會效勞[4]。

艾姆斯易怒好鬥，有口臭，工作也一塌糊塗。他覺得自己在中情局懷才不遇。但他後來對自己的行動提出了更簡單的解釋：「我這麼做是為了錢。」他得支付羅莎里歐在尼曼・馬庫斯百貨（Neiman Marcus）的購物行程，還有在棕櫚餐廳（The Palms）的晚餐。他想要搬出只有一間臥室的公寓，付清前妻的贍養費，舉辦一場昂貴的婚禮，全權擁有自己的座車。

艾姆斯選擇向蘇聯國安會出賣美國，以購買他自認應得的美國夢。戈傑夫斯基對金錢始終不感興趣，艾姆斯則對金錢之外的一切都不感興趣。

四月初，艾姆斯打電話給一位名為謝爾蓋・季米特里耶維奇・丘瓦欣（Sergey Dmitriyevich Chuvakhin）的蘇聯大使館官員，提議相約見面。丘瓦欣並不是在蘇聯駐美大使館工作的四十名國安會軍官之一，他是軍備控制專家，中情局將他列為「利害關係人」，認為他是合法的發展對象。艾姆斯對同事們說，他正在探一名俄國官員的口風，有可能發展成為聯絡人，中央情報局和聯邦調查局都「准許」這次會面。丘瓦欣同意在四月十六日下午四點與艾姆斯見面喝一杯，地點在五月花飯店（Mayflower Hotel）的酒吧，距離第十六街的蘇聯大使館不遠。

艾姆斯很緊張，在飯店酒吧等候時，他喝了一杯伏特加馬丁尼，然後又是兩杯。過了一小時，丘瓦欣仍未現身，按照艾姆斯自己的說法，他決定「即興演出」，他搖搖晃晃地沿著康乃狄克大道（Conneticut Avenue）走到蘇聯大使館，把他要交給丘瓦欣的包裹遞給接待員，便離去了。

這個小包裹交到了國安會駐華盛頓站長斯坦尼斯拉夫．安德羅索夫將軍（General Stanislav Androsov）手上，裡面是另一個信封，收件人是安德羅索夫的行動化名「克羅寧」（KRONIN）。手寫的字條內容如下：「我是H．奧德瑞奇．艾姆斯，現職為中央情報局蘇聯行動處反情報分部主任。我在紐約使用化名安迪．羅賓森（Andy Robinson）工作。我需要五萬美元，做為交換，以下是我們正在蘇聯發展的三名特務相關資訊……」他列出的三個人名都是蘇聯對中情局放出的「誘餌」，佯裝成可能吸收對象，實際上都是國安會的栽贓手法。「他們不是真正的叛徒。」艾姆斯後來說。他告訴自己，他揭發這些人並沒有傷害到誰，也沒有破壞中情局的行動。信封裡還有從中情局局內電話簿撕下的一頁，艾姆斯的姓名下方用黃色氈尖筆畫了線。

艾姆斯精心策劃自己的接觸，其中包含四項不同要素，藉此確認他是認真的：如果他只是挑釁的密探，就無從透露當前行動的相關資訊；他表明自己在紐約時用過的早年化名，國安會也知道這個化名；他知曉站長的機密代號；他提供了本人身分與中情局職務的證明。這肯定會引起蘇聯人的關注，讓金錢

❹ 國安會應對艾姆斯的方式，參看 Cherkashin, *Spy Handler*。

滾滾而來。

艾姆斯知道國安會的運作方式，因此並不期望立即獲得回應。這個「投靠者」會回報給莫斯科，探討他們是不是受到挑釁，最終，中心會接受他的提議。「我確定他們會給予正面回覆，」他後來寫道，「他們也這麼做了。」

兩週後，一九八五年四月二十八日，歐列格．戈傑夫斯基就任倫敦站站長，成為蘇聯國安會在倫敦的最高階軍官。尼基堅科的移交十分古怪，按照傳統，離職的國安會站長會留下一個上鎖的手提箱，裡面裝有重大機密文件。然而，尼基堅科安全搭上飛往莫斯科的班機之後，歐列格打開手提箱，卻只看到一個褐色信封，內有兩張紙：麥可．貝塔尼兩年前塞進古克信箱的信函照相影印本，每一家英國報刊都已經報導過這些信函的全文。這是在開玩笑嗎？是暗示古克無能的紀念品？是警告？還是尼基堅科在傳達某些不祥的訊息？「因為他不信任我，覺得不能把任何仍屬機密的東西交給我？」但如果是這樣，又何必留下這個含蓄的密告？最有可能的，尼基堅科只不過是想要動搖這個坐上他夢寐以求之位的對手。

軍情六處也感到困惑：「我們在期待最有價值的情報，卻得不到。我們在猜，是不是發現了某位內閣成員其實是長期效力國安會的特務，或是發現了更多的貝塔尼？卻也不是。這令人如釋重負，但也夾雜著失望。」戈傑夫斯基開始閱讀聯絡站的所有檔案，為軍情六處蒐集那些必然成為新情報富礦的資訊。

不出艾姆斯所料，國安會花了很長時間回應他的示好，但一回應就很熱烈。五月初，丘瓦欣打電話給艾姆斯，隨口提議「五月十五日在蘇聯大使館相約喝酒，再到一家本地餐廳午餐」。事實上，丘瓦欣既不熱情，亦非隨意。他是名副其實的軍備控制專家，完全不想被捲進狡猾又危險的間諜賽局。他受指示聯繫艾姆斯，敲定會面事宜時這麼說：「這件髒事就給你們隨便哪個傢伙做吧。」國安會馬上叫他搞清楚：艾姆斯點名了他，不管丘瓦欣想不想，他都得玩這一局。

國安會過去三週以來都很忙碌。艾姆斯的信函立即被呈交給蘇聯大使館的反情報主任維克多・切爾卡申上校（Colonel Viktor Cherkashin）。切爾卡申意識到這封信的重要性，發了一封密密麻麻的加密「突發」電報給第一總局局長克留奇科夫，克留奇科夫晉見國安會主席維克多・切布里科夫（Viktor Chebrikov），主席立即批准從軍事工業委員會（Military Industrial Commission）提取五萬美元現金。國安會是一頭笨重的巨獸，但還是能在需要時迅速行動。

五月十五日星期三，艾姆斯如約再次現身於蘇聯大使館，他事先告知了中央情報局和聯邦調查局，表明自己正在接續發展這名軍工專家。「我知道自己在做什麼，我決心要讓它發揮效力。」丘瓦欣在大使館大廳和艾姆斯見面，將他引介給國安會軍官切爾卡申，接著切爾卡申帶他來到地下室的一間小會議室，兩人不發一語。面帶微笑的切爾卡申用手勢示意會議室可能遭到竊聽，將一張字條遞給艾姆斯：「我方十分樂意接受你的提議。我方希望你能運行丘瓦欣，做為你我商談的聯絡員和中間人。他將提供你款項，並與你共進午餐。」艾姆斯在字條背後寫下：「好，非常感謝你。」

但事情還沒完。

每一個專案官面對新吸收進來的間諜，必定會問這個問題：你知不知道有任何人滲透了我方組織？你方在我方組織裡，有沒有哪個間諜可能出賣你？戈傑夫斯基當初一同意為英國擔任間諜，立刻被問到這個問題。切爾卡申受過精良訓練，很難想像他不會問艾姆斯：知不知道國安會內部有任何間諜可能察覺他主動變節，並向中情局舉報他。相對來說，艾姆斯必定也在期待這個問題。他知道十多名這樣的特務，蘇聯大使館內部就有兩名；其中最高階的一位則由英國人運行。

艾姆斯後來聲稱，他在這個時候還沒有點名戈傑夫斯基。還要再過一個月，他才會有系統地出賣中情局登記在案的每一個蘇聯特務。切爾卡申在二〇〇五年出版的回憶錄裡宣稱，對戈傑夫斯基最關鍵的密報不是來自艾姆斯，而是來自一名鮮為人知的線民，是「派駐華盛頓的一名英國記者」。中情局將這個說法斥為假情報，用意在為國安會製造良好印象，並稱該說法具有「假線索的每一項特徵」❺。

研究過戈傑夫斯基案的多數情報分析員一致認為，艾姆斯在最初聯繫蘇聯的某個時間點，就揭露了國安會內部有個高階臥底為英國情報機構效力。他那時可能還不知道戈傑夫斯基的姓名，尤其他並沒有親自執行調查。但他肯定知道，中情局正在調查這位代號「搔癢」的軍情六處間諜身分，而且，他也極有可能在蘇聯大使館地下室那次一語不發的會面中傳達了這個消息，在紙上草草寫下警告訊息。就算他還沒透露姓名，光是這個消息本身，就足以讓國安會K局的反情報獵犬出動。

地下室的會面結束，艾姆斯來到大廳，丘瓦欣正在等候。「我們去吃午餐吧。」他說。

兩人在喬與莫餐廳（Joe's and Mo's）的角落餐桌坐下，開始聊天喝酒。這頓「漫長而酩酊」的午餐裡究竟說了些什麼，始終未知。日後，艾姆斯宣稱，他們這段時間都在討論軍備控制。這令人難以置信。更有可能的情況是，喝到第三杯或第四杯馬丁尼時，艾姆斯確認了國安會內部有個英國運行的間諜。但他後來也承認：「我的記憶有點模糊了。」

用餐結束時，酒喝得比艾姆斯少很多的丘瓦欣，交給他一個裝滿紙張的塑膠購物袋。「裡面是一些新聞稿，我想你會覺得有趣。」他這麼說，以防聯邦調查局用定向麥克風監聽。兩人握手道別，俄國人趕回大使館。即使酒精在體內晃盪，艾姆斯還是坐上車、開回家。在喬治・華盛頓紀念公路（George Washington Parkway）上，他在風景優美、俯瞰波多馬克河的路邊停車區停下，打開購物袋。在各種大使館宣傳資料下，有一個包裹起來的長方形紙包，一小塊磚頭大。他撕開一角，感到「整個心花怒放」。裡面是整疊五百張的一百美元紙鈔。

就在美國人數鈔票的同時，回到蘇聯大使館的丘瓦欣向切爾卡申匯報，這位國安會軍官又寫成一份

❺ Grimes and Vertefeuille, *Circle of Treason.*

上／
蘇聯大使館反情報主任維克多·切爾卡申上校。

下／
國安會第一總局局長弗拉基米爾·克留奇科夫。

加密的「突發」電報，並注明由國安會主席切布里科夫親閱。

艾姆斯到家的時候，蘇聯國安會歷史上規模最大的搜捕行動也開始了。

五月十六日星期四，艾姆斯與切爾卡申初次會面隔天，莫斯科發來一封急電，送到了新上任的國安會倫敦站站長桌上。

讀著這封電報，憂懼的歐列格．戈傑夫斯基感受到一陣冰冷刺痛。

「為確認你的站長任命，請在兩天內速返莫斯科，與『米哈伊羅夫』（Mikhailov）、『阿廖申』（Alyoshin）兩位同志進行重要討論。」這是國安會主席維克多．切布里科夫與第一總局局長弗拉基米爾．克留奇科夫的行動化名。傳喚命令來自國安會最高層。

戈傑夫斯基對祕書說他有個約會，便趕到最近的電話亭，打電話請求與軍情六處的主管們緊急會面。數小時後，他抵達貝斯沃特安全屋，西蒙．布朗正在等候。「他看來很擔心，」布朗回想，「顯然很憂慮，但並不驚慌。」

接下來的四十八小時內，軍情六處和戈傑夫斯基必須決定他是該應召返回莫斯科，還是結束專案，將他和家人藏匿起來。

「歐列格開始複述利弊，他的直接理據是，這次召回並不尋常，但也沒有不尋常到必然可疑的地步。這次召回可能有各式各樣合乎邏輯的理由。」

自他上任以來，莫斯科異常沉默。戈傑夫斯基原先預期至少會收到格里賓的賀電，但更值得擔心的是，他還沒收到記載著聯絡站通信密碼的那份至關重要電報。另一方面，他的國安會同事們並未顯現出一絲猜疑，而且似乎還很渴望討好他。

戈傑夫斯基懷疑自己是不是多慮了。或許，連同古克的職務，他也繼承了前任的疑神疑鬼。

不只一位軍情六處官員將這個局面類比成賭徒的兩難。「你累積了一大堆籌碼，你要全押在俄羅斯輪盤最後一次轉動嗎？還是要把贏來的錢收好下桌？」計算機率絕非易事，此時的賭注已經高到天文數字的程度，賭贏，就會得到不計其數的財富，取得國安會最核心的機密；但賭輸，就可能意味著戈傑夫斯基永遠損失，或者就此失蹤，長達數月生死未卜。他積累的情報再也無法使用，同時更無法廣為散播。對戈傑夫斯基而言，這將意味著他的最終滅亡。

這封訊息的語氣有些怪，乍看之下雖然專斷，卻又很客氣。按照國安會傳統，駐外站長由主席本人親自任命，特別是在英國這樣重要的目標國家。歐列格在一月獲得這份職務時，切布里科夫不在莫斯科，因此這次召回也可能僅僅是形式上的確認，由國安會最高領導進行的「按手祝福」儀式。或許，是因為他至今尚未正式得到國安會完整「任命」，才讓尼基堅科沒有把資料留給他，乃至不把通信密碼發給他。要是國安會懷疑他背叛，為何不立即將他召回，而是要他兩天內返國？或許他們不想因為立即召回而驚動他；但如果他們知道他是敵方間諜，為何不派出第十三部的暴徒們、那些綁架專家，把他拖回俄國去？如果這一切都只是照舊行事，又為何全無預警？不過三個月前，戈傑夫斯基才為了這份新職接收過完整匯報，還需要進一步討論什麼？這些討論又有什麼至關重要和急迫之處，使得其意義不能在電報中透露？傳喚命令來自國安會首腦，這或者令人擔憂，或者透露了戈傑夫斯基如今受到的尊重。

布朗試著設身處地，用國安會的想法思考。「要是他們百分百知情，他們不會這樣表現，冒著給他逃亡時間的風險。他們想必是在爭取時間，放長線，餵他雞飼料，等待時機。他們本可以用更專業的手法把他帶回去，本可以捏造他母親去世或是其他事件。」

會面結束，仍未能得出確切結論。戈傑夫斯基同意隔天，也就是五月十七日星期五晚上，在安全屋再次會面。同時，他會訂購週日返回莫斯科的機票，並且不讓任何人察覺蹊蹺。

馬克西姆·帕什科夫正要駕車離開大使館停車場，赴一個午餐約會，這時發生了令他意外的事，戈傑夫斯基「擋在車前，激動地對著打開的車窗說話：『我被召回莫斯科了，午休後來見我，我們談一談。』」兩小時後，帕什科夫發現新任站長在辦公室裡「緊張地來回踱步」。戈傑夫斯基解釋，他被召回莫斯科接受切布里科夫的最後祝福，這件事本身沒有異常之處，但處理方式很奇怪：「誰也沒有事先私下寄信警告我。但這也沒什麼，我會離開幾天，搞清楚到底是怎麼回事。我不在時，你是代理站長。坐穩了，在我回來前什麼事都不要做。」

回到世紀之家，「首長和要人們的評議會」在處長「C」的辦公室召開，討論當前局面。與會成員包括：軍情六處新任處長克里斯・柯文、軍情五處反情報部長約翰・德弗瑞爾、蘇聯集團管制官，以及戈傑夫斯基的專案官西蒙・布朗。現場並沒有什麼驚恐感，雖然軍情六處有些人員後來說自己實在心懷擔憂，但間諜就跟其他人一樣，往往憑著後見之明自稱洞察全局。這個專案成功在望，兩位最接近此專案的官員，維若妮卡・普萊斯和西蒙・布朗，都看不出終止專案的明確理由。德弗瑞爾報告，軍情五處沒有察覺到國安會識破這名間諜的任何跡象。「我們的決議是，我們真的無法判斷他返國是否安全。」蘇聯集團管制官說。與會人員一致同意，讓戈傑夫斯基自己選擇。他不會被逼著回莫斯科，但也不會鼓勵他放棄。「這是逃避。」一位軍情六處官員憑著後見之明堅稱，「他面臨生命危險，我們本該保護他的。」

賭博獲勝的關鍵在於直覺，在於讓玩家得以預測事件、解讀對手心思的那份第六感。要是國安會知道了呢？

實際上，莫斯科所知極少。

國安會反情報部門，K局的維克多・布達諾夫上校（Colonel Viktor Budanov），普遍被公認為「國安會最危險人物」。一九八〇年代他曾在東德任職，其中一位國安會軍官下屬，正是青年弗拉基米爾・普丁。布達諾夫在K局內部的職責是調查「異常發展」，負責維護第一總局眾多情報部門的內部安全，清除軍官隊伍的腐敗，並且消滅間諜。這位堅定的共產黨人瘦長又乾巴巴，有一張狐狸般的面孔，以及訓

國安會反情報部門K局的維克多·布達諾夫上校。

練精良的律師頭腦。他的工作方法井然有序，一絲不苟。他認為自己是偵探，職責是維護法律，而非施行報應。「我們始終嚴格遵守法律的明文規範，至少在我任職蘇聯國安會反間及情報部門期間是這樣。我從來不曾發起一次可能違背蘇聯境內現行法律的行動。」他會憑著證據和推斷捉拿間諜❻。

上級告知布達諾夫，國安會內部有個高階的敵方臥底。他還不知道姓名，但他有了地點。倘若這個叛徒是由英國情報單位運行，那麼，他可能就是倫敦站裡的某個人。經驗豐富的反情報官員列昂尼德·尼基堅科在離開倫敦之前，發送過一連串批判報告，質疑戈傑夫斯基的可靠度。艾姆斯的密報，加上尼基堅科未經證實的猜疑，或許都指向了新任站長。戈傑夫斯基是嫌疑人，但他不是唯一的嫌疑人；尼基堅科自己就是另一個，帕什科夫是第三個，雖然還沒召回他。還有其他人都有嫌疑。軍情六處的觸角遍及全球，臥底到處都有可能出沒。布達諾夫無法確知戈傑夫斯基就是叛徒；但他確實知道，一旦這個人返回莫斯科，就可以確認他有罪還是無辜，且無脫逃之虞。

隔天早上，五月十七日星期五，第二封急電從中心發給了戈傑夫斯基，附帶一項安慰措施：「關於你的莫斯科之行，請記得，你將必須談論英國及英國問題，請以大量事實為具體討論做好準備。」這聽來更像是尋常的會議，有著常見的過度資訊要求。掌權僅僅三個月的戈巴契夫，經過前一年的成功出

❻ 維克多·布達諾夫訪談，二〇〇七年九月十三日，http://www.pravdareport.com/history/13-09-2007/97107-intelligence-0/。

訪，正對英國深感興趣；切布里科夫則以嚴守禮儀著稱。或許沒什麼好擔心的。

那天晚上，戈傑夫斯基和主管們再度在安全屋聚會。維若妮卡．普萊斯提供了煙燻鮭魚和全麥麵包。錄音機運轉著。

西蒙．布朗清楚說明了當前局勢。軍情六處並未取得任何情報，足以顯示歐列格被召回有異於常規，但如果他想要在此時叛逃，也有選擇的自由，他和家人這一生都會受到保護和照顧。如果他決定繼續行動，英國永遠都會感謝他。這個專案走到了緊要關頭。若此時終止，他們就可以帶走業已贏取的大筆賭金，存進銀行；但要是他回到莫斯科，由國安會主席親自祝福接任站長，那他們就會得到更大的頭獎。

布朗日後反思：「要是他決定不去，不會有人勸阻他，我們也不會嘗試勸阻。我想，他明白我們都真心誠意。我盡可能試著客觀公正。」

這位專案官以一段宣言作結：「要是你覺得看來不妙，那麼現在就收手。最終必須由你決定。但如果你回國出了差錯，我們就會執行脫逃計畫。」

兩個人聽見同一段話，聽進去的意思卻大不相同，這完全是有可能的。此刻正是這種時候。布朗以為自己在提供歐列格一條出路，同時提醒他這麼做恐怕會浪費掉千載難逢的機會；戈傑夫斯基則確信自己收到的指示是返回莫斯科。他盼望聽見專案官對他說他已經夠努力了，此時應當光榮退場。但布朗遵照指示，不做這樣的指導。決定要由戈傑夫斯基自己做。

漫長的幾分鐘過去，俄國人彎著腰一動也不動，一聲不響地坐著，顯然全神貫注思考著。然後他開口：「我們止站在邊緣，現在終止就是瀆職，讓我做過的一切都前功盡棄。雖有風險，但風險受到控制，我也準備承擔風險。我會回去。」

一位軍情六處官員這麼說：「歐列格知道我們想要他繼續，他也勇敢地表示贊同，這時還沒有任何明確的危險跡象。」

脫逃計畫的設計師維若妮卡．普萊斯，這時全心投入作業。

她再次帶著戈傑夫斯基排練整個皮姆利科行動的所有安排。戈傑夫斯基再次研讀會面地點的照片。這些照片是冬季拍攝的，路邊停車區入口的巨石在雪中特別顯眼，他懷疑自己到時候能不能在濃密枝葉裡認出巨石。

戈傑夫斯基派駐英國期間，脫逃計畫始終做好準備，隨時待發。派往莫斯科的每一名新任軍情六處官員，都接收過計畫細節的嚴謹匯報，他們看了一位化名「皮姆利科」的間諜照片（即使從來不告知他的姓名），並接受了電刷觸碰的指導，以及接運點及偷運的流程。這是一齣由逃亡與識別符號構成的複雜默劇。離開英國之前，這些官員及其眷屬都會被帶到吉爾福德（Guildford）附近的森林，練習爬進爬出汽車後車廂，以準確體會拯救這位不知姓名的間諜及其家屬的流程。派駐開始時，每位官員都奉命從英國駕車，行經芬蘭前往俄國，以親自熟悉路線、會面地點及跨越邊界流程。西蒙·布朗一九七九年第一次開車穿越國界時，在道路障礙樁上數到七隻喜鵲，立刻想起了那首關於數喜鵲的老兒歌：「七是絕對不能說的祕密」。

只要戈傑夫斯基人在莫斯科，而且在他抵達數週前及離開數週後，軍情六處小組都奉命每晚（不只是每週）監看庫圖佐夫大街上的那個信號點。週二晚上是發出信號的最佳時機，因為偷運小組屆時能在僅僅四天內抵達會面地點，也就是當週的週六下午。但在情況緊急時，偷運小組任何一天都可以行動，比方說，週五發出的信號意味著偷運必須在下週二展開，因為安裝外交車牌的車庫營業時間受限。一位官員生動敘述了這項任務施加的額外負擔：「每年有十八週左右，我們每晚都得檢查麵包店，以及公車站與音樂會的聯合時刻表附近，預期著、也始終恐懼著『皮姆利科』會出現。冬天是最糟的，太暗太霧，只有走過去才能親自確認；人行道掃出來的雪堆得太高，你幾乎認不出三十公尺之外的人。每星期又有多少次，太太能懇求著說當天的麵包她都忘了買：『可以麻煩你好心冒著零下二十五度的低溫出門，去買最後一批走味的小圓麵包嗎？』」

準備皮姆利科行動是軍情六處莫斯科站最重要的任務之一。這是一項堅決救人的脫逃計畫，要拯救的間諜往往不在現場，但為了他需要的那一刻，必須隨時做好準備。每一位軍情六處官員都在手邊、在公寓裡備著一條灰長褲、一個哈洛德百貨綠色塑膠袋，和一大堆奇巧與瑪氏牌巧克力棒。

計畫還多了一項改進。要是戈傑夫斯基抵達莫斯科後，發現自己陷入危險，他可以警告倫敦：他應當撥打倫敦住處的號碼，打電話給蕾拉，詢問孩子們在學校過得怎樣。電話受到監聽，軍情五處當然也會聽見。要是警告電話傳來，軍情六處就會收到告知，莫斯科小組就會進入全面戒備。

最後，維若妮卡．普萊斯遞給他兩個小包，其中一個裝著藥丸。「這些藥丸可以幫你保持警覺。」另一個小包裡，裝的是聖詹姆士廣場菸草零售商詹姆士．福克斯（James J. Fox）的一小袋鼻菸。他爬進後車廂時如果將鼻菸灑遍全身，或許可以讓國界的嗅探犬聞不到他的氣味，也或許可以掩蓋國安會可能噴灑在他衣服上或鞋子裡的任何化學藥劑氣味。倫敦還會有一隊軍情六處官員，在芬蘭邊界內的一處僻靜會面地點待命，等著將歐列格帶回英國。維若妮卡說，要是那一刻真的到來，她會親自在那兒迎接他。

當天晚間，戈傑夫斯基對蕾拉說，他要搭機返回莫斯科進行「高層討論」，幾天內就會返回倫敦。他看來緊張又熱切。「他就要正式成為站長了，我也很興奮。」她注意到他已經把指甲咬到肉裡。

一九八五年五月十八日星期六，這一天，充滿張力的間諜行動在三國的首都同時上演。

在華盛頓，奧德瑞奇．艾姆斯將九千美元現金存進銀行帳戶。他對羅莎里歐說，這筆錢是一位老友借他的。叛國行徑帶給他的興奮開始消褪，現實逐漸降臨：中情局任何一名間諜都可能會聽到他接觸蘇聯國安會的風聲，並且揭發他。

在莫斯科，國安會為戈傑夫斯基的到來做好準備。

維克多．布達諾夫徹底搜索了列寧大道上的那間公寓，但除了有問題的多本西方文學書籍之外，沒有找到足以定罪的證據。那本漂亮的莎士比亞十四行詩精裝書並未特別引起注意。K局的技師在肉眼不可見之處監聽公寓，包括電話在內；多部攝影機隱藏在燈具裡。離開時，國安會的鎖匠小心鎖上了公寓前門。

同時，布達諾夫正在爬梳戈傑夫斯基的人事檔案。除了離過一次婚之外，他的紀錄看來完美無瑕：傑出國安會軍官的兒子和弟弟，娶了一位國安會將軍之女，是盡忠職守的共產黨員，靠著勤勉和天賦一路苦幹上位。但仔細一看，就會顯露出戈傑夫斯基同志的另一面。國安會的調查卷宗絕不可能公諸於世，因此也不可能確切說明調查人員知道些什麼，又是幾時知道的。

但有許多值得布達諾夫深思之處：戈傑夫斯基大學時代與一名捷克叛逃者的親密友誼；他對西方文學的興趣，包括查禁書籍在內；他前妻一口咬定他是個兩面騙子；他派駐倫敦之前取閱檔案庫裡每一份英國相關檔案；以及英國簽證核發給他的速度快得令人起疑。

布達諾夫和在他之前的中情局一樣，都在尋找模式。國安會在斯堪地那維亞損失了多名寶貴資產，也就是哈維克、柏格林和特雷霍特，是戈傑夫斯基在丹麥時聽說了這幾位特務的事，並向西方情報機構報告的嗎？再來，是麥可．貝塔尼。尼基堅科可以確認，戈傑夫斯基也有得知這位英國人為國安會充當間諜的奇怪提議，而英國人捉拿貝塔尼的速度快得驚人。

仔細檢視之下，戈傑夫斯基的工作紀錄也會出現某些耐人尋味的軌跡。派駐英國的最初數月間，他的表現拙劣至極，還有人議論要送他回國，然而，他的聯絡人類型隨即顯著增長，情報報告的深度及品質也突飛猛進。英國政府短期內連續驅逐伊戈爾．季托夫和阿爾卡季．古克的決策，當時看來不足為奇，但現在看來顯然不是這樣了。布達諾夫可能也得知了尼基堅科先前的懷疑，特別是戈傑夫斯基在戈巴契夫出訪期間撰寫的報告，讀來彷彿是照抄英國外交部的簡報。

檔案深處還有一條可能的線索。早在一九七三年第二次派駐丹麥時，戈傑夫斯基就與英國情報機構有過直接接觸。一名已知的軍情六處官員理查．布隆海德接近他，並邀他午餐。戈傑夫斯基當時遵照正當程序，告知站長並取得正式許可，才在哥本哈根一家旅館與這名英國人見面。他當時的報告顯示，這次接觸毫無成果。但真是這樣嗎？布隆海德十一年前就已經吸收了戈傑夫斯基嗎？

旁證無疑具有殺傷力，但還不能確切定罪。日後，布達諾夫在《真理報》的專訪裡吹噓，戈傑夫斯基「在服務於國安會第一總局的數百名軍官之中，由我親自指認出來」。但在目前階段，他仍然缺少確鑿的證明。他循規蹈矩的法律頭腦，唯有當場人贓俱獲，或是取得完整自白才能夠滿足。如果能先當場查獲，又獲得自白，那是最好。

另一方面，倫敦世紀之家十二樓的諾克頓小組既興奮，又緊張。

「有焦慮，也有沉重的責任，」西蒙．布朗說，「我們可能默許了他回去送死。我以為那是正確的決定，否則我會勸他不要去。感覺像是計算過的風險、掌控中的賭局。但話說回來，我們從一開始就在冒險，本質上就是這樣。」

離開之前，戈傑夫斯基還要為國安會完成一項任務：為一名剛到倫敦，以代號「達里歐」（DARIO）行動的非法特務進行無人情報交換。英國境內的非法特務行動，通常由聯絡站的N線軍官實施，但這次行動被認為十分重要，得由新任站長親自執行❼。

三月，莫斯科用無法追蹤來源的二十鎊紙幣送來總共八千鎊，並命令將這筆錢轉交給「達里歐」。這筆款項在非法特務抵達時就可以直接交給他。但只要能設計出更複雜的做法，國安會從不做簡單的選擇。「場地行動」（Operation GROUND）就是一次過度複雜的具體教學。

首先，聯絡站的技術部門製作出一塊空心的人造磚，將這筆錢藏在裡面。「達里歐」會在美國大使館附近的奧德利廣場（Audley Square）南端一盞路燈柱上，留下一道藍色粉筆跡，示意自己已準備好收款。戈傑夫斯基奉命將這塊藏錢的人造磚裝進塑膠袋，置放在布魯姆斯伯里的公園，科拉姆園地（Coram's Fields）北邊小徑與高牆之間的路肩上。「達里歐」安全收到之後，會在薩德伯里丘（Sudbury Hill）的投票箱酒吧（Ballot Box pub）附近一根水泥柱頂端留下一塊口香糖，以資確認。

戈傑夫斯基向布朗描述了行動細節，布朗再把消息傳給軍情五處。

五月十八日星期六晚間，戈傑夫斯基帶著兩個女兒到科拉姆園地遊玩。晚間七點四十五分，他投下磚塊和塑膠袋。附近唯一出現的人，是一位推著嬰兒車的婦女，以及一位撥弄著腳踏車鏈的單車騎士。那位婦女是軍情五處最優秀的監控專家之一，她的嬰兒車裡裝著隱藏攝影機；單車騎士則是軍情五處K部長，約翰．德弗瑞爾。幾分鐘後，有個男人現身，步伐飛快。他俯身撿起塑膠袋，停下的時間剛好夠隱藏攝影機拍下他的臉孔。德弗瑞爾在他向北疾走時尾隨跟上，但他接著就鑽進國王十字的地鐵站。德弗瑞爾急忙停好腳踏車，衝下手扶梯，但太遲了。那人已淹沒在人群之中。之後，軍情五處也沒能看見是誰把口香糖黏在倫敦西北部某家不起眼酒吧外面的水泥柱。顯然，「達里歐」受過良好訓練。戈傑夫斯基向莫斯科發出電報，報告「場地行動」順利完成。光是獲准執行一項如此敏感的任務，這件事本身就讓他有理由相信自己仍受到信任。

要脫身還有時間，但他反而在週日下午吻別了妻子和女兒。他知道自己可能再也見不到她們，他試著不表露出來，但他吻蕾拉吻得比平常更久一些，把安娜和瑪莉亞抱得更緊一些。然後，他搭上計程車，前往希斯洛機場。

五月十九日下午四點，歐列格．戈傑夫斯基做出令人驚嘆的英勇之舉——他搭上了飛往莫斯科的蘇聯民航班機。

❼ 關於達里歐案，參看 Andrew and Gordievsky (eds.), *Instructions from the centre*。

第三部

雙方正在跳一場怪異的欺敵之舞，
戈傑夫斯基和國安會都假裝彼此合拍，同時等待對方踏錯一步。
這種壓力持續不斷，也無人能分擔。
他察覺不到被監控的跡象，但第六感告訴他，
耳目遍及各處，每一個轉角、每一道陰影裡都有。
老大哥正在看著他。

12 貓捉老鼠

在莫斯科，戈傑夫斯基又檢查一次門鎖，祈禱是自己搞錯了。但沒錯，第三道鎖，那道他從來沒用過、也沒鑰匙的鎖舌輔助鎖被鎖上了。國安會要對他下手了。「到此為止了。」他想著，恐懼的汗水從背上流下。「我就快死了。」他會在國安會選定的時間被逮捕，審問到榨出最後一絲機密，然後在「最終懲罰」裡被殺，讓劊子手的子彈打進後腦，最後埋進無名塚。

但在恐怖的想法橫衝直撞之際，戈傑夫斯基受過的訓練也開始發揮作用。他知道國安會的運作方式。要是K局已經完全查明他從事的間諜行動全貌，那他連自家前門都到不了，他在機場就會被捕，這時應該是在盧比揚卡監獄地下室的牢房裡。國安會窺伺著任何人，或許闖入他的公寓只是例行性窺探。顯然，如果他真的受到懷疑，調查人員手上的證據還不足以抓他。

弔詭的是，即使行事不受道德限制，國安會卻是個極其守法的組織。戈傑夫斯基這時是國安會的上校，不能只因為叛國嫌疑就拘捕他。國安會對於拷問上校軍官有嚴格規定，一九三六至三八年間的大整肅殺害了大量無辜人命，這個陰影此時仍揮之不去。在一九八五年，必須蒐集完善證據、舉行審判，再依法量刑。國安會調查員布達諾夫上校的做法，正是英國軍情五處對麥可·貝塔尼的做法，也是每一個成功的反間機構共通的做法：監視嫌疑人、監聽他，等他犯下錯誤或聯絡上線，才會動手抓人。差別在於，貝塔尼不知道自己遭受監控，戈傑夫斯基知道。或者，他覺得自己知道。

但他還是需要進入公寓。這棟大樓的另一位住戶是國安會的鎖匠，他有一整套工具，樂意幫忙弄丟鑰匙的鄰居和軍官同僚。一踏進門，戈傑夫斯基就小心檢查國安會造訪的任何一絲跡象。這個場所無疑已被監聽，如果技師裝了攝影機，他們肯定會仔細觀察他的舉止是否可疑，例如他有沒有在尋找竊聽器。從此時起，他必須假定自己的一言一語都被聽見、一舉一動都被監看、每通電話都被錄音。他必須表現得毫無不尋常之處，必須看似冷靜、隨意又有信心。但事實上，這一切正是他目前都不具備的。公寓看來很整齊，他在藥櫥找到一盒濕紙巾，以錫箔封蓋，有人用手指戳穿了錫箔。「可能是蕾拉。」他對自己說，「這個洞可能已經在這裡很多年了。」或者，也有可能是國安會的搜查者在這裡翻找線索。他的床下有一箱書，作者在蘇聯審查員眼裡都是煽動分子：歐威爾、索忍尼辛、馬克西莫夫。柳比莫夫曾經勸告他，在架上陳列這些書會有風險。這個書箱看來沒被動過，戈傑夫斯基匆匆掃了書架一眼，注意到那本牛津大學版的莎士比亞十四行詩還在原位，貌似完好。

戈傑夫斯基從家裡打電話給上司尼古拉．格里賓，他覺得對方聽起來不太對勁。「他的聲音裡沒有一絲暖意或熱情。」

那一夜他幾乎沒睡，恐懼和疑問不斷翻攪。「誰出賣了我？國安會知道了多少？」

隔天早上，他設法前往中心。他沒有察覺任何遭到監控的跡象，但這件事本身並無意義。格里賓在第三處與他會面，舉止看來幾乎一切如常，卻又不太像。「你最好開始做準備，」格里賓說，「兩位大老闆要召見你，跟你討論。」他們隨意談著切布里科夫和克留奇科夫會指望從倫敦站新任站長口中知道些什麼。戈傑夫斯基說，他遵照指示帶了大量筆記回來，內容都是關於英國經濟、對美關係，以及科學技術發展。格里賓點頭。

一小時後，他被喚到現任第一總局副局長維克多．格魯什科的辦公室。這位向來和藹可親的烏克蘭人此時似乎很緊繃，「問個沒完」。

「麥可．貝塔尼呢？」他問，「看來他畢竟是真有其人，認真想跟我們合作。他本來有可能成為第二個菲爾比。」

「他當然是真的，」戈傑夫斯基答覆，「他本來會比菲爾比更厲害、更有價值許多。」（這是無憑無據的誇大。）

「但我們怎麼會犯下這種錯誤？」格魯什科逼問他，「他從一開始就是真心誠意的嗎？」

「我想是這樣，我無法想像古克同志怎麼會不同意。」

對話停頓半晌，然後格魯什科繼續說：

「古克被驅逐了，但他對貝塔尼什麼都沒做，他甚至沒做聯繫。那他們為什麼要開除（驅逐）他？」

格魯什科表情裡的些許神色讓戈傑夫斯基心頭一震。

「我想，他的錯誤在於言行舉止太像國安會的人，成天開著賓士車到處跑，吹噓國安會的事，大擺將軍派頭。英國人不喜歡這樣。」

這個話題就此打住。

幾分鐘後，格魯什科召來那位奉命到機場迎接戈傑夫斯基的軍官，高聲訓斥他的無能。「怎麼搞的？你應該要跟戈傑夫斯基碰面，帶他回家的。你去哪裡了？」那人結結巴巴地說，他在機場走錯邊了。這一幕似乎事先排演過，國安會是故意不派任何人去迎接他，好在他入境後跟蹤他的一舉一動嗎？

戈傑夫斯基回到辦公室，翻著自己的筆記，等待國安會首長的傳喚，聽他們表明自己安全無虞。或者，他等待的是反情報部門前來拍肩，這也就意味著結局到來。最後，兩者都沒有發生。他回到家，又過了疑惑的一晚，充滿恐怖想像的又一夜。隔天還是一樣，若非內心驚恐，戈傑夫斯基大概會覺得無聊。到第三天，格里賓說他要提早下班，提議開車送他一程。

「要是上頭傳喚，我卻不在，怎麼辦？」戈傑夫斯基問。

「他們今天晚上不可能找你。」格里賓回答。

他們在雨中緩緩穿過車流，戈傑夫斯基盡可能漫不經心地說，倫敦還有重要工作得做。

「要是莫斯科這裡沒有事情的話，我想回去處理公務。北約有一場重要會議就要召開，國會年度也要結束了。我還需要指導部下怎麼運行聯絡人……」

格里賓搖了搖手，有些太過漫不在乎。「噢，一派胡言！人們常常一次休息好幾個月。沒有誰是必不可少的。」

隔天，又是混合著同樣的內在混亂與外在裝模作樣，就這麼結束了，再過一天也是。雙方正在跳一場怪異的欺敵之舞，戈傑夫斯基和國安會雙方都假裝彼此合拍，同時等待對方踏錯一步。這種壓力持續不斷，也無人能分擔。他察覺不到被監控的跡象，但第六感告訴他，耳目遍及各處，每一個轉角、每一道陰影裡都有。老大哥正在看著他，或者更精確地說，等在公車站牌的男人、街上的鄰居、帶著茶炊坐在大廳的老太太，都在看著他；或者，其實沒有。一天又一天無事度過，戈傑夫斯基開始懷疑，自己的恐懼是不是純屬想像？然後，恐懼絕非想像的證據出現了。

在第三處的走廊上，他撞見一位名叫鮑里斯・博洽洛夫（Boris Bocharov）的S局（負責非法特務網絡）同事，對方叫住他：「歐列格，英國出了什麼事？為什麼非法特務全被撤離了？」歐列格拚命掩飾自己的震驚。讓深層間諜撤退的命令，只會有一種意義：國安會知道自己在英國遭受損害，正在緊急解散非法特務網絡。那顆塞滿現金人工磚的接收者「達里歐」，身為臥底間諜，派到倫敦還不滿一星期。他的身分始終不曾確認。

一個怪異的包裹正在戈傑夫斯基桌上等著他，上面注明「格魯什科先生親啟」。包裹從國安會倫敦站用外交郵袋寄來，由於戈傑夫斯基是現任倫敦站站長，職員也就假定他是第一收件人。他的手顫抖著，搖了搖包裹，聽見乾巴巴的敲擊聲，裡頭還有個扣環叮咚作響。這肯定是他自己的小公事包，他留在倫敦的辦公桌上，內有一些重要文件。國安會已經在蒐證了。他對自己說，保持冷靜，照常行事。他把包裹交到格魯什科的辦公室，又回到自己桌前。

「人們都說，士兵聽見砲擊會陷入某種恐慌，我的狀況正是這樣。我甚至記不得脫逃計畫了，但我接著想：『反正計畫不可靠，我應該直接忘掉，等著後腦挨子彈就好。』我動彈不得。」

那天晚上，他打電話到肯辛頓的公寓，蕾拉接起電話。倫敦和莫斯科兩地的錄音設備同步啟動。

「孩子們在學校裡都好嗎？」他咬字清晰地發問。

蕾拉沒有察覺任何異常，她回答女兒們一切都好。他們閒聊了幾分鐘，然後戈傑夫斯基掛斷電話。

格里賓帶著滿滿的虛情假意，邀請戈傑夫斯基到他的別墅度週末。顯然，他接獲指示，要把戈傑夫斯基緊緊留在身邊，就等這名下屬無意間說漏嘴。戈傑夫斯基婉拒了邀約，解釋自己回到莫斯科後還沒去見母親和妹妹瑪莉娜。格里賓堅持要聚會，並宣告他們夫妻會在家裡接待戈傑夫斯基。於是，他們就坐在仿大理石面的咖啡桌前，聊著倫敦生活、女兒們的成長，以及她們以英語為第一語言的狀況，長達數小時之久；戈傑夫斯基的女兒瑪莉亞甚至學會了用英文念誦主禱文。在漫不經心的聽者耳中，戈傑夫斯基大概是個自豪的父親，在友善的飲茶時間裡，向親近的老同事描述派駐海外的喜悅。但其實，一場檯面下的殘酷心理肉搏戰正在進行。

到了五月二十七日星期一早上，戈傑夫斯基已經由於失眠和壓力而顯得邋遢不堪。離家之前，他吞了一顆維若妮卡．普萊斯提供的興奮藥丸，這是一種以咖啡因為基底的非處方增強劑，通常是學生熬夜讀書時為了保持機敏而服用的。到達中心的時候，戈傑夫斯基覺得好多了，勞累減緩不少。

才在辦公桌前坐不到幾分鐘，電話就響了，是處長室打來的專線電話。

戈傑夫斯基感到希望稍稍湧現，和國安會首長們期待多時的會面，或許就在眼前了。「首長來了嗎？」維克多．格魯什科的聲音從電話那頭傳來時，他問道。

「還沒，」格魯什科沒精打采地說，「有兩個人想跟你討論高階特務滲透英國的問題。」他補上一句，會面地點不在大樓，格魯什科也會出席。這全都極不尋常。

戈傑夫斯基的戒懼升高了，他把公事包留在辦公桌上，下樓走到大廳。片刻後，格魯什科來了，帶他搭上路邊停放的一輛汽車。司機從後門駛離，走不到一英里，就在一處高牆圍繞的院落旁停下。這裡是第一總局接待訪客和來賓的場所。格魯什科親切地閒聊，帶著戈傑夫斯基來到一間小平房，這座建築看似無害，四周有矮籬笆，顯然無人看守。這天十分濕熱，但屋內涼爽又寬敞。經過幾間臥室，來到一間長長的中央房間，家具稀疏，但都是雅致的新家具。門口站著兩位服務員，一位是五十多歲的男性，另一位是比較年輕的女性。兩人都極為尊重地迎接戈傑夫斯基，把他當成來訪的外國要人。

坐定後，格魯什科拿出一個瓶子。「你看，我拿了一些亞美尼亞白蘭地來。」他高興地說，倒了兩杯。他們喝了酒。服務員放上碟子，以及一大盤三明治、起司、火腿和紅鮭魚子醬。

這時，兩個男人走進房間，這兩人戈傑夫斯基都不認識。身穿黑套裝、年紀較大的男人臉孔布滿皺紋又粗糙，這是重度吸菸者及酗酒者的特徵。較年輕的男人身材較高，有張長臉和尖尖的五官。兩人都不笑。格魯什科沒有介紹這兩人，只說他們「想跟你談談要怎麼在英國運行一名非常重要的特務」。戈傑夫斯基的焦慮又升高一級，「我心想：『鬼扯，英國已經沒有重要特務了。搞這一齣一定有其他原因。』」格魯什科繼續愉快地說：「我們先吃吧。」他說話的方式彷彿在主持一場歡樂的公事午餐會。男服務員倒了更多白蘭地，男人們喝乾酒杯，戈傑夫斯基也跟著喝完。又來了一瓶白蘭地，又倒了一輪酒，眾人飲盡。兩個陌生人閒聊著最沒意義的話題，年長那位菸抽個沒完。

接著，在令人震驚的倏忽之間，戈傑夫斯基感受到自己眼前的真實一晃，成了一片幻夢世界，他在那個世界似乎半睡半醒，透過一道折射、扭曲的透鏡，遠遠地打量著自己。

戈傑夫斯基喝的白蘭地被摻入了某種吐真劑，可能是由國安會製造、名為SP117的精神藥物，這種硫噴妥鈉（sodium thiopental）含有一種迅速發揮效力的巴比妥麻醉劑，無臭、無味、無色，是用來破壞抑制力、讓人開口吐實的化學混合物。服務員從一個酒瓶為另外三人斟酒，同時偷偷用另一個不同酒瓶為戈傑夫斯基斟酒。

那位年長的男人是國安會職司內部反間的K局局長謝爾蓋・戈盧別夫將軍（General Sergei Golubev）。另一個男人則是國安會首席調查員維克多・布達諾夫上校。

他們開始發問，戈傑夫斯基發現自己在回答問題，對自己說了什麼卻意識模糊。但他大腦裡的某些部分仍保持自覺和防衛。「保持警惕。」他對自己說。戈傑夫斯基此刻正為了保命而奮戰，在汗水與恐懼的毒氣中，穿越下藥白蘭地的迷霧。他聽說國安會有時會使用藥物獲取機密，而不用肉體拷問，但對於化學藥劑突然襲擊自己的神經系統，他毫無心理準備。

戈傑夫斯基始終無法確切說明接下來五小時發生了什麼事。但他後來回想起片段，宛如一場令人大受打擊的噩夢。依稀記得的碎片穿過藥理學的迷霧，並組合起來：突然鮮明的場景、隻字片語、審訊者們逼近的面孔。

向他伸出援手的不是別人，正是金姆．菲爾比，那位仍在莫斯科過著流亡生活的英國老間諜。「絕不招供。」菲爾比曾這麼建議過蘇聯國安會的學員❶。正當精神藥物開始控制住他，他想起了菲爾比的話語：「和菲爾比一樣，我什麼都否認。否認、否認、否認。這是本能反應。」

布達諾夫和戈盧別夫似乎想要談論歐威爾和索忍尼辛的文學作品。「你為什麼會持有這些反蘇書籍？」他們逼問，「你蓄意利用外交官身分，輸入明知非法的物品。」

「不對，不對，」戈傑夫斯基聽見自己說，「身為政治情報官，我需要閱讀那種書籍，它們給了我必要的背景知識。」

突然來到他身邊的格魯什科滿臉笑容，「做得好，歐列格！你這場對話很精采。繼續說！全都告訴他們。」然後他又走了，兩個審訊者再次俯視著他。

「我們知道你是英國特務。我們有確鑿證據可以證明你的罪行。招供！坦白！（*Priznaysya*）」

「不！我沒什麼好招供的。」垂頭喪氣、渾身是汗的他，意識時有時無。

布達諾夫說話了，用的是人們會對不聽話的孩子使用的那種慰藉嗓音：「幾分鐘前你做了非常好的坦白。現在請再來一次，確認你說過的話。再坦白一次！」

「我什麼都沒做。」他申辯著，像溺水的人那樣緊抓著自己的謊言不放。

不確定是何時，他記得自己踉蹌跪下，奔向浴室，對著洗手台猛烈嘔吐。那兩個服務員似乎從房間一角惡狠狠盯著他，尊重之情蕩然無存。他要了水喝，貪婪地痛飲，把水灑到了胸口。格魯什科一會兒現身，隨即又消失。審訊者們看來交替使用著安撫和控訴，他們有時溫柔地勸告：「你身為共產黨員，怎能因為女兒會念主禱文而自豪？」下一刻就試著誘騙他，用代號拋出一長串間諜和叛逃者的姓名。「弗拉基米爾·維特洛夫呢？」布達諾夫追問，他指的是前一年因為勾結法國情報機構而遭處死的國安會軍官，「你對他有什麼想法？」

「我聽不懂你在講什麼。」戈傑夫斯基說。

接著，戈盧別夫打出王牌，「我們知道是誰在哥本哈根吸收了你。」他咆哮，「是理查·布隆海德。」

「胡說八道！這不是事實。」

「但你寫了一份關於他的報告。」

「當然，我見過他一次，寫了那次會面的報告。但他從來沒有特別關注我，他跟每個人都會聊……」

布達諾夫換了一種說法：「我們知道你打電話給老婆，是在跟英國情報部門通風報信。承認吧。」

「不是，」他堅稱，「不是這樣。」否認、否認、否認。

兩位審訊者不放過他。「坦白！」他們說，「你已經坦白過一次，再坦白一遍！」

戈傑夫斯基感覺自己的意志力在減弱，他鼓起一絲防衛力量，對那兩個國安會訊問者說，他們跟史達林的祕密警察沒兩樣，從無辜的人身上榨取假自白。

喝下第一口白蘭地後五小時，房間的燈光似乎突然熄滅。戈傑夫斯基感到死一般的疲憊吞沒了他。他的頭向後仰，墜入黑暗。

戈傑夫斯基在一張乾淨的床上醒來，早晨陽光流過窗戶，他身上只穿著背心和內褲。他口乾舌燥，劇烈的頭痛是不曾體驗過的。他一度不知道自己身在何處，或是發生了什麼事。但慢慢地，在片斷中，驚恐愈來愈強烈，前一天發生的某些事件又慢慢浮現。他在床上坐直身體，一陣噁心感襲來。「我完了，」他想，「他們全都知道了。」

然而，跟這個結論相反的，卻是一個不證自明的事實，意味著國安會或許還不知道全貌。那事實就是：他還活著。

再次卑躬屈膝的男服務員帶著咖啡前來，戈傑夫斯基一杯接一杯喝掉。頭還在抽痛，他把整齊地掛在門上的套裝穿好。正在穿鞋時，兩名審訊者再次現身。戈傑夫斯基做好準備。咖啡被下藥了嗎？他又要陷入那陣化學迷霧了嗎？但沒有。他霧濛濛的腦袋似乎隨著時間愈來愈清明。

那兩個男人疑惑地看著他。

「戈傑夫斯基同志，你對我們非常粗暴。」年紀較輕的男人說，「你指控我們復甦了一九三七年大恐怖的精神。」

布達諾夫的態度惱怒憤恨。戈傑夫斯基指控他跟史達林時代的屠夫沒兩樣，冒犯了他依法行事的感受。他認為自己是調查員，持守法律的人，是詢問者而非異端審判者，處理的是事實而非謊言。「戈傑夫斯基同志，你說的不是實話，我會證明這一點。」

戈傑夫斯基目瞪口呆。他原先預期的是，審問自己的人就跟那些困住獵物、準備下手的獵人一樣，會展現出洋洋得意的神氣活現；但他們看來反而委屈又受挫。在迷惑之中，戈傑夫斯基突然感到一陣清醒，並湧現一絲希望。他明白了，這兩個審訊者沒有得到他們想要的答案。

「如果我很粗魯的話，我道歉，」他結結巴巴地說，「我記不得了。」

一陣尷尬的沉默。然後布達諾夫又開口了：「有一輛車會來載你回家。」

過了一小時，衣衫不整、茫茫然的戈傑夫斯基，發現自己站在列寧大道的公寓外面。他又被鎖在門外了，他的鑰匙留在辦公桌上，因此那位鎖匠鄰居得再次幫他開門。這時已是上午十點，戈傑夫斯基癱坐在椅子上，前所未有地意識到自己正遭受監視。他試著回想前一夜發生的事。

看來，他的審訊者們知道理查·布隆海德。他們似乎也意識到，他打電話給蕾拉是要向英國情報機構通風報信，但他們顯然不知道他的間諜活動全貌。他很確定，即使他們憤怒地要他自暴罪行，他仍堅定否認了。吐真劑未能正常發揮功效。或許他那天早上吞服的興奮藥丸足以抵銷硫噴妥鈉的完整效力，這是維若妮卡·普萊斯給他這些藥丸時，不曾設想過的偶然副作用。即使如此，對於自己仍然不受懷疑的一絲僅存希望，如今也煙消雲散。國安會正在追查他，審訊者還會回來。

隨著藥物的後遺效應消退，持續升高的恐慌取代了噁心感。那天下午三點多，他再也受不了這種緊張，他打電話到格魯什科的辦公室，試圖讓自己的聲音聽來正正常常。

「要是我對那些人太粗魯，我很抱歉，但他們非常怪。」他說。

「不對，不對，」格魯什科說，「他們都是很棒的人。」

接著他打給處長格里賓。

「發生了不尋常的事，我很擔心。」戈傑夫斯基說。他描述自己被帶到那間小平房，遇見兩名陌生人，然後不省人事。他假裝自己完全不記得審問的內容。

「別擔心，老兄，」格里賓這麼說，軟綿綿地撒謊，「我確定這沒什麼大不了的。」

另一方面，在倫敦，蕾拉開始疑惑丈夫為何沒再打電話來。接著，答案就來了。五月二十八日早上，大使館的一位官員突然造訪公寓，他解釋，歐列格病倒了，心臟出了點小毛病。「不是很嚴重的事，但你得立刻和女兒們返回莫斯科，大使館的司機會來接你們。身為站長夫人，你們會搭乘頭等艙。只帶隨身行李就好，因為你們很快就會再回來倫敦。」蕾拉匆匆打包，這位官員則在門廊等候。「當然，我擔心歐列格。他為什麼沒有親自打給我，跟我確定他沒事？不太對勁。」或許他的心臟疾病比這位官員能透露的更嚴重。兩個女孩對於能回到莫斯科來場驚喜度假都很興奮。大使館的車開來了，她們都在前門等候。

過了幾乎失眠的一夜，戈傑夫斯基穿戴整齊，再吞兩顆興奮藥丸，然後前往中心，假裝這不過又是一個上班日，但心裡明白這可能是最後一天上班。他才在辦公桌前坐沒幾分鐘，電話就響起，他再次被傳喚到格魯什科的辦公室。

在那兒的一張大桌後面，國安會的特別法庭一字排開。格魯什科的兩旁坐著面無表情的格里賓，以及K局局長戈盧別夫。他們沒有請戈傑夫斯基坐下。

一場不得了的間諜劇隨之上演。

「我們非常清楚，你騙了我們好多年，」格魯什科宣告，宛如法官在宣判刑期，「但我們決定，你可以在國安會留用。可是你在倫敦的職務終止，你要轉調到非行動部門。你應當把積假放完，你家裡的反蘇文學必須送交第一總局圖書館。記住，不只往後幾天，而且永遠，**都不准再打電話到倫敦。**」

格魯什科停頓片刻，再以近乎心照不宣的語氣補上一句：「但願你知道，我們是從哪個非比尋常的來源聽說你的。」

戈傑夫斯基目瞪口呆，一時無言以對。這一幕的怪異本身，似乎需要他以戲劇化的表演回應。他當下的迷惑模樣只有一半是裝的：「我對星期一發生的事非常抱歉。我想，飲料或食物有些不對勁……我的狀況很壞，我覺得很難受。」

審訊者戈盧別夫似乎在此刻醒來了，他的斷言如一場夢：「胡說八道，食物一點問題都沒有，都很美味。鮭魚卵三明治非常好吃，火腿三明治也是。」

戈傑夫斯基懷疑自己是不是又產生幻覺了。他站在這裡被控叛國，首席調查官卻在為國安會三明治的品質辯護。

戈傑夫斯基對格魯什科說：「維克多．費奧多羅維奇，你所說的我欺騙你們很久，我真的不知道你在說什麼。但不論你們如何決定，我都會像個軍官和紳士一樣接受。」

然後，他帶著無辜受害的模樣，煥發著軍人榮譽，轉身大步走出去。

回到辦公桌前，戈傑夫斯基感到天旋地轉。他被控為敵國情報部門效力，國安會軍官以前會因為輕微許多的情節而被槍斃；但他們卻把他繼續留在薪資名冊上，還要他去休假。

過了一會兒，格里賓走進他的辦公室。剛剛在格魯什科辦公室的怪異場景裡，格里賓始終一語不發，這時他悲傷地看著戈傑夫斯基。

「我還能跟你說什麼，老兄？」

戈傑夫斯基察覺到了圈套。

「柯利亞，我真的完全不知道這是怎麼回事，但我懷疑，我說了批評黨領導的話被人聽到，如今有一個巨大陰謀正在針對我。」

「如果只是這樣就好了，」格里賓說，「如果只是被麥克風錄到某些言行不檢的問題就好了。但我恐怕問題嚴重得太多、太多。」

戈傑夫斯基擺出一副新鮮的困惑表情：「我還能說什麼？」

格里賓嚴厲地看著他：「試著豁達地接受這一切吧。」這句話聽來宛如死刑判決。回到公寓，戈傑夫斯基試著弄清楚方才發生的事。國安會一向不講寬大，要是他們知道了，哪怕只是一丁點實情，他就死定了。但他現在還沒被送進盧比揚卡監獄地下室，這件事只能意味著調查員還缺少決定性證據，無法坐實他的罪狀。「這時我還無法分辨國安會查明了什麼、沒查明什麼；但很顯然，我實際上已經被判死刑了，只是有待後續調查而暫緩執行。」國安會是在放長線釣大魚。「他們決定要跟我玩，」他想，「就像貓捉老鼠那樣。」最終，玩膩了的貓不是把老鼠嚇死，就是直接殺死。

維克多．布達諾夫還得證明一件事。戈傑夫斯基相信，是維若妮卡的興奮藥丸救了他；但其實，能夠解釋他為什麼還活著的，恐怕是他在審訊中的挑釁言論，將調查員與史達林下的殺人凶手相提並論。布達諾夫被這個說法激怒了，他要證明自己。他會讓戈傑夫斯基自以為安全，但持續監控，直到他崩潰、自白，或試圖聯繫軍情六處，屆時，布達諾夫就會收網。沒有理由倉促行事，因為這個人哪兒都逃不了，從來沒有一個間諜嫌疑人能在國安會監視之下逃出蘇聯。一般情況下，第七局會運用自己的監控人員跟蹤嫌疑人，但針對此案，內部一致同意運用第一總局的人馬。格魯什科很堅持，既然這是他局裡的問題，就由局裡自行解決，第一總局之外知情者愈少愈好（先不談別的，對格魯什科的仕途來說當然愈好）。監控者不能是戈傑夫斯基可能認得的人，因此中國處的一個監控小組被調來執行這項工作，他們並未明確得知嫌疑人的身分，或是他涉嫌的犯行；他們只奉命跟蹤他、回報一舉一動，並不得讓他脫離視線之外。一旦戈傑夫斯基的家人返回莫斯科，他嘗試脫逃的機率就更低，蕾拉和兩個女兒會成為一無所知的人質。第二次闖入戈傑夫斯基公寓的行動在白天進行，他的鞋子和衣物再次被噴灑放射塵，肉眼看不見，但戴上特製眼鏡就能看見，使用改裝的蓋革計數器就能追蹤。無論戈傑夫斯基走到哪裡，都會留下一道放射性蹤跡。

戈傑夫斯基看來毫不記得自己在審問期間說了些什麼，吐真藥物也未能正常發揮功效，布達諾夫對此十分失望。調查按原定計畫進行。

在倫敦，「諾克頓」小組這時深感憂慮。「那是非常漫長的兩星期。」西蒙．布朗說。軍情五處報告，戈傑夫斯基從莫斯科打電話給妻子，但對話未能完整錄下，監聽人員也未留意到戈傑夫斯基有沒有提到關鍵的女兒上學狀況這件事。戈傑夫斯基是在示意他有麻煩了嗎？「證據不足，無法取得確切結論。」被問到怎麼會錯失戈傑夫斯基發出的警告時，負責與軍情五處監聽小組聯絡的最高階軍情六處官員引用了賀拉斯（Horace）的詩句作答：「大詩人荷馬打瞌睡時，我也不能忍受。」（*Indignor quandoque bonus dormitat Homerus*）這句話通常譯為「智者千慮，必有一失」。訓練最精良的專家，有時也會被發現疏失。

接著，重錘敲下。安全局報告，有人為蕾拉．戈傑夫斯基和兩個女兒訂了返回莫斯科的機票。「我聽到這個消息，血都冷了。」布朗回想。戈傑夫斯基的家人突然被召回，只能意味著一件事：他落入國安會手中，而且英國不可能出手干預。「若阻止她們返國，等於是宣判他死刑。」

一封急電立刻發給軍情六處莫斯科站，下令進入高度戒備，準備啟動皮姆利科行動。但倫敦小組內部卻籠罩著深沉的悲觀，基本上已假定這個專案完了。「家人一旦被帶回莫斯科，看來也就確定了戈傑夫斯基已經被捕。脫逃似乎完全不可能。」間諜被查獲了。但怎麼會？出了什麼錯？

布朗回想：「那段日子很糟糕，整個『諾克頓』小組都處於震驚狀態。我不再進辦公室，因為每個人都像行屍走肉般走來走去。」

「隨著時間過去，我說服自己，我們錯得一塌糊塗，歐列格死了。」

所有軍情六處官員當中，維若妮卡．普萊斯與戈傑夫斯基的情感最為親近。自一九七八年起，保護他就成了她最急迫的職責，是她每天全心全意思考的事。她的舉止仍然簡潔幹練，但她深陷擔憂。「我想，我們對這個計畫已經盡了全力。」她說，「現在該由莫斯科的人接手了。」然而，普萊斯並不只顧著煩惱焦急。儘管失去了她的監護對象、她的特殊責任，但她有信心他會被找到，並且獲救。

普萊斯得知，俄芬邊界的蚊子在初夏會很凶猛。因此她買了一些驅蚊劑。

日後成為伯爵的羅伊．阿斯科特子爵（Viscount Roy Ascot），此時是軍情六處莫斯科站站長，他可能是英國所培養的間諜當中，家世最顯赫的。他的曾祖父曾任英國首相，他的名字取自祖父，他的祖父是學者和律師，是那一代最聰穎的人才之一，戰死於第一次世界大戰。他的父親是第二代伯爵，曾任殖民地行政官員。面對貴族，人們往往不是奉承，就是擯斥。身為上流人士是間諜工作的優良偽裝，阿斯科特子爵就是一名絕佳的間諜。一九八〇年加入軍情六處之後，他學會俄語，一九八三年以三十一歲之齡派駐莫斯科。

離開英國之前，阿斯科特和妻子卡洛琳（Caroline）都聽過皮姆利科行動的匯報。一般來說，現役官員的配偶會被視為軍情六處外站不支薪的兼職人員，必要時也會交付高級機密；阿斯科特子爵夫人卡洛琳是建築師的女兒，博學、有創意、謹慎至極。阿斯科特夫婦瀏覽了一張戈傑夫斯基的照片，並演練了電刷觸碰及偷運出境的計畫。維若妮卡．普萊斯親自向他們描述戈傑夫斯基，但絕不透露姓名、可能位置，或所作所為。每個人都叫他「皮姆利科」。「維若妮卡簡直就是約翰．勒卡雷小說裡的人物。在她的面容、儀態和舉止中，她所描述的這個人就是個英雄。她非常仰慕他，認為他身上有著與眾不同之處。她對我們說：『皮姆利科是個非常了不起的人。』」

派駐莫斯科的頭兩年間，阿斯科特夫婦數度駕車往返赫爾辛基，以熟悉脫逃路線和會面地點。莫斯科只有五個人知道這個脫逃計畫：阿斯科特夫婦、副站長亞瑟・吉（Arthur Gee）和妻子瑞秋（Rachel），以及軍情六處祕書維奧萊特・查普曼（Violet Chapman）。其中，亞瑟是老練的官員，預定在不久後接任阿斯科特的站長職位。五人都住在庫圖佐夫大街的外僑公寓區。每個月，這五人其中一位都會前往中央市場，尋找一個手提喜互惠塑膠袋的男人。每當戈傑夫斯基休假返國，以及此前與此後數週，每天晚上不論晴雨，他們當中也有一人會去檢查大街對面麵包店的信號點。輪值故意排得不照規律。維奧萊特可以從她家公寓外的樓梯間看見信號點；輪到阿斯科特和亞瑟的時候，他們會步行監看信號點，或在駕車返家時監看。「我們得發揮想像力，變換花樣，才不會建立固定模式，被那些我們知道正在看著、聽著我們的人注意到。你可以想見，這套手法的節奏需要多少刻意開展又刻意中斷的對話。」這個小組隨時準備大量巧克力，準備給出確認的信號。「大量沒吃過的走味巧克力棒，堆在我們的外套口袋、手提袋和汽車雜物箱裡。」阿斯科特從此終生厭惡奇巧牌巧克力。

阿斯科特把脫逃計畫記在心裡，並不多想。「這是一套複雜的計畫，我們也知道整件事有多麼站不住腳。它看來實在太不可能發生。」皮姆利科行動需要偷運的人數多達四人，兩個成人和兩個小女孩。阿斯科特自己有三名不到六歲的子女，要讓他們在後座安靜坐好就已經夠難了，如果把他們塞進後車廂，反應不堪設想。就算這名間諜設法擺脫監視夠久，抵達了邊界，這本身已經不太可能，還要軍情六處官員同樣成功擺脫國安會追蹤，抵達會面地點而不被攔截。據他計算，這個機率幾乎等於零。

「國安會完全籠罩著我們。」外交官公寓遭到監聽，他們的座車和電話也是。上面樓層住的就是國安會：「每天晚上，你都會看到他們把錄音帶裝在紅十字會箱子裡運走，他們就坐在樓上監聽我們。」他們強烈懷疑家裡裝有隱藏攝影機。每當卡洛琳出門購物，都有三輛車組成的國安會車隊跟蹤她，阿斯科特自己有時被至少五輛車跟蹤。軍情六處官員嫌疑人的車輛，都被噴灑了與戈傑夫斯基衣鞋上同一種的放射塵，要是這種放射塵出現在英國間諜嫌疑人身上，就成了雙方接觸的證據。不僅如此，國安會有時也用一種人類察覺不到，但嗅探犬輕易就能追蹤的化學氣味，噴灑在間諜嫌疑人的鞋子上。每一位軍情六處官員都準備了兩雙一模一樣的鞋，好在必要時能夠換上一雙未被汙染的鞋；另一雙鞋則收存在大使館的聯絡站內，以塑膠袋密封。新換上的鞋，被稱為「防狗鞋」。夫妻兩人在家唯一能交流的方式，是在床上蓋著床單傳紙條，他們通常會用可溶墨水的鋼筆寫在衛生紙上，隨後在廁所沖掉。「我們受到持續監控，不管在哪裡，都幾乎沒有一點隱私。令人疲憊，也很有壓力。」即使在大使館內，唯一確定可以交談而不被聽見的地方，也只有地下室的「安全說話室」（safe-speech room），「這是個位在無人空間、被噪音環繞的組合屋」。

節奏有所變化的第一個跡象，在五月二十日星期一到來。封電報提醒，皮姆利科行動此時進入高度戒備。「我們察覺到情況不對了。」阿斯科特寫道，「我們試著抗拒這種感受，但相對於過去三年來的許多個星期，我們覺得，現在每天晚上都有可能要來真的了。」兩週後，隨著蕾拉和女孩們動身返國，倫敦方面也來訊敦促以更高警覺監看信號點。「電報說『無需擔心。』」阿斯科特回想，「那麼，顯然發生了需要擔心的事。」

妻子和女兒抵達莫斯科時，戈傑夫斯基正在機場等候。國安會也在等候。蕾拉心情愉快，蘇聯民航的一位官員陪同蕾拉和女孩們在倫敦登機，另一位官員則在莫斯科迎接她們，護送她們從頭等艙下機。她們迅速被帶到查驗護照的隊伍前端，國安會站長夫人的身分有它的好處。看到戈傑夫斯基在入境閘口等著，她就寬心了。「太好了，他沒事。」她想。

然而，一眼看見戈傑夫斯基的憔悴面容和焦慮神情，立刻讓她改變想法。「他看來很糟，壓力很大，神情緊繃。」他在車上解釋：「我麻煩大了，我們不能回英國了。」

蕾拉震驚：「到底為什麼不行？」

戈傑夫斯基深呼吸，然後撒謊。

「有個陰謀正在對付我，人們都在嚼舌根，但我是清白的。針對我的陰謀正在幕後醞釀。因為我被任命為站長，很多人都想要這份美差，於是有某些人想要整我。我現在處境很艱難，不要相信你聽到的關於我的事。我沒有任何罪過，我是誠實的軍官。我是蘇聯公民，我很忠誠。」

蕾拉在國安會體系長大，對中心周圍吹得沒完沒了的惡毒蜚語和陰謀自是耳熟能詳。她的丈夫在組織裡晉升得又高又快，因此嫉妒的同事們當然會耍手段整他。震驚過後，蕾拉天生的樂觀又浮現了。「我很實際，講究務實，有時還很天真，或許吧。我就是接受而已。我是他的妻子。」暗算他的陰謀總會平息，他的生涯會再度回到正軌，就跟以前一樣。他應當試著放鬆，靜候危機消停。一切都會變好的。

蕾拉沒有留意從機場開始尾隨他們的國安會車輛，戈傑夫斯基也沒向她指出來。

他沒有對妻子說，他奉命繳回他的外交護照，此時正在無限期休假狀態。他也沒有透露自己那箱西方書籍被沒收了，他被指示簽署一份文件，承認持有反蘇著作。為了隱藏式麥克風，也為了蕾拉好，他繼續裝模作樣，高聲抱怨著針對他的陰謀不公平又無憑無據：「這樣對待一位國安會上校，真是豈有此理。」她不知道的是，他的同事們不再正眼看他，他整天坐在空蕩蕩的辦公桌前。他沒有告訴她，家裡被監聽了，也沒有說他們受到國安會二十四小時監控。他什麼都沒告訴她，而她相信了他。

但蕾拉看得出來，丈夫正承受著巨大心理壓力。他看來糟透了，雙眼空洞又充血。他開始喝古巴蘭姆酒，每夜都需要酒精麻醉才能入睡。他甚至開始抽菸，試圖鎮定暴躁的神經。兩週之內，他的體重就減輕了六公斤多。她帶他去看一位家族很熟識的醫生，聽診器聽見的東西令這位女醫師震驚不已。「你怎麼搞的？」醫師追問，「你心律不整，你嚇壞了。什麼事讓你這麼害怕？」她開了鎮靜劑。「他像是被關在籠裡的野獸，」蕾拉回想，「我的責任是讓他冷靜下來。『我是你的靠山。』我說，『別擔心，想喝酒就喝，我不介意。』」

夜裡，泡在蘭姆酒中、滿心恐懼的戈傑夫斯基，仔細考慮著他有限的選擇。他該告訴蕾拉嗎？他該試著聯繫軍情六處嗎？他能夠啟動脫逃計畫，嘗試逃亡嗎？但要是他逃亡，該一起帶走蕾拉和兩個女兒嗎？另一方面，他撐過了被下藥的審問，也還沒被捕。國安會真的收手了嗎？要是他們還沒有證據能捉拿他，逃亡的企圖就顯得愚蠢又倉促。每天，他都會筋疲力盡地醒來，得不出結論，腦袋抽痛，心臟怦怦亂跳。

勸說他應當休個假的人是他母親。國安會人員的眾多特權當中，包括得以使用多處礦泉療養地和度假中心，其中最豪華的是莫斯科南方約一百公里的謝苗諾夫斯科耶（Semyonovskoye）療養所，一九七一年由國安會主席安德羅波夫下令建造，以供「共產黨及蘇聯政府領導人休息治療之用」❷。國安會當局仍繼續裝作一切沒事，准許了戈傑夫斯基在那裡休息兩週。

出發前，他打電話給老友米哈伊爾．柳比莫夫，這位前國安會哥本哈根站站長，此時正以作家身分努力謀生。「我回來了，看來是永遠回來了。」戈傑夫斯基說，「聲音起伏不定」。他們約好見面。「我被他的外表嚇到了，」柳比莫夫寫道，「臉色跟死人一樣蒼白，惶惶不安，動作大驚小怪，語言混亂。他這麼解釋自己的問題，說是索忍尼辛和其他流亡者的某些著作在他的倫敦寓所被人看到，聯絡站裡的敵人舉報了這件事，在莫斯科引爆成重大問題。」向來活潑開朗的柳比莫夫試著讓他振作起來：「算了吧，老弟，何不離開國安會寫書？你總是很喜歡歷史，頭腦也好。」但戈傑夫斯基看來傷心欲絕，伏特加一杯接一杯。「新鮮事，」柳比莫夫說，「我一直以為他是國安會裡極少數不喝酒的人。」戈傑夫斯基說他要去一間療養所「修補神經系統」，便踉蹌走進了莫斯科的夜色之中。柳比莫夫很擔心這位老友的精神狀態，於是打電話給交情仍然融洽的尼古拉．格里賓。「歐列格是怎麼了？他變得跟以前完全不一樣了。發生了什麼事讓他變成這樣？」格里賓只是「咕噥著關於國安會謝苗諾夫斯科耶療養所的一些話，說什麼，一個不成功的站長可以在那兒獲得治療」，還補上一句：「他很快也會去。」然後掛斷電話❸。

出發之日到來，戈傑夫斯基做出了決定。動身前往療養所之前，他會在中央市場發出信號，表明自己需要傳遞訊息。過了三個週日回來後，他會到聖瓦西里主教座堂進行電刷觸碰。他還沒決定要向軍情六處發出什麼訊息，他只知道，在他發瘋之前，他需要進行接觸。

在此同時，國安會調查員們持續觀察、調查、爬梳檔案，訊問每一個與戈傑夫斯基共事過的人，不斷尋找線索證明他的罪行，定下他的命運。

布達諾夫樂意耐心等候，而且，他不用等太久。

一九八五年六月十三日，奧德瑞奇・艾姆斯做出了諜報史上最驚人的一次叛國行動：他點名指認了至少二十五名擔任西方情報機構的間諜、對付蘇聯的人。

收到蘇聯國安會第一筆款項之後的那個月內，艾姆斯得出一個殘酷的合理結論：蘇聯情報機構內部的多位中情局間諜，任何一人都有可能聽聞他正在做的事，並且舉報他。這樣一來，唯一的自保之道就是向國安會揭發有可能出賣他的全數人員，好讓俄國人一網打盡，全部處死。「那樣一來，他們就不會構成威脅了。」艾姆斯知道，他等於是把死刑執行令發給了自己點名的每一個人，但他推斷，這是確保他獲得安全與金錢的唯一辦法。

「六月十三日的名單中，我列出的所有這些人，全都知道他們需要承擔的風險。要是其中有一人得知我的事，他就會報告給中情局，我就會被逮捕入獄……這不是針對個人，就只是賽局進行的方式而已。」

❷ *The New York Times*, 8 February 1993.

❸ 歐列格・戈傑夫斯基的心理狀態，參看 Lyubimov, *Notes of a Ne'er-Do-Well Rezident* 及 *Spies I Love and Hate*。

那天下午，艾姆斯在喬治城（Georgetown）大受歡迎的查德威克餐廳（Chadwick's）與謝爾蓋·丘瓦欣會面，交給他一個重達三公斤的購物袋，裡頭裝滿情資報告。他在過去數週之間蒐集到的這一大票機密，後來被平淡無奇地稱作「大堆頭」，包括：加密電報、局內備忘錄，以及特務報告。這是「一部間諜大百科、一部人名錄，揭發了為美國效勞的每一名蘇聯重要情報官身分」。其中還有一人是為英國工作，他幾乎肯定，跟丘瓦欣初次會面時就已經影射過此人。這時，他提供了姓名：中情局三個月前業已查明，代號「搔癢」的那位軍情六處間諜，就是歐列格·戈傑夫斯基。中情局蘇聯處處長伯頓·葛伯聲稱，艾姆斯是「碰巧」查出他的名字；而不久後就當上葛伯副手的米爾頓·畢爾登則宣稱，是艾姆斯自己做了偵探工作。

艾姆斯提供的這個情報富礦即刻被傳回莫斯科，一場龐大的掃蕩行動隨之展開。至少十名被艾姆斯指認的間諜死在國安會手上，一百多個情報行動遭到破壞。交出「大堆頭」之後沒多久，艾姆斯收到丘瓦欣從莫斯科發來的一則訊息：「恭喜，你現在是百萬富翁了！」

這正是布達諾夫等待已久的證據，直接來自美國中情局，毫無疑問證明了戈傑夫斯基的叛國罪。但國安會仍然沒有收網。至今仍無法完全確定他們不動手的理由，但看來最有可能的解釋，是自鳴得意、漫不經心和好高騖遠三者加起來：反情報部門正在全力圍捕艾姆斯指認的二十多名間諜；布達諾夫仍想當場查獲戈傑夫斯基與英國軍情六處勾結，好在最大程度上讓英國顏面掃地。

況且，不管怎樣，只要在持續監視之下，戈傑夫斯基是逃不掉的。

同月第三個週六，一九八五年六月十五日早晨，戈傑夫斯基走出公寓，帶著一個喜互惠塑膠袋，頭戴從丹麥帶回來的灰色皮帽，身穿灰色長褲。他步行五百公尺來到最近的購物區，小心翼翼不要轉頭尋找跟蹤者。這是擺脫監視的第一條法則。二十三年前他在一〇一學校學過的課程，全都重來一遍了。他走進一家藥局，漫不經心看向窗外，同時表現得像是在瀏覽貨架。然後，他來到一家位於一樓的儲蓄銀行，從樓梯上可以看到街景。接著，去到一家繁忙的飲食店。然後，他沿著兩棟公寓之間的窄巷前行，轉個彎，躲進其中一棟，爬上兩層公共樓梯，勘查街道。沒看見監視的跡象，但不代表沒被監視。他繼續走，搭上公車，坐了幾站又下車，攔了計程車，繞路前往妹妹瑪莉娜和新婚丈夫居住的那棟公寓。他爬上主樓梯，經過她家門口卻不敲門，再從後樓梯下來，閒晃進了地鐵，向東走，換車，下車，跨越月台，再向西行。終於，他來到了中央市場。

上午十一點，他在時鐘下站好位置，假裝在等候朋友。那兒擠滿了週六早晨的購物人潮，但他沒看到提著哈洛德百貨塑膠袋的人。他十分鐘後離開。軍情六處看到他發出信號，表明需要在三個週日之後到聖瓦西里教堂電刷觸碰了嗎？他還得再等兩星期，才會得知信號有沒有被收到。

兩天後，戈傑夫斯基來到一間俯瞰羅帕斯納亞河（Lopasnaya River）的寬敞房間，就位在俄國最奢華的度假勝地裡。但他發現自己還有個室友，這個六十五歲上下的男人不管到哪裡都緊跟著他。這裡的多數賓客顯然都是間諜或告密者，被安插在這裡監看和監聽。戈傑夫斯基把喜互惠塑膠袋打包在行李中，這有一部分是出於迷信，不願和自己的脫逃信號分離，但也是一項實務措施：他或許會需要匆匆趕往信號點。有天下午，他發現這位室友正在檢查這個寶貴的購物袋。「你怎麼會有外國塑膠袋？」男人問道。戈傑夫斯基一把從他手裡搶下塑膠袋。「很難說商店裡什麼時候會有值得買的東西。」他厲聲回答。

隔天，他在森林裡慢跑時，看見監視官躲在路邊樹叢，他們急忙轉身背對，假裝在路邊小解。事實上，謝苗諾夫斯科耶療養所是一所舒適至極的監獄，國安會可以在這裡密切觀察戈傑夫斯基，等他卸除心防。

療養所有一間很好的圖書館，收藏了多本地圖集。他偷偷研讀了俄國與芬蘭的邊界地帶，試著記住那兒的等高線。他每天都跑步，逐漸增強體能。他對脫逃思考得愈多，脫逃就愈顯得沒那麼不切實際。慢慢地，在令人癱瘓的恐懼之霧中，他漸漸接近了一個結論：「別無選擇了，不逃出去就會死。我在這裡度假，跟死了沒兩樣。」

13

脫逃計畫啟動

從謝苗諾夫斯科耶療養所歸來的戈傑夫斯基，神清氣爽又惴惴不安，但這也是他此趟返俄以來第一次下定決心：他非逃不可。他會先在聖瓦西里教堂的電刷觸碰地點傳遞書面訊息，警告英國友人國安會正在追捕自己，然後發出皮姆利科脫逃信號，並且動身逃走。成功機率小得幾乎不存在。要是他被軍情六處內部的某個臥底出賣，那麼國安會就只需要守株待兔。或許他們等的就是他踏出這一步，早已準備好圈套等他上鉤了。但至少，他是試過了才犧牲，再也不用陷在監視與猜疑的地獄羅網中，坐等調查人員上門。

在這個決定裡，拿自己的性命冒險是比較容易的部分。但他的家人怎麼辦？他應該試著帶走蕾拉和女兒，還是把她們留下？他在十年間諜生涯中做過許多次艱難抉擇，但每一個都遠不及現在這個令人痛苦：忠誠與謹慎互相較量，生存與愛之間擇一。

他發現，自己正專注看著五歲和三歲的女兒，試著把她們銘刻在記憶中。小名「瑪莎」的瑪莉亞，如今是這麼積極又聰明，和父親一樣是天生的運動員；胖嘟嘟的小安娜，則是著迷於動物和昆蟲。深夜，他聽見女兒們在床上用英文交談：「我不喜歡這裡，」瑪莎對妹妹說，「我們回去倫敦吧。」他逃亡的時候，敢帶著她們一起走嗎？蕾拉察覺到丈夫內心混亂，卻對真正起因一無所知，她對婆婆說，她害怕歐列格在工作上遇到了什麼麻煩，正在經歷某種危機。始終務實的奧爾嘉．戈傑夫斯基，勸她讓歐列格做一些家庭瑣事或是修修車，藉此讓他分心。蕾拉並不逼他解釋，也不因為他喝酒而斥責，即使喝酒令她深感憂慮。她溫柔的關懷、她的直覺在在告訴她，心愛的男人正經歷著某種無從分享的內在煎熬。這都使得歐列格已經箭在弦上的抉擇更難以承受。

讓蕾拉和兩個女兒加入逃亡計畫，會導致失敗的可能性遽增。戈傑夫斯基受過擺脫監視的訓練，她們卻沒有。四口之家也遠比獨自旅行的男人更顯眼。不論鎮靜劑藥量下得多重，女兒們都有可能在後車廂醒來，她們可能會哭鬧，或不小心窒息；而且她們一定會嚇壞。要是她們被逮到，無辜的蕾拉就會被認定為幫助他逃亡的共犯，並遭到相應的對待。她會被審問、入獄，下場可能還更慘，也肯定會遭受社會排斥；女兒們則會淪為賤民。他選擇了自己要走的路，但她們沒有。他有什麼權利將她們暴露在這種危險之中？戈傑夫斯基是個不耐煩的父親和需索無度的丈夫，卻也是個寵愛妻女的男人。拋家棄女的想法帶給他的心痛，讓他倒抽一口氣，肉體痛苦也隨之加倍。要是他真能設法逃走，英國人或許最終有機會說服克里姆林宮，釋放他的家人到西方國家團聚。間諜交換是行之有年的冷戰算計，但就算真能發生，也可能費時多年。他恐怕再也見不到家人了。或許甘冒風險，嘗試舉家逃亡，不計後果、不顧危險會更好。至少不論成敗，他們都在一起。

但一絲懷疑在這想法裡蠕動。間諜需要交換信任，戈傑夫斯基在諜報生涯裡養成了一項本領，他感知得出忠誠、猜疑、信念與信仰。他愛蕾拉，卻不全然信任她；在心中一角，他怕她。

身為國安會將軍的女兒，蕾拉從小在黨國宣傳中耳濡目染，是一位忠誠且毫不質疑的蘇聯公民。她很享受自己接觸到的西方生活，卻從來不像他那樣把自己沉浸其中。她會看重自己的政治責任更甚於婚姻忠誠嗎？在所有極權主義文化裡，個人都被鼓勵在個人福祉之前優先考慮社會利益：從納粹德國到共產俄國，再到赤柬統治的柬埔寨，乃至今天的北韓——忠誠公民與純正意識型態的終極特徵，正在於不惜大義滅親，以實現更大利益。要是向蕾拉自我揭露，她會拋棄他嗎？要是告知蕾拉脫逃計畫，要求她同行，她會拒絕嗎？她會告發他嗎？戈傑夫斯基無法確定，究竟是妻子的愛強過她的共產主義信仰，還是相反。這正是意識型態與政治腐蝕人類本能如此深遠的徵象。

有天晚上，在麥克風監聽範圍之外的公寓陽台，他用了經典的國安會「誘餌」手法，探測妻子忠於哪一方。

「你喜歡倫敦，對不對？」他說。

蕾拉同意他們在英國的生活很魔幻。她已經開始想念埃奇韋爾路（Edgware Road）的中東咖啡館、公園，和音樂了。

他接著問：「你記得你以前說過，你想要女兒們讀英國學校嗎？」

蕾拉點頭，疑惑著這段對話會往哪兒展開。

「我在這裡有敵人，我們不可能再被派回倫敦了。但我有個主意：我們可以去亞塞拜然度假，拜訪你的家人，然後越過山區溜進土耳其。我們可以逃出境外，回到英國去。蕾拉，你怎麼想?我們應該逃走嗎？」

亞塞拜然與土耳其之間，有一道狹窄且重兵把守的十七公里邊界。當然，戈傑夫斯基的真正意圖絕非跨越那道邊界。這是一次測試。「我要摸清楚她對這個想法的反應。」要是她同意，就顯現出她在相當程度上願意違背蘇聯法律，和他一起逃走，那麼他就可以把她引進皮姆利科計畫，向她透露自己逃亡的真正理由。要是她拒絕，並在他失蹤之後遭到審問，或許可以對他的逃亡路線留下一條錯誤線索，讓獵人奔向亞塞拜然和土耳其邊界。

蕾拉看著他，彷彿他語無倫次。「別耍白癡了。」

他很快打住這個話題。一個可怕的確信在他心底生了根。「我的心是這麼痛，這種想法幾乎讓我無法承受。」他不能仰賴妻子的忠誠，他必須繼續欺騙她。

這個結論或許下錯了。事隔多年後，蕾拉被問起要是她得知逃亡計畫，會不會向當局報告。「我會讓他逃走。」她說，「歐列格做了他的道德選擇，至少正因如此，他值得尊敬。不管被認為是好是壞，這個人都做出了人生的抉擇，他這麼做，是因為他認為必須如此。如果知道他面臨的危險有多致命，我的靈魂一定承擔不起送他受死的罪過❶。」但她還是沒有說明，自己那時是否願意加入他的脫逃企圖。同樣在陽台，他再次告訴她：「有一場陰謀，人們都很嫉妒我被派去當站長。但要是我出了什麼事，不管是誰對你說什麼都不要相信。我是自豪的軍官、俄國軍官，我什麼都沒做錯。」她相信他。

戈傑夫斯基並不習慣自我反省，但在夜裡，蕾拉在他身邊安然熟睡之時，他會疑惑自己究竟成了什麼樣的人，他的雙重人生是否「強烈抑制了（他的）情感發展」。他從來不曾告訴蕾拉自己究竟是誰。「這不免意味著，我們的關係始終不像正常情況一樣親近。我始終對她隱瞞著我存在的核心特徵。智識上欺瞞伴侶比起肉體上的欺瞞，是更殘忍還是更不殘忍？誰知道？」

但他的心意已決。「我的當務之急是保全性命。」他會嘗試獨自逃亡。他思忖，至少這樣一來，蕾拉就可以誠實告訴國安會，她什麼都不知道。

拋下家人的決定若非重大的自我犧牲，就是自私的只求自保，或兩者皆是。他對自己說，他別無選擇。這正是我們被迫做出可怕的選擇時都會對自己說的話。

蕾拉的父親，那位年老的國安會將軍，在亞塞拜然的裏海邊有一間別墅，蕾拉小時候都在那兒度假。夫妻兩人一致同意，她會帶著女兒到那兒，和亞塞拜然的家人一起度過漫長的暑假。瑪莎和安娜都很高興能有機會在外公的別墅過一個月，在陽光下游泳玩耍。

戈傑夫斯基與家人的分離十分煎熬，尤其蕾拉和女兒們對這次分離的重大意義全都渾然不覺。他生命中最悲痛的這一刻，就在單調的匆忙之中，於熙熙攘攘的超市門口上演。蕾拉很焦慮，趕著要買衣服，還有其他在最後一刻補買的糧食，然後，便搭上了南下的列車。他還來不及擁抱女兒，她們就已經消失在超市裡。蕾拉快快吻了他臉頰一下，開心地揮手。「本來可以更溫柔一點的。」他這話一半是對自己說的，是即將拋家棄女的男人自責之詞。這次背棄，最起碼的結局是無限期分離，但最壞狀況有可能是他本人被捕、蒙羞受辱、慘遭處死。蕾拉沒聽見他說什麼，她去追趕女兒，消失在擁擠的超市裡了，不曾回眸。他的心碎成一片。

六月三十日星期日，「乾洗」三小時擺脫跟監之後，筋疲力竭、緊張得渾身僵硬的戈傑夫斯基，抵達了擠滿俄國觀光客的紅場。

他在列寧博物館走進地下室的廁所，把自己鎖進隔間，從口袋掏出一支原子筆和信封。他打開信封，顫抖著手，用正楷大寫字寫道：

> 正被強烈懷疑，陷入重大困境，需在最快時間內出境。當心放射塵和車禍。

戈傑夫斯基懷疑自己被噴灑了間諜塵（spy dust）。他也知道，國安會有一招危險的手法，會故意撞擊可能涉及間諜行動的車輛，逼迫他們下車，在光天化日之下現身。

做為躲藏的最後一步，他走進紅場一側廣大的國家百貨商場（GUM），迅速從一個部門移動到另一個，上樓梯又下樓梯，沿著走道一條接一條奔跑。任何人看到他，都會以為他是個過度興奮，卻又猶豫不決的購物客；或者，會以為他在試圖擺脫跟監。

直到這時，他才察覺到電刷觸碰計畫的缺陷所在。本來是要從他頭上戴的鴨舌帽認出他的，但男性在聖瓦西里教堂內不得戴帽。（共產俄國禁止宗教，但奇怪的是，宗教的敬意舉止仍得遵守。）但這個小瑕疵等會兒就無關緊要了。下午三點前幾分鐘，他步入遼闊的主教座堂，走向樓梯，卻發現一塊巨

❶ Radio interview with Igor Pomerantsev, Radio Liberty, 7 September 2015.

大的告示擋住去路：「重新裝修中，樓上封閉。」

他應當爬上這道樓梯傳遞訊息，但樓梯被封住了。他被難倒了，激動和恐懼的汗水溼透了襯衫，他環顧四周，假裝自己在欣賞教堂，並疑惑著那位灰衣女士是否還在附近逗留。人群中沒有一人符合這個特徵。人們似乎也在盯著他看。他搭上地鐵，在口袋裡小心把信封撕成碎片，把每一片碎片都嚼成紙漿，再逐一吐掉。離開紅場三小時後，近乎絕望的他回到家，思忖著國安會監控小組是幾時跟丟了他，又是幾時重新找到他，或者，他們到底有沒有跟丟過、甚至又找到他。

電刷觸碰失敗了。莫斯科的軍情六處小組並未接獲六月十五日在中央市場發出的信號。

理由很簡單，軍情六處已經得知聖瓦西里主教座堂的頂樓因整修封閉。「我們必須假定，他在中央市場發出信號之前，應當已經檢查過聖瓦西里教堂的地點，知道行不通。」

多年以後，阿斯科特回顧這個錯失的信號，覺得反倒是大幸：「感謝上帝。紅場是很糟糕的電刷觸碰場所，到處都是國安會的人。我主張過禁止在那個地方會面，我們本來會被抓到的。」

國安會等著，看著。

在倫敦，軍情六處想像著他們的間諜出了什麼事，希望逐漸消散。

軍情六處繼續監看脫逃信號點。每天晚上七點三十分，阿斯科特、亞瑟或祕書維奧萊特都會走向麵包店外的人行道，有時駕車（選定的信號發送時間，恰好就是他們下班回家的合宜時間），有時步行。他們買的麵包遠超過他們吃得下的量。他們一致同意，只要其中一人看見手持喜互惠塑膠袋的男人，就會打電話給阿斯科特，留下一條談論網球的訊息：這就是他們之間宣告皮姆利科行動開始的信號。

在城市的另一端，戈傑夫斯基疑惑著自己的人生怎麼會走到這地步，他成了人民公敵，即將拋棄家人，還飲酒過量、狂吞處方鎮靜劑，甚至得鼓起勇氣啟動一項與自殺無異的計畫。他又去拜訪了米哈伊爾·柳比莫夫，柳比莫夫再次對他的行為轉變印象深刻。「他看起來比之前更糟，緊張兮兮地從公事包裡抽出一瓶開過的外銷蘇托力伏特加（Stolichnaya），顫抖著手為自己倒了一杯。」激動又傷心的柳比莫夫邀請他到自己在茲韋尼哥羅德（Zvenigorod）的別墅暫住。「我們可以聊天，放鬆心情。」離開時，柳比莫夫想著，他的老友恐怕快要自殺了。

回到自己的公寓，無數疑問在戈傑夫斯基疲憊又爛醉的腦海裡跳來跳去。為什麼電刷觸碰會失敗？軍情六處拋棄他了嗎？國安會為什麼還在玩弄他？誰出賣了他？他逃得出去嗎？

威廉・莎士比亞對於人生的大多數問題都有答案。這位最偉大的英語作家，在《哈姆雷特》裡，沉思著當生命的挑戰襲來之時，命運與勇氣的本質為何。「悲傷來臨的時候，不是單個來的，而是成群結隊❷。」

一九八五年七月十五日，星期一，歐列格・戈傑夫斯基取下了他那本莎士比亞《十四行詩》。他在廚房水槽裡放了一疊要用來泡書的衣服，接著細心地把書滑進衣服底下，浸在肥皂水裡。十分鐘後，書就濕透了。

公寓裡唯一一處他可以確信不會被隱藏攝影機看見的地方，是遠離走廊的一個小工具間。在工具間裡，藉著蠟燭的光，戈傑夫斯基剝下了濕透的封底裱紙，抽出裡面那張薄薄的玻璃紙，閱讀脫逃指令：從「巴黎」到「馬賽」的火車、距離，以及八三六公里路標。如果他在隔天星期二發出訊號，並且對方確認收到，他就可以在星期六被接走。熟悉指令這件事，本身就足以令人安心。他把濕透的《十四行詩》丟進了垃圾滑槽。那一夜，他和放在床邊桌上錫盤裡的指令一起入睡，指令上面蓋著報紙，旁邊放著一盒火柴，要是國安會在半夜前來抄家，他或許還有時間湮滅這份確鑿的罪證。

隔天，七月十六日星期二早上，他在黑暗的工具間裡讀了最後一遍脫逃計畫，然後看著玻璃紙在刺鼻的火光中化為灰燼。電話響了，是蕾拉的父親，國安會退休將軍阿里・阿利耶夫（Ali Aliyev）打來的。

❷ *Hamlet*, Act IV, scene V.

老人知道女婿在工作上出了問題，女兒請他在全家遠赴別墅度假期間照顧戈傑夫斯基。「今晚七點來吃飯，」阿利耶夫說，「我要做好吃的蒜頭雞。」

戈傑夫斯基快速思考著。赴宴時間是晚上七點，與發送信號的時間衝突。要是他拒絕的話，監聽這支電話的國安會人員就會起疑；要是他接受，他們就會預期他那時人在市郊達維科瓦（Davitkova）的岳父家，屆時幸運的話，庫圖佐夫大街的信號點就不會被監視。「感謝您，」他說，「我很期待。」

戈傑夫斯基想讓自己在與軍情六處會面時顯得精神奕奕，哪怕國安會的人就等在那兒。他穿上套裝、打了領帶，穿著可能噴灑了放射塵的鞋，戴起丹麥皮帽。接著他從書桌抽屜拿出喜互惠塑膠袋，袋子上有醒目的亮紅色商標。

電話又響了。這次是米哈伊爾・柳比莫夫，催促他下週來郊外別墅住幾天。戈傑夫斯基再次快速思考，也接受了邀請。他說，他會在下週一前往，搭乘上午十一點十三分抵達茲韋尼哥羅德的火車，坐最後一節車廂。他在電話旁的筆記本寫上「茲韋尼哥羅德，十一點十三」。這是留給國安會的另一條錯誤線索。到了下週一，他若不是在獄中，就是在英國，不然就是死了。

下午四點，他從公寓出發，接下來兩小時四十五分之間，他執行了至今為止最縝密的乾洗行動：商店、公車、地鐵列車、進出公寓，停下來買些糧食裝滿喜互惠塑膠袋，有條不紊地甩開跟監者，走得又快又不規則，恰好讓別人不可能跟上自己，卻又不至於快得太過明顯。唯有經驗最老到的跟蹤者，才有機會跟著他穿越這片人造迷宮。六點四十五分，他從地鐵基輔站（Kievsky Metro station）出站。他察覺不出有誰在跟蹤自己，他成功「走黑」了，他強烈希望如此。

七月十六日星期二是個美好的夏日晚上，晴朗又明亮。他慢慢走向麵包店，買了一包香菸打發時間。比發送信號的七點三十分早了十分鐘，他在麵包店外的人行道邊緣就定位。大街的繁忙車流當中，一輛輛的官方轎車載著蘇共政治局成員和國安會官員回家。他點了一根菸。在人行道邊緣站著，這個行為突然醒目得近乎愚蠢，太多人在附近閒晃了，他們讀著告示牌和公車時刻表，或者只是假裝在讀。這裡太擁擠，太可疑了。一輛黑色伏爾加（Volga）轎車（國安會愛用的車型之一）駛出車陣，開上了人行道。身穿黑色套裝的兩個男人跳下車。他不自覺畏縮。駕駛似乎瞪著他看。兩人走進商店，出來時帶著保險箱，看樣子是例行的現金收款任務。他試著再次呼吸。又點了一根菸。

這天，輪到亞瑟・吉監看信號點，但車流行進緩慢。

羅伊和卡洛琳・阿斯科特夫婦正要與一位熟識的俄國前任外交官出門晚餐。當他們駕著紳寶（Saab）座車，開上庫圖佐夫大街往東行，照例來了一輛偵防車插進後方尾隨。國安會用車很好認，由於不明原因，國安會洗車機的刷子總是刷不到引擎蓋中央的某個點，於是每輛車的前端都有一塊三角形汙泥，洩露了他們的祕密。阿斯科特凝望著寬敞大街的對面，整個人僵住了：有個男人站在麵包店前，手持塑膠購物袋，醒目的紅色圖案，「在單調的蘇聯購物袋當中宛如燈塔」。時間是晚上七點四十分。戈傑夫斯基接獲的指示，是不要在那個地點停留超過半小時。

「亞瑟錯過他了，」阿斯科特邊想邊輕聲咒罵，「我的心沉到了腳趾頭去。」他戳戳卡洛琳的肋骨，指著街道對面，在儀表板上畫出字母P，即「皮姆利科」。卡洛琳努力抗拒從座位轉身盯著看的衝動。「我完全知道他的意思。」

阿斯科特有十秒時間決定要不要把座車調頭，發出確認信號。車上的雜物箱裡有奇巧牌巧克力棒，但國安會已經緊跟在他車後，動作一有改變就會立刻引起懷疑。國安會監聽電話，知道他們要出門晚餐，如果突然迴轉、跳下車、吃著巧克力棒沿著人行道走，就會直接把國安會引到「皮姆利科」身邊。「我繼續向前開，感覺就像世界崩塌了，我出於正當理由而犯了錯。」晚宴糟糕透頂。他們的東道主是個食古不化的共黨黨政官員，整晚都在「高談史達林多麼偉大」。佔據阿斯科特腦海的，就只是那位提著喜互惠塑膠袋的間諜，徒然等待著一個吃著巧克力棒的男人。

其實，正當阿斯科特沿著庫圖佐夫大街東行之際，亞瑟・吉也開著他的福特新銳（Ford Sierra）轎車經過麵包店，速度稍稍放慢，快速掃視人行道。那兒看來有大量人潮閒晃，人數明顯比一般平日晚上更多。就在那兒，人行道邊緣，他幾乎可以確定，有個戴著鴨舌皮帽的男人，手持一個不同尋常的購物袋。袋子上有沒有一個大大的紅色S字樣？他卻無法完全肯定。

亞瑟繼續向前開，腎上腺素飆升，他在大街盡頭迴轉，駛進公寓區，在停車場停了車。他試著讓自己看來不慌不忙，搭乘電梯到了自家公寓，扔下公事包，高聲呼喊瑞秋：「我要去買些麵包。」她立刻知道發生什麼事了。「我們絕對已經有了好幾噸麵包。」

亞瑟迅速換上灰色長褲，拿起哈洛德百貨提袋，從廚房抽屜抓起一條瑪氏牌巧克力棒。這時是晚上七點四十五分。

電梯慢得沒完沒了。他走到地下道，抗拒奔跑的衝動。那個人不在了。他懷疑自己到底有沒有認出對方，畢竟他就只看過一張模糊不清的照片，是「皮姆利科」站在丹麥郊區的肉鋪門外。「我是這麼確信，我看見了某個人。」亞瑟回想。他在麵包店排隊，留意著看似比先前更加擁擠的街道。亞瑟決定再走過一遍，一手放在口袋裡的哈洛德百貨提袋上。然後，他看到了那人。

一個中等身高的男人，手持喜互惠提袋，站在商店的陰影下。他正在抽菸。亞瑟躊躇了一陣。維若妮卡從來沒說過「皮姆利科」是吸菸者，這絕非她會遺漏的細節。

戈傑夫斯基在同一刻看見了亞瑟。他從人行道邊緣退出來，正準備離開。首先引起他注意的，不是那個男人的灰色長褲，也不是他從口袋掏出一個綠色提袋、拿出一根巧克力棒、撕下黑色包裝紙的模樣，而是他的神態。在戈傑夫斯基飢渴的雙眼中，那個朝他走來、吃著巧克力的男人，看上去完全是英國人無誤。

他們的目光彼此鎖定不到一秒。戈傑夫斯基聽見自己用最大音量「無聲地呼喊」：「對！就是我！」亞瑟又刻意咬了一口巧克力棒，並緩緩把目光轉開，繼續走遠。

懷著清明澄澈的確信，這兩個男人都知道，信號已經發出，並已確認收到。

戈傑夫斯基晚了將近兩小時才終於來到岳父的公寓，滿頭大汗又滿臉歉意，阿利耶夫將軍很生氣。

他特製的蒜頭雞煮過頭了。但他的女婿看來卻不尋常地「興高采烈」，熱情地吃著燒焦的雞。

約莫午夜時分，羅伊和卡洛琳．阿斯科特從令人厭煩的晚宴回到家，五輛偵防車跟隨在後。電話旁是保母留下的字條，說亞瑟．吉打來，並且留了話。

德國網球選手鮑里斯．貝克（Boris Becker）以十七歲之齡首度贏得溫布頓錦標賽冠軍。訊息這麼說：「本週晚點，你要來看網球影片嗎？」

阿斯科特微笑著向妻子出示訊息。無論如何，亞瑟收到了脫逃信號。「他看到了，我鬆了口氣。但這就像是末日降臨。」

皮姆利科行動啟動了。

國安會派出的監控小組已經跟丟了戈傑夫斯基兩次。雖然這兩次他都很快就再度現蹤，但他知道，只要監控小組有點能力，從現在起他們一定會更加專注。奇怪的是，他們偏偏沒有。

這次跟蹤，之所以運用第一總局內部的監視小組，而不用第七局經驗老到的專家，乃是出自辦公室內的政治理由。維克多．格魯什科不想讓戈傑夫斯基叛國的消息傳開，這位第一總局副局長決心要在局裡解決這個丟人現眼、弄不好還會造成損害的問題。然而，被指派跟蹤的小組，平時已經習慣了追蹤中國外交官，那是很無聊的差事，幾乎不需要想像力或專業知識；但他們不知道戈傑夫斯基是誰，也不知道他做過什麼事，他們不知道自己尾隨的是一名受過訓練的間諜和危險的叛徒。因此，當戈傑夫斯基擺脫他們，他們想當然耳覺得只是意外——承認失敗無助於在國安會出人頭地。他們沒有報告自己的獵物兩度消失，反倒只為了他重新現蹤而放心，而且他們絕口不提這件事。

七月十七日星期三早上，戈傑夫斯基離開公寓，運用反監視指南裡教過的一切手法，前往共青團廣場（Komsomolskaya Square）上的列寧格勒車站購買火車票。他在銀行提領了三百盧布現金，一邊疑惑國安會是否監控著他的帳戶。他穿越購物中心，之後走向附近的住宅區，那兒有一條狹窄的步道行經公寓高樓之間，他穿過三棟樓的其中兩棟，在小徑盡頭轉彎，衝刺三十公尺，進入最近的樓梯，向上走一層。他從落地窗看到一個身穿夾克、打著領帶的胖男人快跑進入視野，然後停下來回張望小徑，一臉慌亂。戈傑夫斯基退入陰影之中。那個男人對著翻領上的麥克風說話，便跑走了。過了一會兒，一輛米色拉達（Lada）汽車（國安會愛用的另一種車款）沿著步道噹啷噹啷疾駛而來，前座的一男一女都在對麥克風說話。一陣恐怖感襲來，戈傑夫斯基抑制住。他知道國安會在盯他的梢，但這是他第一次把他們暴露在光天化日之下。他們大概遵循著典型的國安會監控模式：一輛車在前，另兩輛在附近支援，每輛車上兩名軍官，以無線電聯絡，一人在必要時步行追蹤，另一人經由道路跟蹤。他等了五分鐘，然後下樓，快步走上大馬路，搭上公車，轉計程車，再搭地鐵，終於到達列寧格勒車站。他用假名訂了一張四等車票，是七月十九日星期五下午五點三十分出發，前往列寧格勒的跨夜列車，以現金付款。回到家時，他看見那輛米色拉達車就停在前方不遠的街邊。

西蒙．布朗正在休假。戈傑夫斯基的這位專案官，仍在試著接受眼前的嚴酷形勢：英國情報機構有史以來所吸收的最高效能間諜，被送回了莫斯科，而且顯然直接走進了國安會的埋伏。不免會有人提出疑問：戈傑夫斯基是怎麼被查獲的？軍情六處內部還有另一個臥底嗎？內部遭到出賣的恐懼既熟悉又沉重，此時再度襲來。至於戈傑夫斯基，如果他還沒死的話，現在肯定在國安會的某間牢房裡受苦受難。特務與專案官之間的關係，是專業與情感的獨特綜合體。好的特務管理者能提供心理安定、財務支持、鼓勵、希望，以及一份奇特的愛，更能給予保護的承諾。吸收及運行間諜承擔著關懷義務，無須多說，管理者始終承諾以間諜安全為第一優先，並確保風險絕不重於報酬。每一位專案官都感受得到這份約定的重擔，而布朗這個敏感的人，感受又比多數人更敏銳。就算他每件事都做對了，但專案卻出錯，責任最終還是由他承擔。布朗試著不讓自己一直去想戈傑夫斯基正在經歷的磨難，卻又幾乎無法想著其他事。失去一位特務的感受，一如親密關係遭受背叛。

七月十七日星期三，上午七點三十分，蘇聯行動科的P5科長正在世紀之家的辦公室，這時，電話響起。莫斯科站在夜間發出一份雙重加密的電報，隱藏在外交部無線通聯的規律流動之中。內文如下：「皮姆利科發出。重度SV（監控）。偷運開始。請求指示。」「P5」衝下樓來到處長「C」的辦公室。克里斯多福・柯文聽過這個專案的完整匯報，但一時之間似乎驚慌失措。

「我們有計畫嗎？」他說。

「有，長官，」P5說，「我們有計畫。」

布朗正在花園裡，試著在陽光下讀讀書，好讓自己分心。P5打來的電話響起。「我想，你過來一趟會有幫助。」語氣聽來是中性的。

掛掉電話才一分鐘，布朗恍然大悟。「那天是星期三。意思是星期二有事發生了，一定是脫逃信號。希望突然躍動起來。」戈傑夫斯基一定還活著。

吉爾福德開往倫敦的列車，車程似乎久得漫無止境。布朗抵達十二樓，發現小組匆匆展開了忙亂的準備工作。

「突然間，就馬不停蹄了。」布朗回想。

開過一連串匆促的會議，馬丁・蕭福德搭機前往哥本哈根，向丹麥情報部門示警並協調計畫，接著飛往赫爾辛基進行準備工作。他聯繫軍情六處赫爾辛基站、租了車，並前往偵察芬蘭邊界附近的會面地點。

假定戈傑夫斯基和他的家人成功偷運到俄國邊界之外，那麼就會展開脫逃計畫的第二階段，畢竟抵達芬蘭還不代表戈傑夫斯基安全無虞。正如阿斯科特所見：「芬蘭與俄國簽訂了協議，要把逃出蘇聯卻落入芬蘭手中的逃亡者，都引渡給國安會。」有個詞叫做「芬蘭化」（Finlandization），就是逐漸用來指稱這種狀況：小國被力量強大的鄰國威逼就範，理論上保有主權，實際上卻任人奴役。芬蘭在冷戰期間的官方立場是中立，但蘇聯對該國保有諸多控制條款，例如芬蘭不能加入北約組織，境內不得容納西方國家軍隊或武器系統，反蘇書籍及電影一律查禁。芬蘭人深深憎恨「芬蘭化」一詞，但這個詞精準描述了一個國家被迫兩面討好的處境。芬蘭熱切地想被當成西方的一分子，卻又不願、也不能背離蘇聯。芬蘭漫畫家卡爾・索瑪萊寧（Karl Suomalainen）曾經把自己國家令人難受的地位，描述為「向東方鞠躬又不對西方露屁股的藝術」❸。

數月前，軍情六處蘇聯集團管制官造訪芬蘭，會晤芬蘭安全情報局（SUPO）局長塞波・蒂蒂寧（Seppo Tiitinen）。軍情六處這位訪客提出一個假設性問題：「要是我們有個叛逃者，需要經過芬蘭把他帶走，我猜想，你會寧可讓我們把他弄出去，而不要你們介入？」蒂蒂寧回答：「就是這樣，事後再告訴我們就好。」

芬蘭人不想事先得知任何事，倘若戈傑夫斯基在芬蘭境內被芬蘭當局攔截，他幾乎肯定會被遣返蘇聯。倘若他沒被攔截，而蘇聯發現他在芬蘭，芬蘭人就會承受要捉拿他的巨大壓力。要是芬蘭抓不到人，蘇聯國安會也完全有能力派出一支特種部隊（Spetsnaz）執行這項任務。眾人皆知蘇聯監控著芬蘭機場，因此逕自讓這一家人搭機離開赫爾辛基就不成選項。

相對地，會用兩輛車載著脫逃者穿越一千三百公里，來到芬蘭最北方。一輛車由維若妮卡和西蒙駕駛，另一輛車則由兩位丹麥情報官駕駛：人稱「阿斯特」，十年前曾與理查・布隆海德共事的延斯・艾力克森，以及他的搭檔比約恩・拉森（Björn Larsen）。他們會從特羅姆瑟（Tromsø）東南方偏遠的卡里加斯涅米（Karigasniemi）邊境關口進入挪威，也就是進入北約領土。小組爭論著是否應當調派一架軍方C130力士型運輸機接運他們，但最後反倒決定從挪威搭乘預定班機，比較不會引起注目。他們會從歐洲最北方的城市，北極圈內的哈默菲斯特（Hammerfest）搭機前往奧斯陸，再從奧斯陸轉搭另一班商用班機抵達倫敦。丹麥人從一開始就是這個專案不可或缺的一分子，兩位丹麥安全情報局官員也會駕駛另一輛脫逃用車，一路陪伴偷運隊伍抵達哈默菲斯特。「部分是出於禮貌，但我們可能也需要丹麥人掩護才能進入挪威，讓斯堪地那維亞本地人來協助，以防我們遭遇麻煩。」

維若妮卡・普萊斯取出一個標記為「皮姆利科」的鞋盒，內有四本丹麥假護照，供戈傑夫斯基及其家人使用，他的化名是漢森（Hanssen）。普萊斯還打包了驅蚊劑、乾淨衣服和剃鬚用具，戈傑夫斯基肯定會需要刮鬍子。她希望莫斯科小組記得多帶備胎，以備輪胎刺破時替換。這同樣在脫逃計畫之內。

將近兩個月以來，「諾克頓」小組（此時更名為「皮姆利科」小組）凝重、被動、焦慮地等待著。這時，他們很興奮，突然開始繁忙地運行起來。

「基調完全變了，」布朗回想，「感覺超乎現實。這件事我們多年來一直在演練。這時我們全都想著：我的天，我們得實踐了……它真的會成功嗎？」

在英國駐莫斯科大使館的「安全說話室」裡，這群軍情六處分站人員聚集起來，排練一齣業餘戲劇表演。

駕駛兩輛外交官用車前往芬蘭，需要一整套假故事，以取信於監聽的國安會人員。讓問題更加複雜的是，新任英國駐蘇聯大使布萊恩・卡特利奇爵士（Sir Bryan Cartledge）將在週四抵達莫斯科，隔天晚間大使館會舉辦歡迎酒會。這兩輛車需要在週六下午二點三十分，準時抵達芬蘭邊界南方的會面地點，但卡特利奇麾下兩位名義上最高階的外交官，阿斯科特和亞瑟，要是都沒有在場為大使上任祝酒，就會讓國安會立刻起疑。他們需要一個可信的理由緊急離席。亞瑟在出門之前遞給妻子一張紙條，寫在衛生紙上，內容是：「你得生病才行。」

故事情節會是這樣：瑞秋・吉的嚴重背痛突然發作。即使她是個活力充沛的女性，但她之前也有過

❸ Kari Suomalainen, https://www.visavuori.com/fi/taiteilijat/kari-suomalainen.

氣喘及其他健康問題，耳聽八方的國安會想必知道這件事。她和丈夫會一致同意到赫爾辛基向某位專家求診；她的密友卡洛琳‧阿斯科特會帶上丈夫同行，「一起度週末」。這兩對夫婦會開兩輛車，並說好要在芬蘭首都做些採購。阿斯科特夫婦會帶著十五個月大的女兒佛蘿倫絲（Florence）同行，另兩名子女交給保母照顧。「我們決定，帶著寶寶的話，掩護效果更好。」他們週五會出席大使的酒會，酒會過後立刻啟程，開夜車到列寧格勒，再跨越芬蘭邊界，週六下午晚些時候赴約求醫。

表演從那天下午開始，四位演員各自飾演一角。在自家公寓裡，瑞秋‧吉開始對著國安會隱藏的麥克風抱怨下背部疼痛有如燒灼。隨著天色漸晚，哀號也愈來愈大聲。「我真的演了全套。」她說。她的朋友卡洛琳‧阿斯科特前來關切能不能幫上忙。瑞秋回想：「我呻吟得沒完沒了，卡洛琳也沒完沒了地說著『可憐哪』。」她模仿疼痛的女人實在太逼真，使得剛好住在他們家的婆婆擔心起來。亞瑟帶著母親出門散步，遠離監聽麥克風，並向母親解釋其實瑞秋完全沒病。「瑞秋是絕佳的演員。」阿斯科特說。亞瑟‧吉使用被監聽的電話，打給芬蘭的醫師友人，尋求醫囑。他也打電話給好幾家航空公司查詢班機，但由於花費太高而不予考慮。「我們何不一起去？」當瑞秋告訴她必須駕車到芬蘭，卡洛琳這麼說。這時，場景轉到阿斯科特的公寓。卡洛琳對丈夫說，他得開夜車帶著寶寶去芬蘭，送可憐的瑞秋看醫生，並且做些採買，阿斯科特開始演出非常不情願的樣子：「天啊，有夠無聊，我們真的非去不可嗎？新大使要來了，我還有很多工作得做……」——直到他們終於同意上路。

在俄羅斯檔案文獻某處，有這一整套監聽逐字稿，全部內容加起來就成了一部小小的怪異通俗劇，從頭到尾都是軍情六處為了蘇聯國安會而演。

阿斯科特和亞瑟都疑惑著，這整套裝模作樣會不會是在浪費時間，而脫逃計畫注定失敗？「有些事不太對勁。」亞瑟說。兩人都注意到，週二晚上信號點的人群活動程度似乎高得不尋常，大量車輛和眾多閒晃的行人，可能意味著監控加強。要是國安會在前往芬蘭邊界的一路上緊迫盯人，那就不可能開進路邊停車區、接走脫逃者而不被發現，整個行動就會失敗。亞瑟甚至無法確定，那個帶著喜互惠塑膠袋的男人是否真是「皮姆利科」。說不定國安會已經查獲了脫逃計畫，派了個替身過去，而真正的皮姆利科已經身陷囹圄。

大使館和外交官公寓區周圍的監控也強化了。「我怕的是，這一切都是設好的局。」亞瑟說。國安會可能也在演他們自己的戲：把軍情六處誘入陷阱，讓兩位官員都被揭發，並因「行動與身分不符」遭驅逐出境。這場猛烈的外交爆炸，既會讓英國政府顏面掃地，更會導致英蘇關係在關鍵時刻倒退。「就算我們正走進埋伏，我知道我們也別無選擇，只能不顧一切推進。脫逃信號已經發送了。」阿斯科特仍然不知道「皮姆利科」的身分，但倫敦這時決定揭露：他其實是一名國安會上校，也是長年為英國效力的特務，值得為這個人承擔巨大風險。「士氣因此一振。」阿斯科特寫道。

軍情六處莫斯科站持續將最新準備告知世紀之家，即使倫敦與莫斯科之間盡可能保持最少的電報往返，以防國安會察覺往來電報增加而起疑。

在倫敦，知曉皮姆利科行動進行中的極少數人也有所不安。「有些聲音認為太過危險。要是出了差錯，就會徹底顛覆英蘇關係。」外交部某些最高階官員，對於脫逃計畫尤其沒把握，其中包括外交大臣傑佛瑞・侯艾，以及新任英國駐蘇聯大使布萊恩・卡特利奇爵士。

卡特利奇預定在七月十八日星期四抵達俄國。他在兩個月前聽取了皮姆利科行動的匯報，也被告知行動極不可能實施。但這時，他接獲通知，軍情六處計劃在他到任兩天後，將一名國安會高階軍官裝在後車廂偷運出俄國。軍情六處解釋，偷運行動經過嚴謹策劃與演練，但也極具風險，無論成功與否，都會在外交上產生重大影響。布萊恩爵士是學者出身的職業外交官，在前往匈牙利首次出任大使之前，已在瑞典、伊朗和俄國任職過。出任駐莫斯科大使是他外交生涯的顛峰，他很不高興。「可憐的布萊恩・卡特利奇，」阿斯科特回想，「他才剛就任新職，這顆冒著煙的炸彈就被交到他手上……他覺得自己的最後一個大使職務就要完蛋了。」要是脫逃隊伍被當場逮住，這位新任大使甚至有可能還來不及向克里姆林宮遞交到任國書，就被宣告為不受歡迎人物，這可是丟人現眼的外交史上頭一遭。這位新任大使表達強烈反對，力主取消行動。

外交部召開了會議。與會者有軍情六處代表，包括處長克里斯多福・柯文、他的副手P5，與蘇聯集團管制官，以及多位外交部官員，包括布萊恩・卡特利奇和副次官大衛・古達爾（David Goodall）。據一位在場人士所述，古達爾「非常慌亂」，反覆說著：「我們要怎麼辦？」卡特利奇還在生氣：「這絕對是場該死的災難。我明天就要啟程去莫斯科了，待不到一週我又得回來。」軍情六處副處長不為所動：「要是我們不繼續進行，祕密情報局從今而後就再也抬不起頭來。」

這時，內閣祕書長羅伯・阿姆斯壯爵士加入會議，他從對街的唐寧街官邸過來。他把皮革公事包重重放在桌上：「我十分確定，首相閣下會覺得，我們負有勝過一切的道德責任，要把這個人救出來。」辯論到此終結。布萊恩・卡特利奇爵士看起來「就像個要上絞刑架的人」。外交部代表則前去告知剛參加完追悼會的外相。侯艾仍猶豫不決，「要是出錯怎麼辦？」他問，「要是車輛被搜索怎麼辦？」值得讚許的是，新任大使這時發言了：「我們會說這是嚴重挑釁行徑。我們會說，這人是他們自己塞進後車廂的。」

「嗯，」侯艾半信半疑地說，「我想也是……」

皮姆利科行動仍然需要高層批准。柴契爾必須親自正式批准脫逃計畫實施，但首相此時正在蘇格蘭陪同女王。

戈傑夫斯基也在準備，他做著一些即將逃亡的人似乎不會做的事。留意細節，有助於抑制害怕。這時的他身負重任，不再只是獵物，而是必須再次成為專家。他重新掌握住了自己的命運。

他和妹妹瑪莉娜一家人在他們的莫斯科公寓度過了大半個週四。瑪莉娜是個開朗又毫不懷疑的人，要是知道自己唯一健在的哥哥竟是外國間諜，必定會震驚到極點。他也拜訪了寡母，奧爾嘉這時七十八歲，身體孱弱。在他整個童年時代裡，母親象徵著沉默的抵抗精神，與父親的膽怯和唯唯諾諾形成對比。在所有家人當中，戈傑夫斯基的寡母是最有可能理解他所作所為的人。她絕不會告發他，但她也會跟任何母親一樣，試著勸阻兒子採取這項行動。他擁抱了母親，什麼也沒說，心裡明白，無論逃亡成功還是失敗，恐怕今生都再也不會相見了。一回到家，他就打電話給瑪莉娜，約好下週再次相聚，他藉此布下錯誤線索，維繫自己過了週末仍會留在莫斯科的假象。他為未來安排的行程與約會愈多，就愈有機會將國安會的注意力從他要做的事情上轉移開來。利用家人和朋友轉移注意力，感覺像是在操弄他們，但想必他們會理解的，就算他們不可能原諒自己。

然後，戈傑夫斯基做了一件無比莽撞，也非常滑稽的事。

他打電話給米哈伊爾．柳比莫夫，確認下週要到他的別墅暫住。柳比莫夫說他十分期待，他的新女友塔妮婭（Tanya）也會留下來。他們會在下週一上午十一點十三分，到茲韋尼哥羅德車站迎接戈傑夫斯基。

戈傑夫斯基換了個話題。

「你讀過薩默塞特．毛姆的〈哈靈頓先生的送洗衣物〉（*Mr. Harrington's Washing*）嗎？」

那是特務亞申登系列的短篇故事之一。十年前，柳比莫夫讓他初次接觸到毛姆的作品，那時兩人都在丹麥。戈傑夫斯基知道，他的朋友擁有毛姆作品全集。

「那篇很棒，你應該再讀一遍。」戈傑夫斯基說，「在第四卷。去看看，你就會懂我的意思。」

他們又多聊了一會兒，便掛斷了。

戈傑夫斯基方才用密碼向柳比莫夫道別，這是一條清楚明確的文學線索：〈哈靈頓先生的送洗衣物〉是一個英國間諜經由芬蘭，從革命期間俄國出逃的故事。

毛姆這篇短篇故事設定在一九一七年，英國祕密特務亞申登搭乘西伯利亞鐵路特快車到俄國出任務。他在旅途中與美國商人哈靈頓先生同住一間臥鋪，這個美國人健談得討人喜歡，卻又講究得令人惱火。當革命席捲俄國，亞申登催促哈靈頓在革命軍逼近以前搭火車北行，但美國人要拿回送洗衣物才願意走，而旅館洗衣房沒把送洗衣物還給他。接下來，哈靈頓才剛取回送洗衣物，就被革命群眾當街槍殺。這是個關於風險和及時脫身的故事——「人們總是發現，犧牲性命比學會九九乘法表更簡單❹。」亞申登搭上火車，行經芬蘭逃走了。

國安會的監聽人員不太可能通曉二十世紀的英國文學，更不可能在二十四小時內有能力破譯這道謎題。但這個行為總是十分冒險。

他的叛逆始終有一部分是文化上的，他反抗的是蘇聯的庸俗。在西方文學裡留下一條隱晦的提示，是他的一記回馬槍，彰顯他自身的文化優越感。無論他能否逃亡成功，國安會都會在事後爬梳他的電話通聯逐字稿，並發覺自己被取笑了；他們會更憎恨他，但或許也會欽佩他。

每年造訪巴爾莫勒爾城堡（Balmoral）陪伴女王的行程，是瑪格麗特．柴契爾最不喜歡的首相職責之一。她曾宣告，首相每年夏天在王室這座蘇格蘭城堡度過幾天的傳統，是「乏味的浪費時間」❺。女王對柴契爾也沒多少好感，她嘲笑首相的中產階級口音是「一九五〇年代皇家莎士比亞劇團的標準發音」。這段期間，柴契爾並不住在主城，而是住在庭院的小屋，與她的紅色文件箱和祕書一同度過時光，盡可能遠離風笛、長筒靴和柯基犬的王室世界。

七月十八日星期四，克里斯多福．柯文緊急前往唐寧街十號，拜訪柴契爾的私人祕書查爾斯．鮑威爾。在私人會議室裡，「C」說明了皮姆利科行動已經啟動，如今需要首相親自批准。

查爾斯．鮑威爾是柴契爾最信任的顧問，知曉柴契爾政府最核心的機密。他是極少數聽取過「諾克頓」專案匯報的官員之一，日後，他說這項脫逃計畫是「我曾與聞的唯一一件最機密事項」。從來沒人告訴過他和柴契爾那位她稱為「柯林斯先生」的男人真名。儘管鮑威爾確定柴契爾會准許，但這項脫逃計畫「太過敏感，不能用電話告知」，她得親自准許，而且只有鮑威爾能問她。「我不能把我正在做的事，告訴唐寧街十號的任何人。」

當天下午，鮑威爾未曾告知去處就離開了唐寧街官邸，搭火車到希斯洛機場，乘坐他親自訂票的班機前往亞伯丁（Aberdeen）。（「這太機密了，我後來要核銷這筆花費時還碰上麻煩。」）他在亞伯丁租了一輛車，在滂沱大雨中西行。王室自一八五二年以來的夏宮——巴爾莫勒爾堡，是一大片花崗岩堆，築有角樓，在蘇格蘭高沼地中占地五萬畝；在灰暗潮濕的蘇格蘭傍晚時分，很難找到這裡。時間不停飛逝，當鮑威爾終於開著小小的租賃車來到城堡龐大的正門，他已經疲憊焦慮至極。

門樓的侍從武官正在電話中，高層為了王室重度關注的一件事正進行著討論：女王陛下想要借用王太后陛下的錄影機，收看《老爸上戰場》（*Dad's Army*）。這件事可真難敲定。

鮑威爾想插話，卻遭到冷眼噤聲。冷眼待人是侍從武官學校必教的課程。

隨後二十分鐘，就在鮑威爾頓足看錶之際，侍從武官都在討論著王室的錄影機、它的確切所在，以及從城堡某個房間搬到另一個房間的需求。問題終於解決了。鮑威爾報上身分，表示需要緊急求見首相閣下。又一陣漫長的延遲過後，他被帶到了女王私人祕書菲利普．摩爾爵士（Sir Philip Moore）面前，摩爾日後受封為沃爾夫科特的摩爾男爵（Baron Moore of Wolvercote），獲頒巴斯爵級大十字勳章、皇家維多利亞大十字騎士勳章、聖米迦勒及聖喬治同袍勳章、女王功績勳章，並成為樞密院顧問官，他是女王機密最重要的保守者。摩爾身為侍臣，是徹徹底底的慎重，禮儀也堅定不移。他退休後，將會受封為常任宮廷侍從。他不喜歡被人催促。

❹ W. Somerset Maugham, "Mr Harrington's Washing," in *Ashenden, or, The British Agent*, Leipzig, 1928.
❺ *Daily Express*, 14 June 2015.

「你為什麼要見柴契爾夫人？」他問。

「我不能告訴你，」鮑威爾說，「這是機密。」

摩爾的分寸受到了刺激。「我們不能讓人在巴爾莫勒爾莊園四處遊蕩，卻不知道他們的來意。」

「但你就得這麼做，因為我需要求見首相閣下。現在。」

「你為什麼需要見她？」

「我不能告訴你。」

「你必須告訴我。」

「我不會告訴你。」

「你告訴首相的任何事，她都會稟告女王陛下，陛下會告訴我。所以請告訴我你的來意。」

「不行。要是首相閣下樂意稟告女王陛下，女王陛下樂意告訴你，那由她們自己決定。但我不能告訴你。」

這位王室侍臣火冒三丈。身為私人祕書，最令人惱怒的，莫過於另一名更加保守祕密的私人祕書

鮑威爾起身。「我要去找首相閣下了。」

摩爾被觸怒了，彷彿親眼目擊了一件不堪容忍的不雅行徑，但他還是召來一名男僕，讓他帶著鮑威爾從側門出去，走進潮濕的花園，沿著小徑來到一個看似「某種花園棚屋」之處。

瑪格麗特．柴契爾從床上坐起，身旁圍繞著文件。

「她看到我時非常驚訝。」

鮑威爾只花了幾分鐘說明情勢，柴契爾用了更短時間批准皮姆利科行動。這位不知名的間諜甘冒重大個人風險，在她首相任內發揮了至關重要的作用。「我們必須信守對特務的承諾。」她說。

鮑威爾日後論道：「她非常敬佩他，即使這違背了她的某些原則——她憎恨叛徒。但他不同，他遠遠勝過叛徒。她極為敬重那些挺身對抗蘇聯政權的人。」

不管他是誰，「柯林斯先生」都幫了西方大忙，既然他陷入危難，英國就必須盡其所能救助他，無論外交影響為何。

柴契爾不知道的是——而且她也不曾發現——她所批准的是一次業已展開的行動。要是她拒絕准許這次脫逃計畫，那就完全無法告知戈傑夫斯基，也不會有人到會面地點等他了。他會被棄之不顧。

皮姆利科行動勢不可擋了。

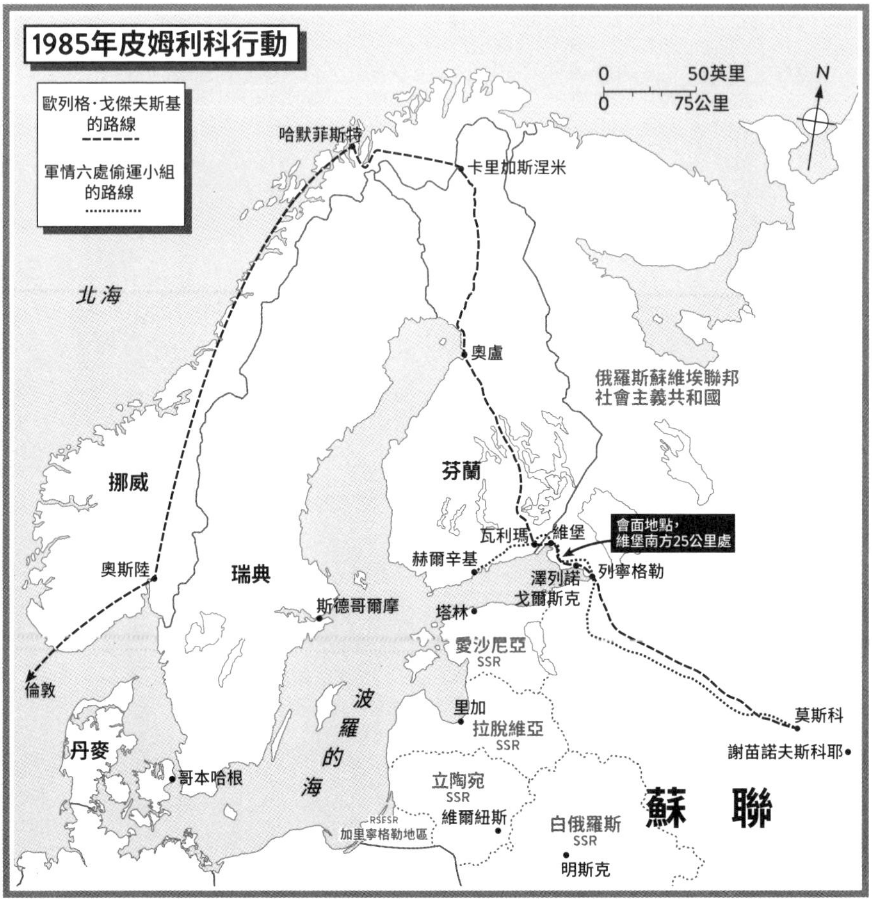

注：蘇維埃社會主義共和國（Soviet Socialist Republic）簡稱 SSR；俄羅斯蘇維埃聯邦社會主義共和國（Russian Soviet Federative Socialist Republic）簡稱 RSFSR。

14

逃亡路上

七月十九日，星期五

上午十點，莫斯科，英國大使館

出發時間臨近，羅伊·阿斯科特的興奮不斷積累，恐懼持續升高，兩種情緒相持不下。他花了大半個夜晚禱告，「我相當確信，不管我們做了多少準備，唯有禱告才能保守我們度過整個行動。」軍情六處先前從來不曾嘗試把任何人偷運到俄國邊界之外。即便「皮姆利科」是獨自抵達會面地點，行動就已經夠困難了，但倘若他一如預期，帶著妻子和兩個女兒前來，成功機率更是微乎其微。「我想著，這人會被槍斃。計畫行不通，我們都知道整件事多麼站不住腳。我們在履行承諾，我們必須這麼做，即使我們走進的是這樣一件行不通的事。我把成功率設在百分之二十以下。」

一封電報從世紀之家發來。倫敦的上司們在大使館的經營方面「查覺到動搖跡象」，寫了一則訊息來「強精補氣」。內文如下：「首相閣下已親自批准行動，並表示完全信賴你們的實行能力。我們所有人在此也百分百支持你們，確信你們必能成功。」阿斯科特向卡特利奇出示這份電報，藉以表明「倫敦高層持續予以許可」。

接著，出現了另一個可能致命的麻煩。外國外交官若駕車離開蘇聯，需取得正式批准和特殊車牌，但安裝車牌的官方車庫週五中午就打烊了。亞瑟的福特座車順利更換到車牌，但阿斯科特的紳寶座車卻被退回，並附上一則訊息：「抱歉，我們不能更換這部車的車牌，因為你太太尚未取得駕照。」卡洛琳裝著蘇聯駕照的提包上個月失竊了，她為了申辦新駕照，已將自己的英國駕照交給領事機構，但至今尚未發還，新的蘇聯駕照也還沒核發。外交官不得獨自駕車，要是沒有一名持有蘇聯有效駕照的共同駕駛，阿斯科特就拿不到官方車牌；拿不到車牌，他們就離不開蘇聯。皮姆利科行動眼看就要因為俄國官僚體制一個微小卻不動如山的阻礙而砸鍋。上午十一點，就在交通管理機構打烊過週末的前一小時，阿斯科特還在苦思解決之道，這時，蘇聯外交部送來了一個包裹，內有卡洛琳的英國駕照和新發的蘇聯駕照。「我們還有一小時為座車換裝車牌。我不敢相信如此難以置信的幸運。」但轉念一想，阿斯科特又不禁疑惑，護照出人意料地及時發還，究竟真是機緣巧合，還是國安會布局的一部分？「我們排除了出發的最後一道障礙，但整件事看來太像是預先準備好的。」

上午十一點，莫斯科，列寧大道

一整個早上，戈傑夫斯基都在清理公寓，每個角落都沒漏掉。國安會過不了多久就會把這裡搞得亂七八糟，他們會掀開樓板，一頁頁撕毀他的藏書，把每件家具一一拆開。但某種奇怪的驕傲讓他下定決心，當他們前來搗毀，他的家應當看來「井井有條」，他把碗盤全部洗過，把餐具器皿排整齊，在水槽洗好衣服，掛起來晾乾。他還在流理台上留了錢給蕾拉，二百二十盧布，足夠支持全家人幾天的開銷。這是個小小的姿態……但要表達什麼？他的持續關懷？道歉？悔意？蕾拉大概始終不曾收到這筆錢。國安會肯定會把錢沒收或偷走。但正如他一絲不苟地清理公寓，他所傳遞的這個訊息，或許比他意識到的更能表露他的個性：**戈傑夫斯基想要被當成一個好人，他要讓被他徹底欺騙的國安會尊敬他。**他沒有留下任何為自己辯護的字條，沒有對自己背叛蘇聯提出解釋。要是國安會逮住他，這些全都會被他們榨出來，而這次可不會用吐真劑這樣的溫和手段。他留下了一塵不染的公寓，還有許多洗乾淨的衣服。他跟哈靈頓先生一樣，沒把衣服洗好就不會逃走。

接著，戈傑夫斯基準備第四次、也是最後一次甩開國安會監控人員。時機至關重要，要是他太早離開公寓、躲避監視者，他們可能終究會察覺到他正要做的事，並發出警報。但要是他太晚離開，可能就無法完成「乾洗」，抵達火車站時仍被國安會緊跟不放。

他用一個普通塑膠袋打包自己少少的物品：一件薄夾克、他的丹麥皮帽、鎮靜劑，以及一本蘇聯印製、包含芬蘭邊界地帶的小本公路地圖，地圖無疑是不準確的，因為那是軍事機敏地區。

他忘了打包鼻菸。

上午十一點，芬蘭，瓦利瑪汽車旅館

皮姆利科行動的芬蘭端遵照時間表運行，小組在距離邊界約十六公里的一間小小汽車旅館集合。使用假護照出國的維若妮卡．普萊斯和西蒙．布朗，前一天晚間抵達赫爾辛基，在機場旅館過夜。他們駛近汽車旅館的停車場時，負責在芬蘭協調事務的軍情六處年輕官員馬丁．蕭福德已經在等候。過了幾分鐘，兩位丹麥安全情報局官員，艾力克森和拉森也跟著抵達。說巧不巧，這些車輛全都經由機場的同一家租車公司預訂，蕭福德驚恐地發現，停車場這時停放著完全相同的三輛車，三輛鮮紅色的全新富豪（Volvo），而且車牌號碼連號。「我們一看就像是來開大會的，簡直不可能更顯眼了。」至少有一輛車在隔天以前必須換掉。

邊界芬蘭端的會面地點，由維若妮卡．普萊斯在最初制訂計畫時選定。在邊界關口西北方八公里處，有一條林道右轉進入樹林中。沿著林道前進一公里半，左方有一片小小的林間空地，是載運木材的卡車迴車之處，四周林木圍繞，從主要幹道上看不見。這個地點夠接近邊界，能確保歐列格和他的家人無需在後車廂內拘束太久，超出必要時間；但這裡也夠遠，遠在邊境保安地帶之外。

軍情六處和丹麥安全情報局的聯合小組，徹底偵察了會面地點的周圍地區。芬蘭的松林毫無間斷地向四面八方展開，視野之內不見房屋。他們會在這裡與逃亡小組會合，迅速將逃亡者從軍情六處車輛轉移到芬蘭租用車輛上，再分成兩組散開。芬蘭小組會繼續前行將近十六公里，在森林中的第二個會面地點重新集合，並檢查逃亡者的健康狀況、為他們更衣。而且到了那時，他們終於可以暢所欲言，無需懼怕遭監聽的外交官車輛。同時，莫斯科小組會開上前往赫爾辛基的道路，在第一處加油站等候。脫逃小組會開始踏上漫長旅程，北行前往挪芬邊界，蕾拉和一個女兒乘坐丹麥人的車，戈傑夫斯基和另一個女兒與布朗和普萊斯同車。蕭福德會在加油站再次加入軍情六處莫斯科小組，聽取阿斯科特和亞瑟匯報，並從加油站前院的公用電話亭打一通重要電話。

這通電話會自動轉給在世紀之家與P5小組一同等候的蘇聯集團管制官。加油站的電話可能被蘇聯國安會或芬蘭情報機構監聽，因此皮姆利科行動的結果必須以暗語回報。要是戈傑夫斯基和家人平安出境，蕭福德會說自己休假釣魚滿載而歸，但如果逃亡失敗，他就會回報釣魚一無所獲。

徹底檢查過會面地區之後，小組駕車返回赫爾辛基，將車隊其中一輛鮮紅色富豪換成其他車型，然後分散投宿於不同旅館。

中午十二點，莫斯科，庫圖佐夫大街

在外交人員公寓，卡洛琳．阿斯科特和瑞秋．吉正在著手打包。他們不能攜帶個人衣物，因為後車廂的全部空間都要提供給「皮姆利科」和他的家人。他們反倒收集了一些空的小旅行箱，裡頭裝滿墊子，看起來很大很逼真，但只要清空就可以收合起來。七年前組裝起來的脫逃工具，從英國大使館的保險櫃拿了出來；水壺和兒童用的塑膠「吸水杯」（讓女孩們在拘束的後車廂裡更容易喝水）、兩個小便用的大空瓶，以及由熱反射薄塑膠片製成的四條「太空毯」，這種材質能在失溫或施力時減少熱量耗損。一般相信，蘇聯邊界的熱感測器和紅外線攝影機能夠偵測到藏匿的人體，但軍情六處沒人確切知道這種技術是怎樣運作，甚至不知道它是否真正存在。逃亡者必須脫到剩下內褲，再用太空毯蓋住自己；後車廂裡會很熱，體溫愈低，愈不至於引來嗅探犬。

卡洛琳整理出一套野餐組。野餐盒、地墊、三明治和洋芋片，讓他們能在路邊停車區鋪開，偽裝成正在野餐，逃亡者可以慢慢從藏身處現身。他們到達會面地點的時間可能會延遲，路邊停車區也可能有其他人在，要是四個外國人就這樣出現，卻沒有明顯來意，可能會引起懷疑。這兩對夫妻需要一個開出路邊的安全理由，英式野餐正是完美的掩護。卡洛琳也為佛蘿倫絲準備了旅行袋，裡面有衣服、嬰兒食品和備用尿布。瑞秋．吉帶著兩個幼兒和婆婆到公園去，她不時停下腳步，緊抓背部，彷彿疼痛不堪。她的表演太有說服力，亞瑟的母親還問他：「你確定她真的沒病？你知道嗎，在我看來她一點都不好。」

下午三點，莫斯科，英國大使館

大使館的軍事專家之一，助理海軍武官，去了芬蘭一趟之後返抵莫斯科，他在無意間嚴重擾亂了行動計畫：據他報告，他離境和重新入境蘇聯時，都在維堡遭到國安會的邊防警衛盤查。邊防警衛違反一切外交法規，要求搜查他的座車，但這位助理武官並未提出異議。「這個蠢人任由他們帶著狗搜遍整輛車。」阿斯科特大怒。要是邊境管制單位公然無視慣例，用嗅探犬搜查英國外交官的座車，脫逃計畫就泡湯了。四個體溫高的人擠在兩輛車的後車廂，發出的氣味十分強烈。助理武官在不知不覺間開了危險的先例，時機壞到無以復加。

阿斯科特急忙仿造了一份大使遞交給蘇聯外交部的外交抗議公函，信中申訴助理武官的座車遭搜索一事，堅稱英國的外交豁免權受到侵犯。這封信函未曾遞出，但阿斯科特做了一張顯示為已經遞交的信函，並附上《維也納公約》相關條文的俄文翻譯。要是國安會試圖在邊界搜查他們的車輛，他就會亮出這份偽造公函。但這個做法不保證有效，要是邊防警衛堅持查看後車廂內部，那麼無論多少正式抗議都阻止不了他們。

還有最後一份文書資料。軍情六處祕書維奧萊塔在可溶紙張上謄打了一份脫逃指示。要是國安會逮捕他們，這張備忘錄「可以用水溶解，或用最不舒服的方式，塞進嘴裡溶掉」。軍情六處小組在極端危急之時，可以吃掉皮姆利科行動。

下午四點，莫斯科，列寧大道

戈傑夫斯基穿上薄薄的綠色毛線衫、褪色的綠色燈芯絨長褲，以及從鞋櫃後排挑出的一雙褐色舊鞋，他盼望這雙鞋或許能躲過放射塵或其他化學物質汙染，以躲過嗅探犬的警覺。這整套服裝在看門人（以及國安會監視者）眼中，大概跟他的綠色運動服沒兩樣，能讓他們以為他只是出門跑步。他鎖上公寓前門。國安會幾小時內就會再次把門打開。「我關上這道門，不只是關上我的住家和財產，也關上了我的家庭和人生。」他沒有隨身攜帶紀念照，或其他勾起回憶的紀念品，他沒有打電話向母親或妹妹道別，即使他知道自己大概再也見不到她們。他沒有留下任何解釋或辯解的字條。在生命中最不尋常的這一天，他沒有做任何一件看來可能超乎尋常的事。他走過大廳的時候，看門人沒有抬頭看他。他有整整一小時半，可以踏上穿越莫斯科前往列寧格勒車站的路程，並且最後一次擺脫跟監。

他在先前的「乾洗」行程中，都走向家附近的購物區。這次他穿越大道，走進對面沿著大道伸展的一片林地。一走到看不見道路之處，他就開始慢跑，逐漸加速，直到近乎衝刺，肥胖的國安會監視官不可能追得上他。到了公園盡頭，他跨越馬路，原路折返，然後走進對街的商店。他的塑膠袋太過稀有，會顯得與眾不同，於是他買了個便宜的人造革旅行袋，把少少的隨身物品裝進去，再從後門離開。接著，他有條不紊地把規避監控的全套行動清單實作一遍：在列車關門時跳上地鐵列車，坐兩站下車，等待下一班列車進站，確定月台上所有乘客都已上車，然後任由車門關上，搭乘對向月台的列車；低頭彎腰走一條街，原路折返再走上另一條街，從入口進入商店，再由後門離開。

列寧格勒車站擠滿了人潮和警察。正巧，來自全世界一百五十七國的二萬六千名左翼青年，正湧進莫斯科參加第十二屆世界青年與學生聯歡會。這場活動下週開始，被宣傳為「反帝團結、和平友誼」的慶典，戈巴契夫將會在一場群眾大會上對他們說：「就在這裡，偉人列寧的祖國，你們可以直接感受到，我國青年何其深沉地獻身於人道、和平與社會主義的高貴理想❶。」多數與會者不是為了列寧而來，而是為了音樂，演出者包含了出生於美國、定居於鐵幕後方的親蘇歌手狄恩・里德（Dean Reed）、英國流行二人組「只要女孩」（Everything But the Girl），以及應蘇聯詩人安德烈・沃茲涅先斯基（Andrei Voznesensky）邀請而來的巴布・狄倫（Bob Dylan）。其中，許多青年代表是從斯堪地那維亞經由芬蘭到達的。看到鎮暴警察在車站巡邏，戈傑夫斯基不由得慌張起來，但接著他安撫自己：這麼多人跨越北方邊界，警衛可能會忙著留意他們，而無暇顧及出境的外交官座車。他在販賣部買了麵包夾香腸。就他所見，沒人在跟蹤他。

開往列寧格勒的跨夜列車，多半由四等臥鋪車廂組成，每間包廂有六張雙層床，門開向走廊。戈傑夫斯基發現自己在上鋪。他拿了乾淨床單來鋪床。女車掌是一位趁著放假打工賺錢的學生，看來並未特別留意他。五點三十分，列車準時出站。數小時之間，戈傑夫斯基躺在床上，嚼著少量晚餐，試圖保持冷靜，室友們則在下鋪一起填字謎。他吞下兩顆鎮靜藥丸，沒多久就陷入沉睡。心力交瘁、恐懼，與化學物質，在在加深了他的睡意。

❶ Gorbachev's speech at 12th World Festival of Youth, 27 July 1985: https://rus.ozodi.org/amp/24756366.html.

下午七點，莫斯科，英國大使館

大使的到任酒會大獲成功。前天夜裡抵達的布萊恩・卡特利奇爵士做了簡短致詞，軍情六處人員對演說內容一個字也記不得。瑞秋留在家裡，繼續呻吟給隱藏麥克風聽，還不時發出「怪異的抽泣聲」。在吊燈下進行一小時外交閒話之後，兩位情報官藉故退席，說他們得開夜車到列寧格勒，送瑞秋到芬蘭求醫。所有與會人員當中，就只有大使、公使大衛・拉特福德（David Ratford），以及軍情六處祕書維奧萊特・查普曼知道這趟旅程的真正目的。酒會結束後，維奧萊特從大使館的軍情六處保險櫃取出皮姆利科「藥包」，遞給阿斯科特，內有成年人服用的鎮靜劑藥丸，以及兩支針筒，準備為兩個驚嚇的小女孩注射鎮靜劑。

回到庫圖佐夫大街，男人們把行李上車的同時，瑞秋走進子女熟睡著的臥室，給了他們晚安吻。她不知道自己能不能再見到他們。「要是我們被抓了，」她思忖，「我們會被困住很久很久。」亞瑟扶著背部僵硬、一瘸一拐的妻子到福特新銳座車上，將她安頓在前座。

晚上十一點十五分左右，兩輛車開上了寬敞的大街，一路北行，亞瑟的福特車在前，阿斯科特的紳寶車在後。兩對夫妻都為了這趟前往赫爾辛基的漫長旅途，帶上了大量錄音帶。

一輛國安會偵防車陪同他們來到市郊的隼鳥區（Sokol），便離去了。當他們開上寬敞的公路，阿斯科特和亞瑟都沒有察覺到任何偵防車明顯在後尾隨。但這未必就能放心。國安會監控車輛並不只有派車尾隨這個辦法，在每一條主要幹道沿線，每隔一段固定間距都設有國家汽車檢查單位（交警哨所），受到監視的車輛行經哨所時，都會被記錄下來，並以無線電通知下一處哨所戒備。必要時，也會與可能部署在視線外的偵防車保持聯繫。

車內的氛圍緊張，恍若隔世。既然假定車輛受到監聽，車內聲響都會被錄下或傳送給看不見的無線電通訊車，那麼演戲功夫就不能稍有懈怠。表演進入了流動的第二幕。瑞秋抱怨著背痛，阿斯科特埋怨，就在新大使上任的此時，他卻得帶著小嬰兒開上數百公里的車。沒人提到逃亡，也沒人提到此時正在列車上（他們希望如此），隆隆駛向列寧格勒的那個男人。

「這肯定是設好的局，」瑞秋睡著後，亞瑟沉吟著，「我們不可能就這樣脫身。」

七月二十日，星期六

凌晨三點三十分，莫斯科往列寧格勒的列車上

戈傑夫斯基在下鋪醒來，頭痛欲裂，在一段長長的、不真實的時間裡，他不知道自己身在何處。一個年輕男子從上鋪往下看著他，表情古怪。「你掉下去了。」他說。鎮靜劑讓戈傑夫斯基陷入沉睡，結果火車突然煞停，他從上鋪滾下來，掉在地上，割傷了額頭。他的毛線衫沾滿血。他蹣跚來到走廊呼吸新鮮空氣，在隔壁包廂，一群來自哈薩克的年輕女子熱烈交談著。他開口想要加入談話，但才剛張口，其中一名女子就驚恐地躲開：「你敢對我說一個字，我就大叫。」直到這時，他才意識到自己是什麼模樣：衣衫不整、血跡斑斑、步履不穩。他退開，抓起包包，退到了走廊盡頭。火車還有一個多小時才到列寧格勒。其他乘客會舉報他喝醉酒嗎？他去找警衛，遞給她一張五盧布鈔票，說道：「感謝你幫忙。」即使她除了提供床單之外什麼也沒做。她疑惑地看了他一眼，似乎帶著一絲責備意味。但她還是收了錢。火車飛梭於逐漸消散的黑暗之中。

凌晨四點，莫斯科往列寧格勒的公路上

在前往列寧格勒的半路上，脫逃小組在瓦爾代高地（Valday Hills）駛進一片壯麗的破曉，阿斯科特深受感動：「濃霧從湖泊與河流升起，伸展成了山邊長長的腰帶，穿過樹林與村莊。大地緩緩從這些冒泡的藍紫色、玫瑰色河岸，匯聚為堅實的輪廓。三顆極為明亮的星球，完美對稱閃耀，一左、一右、一在正前方。行經山坡和公有地溝渠，我們眼見正在割乾草、撿香草和放牛吃草的孤影。景色迷人，此刻恬靜。很難相信，如此開始的一天可能會造成任何傷害。」

佛蘿倫絲甜甜地睡在後座的兒童座椅上。

阿斯科特是虔誠的天主教徒，也是屬靈的人，他想著：「我們在一條路上，而我們投身於它——只有這條路，正是我們要走下去的路。」

在第二輛車上，正當太陽從地平線升起，陽光普照於薄霧瀰漫的俄羅斯高地，亞瑟和瑞秋．吉也經歷著自己的超驗時刻。

卡式錄音機裡播放著險峻海峽樂團（Dire Straits）的專輯《手足情深》（*Brothers in Arms*），馬克．諾弗勒（Mark Knopfler）爐火純青的吉他演奏，似乎充塞整個黎明。

薄霧籠罩的山巒
如今是我的家了
但我的家園在低地
永遠都在那裡
有一天，你會回去
你的山谷和田園

而你不再渴望
成為戰友

行過毀滅之地
炮火洗禮
我看著你們的苦難
當戰鬥更烈
即使它們傷我至深
在恐懼與驚慌之中
你沒有離棄我
我的戰友

「我頭一次覺得，這一切都會順利達成。」瑞秋回想。就在此刻，一輛車頭扁平、人稱「日古力」（Zhiguli）的褐色蘇聯製飛雅特（Fiat）轎車（國安會偵防車的標準款），插進了車隊後方約二百公尺處。

「我們被跟蹤了。」

上午五點，列寧格勒，鐵路總站

列車靠站的時候，戈傑夫斯基是最先下車的旅客。他迅速走向出口，不敢回頭確認列車警衛是否已經在告知車站職員，並指出那個跌下床鋪、又給了她太多小費的奇怪男人。車站外面沒有計程車，但有幾輛私家車在附近徘徊，駕駛正在攬客。戈傑夫斯基跳上其中一輛。「到芬蘭車站。」他說。

戈傑夫斯基在上午五點四十五分抵達芬蘭車站。站前幾乎空無一人的廣場，以一座巨大的列寧雕像最為醒目，紀念著這位偉大的革命理論家一九一七年自瑞士抵達、接掌布爾什維克黨的那一刻。在共產主義傳說裡，芬蘭車站是革命自由與蘇聯誕生的象徵；對戈傑夫斯基來說，它也代表著通往自由之路，但在每一層意義上都與列寧背反。

開往邊界的第一班列車在上午七點五分出發，最遠只能載他到列寧格勒西北五十公里處的澤列諾戈爾斯克，距芬蘭邊界的路程剛過三分之一。他可以從那兒搭乘巴士，沿著主要公路前往維堡。戈傑夫斯基搭上火車，並且裝睡。列車緩慢得令人難以忍受。

上午七點，莫斯科市中心，國安會總部

國安會究竟是什麼時候發覺戈傑夫斯基消失的，並不清楚。但在七月二十日天亮時，第一總局（中國處）的監控小組想必已非常擔心了。他最後一次被人看見是在星期五下午，那時他慢跑進了列寧大道的林地，手裡拿著塑膠袋。戈傑夫斯基先前三次失蹤的時候，數小時內就重新現蹤。但這次，他沒有返回公寓。他沒有跟妹妹、岳父或朋友柳比莫夫在一起，也不在任何一處已知的地址。

此時最明智的行動是發出警報。這樣一來，國安會就能立即展開搜捕，搜索戈傑夫斯基的公寓，尋找他下落的線索，並把他的每個親戚朋友都抓來盤問，再加強監控英國外交人員，然後封閉陸海空每一條脫逃管道。但沒有證據顯示，監控小組在七月二十日早上採取了這個行動。看樣子，他們反而採取了在每一個「誠實面對失敗就會遭到懲罰」的專制政體裡，坐領乾薪之輩都會採取的行動：什麼都不做，期望問題自行消失。

上午七點三十分，列寧格勒

軍情六處偷運小組在列寧格勒的阿斯托利亞酒店（Astoriya Hotel）門外停下車。那輛褐色的國安會偵防車一路尾隨他們進入列寧格勒市中心，然後就消失了。「我斷定，我們有新的跟蹤者了。」阿斯科特寫道。他們打開後車廂，「我們誇張地在廂內翻找，讓監控者看到我們無所隱藏，後車廂真的裝滿行李。」亞瑟和兩位婦女走進酒店，餵飽嬰兒並吃了早餐（噁心的硬水煮蛋和硬麵包），同時，阿斯科特留在車上裝睡。「國安會到處查找，我不想讓人看到車內。」兩個不同男人走近車旁，從車窗窺探車內；阿斯科特兩次都假裝自己被驚醒，回瞪他們。

他估計，北上開到路邊停車區的一百六十公里路程，需要兩小時左右。因此他們需要在上午十一點四十五分從列寧格勒出發，才有充裕時間在下午二點三十分抵達會面地點。尾隨他們進入列寧格勒的那輛車，以及這時在車輛周圍閒逛的窺探者，都顯示出國安會的關注程度令人憂慮。「這時我知道了，他們會一直跟著我們到邊界，我的熱情也被打消了。」馬力強大的西方製車輛或許能甩開一輛蘇聯製的國安會用車，把領先拉得夠遠，得以急轉進入會面地點所在的路邊停車區而不被看見。但要是國安會採用了罕見的做法，也在車隊前面安插一輛偵防車呢？要是「皮姆利科」擺脫不掉監視，他們可能就會直接開進對方的伏擊圈。「我最怕的是，兩組國安會監控人員會策劃發動鉗形攻勢，就在會面地點會師。我僅存的樂觀迅速煙消雲散。」

還有兩小時可以消磨，阿斯科特提議他們利用這段時間，前往共產主義最尊崇的聖地之一——斯莫爾尼宮和修院（Smolny Institute and Convent），進行一次反諷的朝聖。這座巨大的帕拉第奧式（Palladian）大廈，原先是俄國最早為女性（僅限貴族）提供教育的學校之一，也就是斯莫爾尼貴族女子學院。十月革命期間，這裡被列寧用作指揮部，成為布爾什維克政府的中心所在，直到政府遷往莫斯科的克里姆林宮。這裡到處充斥著阿斯科特所謂的「列寧無處不在」（Leniniana）元素。

在斯莫爾尼宮的花園裡，四人坐在長凳上，表面看來像在圍著閱讀旅遊指南。「這是最後一次緊急會議，把一切全都排練一遍。」阿斯科特說。要是他們成功抵達會面地點，後車廂的內容物就需要重新布置，才能容納旅客。瑞秋會把野餐布置好，男人們則從後車廂清出行李。同時，卡洛琳會抱著佛蘿倫絲走到路邊停車區入口，來回查看公路情況。「要是出了什麼差錯，她會把頭巾取下。」如果沒有危險的話，亞瑟就會打開座車引擎蓋，示意「皮姆利科」可以安心現身。任何麥克風都有可能聽見他們對話，因此接運行動應當默不作聲實施。倘若他是唯一的逃亡者，他就會躲進亞瑟座車的後車廂。福特車的懸吊系統比紳寶高，車體額外增加的重量稍微不那麼顯眼。「亞瑟會帶路離開會面地點，」阿斯科特寫道，「由我斷後，以防任何人試圖駕車衝撞後車廂。」

列寧的革命指揮部似乎是個適宜密謀的地點。「這其實是在對國安會比V字勝利手勢。」回到車上開最後一段路之前，他們沿著涅瓦河岸漫步，看著河水流過廢棄碼頭，「如今散落著拆去車輪的生鏽巴士，撕碎的成綑玻璃紙漂進了河上草叢」。阿斯科特提議，這或許是個與全能天主短暫交流的好機會。「我們四人全都默想了一會。我們都感到自己與超越人力的存在密切相連——而我們真的需要。」

在列寧格勒市郊，他們行經一處設有瞭望塔的大型交警哨所。片刻後，一輛載著兩名男性乘客、配有長長無線電天線的藍色拉達日古力（Lada Zhiguli）轎車插進了車隊後方。「此情此景令人沮喪。」阿斯科特寫道，「但更壞的事就要發生了。」

上午八點二十五分，澤列諾戈爾斯克

戈傑夫斯基下了火車，四下張望。一九四八年以前以芬蘭文名稱「特里約基」（Terijoki）為名的澤列諾戈爾斯克鎮，此時逐漸甦醒，火車站一片忙碌。看來，他不太可能被尾隨到這裡，但在莫斯科，監控小組這時必定已經發出警報。西北方八十公里處的維堡邊界哨所，可能已經進入警戒狀態。脫逃計畫要他搭上巴士走完剩下的路程，並在八三六公里路標處下車，該處距離莫斯科八百三十六公里，距離邊城維堡二十五公里。他在巴士站買了前往維堡的車票。

老舊的巴士乘客半滿，當它喘息著開出澤列諾戈爾斯克，戈傑夫斯基試著讓自己在硬座椅上坐得舒適點，他閉上了雙眼。一對年輕夫妻坐在他前面的位子，健談又友善，還在一大早九點鐘就喝得大醉，這幾乎是全俄國獨一無二的事。「你要去哪裡？」他們打著酒嗝問，「你從哪裡來？」戈傑夫斯基含糊地回答。一如醉鬼想找人說話的習慣，他們更大聲問了同一個問題。他說，他要到維堡附近的村莊拜訪朋友，並從他讀過的小本地圖集裡翻出一個地名來。就連他自己聽來都覺得這是個彌天大謊。但那對夫妻似乎滿意了，嘟噥著無關緊要的事。將近二十分鐘後，他們踉蹌起身下了車，一邊愉快地揮手。

濃密的樹林沿著道路兩旁伸展，針葉樹與圓葉樺、山楊樹混雜，偶爾被擺放著野餐桌的林間空地隔開。這是容易迷路的地方，但也是很好的藏身之處。對向的遊覽車川流不息，帶著斯堪地那維亞青年前來參加音樂節。戈傑夫斯基注意到大量的軍車，包括裝甲運兵車。邊境由重兵防守，他們似乎正在進行某種演訓。

公路向右彎，突然，那張維若妮卡．普萊斯經常向他出示的照片似乎鮮活了起來。他沒看到里程路標，但確定就是這個地方。他霍然起身，端詳窗外。巴士這時幾乎空了，司機疑惑地從後視鏡看著他。司機停下巴士，戈傑夫斯基猶豫了，巴士再次啟動。戈傑夫斯基沿著走道奔向前去，一手摀住嘴巴。「抱歉，我不舒服，可以讓我下車嗎？」惱火的司機再次停車開門。巴士一開走，戈傑夫斯基就對著路邊水溝彎下身子，假裝乾嘔。他讓自己太過醒目了。此時至少會有五個人清楚記得他：列車警衛、發現他在臥鋪地板上昏迷的男人、酒醉的夫妻，和巴士司機。司機肯定會想起一個似乎搞不清楚自己要去哪裡的生病乘客。

通往路邊停車區的入口就在前方二百七十公尺處，以那塊獨特的巨石為特徵。它轉出公路，形成一個寬大的D字型彎路，長九十公尺，路邊有一排樹木，樹下有濃密的蕨叢和灌木叢。D字最寬之處有一條軍用道路，通向右方的森林深處。路邊停車區的泥土路面塵土飛揚，但周圍的地面濕軟，有著一池池的半死水。天氣開始暖和了，土地散發出一股刺鼻惡臭。他聽見蚊子尖聲轟鳴，感覺自己被叮了第一口，然後又一口。森林的寂靜似乎一呼百應。這時還只是上午十點三十分。軍情六處的脫逃車輛還要再過四小時才到，如果它們會來的話。

恐懼和腎上腺素能對心理與胃口產生怪異的效果。戈傑夫斯基本來應該繼續躲在灌木叢裡的，他本來應該拉起夾克蓋住頭，任由蚊子恣意肆虐，他本來應該等的。但他反倒做了一件，從後見之明看來，幾近瘋狂的事。

他決定要進入維堡，喝杯酒。

中午十二點，列寧格勒往維堡的公路上

軍情六處的兩輛車，正在國安會那輛藍色日古力車的尾隨之下，駛離列寧格勒郊區。這時，一輛蘇聯警車插進了阿斯科特的紳寶車前方，居於這個小車隊的前導位置。又過了一會，第二輛警車從對向車道經過，打開警笛並迴轉，插進國安會偵防車後面。第四輛車也加入縱隊後方，是一輛深黃色的日古力。「我們被包夾了。」阿斯科特說。他不安地和卡洛琳互看一眼，一語不發。

約莫十五分鐘後，前導的警車突然加速。同時，國安會偵防車也跟著加速，超越英國人的兩輛車，接手了前導位置。前方一公里半，第一輛警車在道路支線等候，車隊經過之後，警車開動，接手殿後位置。車隊又被包夾了，但這時國安會在前，兩輛警車在後。一場經典的蘇聯式權力表演方才發生了，經由無線電協調，展演了一場怪誕的機動舞蹈。「國安會對警察說：『你們可以留下來，但這次行動歸我們管。』」

無論他們選擇怎樣的行車序列，這都是一場完全不加掩飾的嚴密監控。阿斯科特沮喪地繼續前行：「我那時想著，我們陷入了鉗形攻勢。我預見到，我們轉進目的地，就會碰上一整個歡迎委員會，一大堆身穿制服的軍警從樹叢裡衝出來。」

公路里程路標向著目的地持續倒數。「我沒有擬訂過如何應付這種處境的計畫。我完全沒想到，我們會在前後幾公尺都有國安會跟隨的情況下，朝著目標出發。」在一輛車前導、三輛車緊跟之下，不可能駛進那處路邊停車區。「要是到了會面地點，他們還跟著我們，」阿斯科特想，「我們就不得不放棄行動。」「皮姆利科」——還有他的家人，要是他帶著一起走的話——會孤立無援地被拋棄，假定他真的有離開莫斯科。

中午十二點十五分，維堡城南某家餐館

往維堡方向的公路上開來的第一輛車，是一輛拉達，戈傑夫斯基一豎起拇指，它就殷勤地停下。人稱「搭便車」的攔車旅行，在俄國司空見慣，還受到蘇聯政府鼓勵。即使在軍事管制區內，單獨一位搭車客也未必令人懷疑。年輕的駕駛穿著整潔漂亮的平民服裝，戈傑夫斯基思忖，這人可能是軍人或國安會人員，但真是如此的話，這人顯然缺乏好奇心，什麼都不問，在開往城鎮邊緣的一路上都大聲播放著西方流行音樂。當戈傑夫斯基掏出三盧布酬謝這短短一段便車，那人一語不發把錢收下，然後不再回頭，把車開走。數分鐘後，戈傑夫斯基坐下來享用美味的午餐：兩瓶啤酒和一盤炸雞。

第一瓶啤酒下肚，隨著腎上腺素消退，戈傑夫斯基開始感受到誘人的昏昏欲睡感。那隻雞腿是他吃過最美味的食物，維堡郊區那間空蕩蕩的自助餐廳一點也不起眼，是一座玻璃和塑膠的泡泡建築，女服務生為他點餐時幾乎沒看他一眼。即使這裡稱不上安全，他仍開始感到異常冷靜，而且突然氣力放盡。

數百年來，維堡一再變換國籍，從瑞典到芬蘭，再到俄國，隨後是蘇聯，再回到芬蘭手中，最終又

是蘇聯所有。一九一七年，列寧率領著他的布爾什維克黨小隊行經這座城鎮。第二次世界大戰前，維堡有八萬人口，即使多數是芬蘭人，但還有瑞典人、德國人、俄羅斯人、吉普賽人、韃靼人和猶太人。蘇聯與芬蘭爆發冬季戰爭期間（一九三九至四〇年），全城人口幾乎都被疏散，城內一半以上的建築物被毀。蘇聯紅軍在苦戰過後占領維堡，一九四四年驅逐最後一批芬蘭人，以蘇聯公民取代之後，維堡正式由蘇聯併吞。它有著每一座曾被摧毀、被種族清洗，並迅速且廉價地重建的城市所共有的那種粗陋、呆滯的氛圍，感覺起來沒有一絲真實感。但餐館很溫暖。

戈傑夫斯基猛然驚醒。他睡著了嗎？突然就下午一點了。三個男人走進餐廳，盯著他看，他覺得他們的眼神充滿猜疑。他們衣著講究，他試著表現得不慌不忙，拿起第二瓶啤酒，放進包包，把錢留在桌上，走了出去。他把心一橫，滿不在乎地向南走；過了三百五十公尺，他才敢回頭看。那幾個男人還在餐館裡。但時間怎麼過這麼快？公路這時空蕩蕩，午餐時間到來，交通隨之消散。他開始奔跑。跑了不過數百公尺，汗水就傾瀉而下，但他加快腳步。戈傑夫斯基仍然是個熟練的跑者，即使過去兩個月來歷經磨難，他仍維持著體態。隨著他大步奔跑，他感受得到心臟因為驚嚇和出力而劇烈跳動。一名搭車客或許不起眼，但一個在空蕩蕩的公路上飛奔的男人，卻肯定讓人好奇，但至少，他是背對邊界而跑。他愈跑愈快。他為什麼不好好待在會面地點？他有可能在一小時又二十分鐘之內跑完二十五公里，回到那個路邊停車區嗎？幾乎肯定辦不到。但他反正就是跑，盡全力快跑。戈傑夫斯基正在逃命。

下午一點，芬蘭，瓦利瑪村北方三公里處

在邊界的芬蘭端，軍情六處接待小組提前就位。他們知道阿斯科特和亞瑟前一晚已經準時從莫斯科啟程，但此後音訊全無。普萊斯和布朗把他們的紅色富豪車開出林道，停在林間空地邊上。蕭福德和丹麥人在道路兩旁各就各位，要是兩輛車抵達時正被國安會緊追，艾力克森和拉森就會各自駕車，上前阻

擋或衝撞追擊者。他們似乎對這個可能性感到非常開心。四周炎熱又寂靜，歷經四天的狂亂準備之後，此時異樣地平靜。

「我在變動世界的中心，感受到一個出奇靜止的階段。」西蒙．布朗回想。他隨身帶著安妮塔．布魯克納（Anita Brookner）的布克獎獲獎小說《杜蘭葛山莊》（*Hotel du Lac*），「我想，要是我帶本大書，那是在玩命，所以我帶了本短篇。」丹麥人打著盹；維若妮卡．普萊斯在心裡列出清單，逐一檢查逃亡計畫的所有事項。布朗盡可能放慢速度讀書，「試著不去想流逝的每分每秒。」黑暗的預感仍不時襲來，「我不知道注射藥物會不會把孩子害死。」

下午一點三十分，列寧格勒往維堡的公路上

俄國的築路機構對於列寧格勒通往芬蘭邊界的公路十分自豪，這是斯堪地那維亞與蘇聯之間的主要門戶。這條路有模有樣，路面適當地鋪上柏油並拱起，標誌和標線都井井有條。這支小車隊進展迅速，以一百二十公里時速巡航，國安會偵防車在前，軍情六處的兩輛車被控制在中間，兩輛警車和另一輛國安會偵防車跟隨在後方不遠處。這對國安會來說太容易了，於是阿斯科特決定提高難度。

「我被監控了很多年，我們也慢慢摸清國安會第七局的思維方式。他們通常都知道，你知道他們就在你身邊，但真正會冒犯他們、讓他們難堪的是，有人刻意表明看到了他們。在心理上，沒有一個監控小組喜歡被它的目標暴露出自己的顯眼和無能。他們討厭你對他們比V字手勢，這實際上就是衝著他們說：『我們知道你在那兒，也知道你想幹麼。』」原則上，阿斯科特一向無視監控，不管對方有多明顯。這時，他頭一次破例。

這位子爵間諜放慢車速，直到只剩時速五十五公里，車隊其他車輛也跟著放慢。到了八〇〇公里路標處，阿斯科特再次放慢，直到車隊僅以四十五公里時速爬行。前導的國安會偵防車減速，等著英國人

的座車跟上。其他車輛開始回堵在車隊後方。

國安會偵防車的駕駛不高興了。英國人在嘲弄他，故意阻礙車輛行進。「最後，前導車駕駛終於失控了，催到最高速揚長而去。他不喜歡被人這樣揭露。」續行數公里，國安會那輛藍色拉達日古力，正在通往凱莫沃村（Kaimovo）的一條支路上等候。它插進了另一輛偵防車後面，阿斯科特的紳寶車再次居於前導。

他逐漸加速。亞瑟也加速，將自己的車和前方紳寶車的距離維持在僅僅十五公尺。前方的道路筆直又暢通，阿斯科特再次加速。他們這時的車速提高到時速一百四十公里左右。亞瑟和俄國車之間的距離拉開到七百多公尺。八二六公里路標一閃而過，會面地點就在前方十公里處。

阿斯科特急速轉過一個彎道，然後踩了煞車。

一隊軍車正從左向右穿越公路：戰車、榴彈炮、火箭炮、裝甲運兵車。一輛麵包車已經被擋在他們前面，等待軍方車隊通過。阿斯科特在麵包車後面停住，亞瑟在他後面停下。偵防車也相繼趕上，在後面排成一列。戰車上的俄國軍人看見了外國車，握拳高舉叫囂著，這是令人啼笑皆非的冷戰式問候。

「到此為止了，」阿斯科特想，「我們完了。」

下午二點，列寧格勒公路，維堡東南方十六公里處

戈傑夫斯基聽見卡車從背後隆隆駛來，還沒看到就舉起了拇指。司機招呼這位搭車者上來。戈傑夫斯基喘著氣說，他想在八三六公里路標處下車，司機問他：「你要去那裡幹麼？那兒啥都沒有。」。

戈傑夫斯基以一種充滿默契的眼神看著他。「森林裡有幾間別墅，有一位漂亮小姐在其中一間等我。」卡車司機噗哧一聲表示認同，露出了一丘之貉的微笑。

「你這可愛的傢伙。」十分鐘後，卡車司機在會面地點放下他，淫笑著眨眨眼，收下三盧布揚長而去。戈傑夫斯基想著：「你這可愛的俄羅斯人。」

在路邊停車處，他爬進灌木叢，蚊子飢渴地迎上他的背。載著女人前往軍隊基地的一輛巴士轉進了路邊停車區，沿著軍用道路行駛；戈傑夫斯基緊貼著潮濕的土地，不知道自己是不是被發現了。四下俱寂，只有蚊子轟鳴，心跳怦怦作響。脫水的他喝了第二瓶啤酒。下午二點三十分過去了。然後是二點三十五分。

下午二點四十分，他又陷入一陣瘋狂，站起身來走上公路，走向軍情六處脫逃車輛應當開來的方向。或許，在公路上與他們相遇可以讓自己早幾分鐘獲救。但走了幾步，他又恢復理智。要是那些車輛有國安會車輛隨行，他們全都得在光天化日之下束手就擒。他跑回路邊停車區，再次遁入藏身的蕨叢。

「等著，」他對自己說，「控制住自己。」

下午二點四十分，列寧格勒往維堡公路，八二六公里處

軍方車隊的最後一輛車，終於緩緩穿越了公路。阿斯科特發動紳寶車的引擎，超過停著不動的麵包車，並且猛力加速，亞瑟以僅僅數尺之差緊追在後。國安會車輛發動時，他們已經拉開快一百公尺的距離。前方道路暢通，阿斯科特把油門催到底。卡式錄音機裡播放著韓德爾的《彌賽亞》（*Messiah*），卡洛琳把音量調到最大：「在黑暗中行走的百姓，看見了大光，住在死蔭之地的人，有光照耀他們。」阿斯科特嚴肅地想著：「但願如此……」

軍情六處官員先前開過這條路線好幾次，兩人都知道，轉彎處就在前方數公里處。他們立即加速到時速一百四十公里，跟著他們的車輛已經落後了四百多公尺，而且距離持續拉開。就在八三六公里路標前方，公路再次筆直，下坡一公里左右，接著爬升，然後向右急彎。前方二百公尺處，轉彎處就在右手邊。那個路邊停車處會被俄國野餐客擠滿嗎？卡洛琳．阿斯科特此時仍不知道，丈夫究竟會嘗試接人，

還是會逕自開過那個路邊停車處。亞瑟也不知道。其實連阿斯科特自己都不知道。

在公路開始下坡的路段，阿斯科特轉進彎路時，亞瑟從後視鏡裡看見藍色日古力車開上了筆直路段，出現在視野裡，落後他們八百公尺，追上這個距離只需半分鐘，或許更短。

巨石聳現於眼前，幾乎在阿斯科特不知不覺間，他已經重重踩下煞車，轉進路邊停車區，在尖嘯中急停，亞瑟也在後面僅僅數尺處停下，兩輛車的打滑輪胎揚起一片塵土。他們與公路之間有樹叢和巨石遮蔽。這個地方空無一人，時間是下午二點四十七分。「上帝保佑，不要讓他們看見塵土。」瑞秋想著。正當他們爬出車外，他們聽見了三輛拉達車的引擎聲，在抗議中呼嘯著，從主要公路上飛馳而過，就在樹叢彼端不到十五公尺處。「哪怕他們有個人現在看向後視鏡，」阿斯科特說，「就會看到我們了。」引擎聲漸弱，塵土平息。卡洛琳繫上頭巾，抱起佛蘿倫絲，走向路邊停車區入口處的放哨點。瑞秋按照腳本，取出野餐盒，鋪開野餐墊。阿斯科特開始將行李從後車廂放到後座，亞瑟則移動到紳寶車前方，準備一等卡洛琳發出警報解除信號，立刻打開引擎蓋。

就在這一刻，一個流浪漢突然從樹叢中現身，鬍子沒刮，蓬頭垢面，渾身都是泥巴、蕨類和灰塵，頭髮裡有乾涸的血跡，一手抓著廉價的褐色袋子，臉上表情驚恐。「他看起來完全不像照片裡那個人。」瑞秋想，「我們原本想像會遇見一個溫文爾雅的間諜，這個想法當場一掃而空。」阿斯科特覺得，這人看來就像是「《格林童話》裡的森林巨魔或樵夫」。

戈傑夫斯基認出了亞瑟就是那個吃著瑪氏牌巧克力棒的男人。亞瑟在麵包店門外對他只是匆匆一瞥，一時之間還疑惑眼前這個邋遢的魅影是不是同一個人。有一瞬間，在俄國森林裡塵土飛揚的小路上，間諜和奉命營救他的人們猶豫不決地彼此注視。軍情六處小組準備接運的是四個人，包括兩名幼兒，但「皮姆利科」顯然獨自一人前來。戈傑夫斯基預期會有兩名情報官來接他，維若妮卡從沒說過會有女人，更別提似乎正在布置某種正式英國野餐和茶杯的幾名女子。那是小孩子嗎？軍情六處真有可能帶著嬰兒進行危險的脫逃行動嗎？

戈傑夫斯基輪流看看這兩個男人，然後以英語咕噥著說：「哪輛車？」

羅伊・阿斯科特的紳寶車。

阿斯科特指著亞瑟那輛車打開的後車廂，卡洛琳急忙抱著嬰兒從路邊停車處入口趕回來。瑞秋取走了戈傑夫斯基沾滿泥土、散發惡臭，可能還含有放射物質的鞋，把它們丟進塑膠袋綁好，扔到汽車前座底下。戈傑夫斯基爬進福特新銳轎車的後車廂躺下，亞瑟把水、醫藥包和空瓶遞給他，並用手語示意他在後車廂內脫掉衣服。鋁製的太空毯蓋在他身上。兩位女子把野餐塞進後座。亞瑟輕輕蓋上後車廂，戈傑夫斯基消失在黑暗中。阿斯科特領頭的兩輛車再次開上公路，開始加速。

整個接人過程，歷時八十秒。

在八五二公里路標處，下一座交警哨所聳現眼前，還伴隨著一幅令人難忘的場面。那輛深黃色日古力車和兩輛警車就停在公路右邊，車門敞開，一名國安會便衣人員正與五位民警鄭重交談。「我們出現時，他們全都迅速轉頭看過來。」他們合不攏嘴地瞪著英國人的兩輛車駛過，神情交錯著困惑與寬慰。「我們一經過，駕駛立刻跑回車上，」阿斯科特寫道，「他的表情困窘，一副難以置信的樣子，我以為我們會被攔下，至少他們會來盤問我們的行動。」但偵防車一如先前那樣，只是在後方跟隨。他們是否先用無線電通知了邊界，提醒警衛當心一群外國外交官？他們是否提交了報告，承認自己跟丟了英國外交官幾分鐘？或者，他們是否照著更傳統的蘇聯作風，斷定這些外國人只不過是開出公路停車小解，把這去向不明的幾分鐘掩蓋起來，一語不發？這個問題的答案如今已不可能得知，但不難猜測。

瑞秋和亞瑟．吉聽得見後車廂傳來壓低的哼唧聲和碰撞聲，那是戈傑夫斯基在緊縮空間裡掙扎著脫衣服的聲音。接著，是清晰的噴湧聲，是他正在把午餐喝下的啤酒「排」入空瓶。瑞秋打開音響，播放美國搖滾樂團虎克博士（Dr. Hook）的精選輯，其中收錄的歌曲包括〈只有十六歲〉（*Only Sixteen*）、〈當你愛上一個美女〉（*When You're in Love with a Beautiful Woman*）和〈希薇亞的媽媽〉（*Sylvia's Mother*）。虎克博士樂團的樂風往往被形容為「輕鬆入耳」，戈傑夫斯基卻不覺得容易入耳。即使被塞進炙熱的後車廂奪路逃生，他還是有空被這種膚淺的煽情流行歌給激怒。「那是很可怕、很可怕的音樂。我討厭它。」

但瑞秋最擔心的，不是這位祕密乘客發出的聲響，而是氣味，那是汗臭、廉價肥皂、菸草和啤酒混合而成的一股味道，從車後傳來。它其實不算難聞，但過於獨特，且相當強烈。「那是俄國的氣味，在一般英國車上找不到。」嗅探犬肯定會警覺車後有些東西聞起來跟前座乘客大不相同。

經過一陣扭動，戈傑夫斯基設法脫下了襯衫和長褲，但出力過程讓他呼吸困難。熱度已經很熾烈，後車廂內的空氣似乎每吸一口就變得更濃重。他吞下一顆鎮靜劑。戈傑夫斯基想像著被邊防警衛發現時會上演的場景：英國人會假裝驚訝，堅稱這名逃犯是蘇聯栽贓給他們藉故挑釁的。但他們都會被抓走，他會被押到盧比揚卡監獄，被迫招供，然後殺掉。

回到莫斯科，國安會必定已經察覺到出了差錯，但仍未採取行動封閉最近的陸上邊界，或是將戈傑夫斯基的失蹤，與兩名英國外交官前一晚溜出大使館聚會，駕車前往芬蘭聯想在一起。國安會反倒先假定，戈傑夫斯基必定是畏罪自殺，此時大概躺在莫斯科河底，不然就是在酒吧醉倒了。週末是所有大型官僚組織的倦怠期，來上班的都是二線員工，上級長官也鬆懈了。國安會已經開始尋找戈傑夫斯基，但並不特別急迫，畢竟，他還有可能跑到哪裡去？要是他自殺了，還能有什麼罪證比這更確鑿？

而在世紀之家十二樓，外交部情報事務副次官德瑞克．托瑪斯（Derek Thomas）加入了P5辦公室的「皮姆利科」小組，一起等候蕭福德打來的電話，以知悉芬蘭「釣魚遠征」的成果。在外交部，常務副次官大衛．古達爾集合了資深顧問，一同等待托瑪斯的消息。下午一點三十分，俄國時間三點三十分，虔誠的羅馬天主教徒古達爾看了看手錶，向眾人宣告：「各位先生、女士，他們這時差不多該跨越邊界了。我想，做些小小的禱告是適當的。」在場六位官員都低頭默禱。

車流緩慢地穿越維堡。要是國安會想製造車禍，衝撞其中一輛車來逼迫他們下車的話，就會在市中心動手。日古力車消失了，接著警車也開走了。「如果他們想逮住我們，會在邊界上行動。」亞瑟想著。

瑞秋還記得，在維若妮卡．普萊斯堅持下，他們在吉爾福德森林接受過的訓練：把自己塞進後車廂，蓋上太空毯，聽著引擎聲、卡式錄音機的音樂，以及出乎意料的震動、停頓和俄語說話聲。「那時顯得瘋狂，」如今看來卻福至心靈，「我們全都知道他正在經歷的處境。」

戈傑夫斯基又吞了一顆藥丸，感受到心智和身體都放鬆了些。他拉起太空毯蓋住頭。就算脫得只剩內褲，汗水還是從背上流淌，在後車廂的金屬廂底匯成一灘水池。

從維堡西行十五公里，就到達了重兵防衛的國境周邊，那是一道網柵牆，牆頂是帶刺鐵絲網。邊界地帶寬度約二十公里。從這裡到芬蘭分別有五道路障，三道在蘇聯端，兩道在芬蘭端。

第一處檢查站的邊境警衛看了一行人「嚴厲的一眼」，但接著就揮手放行，連文件也沒檢查。邊防機構顯然已接獲通知，等待這群外交官來到。阿斯科特在下一個檢查站細看了警衛的表情，「但在神情裡察覺不出特別針對我們的緊張。」

在另一輛車上，亞瑟．吉則是全神貫注於另一種不同的焦慮。他所處的這個狀態，或許可以稱為「出門時是不是忘了關掉熨斗？」。他記不得自己在倉促之間有沒有鎖上後車廂，實際上，他甚至不確定有沒有關好後車廂。亞瑟眼前突然浮現一幅恐怖景象：他們止在穿越邊境，後車廂蓋突然彈開，暴露出宛如蜷曲在子宮中的那名間諜。於是，他停車跳下，走向森林邊緣，對著灌木叢小便，回來時盡可能漫不經心地確認了後車廂已經鎖上——就像出門時熨斗始終關著一樣。延遲的時間不到一分鐘。

下一處檢查站讓他們來到了國界線上。男人們將車並排停在圍籬環繞的入境等候區停車場，然後加入海關入境亭前大排長龍的隊伍。填寫離開蘇聯所需的文書表格，可能會耗時費力，瑞秋和卡洛琳都準備好長時間等候。後車廂沒有傳來聲響。瑞秋還在副駕駛座上，努力讓自己顯得無聊又病痛。嬰兒佛蘿倫絲暴躁易怒，幫忙分散了注意力，她的哭號掩蓋了聲響；卡洛琳把她從兒童座椅抱起來，站在敞開的車門旁和瑞秋交談，一邊輕輕搖著寶寶。邊防警衛在一排排車輛間穿行，左顧右盼著。瑞秋做好準備，要是他們試圖搜索車輛，就要「大發脾氣」。如果他們堅持要搜，那麼阿斯科特就會出示他那份抗議信函和《維也納公約》條文。如果他們仍堅決要打開後車廂，他就會以外交官身分大發雷霆，堅持他們要立刻駕車返回莫斯科提交正式抗議。到了那時，他們大概全都被逮捕了。

兩輛遊覽車就停在附近，車上的乘客或睡著，或漫無目的盯著窗外看。沿著這片被鐵絲網圍繞的空間邊緣，生長著大量的紫色柳葉菜，新收割的乾草氣味飄過停車場。海關入境亭的女性官員煩躁又慢吞吞，憤怒地抱怨著青年聯歡會和大量醉酒的外國年輕人湧入，為她帶來額外工作量。阿斯科特用俄語碎念，抑制著催促她的衝動。邊防警衛仔細搜索著其他車輛，車上多半是莫斯科來的商人和返國的芬蘭觀光客。

天氣炎熱無風。瑞秋聽見後車廂傳出輕輕的咳嗽聲，戈傑夫斯基也轉移重心，非常輕微地搖晃了車輛。他沒有察覺到他們已經進入國界區，正在清喉嚨，想要確保自己不會不由自主地發出咳嗆聲。瑞秋把音樂聲量調大，虎克博士樂團的〈只有十六歲〉不協調地在混凝土空地迴盪著。一名訓犬師站在七公尺外，目不轉睛地盯著英國人的車輛，一邊輕撫著他的德國牧羊犬。有隻嗅探犬正在檢查一輛貨櫃車，另一隻走近，熱切地喘著氣，狗鍊隨之緊繃起來。瑞秋隨手拿出一包洋芋片，打開遞給卡洛琳一片，又把兩片掉到地上。

英國的起司洋蔥洋芋片有一種與眾不同的氣味。起司洋蔥是一九五八年由愛爾蘭洋芋片大亨「馬鈴薯」喬・墨菲（Joe "Spud" Murphy）發明，是一種刺鼻的人造混合物，由洋蔥粉、乳清粉、起司粉、葡萄糖、鹽、氯化鉀、增味劑、味精、5'核糖核苷酸二鈉、酵母、檸檬酸和色素調製而成❶。卡洛琳在大使館商店買了進口的黃金奇蹟牌（Golden Wonder）洋芋片，商店裡還備有馬麥醬（Marmite）、消化餅乾、橘子醬，以及俄國買不到的其他日常必需品。

幾乎可以肯定，蘇聯的嗅探犬從沒聞過起司洋蔥洋芋片的氣味。她拿了一片給其中一隻，牠狼吞虎嚥地吃掉，然後被毫無笑容的訓犬師拉走。但另一隻這時正在嗅聞福特新銳車的後車廂。戈傑夫斯基聽得見頭頂上隱約傳來俄語談話聲。

正當狗繞著後車廂打轉時，卡洛琳·阿斯科特取出了一件武器，這種武器不管是在冷戰或任何其他戰爭中都尚未使用過。她把佛蘿倫絲放在後車廂上，就在藏身的間諜正上方，開始為她換尿布——嬰兒才剛以最完美的時機把尿布填滿。接著，她把又髒又臭的尿布扔在好奇的德國牧羊犬旁邊。「那隻狗被惹惱，就這樣溜走了。」嗅覺轉移絕不在預先計畫之中，換尿布這個把戲純屬即興，而且成效卓著。

男人們帶著填好的表格返回。十五分鐘後，一名邊防警衛帶著他們的四本護照走來，比對過護照和持有者，便一一發還，並禮貌地向他們說再見。

七輛車在一道帶刺鐵絲網前排著隊，這裡是最後一道路障，有兩座高架監視哨，警衛手持機關槍。他們緩慢向前推進了二十分鐘，意識到監視哨裡的人正用望遠鏡仔細端詳他們。亞瑟的車這時在阿斯科特前方。「這一刻非常折騰人。」

蘇聯端的最後一道障礙，是護照查驗本身。蘇聯官員們沒完沒了地細看著英國外交官的護照，直到柵門終於升起。

照理來講，他們這時已經進入芬蘭，但眼前還有兩道障礙：芬蘭海關，以及芬蘭的護照查驗。蘇聯方面只要打一通電話，就能把他們全都遣返。芬蘭海關官員研讀了亞瑟的文件，然後指出他的汽車保險幾天內就要過期了。亞瑟抗議道，在那之前他們就會返回蘇聯了。那位官員聳肩，在文件上蓋章。戈傑夫斯基感覺到駕駛座的車門關上，以及車輛再次啟動的震動。

車輛緩緩駛進最後一道路障，芬蘭就在前方。亞瑟將護照塞進窗口網格，芬蘭官員慢慢地查驗，交還的同時走出柵亭要升起柵門。這時，電話響起，他又回到柵亭。亞瑟和瑞秋·吉沉默地直視前方。過了一段看似遙遙無期的時間，邊防警衛打著呵欠走回來，升起了柵門。此時是莫斯科時間下午四點十五分，芬蘭時間下午三點十五分。

在後車廂內，戈傑夫斯基聽見輪胎在溫暖的柏油路上嘶嘶作響，感覺到福特車加速的震顫。

突然間，古典樂以最大音量從卡式錄音機裡震天價響，虎克博士樂團故作多情的流行歌不復存在，他熟知的一首交響曲樂聲逐漸高揚。亞瑟和瑞秋・吉還是不能開口對他們的乘客說，他已經獲得自由；但他們可以用樂聲告訴他，用芬蘭作曲家西貝流士（Jean Sibelius）為頌揚祖國而作的一首交響詩，令人難忘的開場和弦。

他們播放的是《芬蘭頌》（*Finlandia*）。

二十分鐘後，英國人的兩輛車小心開上林道，進入森林。這個地區看來跟阿斯科特在倫敦研究過的模樣完全不同：「幾條新路開進了森林，似乎有太多漂亮的新車停在那個地區周圍的路邊停車區，我從未見過的人正冷漠地瞪著我們。」他們是丹麥人艾力克森和拉森，準備「衝撞蘇聯追兵」。這個地點通常對外隔絕，此時竟突然熱鬧起來，對此感到擔憂的人還不只阿斯科特一個。一輛破舊的褐色迷你車（Mini）也來了，車上有一位芬蘭老太太，顯然是出門採蘑菇的。「可想而知，她嚇到了，立刻就開走了。」從樹叢彼端，阿斯科特看到了馬丁・蕭福德「不會認錯的金髮人影」。他從那輛米色富豪車駛過，準備停下時，又看見普萊斯的臉孔貼上車窗，她用嘴型問出這幾個字：「幾個人？」阿斯科特舉起一隻手指。

❶ 關於起司洋蔥洋芋片的更多資訊，參看 Karen Hochman, "A History of the Potato Chip," http://www.thenibble.com/reviews/main/snacks/chip-history.asp。

維堡俄芬國境的其中一道邊境柵門。

進入芬蘭後，一行人拍下意義深遠的紀念照。左邊第一位是戈傑夫斯基。

戈傑夫斯基感覺得到車輛在林道上顛簸。

此時上演的這一幕，宛如一場無聲的慢動作夢境。布朗和普萊斯跑上前來，丹麥人退後，布朗打開後車廂，戈傑夫斯基躺在裡面，渾身汗濕，意識清楚卻恍恍惚惚。「他半裸著躺在那灘水裡，我立刻覺得好像看見新生兒躺在羊水裡，看見了令人驚奇的重生。」

戈傑夫斯基一時被陽光刺得睜不開眼。他只看見藍天、雲朵和樹木。他蹣跚爬出後車廂，在布朗協助下站起身來。維若妮卡．普萊斯並不認同情緒展現，但此時她顯然受到感動，「她的表情夾雜著認可與愛」。她搖著手指假裝訓斥，彷彿在說：「天哪，你真的搞了件大事。」

戈傑夫斯基緊握住她的雙手，舉高到脣邊親吻，這是俄國人表達感謝與解脫的姿態。接著，他搖晃晃，走向肩並肩站著的卡洛琳．阿斯科特和瑞秋．吉。他彎腰深深鞠躬，也逐一吻了她們的手。「我們所能見到的，就是這隻大公牛鑽出樹叢，接著突然就是這份謙遜優雅的行禮」。太空毯還披在他肩上。「他看起來就像剛跑完馬拉松的運動員。」

維若妮卡．普萊斯牽起他的手，溫柔地把他帶開，走進樹林十幾公尺，遠離英國人座車上麥克風的監聽範圍。

這時，他終於開口，用她一直以來的化名稱呼她：「珍，我被出賣了。」

沒時間多說了。

到了第二個會面地點，戈傑夫斯基迅速換上乾淨衣服。他的髒衣、鞋子、提袋和蘇聯證件都打包起來，放進蕭福德座車的後車廂，連同蕾拉和女孩們的假護照，以及多餘的注射器和衣服一起放入。普萊斯開著在芬蘭租來的車，布朗和戈傑夫斯基爬上後座。她開上公路北行。戈傑夫斯基揮手拒絕了普萊斯精心包裝好的三明治和果汁。「我想喝威士忌，」他後來說，「他們怎麼不給我威士忌？」布朗預期戈傑夫斯基會因為筋疲力竭而歇斯底里，但他看來反倒「十分自制」。他開始說自己的故事，描述了下藥審問、躲避監控，以及國安會跟蹤他卻不逮捕他的離奇做法。「一能開口說話，他就直接開始分析這個專案，以及我們的誤判。」布朗溫柔地問起了家人。「帶她們走的風險太大。」戈傑夫斯基漠然地說，凝視著窗外飛馳而過的芬蘭鄉間景色。

在前往赫爾辛基途中的那處加油站，蕭福德見到了阿斯科特和亞瑟，並迅速聽取逃脫過程的敘述，然後走向電話亭。世紀之家P5辦公桌上的電話響了，「皮姆利科」小組全員聚集在桌邊，蘇聯集團管制官拿起話筒。

「天氣如何？」他問。

「天氣非常好。」蕭福德說，蘇聯集團管制官向聚集在桌邊的小組重複：「釣魚的收穫很好，陽光普照。我們多了一位客人。」

這個訊息一時引起困惑。意思是除了一家四口之外，還有另一位逃亡者嗎？戈傑夫斯基帶了別人走嗎？前往挪威的是五個人嗎？如果是這樣，那位「客人」沒有護照要怎麼跨越邊界？

蕭福德重複一遍：「不。我們有**一位**客人，總共一位。」

通話結束時，整個小組齊聲歡呼。但喜悅未必一致。盡心盡力維持專案實際運作、此時懷孕六個月的軍情六處祕書莎拉．佩吉，對蕾拉和孩子們突然感到一陣同情。「噢，可憐的太太和女兒，」她想，「她們被留下來了。她們會有什麼遭遇？」她轉向另一位祕書，嘀咕著說：「人命損失又要怎麼算？」

P5致電處長C，C再致電唐寧街，查爾斯．鮑威爾接著告知瑪格麗特．柴契爾。蘇聯集團管制官駕車前往外交大臣在肯特郡的鄉居，志奮領樓（Chevening House），告知傑佛瑞．侯艾。他在最後一刻決定不要帶著香檳前往——明智的決定，因為始終不曾完全支持皮姆利科行動的外相侯艾，一點也沒心情慶祝。他把一張巨幅芬蘭地圖攤開在桌上，軍情六處官員向他指出戈傑夫斯基此時必定經過的北上路線。「萬一國安會派出追殺小隊追擊，你們有什麼打算？」外交大臣問道，「要是出錯了怎麼辦？芬蘭人怎麼說？」

那一夜，在赫爾辛基最時髦的克勞斯．庫爾基酒店（Klaus Kurki）頂樓，蕭福德作東為軍情六處偷運小組舉行了晚宴。他們享用著烤松雞和波爾多紅酒，並且，在麥克風監聽不到的地方，軍情六處駐莫斯科人員頭一次得知了「皮姆利科」的真名，以及他的所作所為。如果此時國安會還在監控，他們就會注意到瑞秋．吉的背痛奇蹟似地不藥而癒。

兩輛脫逃用車穿越夜色前行，向北極圈進發。他們只有暫停加油，還有一次在一條山溪邊停下，讓戈傑夫斯基就著側視鏡刮掉累積三天的鬍碴。但他鬍子才刮到一半，就被蚊子逼回車上。「我們還在半敵對領土上。俄國人想要的話，就有可能發動某種攻擊。這裡完全在他們的能力範圍之內。但我們愈遠離邊界，信心就愈強。」丹麥安全情報局官員緊緊跟隨在後。北極圈的太陽短暫沉入地平線以下，然後再度升起。戈傑夫斯基打著盹，半睡半醒，鬍子半刮，幾乎一語不發。週日早上八點過後不久，他們抵達了卡里加斯涅米的挪芬邊界，這是一道橫跨道路的單獨柵門。邊界警衛幾乎不費心檢查三名丹麥人和兩名英國人的護照，就揮手放行他們的車輛。到了哈默菲斯特，他們在機場旅館過夜。

沒人多加留意那位外貌疲憊的丹麥紳士漢森先生和他的英國友人，他們搭上了隔天早上飛往奧斯陸的班機，再從奧斯陸轉機到倫敦。

週一晚間，戈傑夫斯基發現自己來到了林肯郡丘陵（Lincolnshire Wolds）一座宏偉的鄉村別墅——南奧姆斯比廳（South Ormsby Hall），身邊圍繞著僕人、燭光、華麗鑲板裝飾的房間，還有熱心祝賀他的仰慕人群❷。這座宅第自一六三八年以來，都是馬辛博德—蒙迪（Massingberd-Mundy）家族的根據地，周圍有三千畝公園綠地，完全沒有愛打聽的鄰居。宅第主人阿德里安．馬辛博德—蒙迪（Adrian Massingberd-Mundy）是軍情五處的聯絡人之一，很樂意為祕密情報局的貴客舉行歡迎會。他得知客人的真實身分後大吃一驚，馬上派出一位老僕人騎腳踏車到附近村莊，泡在酒吧裡「檢查流言蜚語的任何跡象」。

不過四十八小時之前，戈傑夫斯基還躺在後車廂裡，吃了藥、半裸著泡在自己的汗水裡，並因恐懼

❷南奧姆斯比莊園向大眾開放，http://southormsbyestate.co.uk。

而不適。此時他卻受到男管家服侍，兩者對比不啻天壤之別。他詢問能否打電話給在俄國的妻子，軍情六處說不行。打電話會讓國安會警覺到他人在英國，英國人只想在完全準備就緒之後才公布這個消息。戈傑夫斯基筋疲力盡、惶惶不安地上到一張四帷柱大床就寢，疑惑著自己怎麼會被帶來這個荒郊野外的英國宮殿。

那天晚間，軍情六處發電報給芬蘭間諜首長塞波・蒂蒂寧，說明英國情報機構官員已將一名蘇聯叛逃者經由芬蘭偷運到西方。他們收到回覆：「塞波很滿意，但他想知道是否使用了武力。」軍情六處向他保證，這次偷運出境行動未曾訴諸暴力即已達成。

英國在冷戰時期最成功的間諜專案所產生的後果、惡果和益處，早在戈傑夫斯基驚人的逃亡消息見報很久以前，就已經感受得到了。

偷運小組在赫爾辛基待了一天，亞瑟的座車徹底清理，消除掉戈傑夫斯基曾經躲在後車廂中的一切跡證之後，他們迅速駕車返回莫斯科。他們知道，國安會一查明事件經過，他們就會立刻被宣告為不受歡迎人物，被蘇聯驅逐。但他們興高采烈。「我從來不曾感受過這麼徹底的興奮感。」阿斯科特說，「我們要回到邪惡帝國了，而我們方才狠狠打敗了他們。在你知道他們永遠都會贏的那個體制裡，被恫嚇了兩年半之後，我們奇蹟似地躲過了他們。」公使大衛・拉特福德歡欣地繞著大使館慢跑了五分鐘，然而大使本人並不覺得高興。

數日後，布萊恩・卡特利奇爵士正式向克里姆林宮呈遞國書。典禮現場拍攝了紀念照，大使館員工圍繞在身穿全套外交禮服的新任大使身邊。阿斯科特和亞瑟也在場——他們和大使都完全明白，他們不會再待多久了。

週一早上，米哈伊爾・柳比莫夫在茲韋尼哥羅德車站迎接上午十一點十三分的列車。但戈傑夫斯基不在最後一節車廂，也不在莫斯科開來的下一班列車上。惱怒又擔憂的柳比莫夫回到了別墅。戈傑夫斯基在公寓裡喝掛了嗎？還是他這位曾經準時又可靠的老朋友，發生了更壞的事？「喝酒必然包含了選擇性。」他悲傷地思忖著。數日後，柳比莫夫被傳喚到國安會總部接受訊問。

戈傑夫斯基失蹤的傳聞開始傳遍國安會，伴隨著毫無根據的猜測，以及某些蓄意的不實訊息。過了好幾週，K局仍堅信他還在國內，不是喝醉就是死了。國安會對莫斯科地區展開搜索，範圍包括湖泊和河川。有些人說他使用偽造文書、大幅易容，經由伊朗潛逃出境。布達諾夫聲稱，戈傑夫斯基逃出國安會療養所之後，被偷偷送進了英國人的某個安全屋，但他明知戈傑夫斯基在失蹤前數週就已經從療養所回到莫斯科。蕾拉從裏海被帶回來，送往列佛托沃（Lefertovo）監獄接受訊問。這是之後許多次審訊中的第一次，持續了八小時。「你丈夫在哪裡？」他們問了一次又一次。蕾拉粗暴地回應：「他是你們的軍官，你們告訴我他在哪裡。」當審訊者透露戈傑夫斯基涉嫌為英國情報機構工作，她拒絕相信。「這說法在我看來太瘋狂了。」然而，數日過去，數週過去，沒有音訊也不見人影，嚴酷的現實逐漸確定了。她丈夫一去不回了。但她斬釘截鐵，拒不接受她所聽到的丈夫叛國行徑。「除非他親口告訴我，否則我絕不相信。」她對國安會的審訊者這麼說，「我非常冷靜，我很堅強。」戈傑夫斯基提醒過她，不要相信對他做出的任何指控，她也正是這麼做。

戈傑夫斯基從南奧姆斯比廳轉移到了軍情六處位於戈斯波特（Gosport）的訓練基地，蒙克頓堡（一號軍事訓練營〔1MTE, 1 Military Training Establishment〕）。在這座拿破崙時代城堡的門樓上，他借住於一間通常由首長使用，簡樸但舒適的客房。戈傑夫斯基不想被讚頌和寵溺，他想投入工作，表明犧牲是值得的，尤其是對自己表明。但起初，他卻顯得幾乎承受不了自己的失落感。在歷時四小時的第一次匯報中，他幾乎都聚焦在自己脫逃的情形，以及妻兒的命運上。他沒完沒了喝著一杯又一杯濃茶，還有一瓶又一瓶紅酒，里奧哈（Rioja）紅酒最好。他反覆詢問家人的消息，但音訊全無。

往後四個月，蒙克頓堡成了他的家，不受侵擾、對外隔絕且守衛堅固。「只讓需要知道的人知道」這項原則，嚴格適用於門樓這位神祕住客的身分，但不久，許多工作人員都得知了這位長期訪客是重要人物，要以貴賓規格接待。

這個專案獲得了新代號，這是它的最後一個代號，與這歡欣的一刻相稱。「陽光」專案又名「諾克頓」、「皮姆利科」，從今而後則稱為「喝采」（OVATION）。代號「陽光」的戈傑夫斯基，曾把蘇聯國安會在斯堪地那維亞行動的情報提供出來；身為「諾克頓」的他，在倫敦提供的資訊，曾對唐寧街和白宮的戰略思維產生重大影響；然而，本專案成為「喝采」之後，才進入了最有價值的階段。戈傑夫斯基多年來提供的許多情資實在太好，因此不能立即使用，因為內容太過具體明確，太容易坐實他的罪狀。為了保障他的安全，這些情資被切碎、重新包裝、偽裝，再以極其儉約的方式，分發給受到最大限制的讀者群。光是在倫敦階段，這個專案就產生了數百份個別報告，從長篇文件到政治新聞報導，再到詳盡的反情報指示，其中，只有極少量報告曾分享到英國情報機構之外，並且只會以編輯過的形式分享出去。這時，法國人終於可以得知一切與法國直接相關的情資；德國人也終於可以得知，全世界在「優秀射手」演習的恐慌期間曾有多麼接近浩劫；特雷霍特、哈維克和柏格林遭受懷疑的完整經過，也終於可以向斯堪地那維亞各國透露。隨著戈傑夫斯基如今安抵英國，行動專案終止，過去十一年來蒐集到的大量情資，都可以得到最大限度的利用，兌現勝利所得的時候終於到來。英國有大量機密可供交易。蒙克頓堡的這間套房，成了軍情六處所進行過最大規模的情蒐、檢核及分發行動的場景所在，一連串官員、分析員、大臣及其他人等，統統得以收穫戈傑夫斯基諜報工作的成果。

隨著偷運出境行動成功，許多新問題也隨之浮現。中央情報局和其他西方盟國，何時應當得知軍情六處的這次意外成功？要不要告知媒體，要的話又如何告知？最重要的是，如何應付對蘇關係？在戈傑夫斯基祕密協助之下，如此費盡心思促成了柴契爾和戈巴契夫彼此的理解，這件事能否在間諜戰的事態變化中存活下來？最重要的是，軍情六處思索著應該拿蕾拉和兩個女兒怎麼辦。或許謹慎小心的外交，能說服莫斯科釋放她們。這個試圖讓戈傑夫斯基一家團圓而持續採取的極機密行動，代號為「頭人」（HETMAN，稱呼哥薩克人領袖的歷史名詞）。

軍情六處從不懷疑戈傑夫斯基的誠實，但有些人發現他陳述的部分情節令人難以接受。白廳的少數懷疑論者猜疑著，是否「戈傑夫斯基在莫斯科時，可能已被發展成雙面間諜，再被故意送回英國」？他回到莫斯科時，為何沒有立即被捕入獄？分析員將此事歸因於國安會的自滿、嚴守法律規定的態度、要當場捉拿間諜及其上線的決心，以及恐懼。「如果你在國安會裡，要槍斃某個人，你必須握有確鑿證據，因為下次可能就會輪到你。他們太努力想要拿到堅實的證據，這正是他獲救的原因，還有他自己徹底拚命的勇氣。」但戈傑夫斯基對自己在第一總局別墅裡被下藥審訊的描述，聽來卻幾乎不可信。「事件的先後順序引起了一些懷疑，看起來就是太過戲劇性了。」最後，籠罩著整個專案的，還有那個令人最不安的問題：是誰出賣了他？

一週後，戈傑夫斯基的說法被確認屬實，證據來自一個令人意想不到的群體：蘇聯國安會。

八月一日，一位名為維塔利．尤琴科（Vitaly Yurchenko）的蘇聯國安會官員走進美國駐羅馬大使館，宣告有意投誠。尤琴科案是情報史上最怪異的事件之一❸。尤琴科將軍是擁有二十五年資歷的國安會資深特務，此時已晉升為第一總局K局第五處處長，負責調查國安會軍官涉嫌充當外國間諜的案件。不僅如此，他也參與了「海外特別行動」及「特殊藥物」使用。一九八五年三月，時任第一處副處長的他，負責協調國安會在美國與加拿大吸收特務的行動。他的繼任者是謝爾蓋．戈盧別夫，正是共同參與審問戈傑夫斯基的其中一人。尤琴科當時仍持續參與K局的行動，與戈盧別夫關係融洽。

尤琴科的叛逃動機至今仍然不明，但與一名蘇聯外交官夫人之間的婚外情受挫，似乎刺激了他。四個月後，他又重新投向蘇聯，如今仍無從得知確切理由。蘇聯日後宣稱是美國綁架了他，但這下子蘇聯也不知道該如何處置他。尤琴科或許精神錯亂，但他知道不少非常重大的機密。

尤琴科的叛逃被宣揚成中央情報局的一次重大勝利，是該局迄今為止，所策反的最高階國安會特

❸ 關於尤琴科，參看 "The spy who returned from the cold," *Time Magazine*, 18 April 2005。

務。受命盤問這名俄國叛逃者的官員，是中情局蘇聯處的反情報專家——奧德瑞奇．艾姆斯。

起初，國安會高階叛逃者的消息令艾姆斯擔憂起來。要是尤琴科知道他在幫蘇聯當間諜呢？但情況很快就變得明朗，這位俄國人對艾姆斯的間諜行為毫不知情。「他對我的事一無所知。」艾姆斯後來說，「要是他知道的話，我會成為他在羅馬最先指認的其中一人。」

八月二日下午，尤琴科搭機從義大利飛往美國，艾姆斯在華盛頓近郊的安德魯空軍基地（Andrews Air Force Base）迎接。

他們都還沒走出停機坪，他詢問這名叛逃者的第一件事，正是每一位情報官都受過訓練，要對主動上門的間諜提出的問題：「你知不知道中情局被國安會臥底滲透的任何重要跡象？」

尤琴科會指認出美國情報機構內部的兩名間諜（包括一名中情局官員），但同樣在那天晚上，他揭露的最重大事件，與他的前同事歐列格．戈傑夫斯基有關。這名國安會駐倫敦站長涉嫌叛國，被召回莫斯科，服用了吐真劑，並受到K局調查員審問。尤琴科從國安會的小道消息聽說，戈傑夫斯基目前正被軟禁在家，很有可能被處死。他不知道戈傑夫斯基已經逃到了英國，當然，艾姆斯也不知道。這位俄國叛逃者也不知道是誰向國安會出賣了戈傑夫斯基，但艾姆斯知道。

艾姆斯聽聞戈傑夫斯基被捕的反應，顯現出了當一個人的雙重人生完全融合在一起，以至再也無從區分時，會是什麼情形。艾姆斯把戈傑夫斯基出賣給了蘇聯國安會，但當他發現自身行動所產生的後果，他的第一直覺卻是要警告英國人：他們的間諜有麻煩了。

「我最初的想法是，**天啊，我們得做些事來救他！我們得拍電報到倫敦，跟英國人說**。我把戈傑夫斯基的名字交給了國安會，我對他被捕負有責任……我真的為他擔憂，但同時我也知道，是我揭發了他。我知道這聽來瘋狂，因為我也是個國安會特務。」或許他是故意心口不一，也或許，他仍然只是個三心二意的叛國者。

中情局發送訊息給軍情六處：一名新來的蘇聯投誠者報告，國安會高階軍官歐列格．戈傑夫斯基，由於英國間諜嫌疑而被下藥審問。軍情六處能否提供說明？中情局並未透露自己完全知道戈傑夫斯基是英國間諜。從蘭利發來的電報令「喝采」小組如釋重負，戈傑夫斯基的說法獲得了獨立驗證。但這也意味著應當向美國人告知他已經脫逃。

兩名軍情六處官員當天下午搭機前往華盛頓。一名司機在機場迎接他們，載著他們前往蘭利。在中情局蘇聯行動處處長伯頓．葛伯陪同下，他們接著乘車前往中情局長比爾．凱西位於馬里蘭州的家，享用凱西的妻子蘇菲亞烹調、提前開動的晚餐。凱西伉儷稍後要去看戲。兩位英國官員提供了戈傑夫斯基專案的詳細報告，從吸收，到他十多年來為軍情六處提供的寶貴服務，最後是他驚心動魄的逃亡。他們解釋，美國也需要大大感謝他，在東西方關係的危急時刻，精確表達出克里姆林宮多疑心理的核彈攻擊行動情資，正是出自戈傑夫斯基之手。報告到一半，蘇菲亞插話說該去戲院了。「你先去，」凱西說，「我正在看城裡最棒的表演。」這一晚接下來的時間裡，美國間諜首長懷著欽佩、感謝與驚嘆，聆聽了戈傑夫斯基的事蹟。感激完全不假，驚訝則否。比爾．凱西並未透露中情局已經有一份戈傑夫斯基檔案，代號「搔癢」。

九月十六日，一架軍用直升機飛過海面，前往蒙克頓堡。直升機落地時，軍情六處處長「C」和幾位最高階官員正在停機坪等候。跨出直升機的人是比爾．凱西。這位經驗老到的中情局長祕密飛往英國，要請教英國最近偷運出境的這名間諜。來自紐約的律師凱西，從二戰期間就熟知英格蘭，當時他在中情局前身「戰略情報局」（OSS, Office of Strategic Services）服務，任職於倫敦，負責指揮滲入歐洲的間諜。當過雷根的競選總幹事之後，他接任中央情報局局長，按照雷根的說法，他的職責是「重建美國的情報能力」。凱西身形佝僂，臉孔宛如警犬，後來，他捲入了伊朗軍售醜聞案，不到兩年就死於腦瘤。但在此時此刻，他可說是全世界權勢最大的間諜，他也熟知自己的能力。「我在這項工作的方方面面都是頂尖的，」他在雷根連任總統之初宣告，「我有能力一掌握事實就審時度勢，做出決策[4]。」凱西來到蒙克頓堡是為了向戈傑夫斯基問明某些事實，並做出某些決策。再過不久，雷根就要在日內瓦的超級強國高峰會上首度會晤戈巴契夫。關於雷根應當對蘇聯領袖說些什麼，凱西想要徵求國安會專家的意見。

在門樓上方那間客房裡，只有「C」作陪的午餐期間，凱西向戈傑夫斯基提問了戈巴契夫的談判風格、他看待西方的態度，以及他與蘇聯國安會的關係。美國人在一大本劃著藍線的黃色便條紙上抄著筆記。凱西拉長尾音的美國腔和他的假牙，偶爾讓戈傑夫斯基茫然；「C」發現自己處境怪異，得為了俄國人把美式英語翻譯成英式英語。凱西「像小學生一樣」認真聆聽。最重要的是，中情局長想知道莫斯科看待核武威懾的態度，尤其是蘇聯對於「戰略防禦計畫」飛彈防禦系統的看法。安德羅波夫當年曾經譴責「星戰計畫」是蓄意破壞世界穩定的企圖，讓西方得以攻擊蘇聯而不需害怕報復。戈巴契夫也是這麼認為嗎？凱西提議來一次角色扮演，一場奇怪的冷戰小劇場，此時就在軍情六處的祕密訓練基地上演。

「你是戈巴契夫，」他說，「我是雷根。我們想要廢除核子武器。為了激起信心，我們會讓你們取得星戰計畫。你意下如何？」

凱西實際上是在提議，以針對核武的互相保證防禦，取代核子武器的互相保證毀滅。

戈傑夫斯基飾演的戈巴契夫考慮片刻，然後用俄文斷然答覆。

「不！」（*Nyet!*）

凱西飾演的雷根大吃一驚。他想像中的這段對話裡，美國實際上是在提議與蘇聯共享科技，讓核武變得過時無用，藉此終結核戰威脅。

「為什麼**不要**？我們什麼都給你們了。」

「我不信任你們，你們不可能什麼都給我們。你們一定會藏一手，好讓你們占優勢。」

「那我怎麼做才好？」

「如果你們完全放棄戰略防禦計畫，莫斯科就會相信你們。」

「那是不可能的。」凱西暫時出戲，「這是雷根總統最愛的計畫。那我們該怎麼做？」

「好吧，」戈傑夫斯基說，「那就繼續，你們就繼續保持壓力。戈巴契夫和他的手下知道，他們的開銷比不上你們。你們的技術比他們先進。繼續下去。」他補充道，莫斯科會為了迎頭趕上星戰計畫而傾家蕩產，將資金注入一場他們贏不了的技術軍備競賽。「長遠而言，戰略防禦計畫會毀掉蘇聯領導層。」

有些歷史學者認為，蒙克頓堡的這場會談，是冷戰的另一個關鍵時刻。

隔年十一月的日內瓦高峰會上，美國總統拒不聽從戈巴契夫的建議，不肯對星戰計畫讓步，他說星戰計畫是「必要的防衛」。就在高峰會期間，戰略防禦計畫系統宣布舉行第一次測試。這場高峰會日後被稱為「爐邊峰會」（fireside summit），反映出美蘇領導人彼此熱情相待，但雷根對他最愛的計畫「堅守不退」。戈巴契夫離開日內瓦時相信，世界成了「更安全的地方」，但也確信蘇聯必須迅速改革，才能迎頭趕上西方。「開放」與「重建」隨之展開，然後是一波引發動盪的變遷，戈巴契夫終於無力掌控。戈傑夫斯基一九八五年對於克里姆林宮心理的精準演繹，並未導致蘇聯瓦解，但或許有助於蘇聯瓦解。

他和比爾·凱西的這頓午餐，只不過是他與中情局多次會談的第一次。就在幾個月後，戈傑夫斯基在嚴密戒護下搭機來到華府，與美國國務院、國家安全會議、國防部和情報部門的高階官員舉行祕密會議。戈傑夫斯基收到大量提問，他則耐心地、專業地援引前所未見的大量細節答覆——不只是區區叛逃者，更是一名對國安會有著淵博理解的長期深層潛伏特務。美國人既欽佩又感激。英國人自豪地分享他們這位明星間諜的專業。「戈傑夫斯基提供的情資非常好。」雷根政府的國防部長卡斯帕·溫伯格

❹ *The New York Times*, 7 May 1987.

（Caspar Weinberger）說[5]。

但有一個問題他無法回答。是誰出賣了他？

在蘭利的中情局總部，戈傑夫斯基為高階官員做過一連串簡報。在其中一場簡報會上，他被引介給一位身材高大、戴著眼鏡、留著細細鬍鬚的男人，那人看來特別友善，「沉靜又有耐心地聽著」他的一言一語。大多數中情局官員在戈傑夫斯基眼裡都頗為拘謹，甚至有些疑心，但這人「看起來不同，他的面孔煥發著和藹與仁慈。他太令我刮目相看了，讓我以為自己遇見了美國價值的化身：這正是我聽聞多時的開放、誠實和正直。」

十多年來，戈傑夫斯基都過著雙重人生，身為一名盡心盡力、卻私下效忠於對手的專業情報官，他好好扮演著他的角色，他十分擅長此道。但奧德瑞奇·艾姆斯也一樣擅長。

❺ Jones (ed.), *Able Archer 83*.

終曲

表面看來，戈傑夫斯基和艾姆斯都背叛了各自的組織和國家，
運用情報專長揪出敵方間諜，同時也背棄了職業生涯開始時宣告
的誓言；而且，兩人表面上過著一種生活，
暗地裡卻是另一種。但相似之處也就到此為止⋯⋯

16 「皮姆利科」的護照

戈傑夫斯基脫逃一個月後，蘇聯駐巴黎大使館科學參事意外受到一名只是泛泛之交的英國外交官邀請，到法國文化協會（Alliance Française）喝茶。他在八月十五日下午準時到場，迎接他的是一名他未曾謀面的英國人。「我有個非常重要的訊息，要請你傳達給你們國安會聯絡站的站長。」這個陌生人說道。

這位俄國人嚇得臉色發白。他要被捲進某種異常複雜的事件中了。

英國人冷靜地通知他，一名國安會高階軍官，直到不久前仍是國安會駐倫敦站站長，目前正平安健康地生活在英國，並受到嚴密保護。「他過得很快樂，但他想要和家人團聚。」

將蕾拉和女兒營救到英國，讓戈傑夫斯基一家團圓的奔走計畫——「頭人」行動由此展開。

關於如何應對這個處境，軍情六處內部曾有過爭論。發送正式信函與蘇聯國安會達成協議的構想，由於風險太高而被否決：「任何白紙黑字的文件都有可能被竄改，用某種方式反過來對付我們。」最後一致同意，在英國之外挑選一名真正的蘇聯外交官傳遞口信。而這位倒楣的駐巴黎參事，就是被選中的最理想收信人。

「我從來沒見過有誰嚇成這樣，」軍情六處的信使說，「他顫抖著離開。」

條件很簡單。由於戈傑夫斯基，英國人如今得知了英國境內每一名蘇聯國安會和總參謀部情報總局軍官的身分。這些人全都必須離境。但「只要戈傑夫斯基一家獲釋」，莫斯科可以「長期逐漸撤出人員」。這樣一來，克里姆林宮就能保住顏面，它的間諜會被小心翼翼地驅逐，而不會引起外交風波，戈傑夫斯基一家也可以團圓。但如果莫斯科否決這個協議，拒絕釋放蕾拉和女兒，那麼倫敦的蘇聯間諜就會被集體驅逐。國安會有兩週時間可以回應。

戈傑夫斯基對家人命運的恐懼與日俱增。他智取國安會的驕傲，與粉碎靈魂的罪惡感合而為一。他最親愛的人，如今成了蘇聯的囚徒。瑪格麗特．柴契爾與莫斯科達成祕密協議的提案非常不按牌理出牌，戈傑夫斯基在寫給首相的一封信中也如此承認：「擱置程序並允許推動非官方做法，乃是獨一無二的偉大慷慨與人性之舉❶。」

但行不通。

莫斯科收到了這個敲定祕密安排的提議，首先難以置信，繼而大怒。戈傑夫斯基失蹤一個月以來，國安會搜遍了全國，不願相信他已經逃走。蕾拉被反覆審問丈夫的下落，其他家人也是一樣，包括他的妹妹和母親。瑪莉娜嚇呆了，奧爾嘉．戈傑夫斯基大為震驚。每一個同事和朋友都被逼問了。蕾拉在眾人面前仍保持端莊，堅稱丈夫是某種陰謀或可怕錯誤的受害者。她每到一處，都被六名國安會監視官跟蹤，她的女兒們甚至在學校遊樂場裡都被監視。她幾乎每天都被抓進列佛托沃監獄，逼問更多問題。「你怎麼會不知道他為英國當間諜？」他們一而再、再而三問著。終於，她厲聲回答：「聽著，我們說清楚講明白。我是個妻子，我的工作是打掃、煮飯、採買、跟他睡覺、生孩子、同床共枕、做他的朋友。我很擅長這個。我很感謝他什麼都不告訴我，在我這六年的生命中，我是完美的妻子。我為他做每一件事。你們國安會有成千上萬領薪水的人，職責是檢查人民；你們對他檢查再檢查，洗清了他的嫌疑。而你們卻來找我、責怪我？你們不覺得這聽起來很蠢嗎？你們沒盡到自己的職責。那不是我的工作，而是你們的工作。你們毀了我的人生。」

❶ 柴契爾與戈傑夫斯基的往來通信，參看 National Archives, http://www.nationalarchives.gov.uk/about/news/newly-released-files-1985-1986/prime-ministers-office-files-prem-1985/。

隨著時間過去，她逐漸認識了自己的審訊員。有一天，其中一位比較同情她的軍官問她：「要是你事先知道你丈夫在策劃逃亡，你會怎麼做？」停頓許久之後，蕾拉回答：「我會放他走。我會給他三天時間，然後身為忠誠的公民，我就會去舉報。但我肯定會確保他已經走了，才去舉報。」審訊員放下筆：「我想，我們不會把這段寫進報告裡。」蕾拉的麻煩已經夠大了。

米哈伊爾・柳比莫夫被K局找來訊問。「他會到哪裡去？」他們追問。「他和哪個女人在一起嗎？他躲藏在庫斯克（Kursk）地區某處的小屋裡嗎？」當然，柳比莫夫不知道。「我和戈傑夫斯基關係的方方面面都被仔細搜索，尋找他叛國的證據。」但柳比莫夫和其他所有人一樣大惑不解。「我的理論很簡單，根據的是我們最後一次見面時他的外表：我以為他必定是精神崩潰，可能自殺了。」

巴黎會晤十天後，中心傳回訊息，由那位倒楣的科學參事傳遞，形式是「一長串辱罵」。戈傑夫斯基是個賣國賊，他的家人會留在俄國，協議免談。

英國已準備好回應，即「貶低行動」（Operation EMBASE）。九月，英國外交部發布戈傑夫斯基叛逃的消息（即使這時還沒公布聳人聽聞的逃亡細節）。戲劇化的標題傳遍了每一家報刊：「落網的最大一條魚」、「朋友歐列格，間諜大師」、「俄國的間諜王牌：投奔西方的超級間諜」、「蘇聯國安會裡的我方人員」。同一天，英國政府驅逐了戈傑夫斯基指認的二十五名國安會及情報總局軍官，這是一次對蘇聯間諜的全面清洗。當天，柴契爾致函雷根總統：「憑藉我的個人權限，我們正向俄國人表明，儘管我們不能容忍戈傑夫斯基所揭露的那種情報行動，我們仍持續渴望與他們維持有益的關係。同時，國安會在西方國家的行動將要付出如此規模及性質的代價，能在他（戈巴契夫）執政之初就這麼鮮明地呈現在他面前，我想也不是件壞事❷。」

莫斯科也立即還擊。英國駐蘇聯大使布萊恩・卡特利奇爵士，被負責與外國使館應對的第二歐洲司司長弗拉基米爾・帕夫洛維奇・蘇斯洛夫（Vladimir Pavlovich Suslov）傳喚到蘇聯外交部。蘇斯洛夫面前的桌上，放著大使館員工圍繞著新任大使的合照。他面無表情伸出兩隻手指，指著羅伊・阿斯科特和亞瑟・吉的頭。「這兩個人是政治強盜。」他說。國安會開始把事件經過拼湊起來了。卡特利奇裝傻：「這是怎麼一回事？」蘇斯洛夫譴責大使館內英國情報官員的「明目張膽行動」，並補充蘇聯當局「知道亞瑟與阿斯科特兩名一等祕書在這次事件中被指派的角色」。蘇斯洛夫對於瑞秋・吉「飾演」背痛婦女尤其憤怒。他接著宣讀一份二十五名英國官員的名單，其中包括兩名軍情六處官員和祕書維奧萊塔・查普曼，並宣告他們應當在十月第三週之前離開蘇聯，這正是柴契爾驅逐倫敦的國安會人員所設定的同一期限。其中大多數人都與情報機構無關，當然更與偷運行動無關。

卡特利奇爵士在「安全說話室」召見阿斯科特，衝著他傾洩颶風等級的怒火。大使知道首相親自批准了脫逃行動，但外交惡果才剛開始而已。「他完全怒不可遏，」阿斯科特回想，「他說我們把大使館一掃而空了，就在柴契爾開始與戈巴契夫建立關係的時候（部分得力於我們的朋友，但我不能這樣跟布萊恩說）。有些人愈生氣口才就愈好。他跟我說，我的前首相曾祖父會因此在九泉之下不得安寧。」其實，如果阿斯科特的這位著名祖先在地下有任何動作的話，大概會愉快又驕傲地歡呼起來。

卡特利奇徒勞地向倫敦發出一封最不委婉的電報，敦促停止以牙還牙的驅逐行動：「絕對不要跟一個討厭鬼比賽撒尿，他擁有重大的先天優勢。」他這麼寫道。（當這則訊息一字不差地送到了首相辦公桌上，他的憤怒變本加厲。）但柴契爾還沒跟蘇聯人鬥完氣。她的內閣祕書長羅伯・阿姆斯壯爵士建議再驅逐四人。她認為此舉並不「適當」，堅持再趕走六名蘇聯官員。當然，這引發了另外六名英國外交官立即被驅逐出境，使得雙方各自驅逐了三十一人，總計六十二人。卡特利奇的恐懼完全成為事實：「我手下所有會說俄語的人都被一筆勾銷了……我們損失了一半的使館人員。」

戈傑夫斯基仍然藏匿在城堡裡。他偶爾會離開建築物，探查周遭地區，但始終受到嚴密保護。他每

❷雙方的外交衝突，參看 interview with Sir Bryan Cartledge, Churchill Archive Centre, https://www.chu.cam.ac.uk/media/uploads/files/Cartledge.pdf。

天在軍情六處官員馬丁．蕭福德陪同下，沿著城堡周邊或穿越新森林（New Forest）慢跑。但他不能認識新朋友，也不能聯繫英國的舊識。軍情六處試圖讓這樣的人生看似正常，但他唯一的社會接觸僅限於情報群體成員及其眷屬。他始終忙碌，卻又深深孤獨。與家人分離是永無休止的折磨，完全得不到家人的音訊則是悲痛的源頭，悲痛不時在憤怒的指責中爆發出來。為了克服這種痛苦，他全力投身於任務匯報過程，堅持工作到深夜。他遊走在聽天由命與希望之間，自豪於自己的成就，卻又對個人損失感到絕望。他寫信給柴契爾：「雖然我禱告著與妻兒早日團圓，但我完全接受與理解採取果斷行動的理由……然而，我必須繼續盼望，存在著某種方法確保我家人獲釋的可能，因為少了他們，我的人生就毫無意義。」

柴契爾回信：「我們仍然擔心著你的家人，絕不會忘記他們。我也有自己的子女，我明白在你心中日復一日經歷的那種想法與感受。請不要說人生毫無意義。希望永遠都在。」首相說盼望有一天能和他見面，她補充：「我深知你的個人勇氣，以及你挺身支持自由民主。」

另一方面，在蘇聯國安會內部，戈傑夫斯基逃往英國的消息引發了互相指控和推諉責任的火風暴。國安會主席切布里科夫和第一總局局長克留奇科夫歸咎於第二總局，該局理論上以國內安全和反情報行動為職責；第一總局首長責怪K局；格魯什科責怪格里賓；所有人都責怪監控小組，而監控小組既然位居階序的最底層，也就無人可責怪。負責監控英國外交官的列寧格勒國安會被要求承擔直接責任，多名高階軍官遭到開除或降職。受到影響的人包括弗拉基米爾．普丁，出身列寧格勒國安會的他，大多數朋友、同事和恩主，都在戈傑夫斯基逃亡的直接後果中遭到整肅。

國安會既羞且怒，而且仍無法確定戈傑夫斯基脫逃的確切方式。他們的回應是發動一次不實訊息作戰，編造的假新聞大致是說他在新任大使歡迎酒會期間，經由大幅變裝或持用偽造證件，被夾帶著離開大使館。他的官階和重要性在新聞中都被貶低。國安會日後宣稱，他們始終都懷疑他懷有二心——軍情六處先前對菲爾比也是這個說法。前任俄羅斯外交部長葉夫根尼．普里馬可夫（Yevgeny Primakov）在回憶錄中暗示，戈傑夫斯基曾在審訊之下提議再次倒戈：「戈傑夫斯基幾乎就要招供了，他開始打探主動採取行動對付英國人的可能性，甚至提出多項保證，自稱能成功擔任雙面間諜。國安會首長當天就得知此事。對外情報軍官很有信心，他隔天就會招認一切。但上級突然下達命令，停止盤問、撤除外部監視，並將戈傑夫斯基送往療養中心……他從那兒逃出了芬蘭邊界❸。」普里馬可夫的粉飾不合常理。如果戈傑夫斯基僅止於「幾乎」招供，那麼他顯然就沒有真正招供；既然他不承認自己充當英國特務，他又怎麼可能提議擔任雙面間諜？

普里馬可夫，以及艾姆斯在國安會的第一位主管，維克多・切爾卡申都堅稱，戈傑夫斯基返回莫斯科數月之前，國安會就已接獲一個匿名消息來源警告戈傑夫斯基的背叛行徑。可儘管有這些咆哮和捏造，國安會首長們都知道實情：國安會已經把冷戰最重要的一名間諜抓在掌心裡，接著卻讓他從指縫溜走。

就在英蘇雙方外交大屠殺兩天後，長長一列汽車沿著列寧格勒往維堡的公路緩緩移動，合計約有二十輛。其中八輛是英國外交官的座車，其他每一輛都是國安會的偵防車。外交官們經由芬蘭被驅逐出境，阿斯科特和亞瑟重走了一回逃亡路線，差別只在他們這次是被押送出境，「宛如被戰勝者遊街示眾的戰俘」。亞瑟在行李中細心打包了一個哈洛德百貨提袋，以及一卷西貝流士《芬蘭頌》的錄音帶。當他們行經那處以獨特巨石為地標的路邊停車區，國安會車輛放慢速度，蘇聯軍官們全都從座位上轉過身來，在車隊緩緩駛過之際注視著這個地點。「他們查清楚了。」

直到最後一刻都嚴守法律的國安會，跟戈傑夫斯基還沒了結。一九八五年十一月十四日，軍事法庭對他進行了缺席審判，宣判他叛國罪名成立，處以死刑。七年後，接替克留奇科夫出任第一總局局長的

❸ Primakov, *Russian Crossroads*.

列昂尼德・謝巴爾辛，在一次專訪中表示，他希望戈傑夫斯基在英國遭人暗殺。他的說法聽起來彷彿是公然威脅實行暗殺。「技術層面上，」他說，「這沒什麼特別的❹。」

歐列格・戈傑夫斯基獨自一人展開了情報巡迴表演。他在軍情六處全副隨扈陪同下走遍全世界，解說蘇聯國安會的面貌，揭開這個最詭祕組織的面紗。他去過的國家包括紐西蘭、南非、澳大利亞、加拿大、法國、西德、以色列、沙烏地阿拉伯，以及斯堪地那維亞各國。偷運出境三個月後，世紀之家舉行了一場會議，應邀與會者是所有情報機關的代表，以及選定的政府官員和盟國代表，共同探討戈傑夫斯基的大量情資，及其對於軍備控制、東西方關係和今後情報規劃的影響。數百份個別報告堆疊在會議桌上，「宛如一頓巨大的自助餐」，齊聚一堂的間諜和間諜首領們瀏覽和飽饗了整整兩天。

在英國，軍情六處為他在倫敦郊區買了一棟房屋，讓他以假名居住。軍情六處和軍情五處都認真應對他受到的死亡恐嚇。他發表演講、聆聽音樂，並與歷史學家克里斯多福・安德魯（Christopher Andrew）共同著書，這些詳盡的學術研究著作，仍是至今為止對蘇聯情報機構最為全面的敘述。他甚至也接受電視專訪，以一頭略顯可笑的假髮和假鬍鬚喬裝。雖然國安會本來就知道他的長相，但也不值得為此冒險。隨著戈巴契夫的改革席捲全蘇聯，共產帝國開始搖搖欲墜，他的專長就更炙手可熱了。

一九八六年五月，柴契爾邀請他前往首相的官方鄉間別墅契克斯。她訪問了這個以「柯林斯先生」之名為她所知的男人將近三小時，討論軍備控制、蘇聯政治策略和戈巴契夫。一九八七年三月，他再次向她匯報，這次是在唐寧街官邸，隨後她又一次成功出訪莫斯科。同年，戈傑夫斯基在白宮橢圓形辦公室會晤雷根總統，在那兒討論蘇聯間諜網絡，並合影留念。這次會面持續了二十二分鐘（戈傑夫斯基愉快地提到，比自由世界領袖接見工黨黨魁尼爾・金諾克〔Neil Kinnock〕的時間多了四分鐘）。「我們知道你，」雷根伸出手臂，摟著俄國人的肩膀，「我們很感激你為西方做的事。謝謝你。我們都記得你的家人，我們會為了他們而奮鬥。」

獲得自由的最初幾年，他極其忙碌，卻也往往深感悲苦。

戈傑夫斯基的家人仍被復仇心重的國安會拘禁著。他反覆夢見妻子和女兒回到希斯洛機場的入境大廳，一家人快樂團圓，卻在醒來之後發現自己仍然孤單一人。

在莫斯科，蕾拉實際上被軟禁在家，受到嚴密監控，以防她也想要設法脫逃。她的電話被監聽，信件被攔截，她找不到工作，生活需要父母支持。一個又一個，她的朋友似乎逐漸消失。「出現了一片絕對真空，每個人看到我都害怕。我把孩子的姓氏改成了阿利耶夫，因為戈傑夫斯基這個姓氏太獨特，我的女兒會被排擠。」她不再剪髮，並宣告直到與丈夫團聚才會再次剪髮。多年後，記者問她聽到丈夫叛逃至英國時有什麼感受，她說：「我只是很高興得知他還活著。」由於戈傑夫斯基叛國罪名成立，夫妻共有的財產被依法沒收：公寓、汽車、行李，還有從丹麥帶回來的錄影機。「床墊上有洞的折疊床，和熨斗。他們特別喜歡熨斗，因為是進口的，胡佛牌（Hoover）。」蕾拉說。

戈傑夫斯基試著發送電報給她，但她從來沒收到過。他買了禮物，包括給女兒們的昂貴衣服，由他深情地包裝好，寄到莫斯科。全都被國安會沒收。當蕾拉終於寄來一封信，他讀了開頭幾行就知道，這是由國安會口述，讓她代筆的。「他們原諒了你，」她寫道，「你可以輕易獲得另一份職位。」這是誘騙他回國的陷阱嗎？她在跟國安會共謀嗎？他設法透過一名蘇聯官員夾帶信件給她，信中仍繼續堅稱自己是國安會陰謀的受害者，他或許以為這樣可以保護她。蕾拉目瞪口呆，她知道事實不是這樣。「他對我說：我沒有任何罪過，我是誠實的軍官，我是忠誠的公民，等等，而我不得不逃亡國外。他為什麼再

❹ The Times, 10 March 2018.

次對我說謊，我不知道。這太超現實了。我試著去理解。信中對孩子們說了些話，他也說他仍然愛我。但我想：『你做了你要做的事，我和孩子們還在這裡。你逃跑了，但我們成了囚徒。』」他們欺騙著彼此。或許他們也在欺騙自己。國安會對蕾拉說，她丈夫「和一位年輕的英國祕書有染」。

國安會告知蕾拉，要是她正式與戈傑夫斯基離婚，就會發還她的財產，包含熨斗。「他們說，我該為孩子們著想。」她同意了。國安會派了一輛計程車載她到離婚法庭，付了離婚稅。她改回娘家姓氏。她相信自己再也不會見到他了。「人生繼續前進，」她說，「孩子們上學了，她們開心了些。我從來不敢在孩子們面前哭，或向她們展露我的靈魂深處。我總是有著驕傲的心智，臉上帶著微笑。」但她對一位同情她們、並設法獲得短暫採訪機會的西方記者說，她仍然愛著丈夫，很想和他在一起。「即使文書上我不再是他的妻子，我在精神上仍是他的❺。」

幫助家人出境的奔走計畫持續了六年，雖然不屈不撓，卻毫無成效。「我們試圖透過芬蘭人和挪威人接觸他們，但我們手上沒牌可打。」負責「頭人」行動的軍情六處官員喬治・華克（George Walker）說，他此時是戈傑夫斯基與祕密情報局的主要接口之一，「我們跟中立國人、人權工作者都談過。我們找了法國人、德國人、紐西蘭人，所有人組織起來，試著增加壓力爭取她們獲釋。外交部不斷經由駐莫斯科大使提起這件事。」柴契爾在一九八七年三月會晤戈巴契夫時，她立刻提出戈傑夫斯基家屬的問題。查爾斯・鮑威爾注意到了蘇聯領導人的反應：「他氣得臉色發白，完全拒絕答覆。」往後數年間，他們又會晤了兩次。柴契爾在這兩次會晤中都再次提起此事，也都被斷然拒絕。「但這沒有阻止她，從來都阻止不了她。」

國安會堅決不讓步。「歐列格完全擺了他們一道，」華克說，「他們唯一能對歐列格施加的懲罰，就是不放他的妻子和孩子們走。」

脫逃兩年後，蕾拉的一封信送達，由一位芬蘭貨車司機夾帶出境，從赫爾辛基寄到倫敦。這封用俄文寫在三頁大裁紙上的信，並非出自國安會指示。內容既誠實又憤怒。華克讀到了信：「那封信是一位非常堅強能幹、非常憤怒的女性說著：『為什麼不告訴我？你怎麼可以拋棄我？為了救我們出去你做了什麼？』」對這個故事有個童話般美滿結局的任何期望，逐漸開始消散了。背叛、長期分離和國安會的不實訊息，侵蝕了所剩無幾的婚姻信任。他們偶爾設法經由電話聯繫，但對話內容緊張，同時也被監聽和記錄。女兒們害羞又寡言少語。劈啪作響的電話上進行的生硬對話，看來只是同時放大了物理與心理距離。華克說：「我從一開始就知道，和解沒那麼容易。在任何情況下，都會極其困難。但我一讀到那封信，就清楚知道，破鏡重圓非常不可能。」但「頭人」行動仍然繼續。「我的任務是確保我們仍然記得這位女性。」

這次逃亡令國安會震驚且深感難堪，但一如既往，遭受嚴懲的總是下屬。戈傑夫斯基的直屬上司**尼古拉‧格里賓**被降職，即使他對事件本身毫無責任。第一總局局長**弗拉基米爾‧克留奇科夫**在一九八八年接任國安會主席，他的副手**維克多‧格魯什科**也跟著升官。指揮調查的**維克多‧布達諾夫**被任命為K局局長，晉升為將軍。共產世界瓦解之後，布達諾夫成立了菁英保全公司（Elite Security）。二〇一七年消息公布，菁英保全贏得了價值二百八十萬美元的合約，負責保衛美國駐莫斯科大使館，此事的弔詭逗樂了米哈伊爾‧柳比莫夫，他指出，俄國駐華盛頓大使館絕不可能雇用一家與中情局有關的公司。

讓戈傑夫斯基首度萌生叛意的那道障礙——柏林圍牆，經過東歐及中歐的一波反共革命，在一九八九年倒下。隨著改革與開放，國安會對於解體中的蘇聯也逐漸失去控制。克里姆林宮的強硬派對戈巴契夫的改革愈來愈不滿，一九九一年八月，克留奇科夫領軍的一群密謀者試圖奪權。他將國安會全體人員的薪水加倍，將休假人員全數召回，下令進入戒備狀態。政變在三天後瓦解，克留奇科夫和格魯什科一同被捕，以嚴重叛國罪起訴。戈巴契夫迅速採取行動，對付蘇聯情報機構內部的政敵。國安會的二十三

❺ Radio interview with Igor Pomerantsev, Radio Liberty, 7 September 2015.

萬名部隊改由國防部節制，K局遭裁撤，大多數高階領導都被免職，除了此時官拜將軍的**根納季·季托夫**之外。「鱷魚」在政變發生時恰好休假中，他被拔擢為反情報主管。「諜報變得比以前困難得多。」政變未遂數日後，他傷感地說道❻。

克留奇科夫的主席一職，由民主改革人士瓦季姆·巴卡京（Vadim Bakatin）接任，他立刻著手解體這套長久以來對蘇聯實施恐怖統治的龐大諜報及治安體系。「我向總統遞交了摧毀這個組織的計畫。」巴卡京說。這位國安會的新任首長，也將是最後一任❼。他首先採取的行動之一，就是宣告戈傑夫斯基一家能夠團聚。「我認為這是個老問題，應當予以解決，」巴卡京說，「當我詢問我的將軍們，他們全都斷然說『不！』，但我決定無視他們，我認為這是我在國安會內部贏得的第一場重大勝利。」

一九九一年九月六日，**蕾拉·阿利耶娃·戈傑夫斯基**和兩位女兒瑪莉亞（瑪莎）及安娜在希斯洛機場著陸，隨即搭乘直升機前往蒙克頓堡，戈傑夫斯基就在那兒等著帶她們回家。家裡有花束、香檳和禮物。他在房屋內外繫滿了美國人的遊子返家象徵——黃絲帶。他為女兒的床購置全新的被單和枕套，並打開每一盞燈，創造出一片「賞心悅目的絢爛燈海」。

一家團圓三個月後，蘇聯解體了。報紙上刊載了這一家人擺拍的照片，照片裡的他們幸福地在倫敦漫步，一幅家庭和諧和愛情力量的畫面，就呈現在俄國政治動盪騷亂的時期，也順便成了共產主義終結的浪漫象徵。但在被迫分居六年後，深沉的痛苦同樣存在。這時十一歲的瑪莎幾乎不記得父親，在十歲的安娜看來，他就是個陌生人。歐列格指望蕾拉像過去那樣重回婚姻之中，但他發現她充滿批判，態度敵對，她「要求給個說法」。而他指控她故意讓女兒們依賴她。對蕾拉來說，重返英國就只是她在這部無法作主的故事裡最新的一章。她的人生被政治摧毀，也被這個她深深愛過、完全信任過，卻不曾完全知曉的男人偷偷做出的選擇給摧毀。「他做了他相信的事，我尊敬他這點。但他沒問過我。他不讓我選擇就把我牽連進去，他沒有給我選擇的機會。從他的觀點看來，他是我的救星。但把我推進這種爛事的是誰？他忘記了第一段。你不能把人家踢下懸崖，再伸手出來說：『我救了你！』他真他媽是個俄羅斯人。」蕾拉無法忘記自己的遭遇，也無法恢復過來。他們試著重新凝聚家庭生活，但逃亡前的那段婚姻彷彿來自另一個世界、另一段時空，無法復生。到頭來，她覺得戈傑夫斯基對理念的忠誠，更重於對她的愛。「個人與國家的關係是一回事，兩個相愛的人之間的關係卻完全不同。」她在多年後這麼說。在蘇聯法律中已經結束了的這段婚姻，迅速走到了怨恨的終點。「一點都不剩了。」歐列格寫道。他們在一九九三年永遠分居，他們之間的關係，被國安會與軍情六處的戰爭、被共產世界與西方的戰爭摧毀了。這場婚姻締結於冷戰間諜行動極其艱難的矛盾之中，消亡於冷戰畫下句點之時。

蕾拉把時間分配在俄國和英國兩處。他們的女兒瑪莉亞和安娜都在英國讀中學和大學，如今仍在英國生活。她們都不用戈傑夫斯基這個姓氏。軍情六處繼續維繫著照顧這家人的責任。

戈傑夫斯基在國安會的朋友和同事也無法原諒他。**馬克西姆·帕什科夫**從英國被召回，遭受國安會審訊，然後被開除。他的後半生都在疑惑戈傑夫斯基何以決心叛變。「歐列格確實是個異議分子。但蘇聯有哪個頭腦清醒的人在一九八〇年代不是異議分子，至少某種程度上都是吧？倫敦站裡的我們大多數人，都是一群程度不一的異議分子，我們也都喜歡西方的生活。但只有歐列格變成了賣國賊。」**米哈伊爾·柳比莫夫**把這次背叛看作他個人受到的傷害：戈傑夫斯基曾經是他的朋友，他們分享過祕密、音樂，還有薩默塞特·毛姆的作品。「就在戈傑夫斯基逃走之後，我立刻感受到了國安會的鐵拳。幾乎所有前同事都立刻跟我斷絕聯繫，也不願跟我見面……我聽到傳聞，有些語帶威脅的國安會指令說我是戈傑夫斯基叛變的罪魁禍首。」直到此時，他才明白戈傑夫斯基叛逃前夕提及〈哈靈頓先生的送洗衣物〉這部短篇所透露的線索。即使柳比莫夫始終未能成為俄國的毛姆，但他創作小說、戲劇和回憶錄，而且

❻ *Los Angeles Times*, 30 August 1991.

❼ 瓦季姆·巴卡京拆解國安會一事，參看 J. Michael Waller, "Russia: Death and Resurrection of the KGB," *Demokratizatsiya*, vol. 12, no. 3 (Summer 2004)。

一直都是冷戰最獨特的混合體：忠於蘇聯，作風則是老派英國人。他深深憎恨自己在逃亡的關鍵時刻被戈傑夫斯基利用來轉移國安會的注意力，他彷彿成了英文裡用來形容掩人耳目的俚語：「紅鯡魚」（red herring）。戈傑夫斯基侮辱了他的英國式公平競爭意識，他們再也不曾交談。

布萊恩・卡特利奇爵士感到意外的是，在雙方以牙還牙驅逐間諜之後，英蘇關係迅速回復到了先前的熱烈。他的駐蘇聯大使一職在一九八八年任滿。回顧這個專案，他形容這次偷運出境行動是「一場非凡勝利」。戈傑夫斯基提供了「國安會組織架構及工作方法的知識彙編……讓我們得以全面挫敗他們，而且可能挫敗了很多年。」保守黨中央黨部研究員**羅絲瑪麗・史賓賽**震驚地發現，她奉軍情五處指示去親近的那位迷人俄國外交官，其實從頭到尾都為軍情六處效力。她後來嫁給一位丹麥人，遷居哥本哈根。

戈傑夫斯基的軍情六處專案官和主管們至今仍維持往來，這是機密世界裡的一個機密小組。**理查・布隆海德**、**維若妮卡・普萊斯**、**詹姆士・史普納**、**傑佛瑞・古斯科特**、**馬丁・蕭福德**、**西蒙・布朗**、**莎拉・佩吉**、**亞瑟・吉**、**維奧萊特・查普曼**、**喬治・華克**等其他官員，就如他們所請求的，至今仍隱身於暗處──因為，這些都不是真實姓名。**阿斯科特**和**亞瑟**在祕密覲見女王時獲頒大英帝國官佐勛章，查普曼則獲頒大英帝國員佐勛章。曾是戈傑夫斯基第一任專案官的蘇格蘭人**菲利普・霍金斯**，得知戈傑夫斯基逃亡英國後，反應是典型的不形於色：「哦，他終究是真的，對吧？我從來不相信他是。」

軍情五處K部長**約翰・德弗瑞爾**成了北愛爾蘭的軍情五處負責人。一九九四年，由於乘坐的契努克（Chinook）直升機在琴泰岬（Mull of Kintyre）失事，他和當時英國多數北愛爾蘭情報專家同時罹難。二〇一五年三月，**羅伊・阿斯科特**就任上議院議員之後，一名議員同僚兼歷史學家彼得・軒尼詩（Peter Hennessy）引人注目地暴露了他的身分：「即使我知道他太過謹慎而不願提起，但這位高貴的伯爵在情報史上擁有特殊地位，他正是將了不起的勇者歐列格・戈傑夫斯基偷送出俄國、進入芬蘭的那位官員。」阿斯科特女兒的髒尿布，曾在冷戰中發揮如此怪異的作用，她如今成了研究俄國藝術的權威。蘇聯國安會完全無法置信，軍情六處在偷運行動中會帶著嬰兒充當掩護。

麥可・貝塔尼服完二十三年刑期的十四年之後，於一九九八年假釋出獄。一九八七年，瑞典間諜**史迪格・柏格林**獲准離開監獄，與妻子進行親密接見，他乘機逃往莫斯科，每月領取五百盧布的高額津貼。隔年，他移居布達佩斯，再到黎巴嫩，成為德魯茲派（Druze）民兵領袖瓦立德・瓊布拉特（Walid Jumblatt）的保安顧問。一九九四年，他致電瑞典安全部門，宣告有意返國。繼續服刑三年後，因健康惡化而獲釋。二〇一五年，柏格林死於帕金森氏症，死前不久才在安養院用氣槍射傷一名護士。**阿恩・特雷霍特**在一處最高戒備監獄服刑八年後，於一九九二年獲釋，並由挪威政府赦免，還因此引發爭議。他的間諜案至今在挪威仍是爭論焦點。二〇一一年，挪威刑事案件審議委員會（Criminal Case Review Commission）對定罪過程重啟調查，結論是，特雷霍特陣營所主張的證據遭到竄改一事並無根據。他獲釋後定居於俄國，隨後移居賽普勒斯，經商並從事顧問工作。**麥可・富特**在一九九五年為了一篇報導控告《週日泰晤士報》，那篇報導是戈傑夫斯基自傳的連載，標題為〈蘇聯國安會：富特是我們的特務〉。富特說這篇報導是「麥卡錫式的汙衊」。他獲判鉅額賠償金，其中一部分用來資助《論壇報》營運。富特在二〇一〇年逝世，享壽九十六歲。

對西方情報部門來說，在吸收及運行間諜、運用情資影響並改善國際關係，乃至在最驚心動魄的形勢中營救身陷險境的間諜等等方面，戈傑夫斯基案都是經典範例。但他究竟被誰出賣？這個問題仍揮之不去。戈傑夫斯基自有幾套理論：可能是他的前妻葉蓮娜，或他的捷克友人斯坦達・卡普蘭將他洩露出來；或許貝塔尼弄清楚了是誰揭發他在軍情五處臥底；或是阿恩・特雷霍特被捕受審，因此讓國安會警覺了嗎？他本人，或軍情六處，都不曾想到要懷疑他在中情局巡迴匯報期間，那位經常坐在他對面的友善美國官員。

外派羅馬一段時間之後，**奧德瑞奇・艾姆斯**被分派到中情局的反情報中心分析組（Counterintelligence Center Analysis Group），得以接觸到局內蘇聯特務的最新資訊，他將這些資訊直接傳達給蘇聯國安會。特務死亡人數不斷增加，他在瑞士和美國的銀行帳戶結餘也隨之增加。他買了一輛全新的銀色捷豹車

（Jaguar），接著又買了一輛愛快羅密歐（Alfa Romeo）。他花了五十萬美元現金買新房，被尼古丁染黃的牙齒也裝了牙套。羅莎里歐的貴族作風提供了良好掩護，因為他宣稱這些錢是她的有錢親戚給的。國安會向他保證，如果他受到懷疑，就會幫助他脫逃。「我們準備好了，要在華盛頓重演英國人在莫斯科對戈傑夫斯基做的事。」他的國安會主管這麼說。艾姆斯從蘇聯人那兒總計賺得了四百六十萬美元鉅款，這個數字只比一件事更驚人一些：他繡著花押字母圖案的襯衫和閃亮的新牙齒，竟然這麼久以來都沒引起中情局的同事注目。

表面看來，戈傑夫斯基和艾姆斯的所作所為相去不遠。兩人都背叛了各自所屬的組織和國家，運用自身的情報專長指認敵方間諜。兩人都背棄了職業生涯開始時宣發的誓言，而且，兩人表面上都過著一種生活，暗地裡卻過著另一種。但相似之處也就到此為止。艾姆斯是為了錢當間諜，戈傑夫斯基則受意識型態信念驅動。艾姆斯的受害者被蘇聯國安會一舉剷除，多半被殺掉，戈傑夫斯基揭發的貝塔尼、特雷霍特等人，則是被監控、攔截、依正當程序審判、入獄服刑，最終獲釋重返社會。戈傑夫斯基為了信念甘冒生命危險，艾姆斯只想要一輛更大的車。艾姆斯選擇為一個他毫不喜愛的殘酷極權政體、一個他絕不會想要生活在其中的國家效勞；戈傑夫斯基則是品嘗過民主自由，以捍衛並支持民主自由的生活方式和文化為己任，最終付出了慘重的個人代價，定居西方。到頭來，兩人的差異是道德判斷問題：戈傑夫斯基站在善的一方，艾姆斯站在他自己這邊。

起初，中情局將這麼多蘇聯特務的損失，歸因於內奸以外的因素，包括中情局總部遭到竊聽，或是密碼被破解。一九六〇和七〇年代安格頓的追捕臥底行動所造成的創傷仍揮之不去，使得內部出賣的可能性令人痛苦得不堪設想。但情況終於明朗，這種耗損程度唯有遭人背叛才能解釋。到了一九九三年，艾姆斯奢華的生活方式終於引起注意。他受到監控，行動被追蹤，連垃圾都被拿來翻找線索。一九九四年二月二十一日，聯邦調查局逮捕了瑞克和羅莎里歐·艾姆斯夫婦。「你們犯了大錯！」他堅稱，「你們一定搞錯人了！」兩個月後，他認罪間諜行為，被判處無期徒刑；羅莎里歐經由認罪協商，因逃稅及共謀從事間諜行為被判刑五年。艾姆斯當庭承認，他損害了「我所知道的中情局，乃至其他美國和外國情報機構的幾乎所有蘇聯特務」，並向蘇聯和俄國提供了「美國外交、國防及安全政策的大量資訊」。囚犯號碼40087-083的瑞克・艾姆斯，目前仍監禁於印第安納州特雷霍特（Terre Haute）的聯邦懲教所。

戈傑夫斯基得知此事時，不免大感震驚。這個被他當成美國愛國者楷模的男人，竟然曾試圖殺害他。「艾姆斯把我的事業和人生都炸成碎片，」他寫道，「但他沒殺死我。」

一九九七年，美國電視記者泰德・科普（Ted Koppel）在獄中訪問艾姆斯。戈傑夫斯基事先在英國接受了專訪，科普帶著專訪錄影帶播放給艾姆斯看，試圖摸清他的反應。被出賣的人直接對著出賣者說話。「奧德瑞奇・艾姆斯是個叛國者。」戈傑夫斯基說，身穿囚服的艾姆斯認真看著螢幕上的影片。「他只為了錢辦事，他就只是個貪婪的混蛋，他終其一生都會被他自己的良知懲罰。但你可以說：『戈傑夫斯基先生幾乎原諒你了[8]！』」

錄影帶放完，科普轉向艾姆斯：「你相信他說的，他幾乎原諒你了嗎？」

「我想是的，」艾姆斯說，「他說的每一句話肯定都讓我印象深刻。我曾經說過，我出賣的那些人都做了同樣選擇，冒著同樣風險。任何理性的人聽到我這麼講，都會說：『何其狂妄！』但這段陳述並不狂妄。」艾姆斯的語氣是在為自己辯解，而且近乎自鳴得意，因為他堅稱自己的行動與其他間諜的行動在道德上是等價的。但看到戈傑夫斯基，卻讓艾姆斯說出了一段聽來有幾分悔意的話：「我感受的那種羞愧、那種悔恨是極其個人的，永遠都會是這樣。」

歐列格・戈傑夫斯基仍使用著假名，居住在英格蘭某條不起眼的郊區街道的獨棟房屋裡，他逃出俄國之後不久就搬進了這棟房屋。他的家幾乎完全不引人注目，只有周圍高高的樹籬，以及走近建築物

---

[8] 泰德・科普訪問艾姆斯，http://abcnews.go.com/US/video/feb-11-1997-aldrich-ames-interview-21372948。

時，肉眼不可見的電子絆索發出的洩密砰聲，透露出這棟房屋可能與鄰近的房屋不太一樣。俄國的處決命令仍然有效，軍情六處也繼續保護著它最重要的冷戰間諜。國安會的憤怒仍然持續。二〇一五年，時任普丁總統辦公廳主任謝爾蓋．伊萬諾夫（Sergei Ivanov）指責戈傑夫斯基損害了他的國安會生涯：「戈傑夫斯基揭發了我。我不會說是他的可恥背叛和他被英國情報機構吸收破壞了我的人生，但我的工作確實碰上了一些麻煩❾。」二〇一八年三月四日，一位名為謝爾蓋．斯克里帕爾（Sergei Skripal）的前情報總局軍官，和女兒尤莉婭（Yulia）雙雙遭到刺客以俄國神經毒劑毒害。斯克里帕爾和戈傑夫斯基一樣，都為英國軍情六處擔任間諜，但他在俄國被捕，受審入獄，隨後在二〇一〇年的一次間諜交換中來到英國。十年前被控謀殺「叛逃者亞歷山大．利特維年科」（Alexander Litvinenko）的前國安會警衛員安德烈．盧戈沃伊（Andrei Lugovoi），被問到俄國是否也毒殺了斯克里帕爾，他的回答耐人尋味：「要是我們必須殺誰，殺的也是戈傑夫斯基。他被夾帶出國，在我國被缺席判處死刑❿。」普丁和他的手下至今仍未原諒他。他身邊的保全措施在斯克里帕爾毒殺事件後獲得加強，他的住家現正受到二十四小時監控。

如今，戈傑夫斯基很少離開家，不過軍情五處與軍情六處的友人和前同事經常造訪。新進情報員偶爾會被帶來與這位祕密情報局的傳奇人物相見。他仍被認為是潛在的報復對象。他閱讀、寫作、聆聽古典樂，並密切關注政局發展，尤其是祖國政局。自從一九八五年跨越芬蘭邊界的那天之後，他不曾返回俄國，也說過自己不想回去。「我現在是英國人了。」他再也沒能見到自己的母親。奧爾嘉．戈傑夫斯基在一九八九年去世，享年八十二歲，她直到最後都堅稱兒子是清白的。「他不是雙面間諜，而是三面間諜，仍為國安會效力。」戈傑夫斯基始終沒有機會告訴她實情。「我會很想讓她知道我對事件的說法。」

間諜行為的代價高昂，眾多間諜的後半生都是明證。

歐列格．戈傑夫斯基至今仍過著雙重人生。在郊區的鄰居眼中，這個安靜地住在高高樹籬後的駝背蓄鬍老人，不過又是個年老的退休人士，一個無足輕重的人。但他其實完全是另一個人，一個在歷史上極其重要的人物，也是個了不起的人。他驕傲、精明、易怒，他突然閃現的反諷幽默，表明了他的憂思態度。他有時不容易討人喜歡，卻不可能不受欽佩。他說，他不後悔，但他不時會在談話之間打住，可怕地瞪著只有他看得見的遠方。他是我見過最勇敢的人，也是最孤獨的人。

二〇〇七年女王壽辰授勳，戈傑夫斯基由於「為聯合王國安全服務」而獲頒最卓越的聖米迦勒及聖喬治同袍勳章——他很喜歡指出，這正是頒給小說人物詹姆士·龐德的同一種勳章。針對此事，莫斯科媒體的報導是錯的，他們說以前的戈傑夫斯基同志，如今成了「歐列格爵士」。戈傑夫斯基的肖像懸掛在蒙克頓堡。

二〇一五年七月，逃亡三十週年紀念日當天，運作過這個專案並將他從俄國偷運出境的所有人齊聚一堂，為這位七十六歲的俄國間諜慶祝。那個他帶著逃往芬蘭的廉價人造革旅行袋，已收藏在軍情六處博物館；在紀念日的慶祝會上，他得到了一個新的旅行袋做為紀念品。袋中物品如下：一條瑪氏牌巧克力棒、一個哈洛德百貨塑膠袋、一幅俄國西部地圖、「緩解憂慮、易怒、失眠和壓力」的藥丸、驅蚊劑、兩瓶冰鎮啤酒，還有兩卷錄音帶——虎克博士樂團的《精選輯》和西貝流士的《芬蘭頌》。旅行袋裡的最後兩件物品，是一包起司洋蔥洋芋片，和一件嬰兒尿布。

❾ 謝爾蓋·伊萬諾夫遭到戈傑夫斯基揭露，參看 *The Times*, 20 October 2015。
❿ 安德烈·盧戈沃伊發言，引自 *Sunday Times*, 11 March 2018。

戈傑夫斯基是冷戰時期最偉大的間諜，直到今天，俄羅斯仍維持這位傳奇間諜的死刑判決，他也仍在暗殺威脅下隱姓埋名，定居英國。

誌謝

要是沒有傳主全心全意的支持和合作，本書就不可能寫成。過去三年來，我在安全屋訪談過戈傑夫斯基二十多次，積累了一百多小時的錄音對話。他的殷勤無盡、耐心無限、記憶力強大。他的合作毫無條件，也絕無左右本書寫作的意圖：對於事件的詮釋，乃至其中包含的錯誤，全由我一人負責。經由戈傑夫斯基，我得以和參與這項專案的每一位軍情六處官員談話，我也非常感謝他們協助。他們以匿名為條件，同意暢所欲言。健在的軍情六處前任官員，以及某些俄國和丹麥的前任情報官員，在本書中以化名現身，包括幾位已被公開指認的人物。其他所有人名都是真名實姓。我也受惠於涉及戈傑夫斯基案的多位蘇聯國安會、軍情五處及中央情報局前任官員慷慨協助。本書並未得到軍情六處授權或協助，我也無法取閱祕密情報局的相關檔案，這些檔案至今仍屬機密。

有兩個人尤其助益良多：和不同的參與者安排會面、與戈傑夫斯基一同出席訪談、檢查初稿以求事實準確、提供心靈與美食滋養，並大致確保了在無盡的愉快中有效達成一次本應令人擔憂的複雜行動。他們應得的讚許遠遠超過我所能給予；但他們不想要這些讚許。

我也想要感謝克里斯多福・安德魯、凱斯・布萊克摩爾（Keith Blackmore）、約翰・布雷克（John Blake）、巴布・布克曼（Bob Bookman）、凱倫・布朗（Karen Brown）、威尼西亞・巴特菲爾德（Venetia Butterfield）、亞歷克斯・凱瑞（Alex Carey）、查爾斯・柯恩（Charles Cohen）、戈登・科雷拉（Gordon Corera）、大衛・康威爾（David Cornwell）、路克・柯利根（Luke Corrigan）、查爾斯・康明（Charles Cumming）、露

西・唐納修（Lucie Donahue）、聖約翰・唐納（St. John Donald）、凱文・道頓（Kevin Doughton）、麗莎・德萬（Lisa Dwan）、查爾斯・艾爾頓（Charles Elton）、娜塔莎・費爾維瑟（Natasha Fairweather）、艾梅・芬恩（Emme Fane）、史蒂芬・蓋瑞特（Stephen Garrett）、蒂娜・高多因（Tina Gaudoin）、伯頓・葛伯、布蘭奇・吉魯瓦德（Blanche Girouard）、克萊兒・哈葛德（Claire Haggard）、比爾・漢彌爾頓（Bill Hamilton）、羅伯・韓斯（Robert Hands）、凱特・哈伯德（Kate Hubbard）、琳達・喬丹（Lynda Jordan）、瑪麗・喬丹（Mary Jordan）、史蒂夫・卡帕斯（Steve Kappas）、伊恩・卡茲（Ian Katz）、黛西・路易斯（Daisy Lewis）、克萊爾・隆理格（Clare Longrigg）、凱特・麥金泰爾（Kate Macintyre）、馬格努斯・麥金泰爾（Magnus Macintyre）、羅伯・麥克拉姆（Robert McCrum）、克洛伊・麥葛瑞格（Chloe McGregor）、奧利・麥葛瑞格（Ollie McGregor）、吉爾・摩根（Gill Morgan）、薇姬・尼爾森（Vikki Nelson）、蕾貝嘉・尼科爾森（Rebecca Nicolson）、羅蘭・菲利普斯（Roland Philipps）、彼得・波莫蘭契夫（Peter Pomerantsev）、伊戈爾・波莫蘭契夫（Igor Pomerantsev）、安德魯・普雷維蒂（Andrew Previté）、賈斯汀・羅伯茲（Justine Roberts）、費莉絲蒂・魯賓斯坦（Felicity Rubinstein）、梅莉塔・薩莫伊斯（Melita Samoilys）、米凱爾・席爾茲（Mikael Shields）、莫莉・史登（Molly Stern）、安格斯・史都華（Angus Stewart）、珍・史都華（Jane Stewart）、凱文・蘇利文（Kevin Sullivan）、麥特・懷特曼（Matt Whiteman）、達米恩・惠特沃斯（Damian Whitworth）、卡洛琳・伍德（Caroline Wood）。

我在《泰晤士報》的朋友和同事，提供我無窮無盡的支持、靈感，和我應得的嘲笑。已故的艾德・維克多（Ed Victor）是我二十五年來的傑出經紀人，他參與了本書的開端，喬尼・蓋勒（Jonny Geller）優異地接手了這項工作。維京與皇冠兩家出版社都有絕佳的團隊。最後，我的感謝與愛獻給我的孩子們——巴尼（Barney）、芬恩（Finn）和莫莉（Molly），他們是我所認識最體貼也最有趣的人。

代號與化名對照

ABLE ARCHER 83　一九八三年優秀射手：北約戰爭演習。
BOOT　靴子：麥可．富特（國安會代號）
COE　寇伊：貝塔尼案（軍情五處代號）
DANICEK　丹尼切克：斯坦尼斯瓦夫．卡普蘭（軍情六處代號）
DARIO　達里歐：身分不明的國安會非法派遣特務（國安會化名）
DISARRANGE　打亂：偷運出境的捷克情報官員（軍情六處代號）
DRIM　夢：傑克．瓊斯（國安會代號）
ELLI　艾利：李歐．隆恩（國安會代號）
ELMEN　埃爾曼：軍情五處、六處聯合偵辦貝塔尼案的反情報行動（軍情五處／六處代號）
EMBASE　貶低：戈傑夫斯基被查獲之後，英國驅逐蘇聯國安會／總參謀部情報總局人員的行動（英國代號）
FAREWELL　道別：弗拉基米爾．維特洛夫（法國國土安全總局代號）
FAUST　浮士德：葉夫根尼．烏沙科夫（國安會化名）
FOOT　大腳：驅逐國安會／總參謀部情報總局人員的行動（軍情五處／六處代號）
FREED　獲釋：捷克情報官員（軍情六處代號）
GLYPTIC　石雕像：史達林（軍情五處代號）
GOLDFINCH　金翅雀：歐列格．利亞林（軍情五處／六處化名）
GOLFPLATZ　高爾夫球場：大不列顛（德國代號）
GORMSSON　戈姆森：歐列格．戈傑夫斯基（丹麥安全情報局代號）
GORNOV　戈爾諾夫：歐列格．戈傑夫斯基（國安會化名）
GROMOV　葛羅莫夫：瓦西里．戈傑夫斯基（國安會化名）
GRETA　葛麗泰：岡沃爾．加爾通．哈維克（國安會代號）
GROUND　場地：將現金移交給達里歐的行動（國安會代號）
GUARDIYETSEV　瓜迪耶采夫：歐列格．戈傑夫斯基（國安會化名）
HETMAN　頭人：爭取釋放蕾拉和女兒的行動（軍情六處代號）
INVISIBLE　看不見：偷運捷克科學家出境的行動（軍情六處代號）
KOBA　科巴：麥可．貝塔尼（自行化名）
KORIN　科林：米哈伊爾．柳比莫夫（國安會化名）
KRONIN　克羅寧：斯坦尼斯拉夫．安德羅索夫（國安會化名）
LAMPAD　幽冥仙女：軍情五處、六處協同聯繫的計畫（軍情五處／六處代號）
NOCTON　諾克頓：歐列格．戈傑夫斯基（軍情六處代號）
OVATION　喝采：歐列格．戈傑夫斯基（軍情六處代號）
PIMLICO　皮姆利科：偷運戈傑夫斯基出境行動（軍情六處代號）
PUCK　小妖精：麥可．貝塔尼（軍情五處代號）
RON　朗：理查．哥特（國安會代號）
RYAN　核彈攻擊：俄文「核彈攻擊」縮寫（蘇聯代號）
SUNBEAM　陽光：歐列格．戈傑夫斯基（軍情六處代號）
TICKLE　搔癢：歐列格．戈傑夫斯基（中情局代號）
UPTIGHT　緊張：軍情六處（中情局代號）
ZEUS　宙斯：格特．彼得森（國安會代號）
ZIGZAG　之字形：艾迪．查普曼（軍情五處代號）

精選參考書目

Andrew, Christopher, *The Defence of the Realm: The Authorized History of MI5*, London, 2009.

Andrew, Christopher, *Secret Service: The Making of the British Intelligence Community*, London, 1985.

Andrew, Christopher, and Oleg Gordievsky (eds.), *Instructions from the Centre: Top Secret Files on KGB Foreign Operations 1975–1985*, London, 1991.

Andrew, Christopher, and Oleg Gordievsky (eds.), *KGB: The Inside Story of Its Foreign Operations from Lenin to Gorbachev*, London, 1991.

Andrew, Christopher, and Vasili Mitrokhin, *The Mitrokhin Archive: The KGB in Europe and the West*, London, 1999.

Andrew, Christopher, and Vasili Mitrokhin, *The World was Going Our Way: The KGB and the Battle for the Third World*, London, 2005.

Barrass, Gordon S., *The Great Cold War: A Journey through the Hall of Mirrors*, Stanford, Calif., 2009.

Bearden, Milton, and James Risen, *The Main Enemy: The Inside Story of the CIA's Final Showdown with the KGB*, London, 2003.

Borovik, Genrikh, *The Philby Files: The Secret Life of Master Spy Kim Philby – KGB Archives Revealed*, London, 1994.

Brook-Shepherd, Gordon, *The Storm Birds: Soviet Post-War Defectors*, London, 1988.

Carl, Leo D., *The International Dictionary of Intelligence*, McLean, Va., 1990.

Carter, Miranda, *Anthony Blunt: His Lives*, London, 2001.

Cavendish, Anthony, *Inside Intelligence: The Revelations of an MI6 Officer*, London, 1990.

Cherkashin, Victor, with Gregory Feifer, *Spy Handler: Memoir of a KGB Officer*, New York, 2005.

Corera, Gordon, MI6: *Life and Death in the British Secret Service*, London, 2012.

Earley, Pete, *Confessions of a Spy: The Real Story of Aldrich Ames*, London, 1997.

Fischer, Benjamin B., "A Cold War Conundrum: The 1983 Soviet War Scare," https://www.cia.gov/library/center-for-the-study-of-intelligence/csi-publications/books-and-monographs/a-cold-war-conundrum/source.htm.

Gaddis, John Lewis, *The Cold War*, London, 2007.

Gates, Robert M., *From the Shadows: The Ultimate Insider's Story of Five Presidents and How They Won the Cold War*, New York, 2006.

Gordievsky, Oleg, *Next Stop Execution: The Autobiography of Oleg Gordievsky*, London, 1995.

Grimes, Sandra, and Jeanne Vertefeuille, *Circle of Treason: A CIA Account of Traitor Aldrich Ames and the Men He Betrayed*, Annapolis, Md., 2012.

Helms, Richard, *A Look Over My Shoulder: A Life in the Central Intelligence Agency*, New York, 2003.

Hoffman, David E., *The Billion Dollar Spy: A True Story of Cold War Espionage and Betrayal*, New York, 2015.

Hollander, Paul, *Political Will and Personal Belief: The Decline and Fall of Soviet Communism*, New Haven, Conn., 1999.

Howe, Geoffrey, *Conflict of Loyalty*, London, 1994.

Jeffery, Keith, MI6: *The History of the Secret Intelligence Service 1909–1949*, London, 2010.

Jones, Nate (ed.), *Able Archer 83: The Secret History of the NATO Exercise That Almost Triggered Nuclear War*, New York, 2016.

Kalugin, Oleg, *Spymaster: My Thirty-Two Years in Intelligence and Espionage against the West*, New York, 2009.

Kendall, Bridget, *The Cold War: A New Oral History of Life between East and West*, London, 2018.

Lyubimov, Mikhail, *Записки непутевого резидента (Notes of a Ne'er-Do-Well Rezident or Will-o'-the-Wisp)* , Mos-

cow, 1995.
Lyubimov, Mikhail, *Шпионы, которых я люблю и ненавижу (Spies I Love and Hate)* , Moscow, 1997.
Moore, Charles, *Margaret Thatcher: The Authorized Biography, vol. II: Everything She Wants*, London, 2015.
Morley, Jefferson, *The Ghost: The Secret Life of CIA Spymaster James Jesus Angleton*, London, 2017.
Oberdorfer, Don, *From the Cold War to a New Era: The United States and the Soviet Union, 1983–1991*, Baltimore, 1998.
Parker, Philip (ed.), *The Cold War Spy Pocket Manua*l, Oxford, 2015.
Philby, Kim, *My Silent War*, London, 1968.
Pincher, Chapman, *Treachery: Betrayals, Blunders and Cover-Ups. Six Decades of Espionage*, Edinburgh, 2012.
Primakov, Yevgeny, *Russian Crossroads: Toward the New Millennium*, New Haven, Conn., 2004.
Sebag Montefiore, Simon, *Stalin: The Court of the Red Ts*ar, London, 2003.
Trento, Joseph J., *The Secret History of the CIA*, New York, 2001.
Weiner, Tim, *Legacy of Ashes: The History of the CIA*, London, 2007.
Weiner, Tim, David Johnston and Neil A. Lewis, *Betrayal: The Story of Aldrich Ames, an American Spy*, London, 1996.
Westad, Odd Arne, *The Cold War: A World History*, London, 2017.
West, Nigel, *At Her Majesty's Secret Service: The Chiefs of Britain's Intelligence Agency*, MI6, London, 2006.
Womack, Helen (ed.), *Undercover Lives: Soviet Spies in the Cities of the World*, London, 1998.
Wright, Peter, with Paul Greengrass, *Spycatcher: The Candid Autobiography of a Senior Intelligence Officer*, London, 1987.

地球觀 64

叛國英雄・雙面諜O.A.G.

【比爾蓋茲2020推薦選書】

The Spy and the Traitor: The Greatest Espionage Story of the Cold War

作　　者　班・麥金泰爾（Ben Macintyre）
譯　　者　蔡耀緯

野人文化股份有限公司
社　　長　張瑩瑩
總 編 輯　蔡麗真
責任編輯　王智群、陳瑞瑤
專業校對　魏秋綢
行銷企畫　林麗紅、蔡逸萱、李映柔
封面設計　萬勝安
內頁排版　洪素貞

讀書共和國出版集團
社　　長　郭重興
發行人兼出版總監　曾大福
業務平臺總經理　李雪麗
業務平臺副總經理　李復民
實體通路組　林詩富、陳志峰、賴珮瑜、郭文弘、吳眉姍
網路暨海外通路組　張鑫峰、林裴瑤、王文賓、范光杰
特販通路組　陳綺瑩、郭文龍
電子商務組　黃詩芸、李冠穎、林雅卿、高崇哲
專案企劃組　蔡孟庭、盤惟心、張釋云
閱讀社群組　黃志堅、羅文浩、盧煒婷
版 權 部　黃知涵
印 務 部　江域平・黃禮賢・林文義・李孟儒
出　　版　野人文化股份有限公司
發　　行　遠足文化事業股份有限公司
地址：231 新北市新店區民權路 108-2 號 9 樓
電話：（02）2218-1417　傳真：（02）8667-1065
電子信箱：service@bookrep.com.tw
網址：www.bookrep.com.tw
郵撥帳號：19504465 遠足文化事業股份有限公司
客服專線：0800-221-029
法律顧問　華洋法律事務所　蘇文生律師
印　　製　呈靖彩印股份有限公司
初版首刷　2021 年 10 月
初版二刷　2021 年 11 月

ISBN 978-986-384-591-1（平裝）
ISBN 978-986-384-593-5（epub）
ISBN 978-986-384-592-8（pdf）

國家圖書館出版品預行編目（CIP）資料

叛國英雄・雙面諜O.A.G.／班.麥金泰爾(Ben Macintyre) 著；蔡耀緯譯 -- 初版 -- 新北市：野人文化股份有限公司出版：遠足文化事業股份有限公司發行，2021.10
面；　公分 --(地球觀；64)
譯自：The spy and the traitor : the greatest espionage story of the Cold War

1. 戈傑夫斯基 (Gordievsky, Oleg)
2. 傳記 3. 情報組織 4. 冷戰

784.88　　110014411

野人文化
官方網頁

野人文化
讀者回函

叛國英雄・雙面諜 O.A.G.

線上讀者回函專用 QR CODE，你的寶貴意見，將是我們進步的最大動力。